大学赤本シリーズ

32

筑波大学

理系－前期日程

総合選抜〈理系〉、社会・国際〈国際総合−理系〉、
人間〈理系〉、生命環境、理工、情報、
医〈看護-文系を除く〉学群

JN085104

教学社

は　し　が　き

　おかげさまで，大学入試の「赤本」は，今年で創刊70周年を迎えました。
　これまで，入試問題や資料をご提供いただいた大学関係者各位，掲載許可をいただいた著作権者の皆様，各科目の解答や対策の執筆にあたられた先生方，そして，赤本を使用してくださったすべての読者の皆様に，厚く御礼を申し上げます。
　以下に，創刊初期の「赤本」のはしがきを引用します。これからも引き続き，受験生の目標の達成や，夢の実現を応援してまいります。
　本書を活用して，入試本番では持てる力を存分に発揮されることを心より願っています。

編者しるす

＊　　　＊　　　＊

　学問の塔にあこがれのまなざしをもって，それぞれの志望する大学の門をたたかんとしている受験生諸君！　人間として生まれてきた私たちは，自己の欲するままに，美しく，強く，そして何よりも人間らしく生きることをねがっている。しかし，一朝一夕にして，この純粋なのぞみが達せられることはない。私たちの行く手には，絶えずさまざまな試練がまちかまえている。この試練を克服していくところに，私たちのねがう真に人間的な世界がはじめて開かれてくるのである。
　人生最初の最大の試練として，諸君の眼前に大学入試がある。この大学入試は，精神的にも身体的にも，大きな苦痛を感ぜしめるであろう。あるスポーツに熟達するには，たゆみなき，はげしい練習を積み重ねることが必要であるように，私たちは，計画的・持続的な努力を払うことによって，この試練を克服し，次の一歩を踏みだすことができる。厳しい試練を経たのちに，はじめて満足すべき成果を獲得できるのである。
　本書は最近の入学試験の問題に，それぞれ解答を付し，さらに問題をふかく分析することによって，その大学独特の傾向や対策をさぐろうとした。本書を一般の参考書とあわせて使用し，まとはずれのない，効果的な受験勉強をされるよう期待したい。

（昭和35年版「赤本」はしがきより）

挑む人の、いちばんの味方

赤本創刊70周年

1954年に大学入試の過去問題集を刊行してから70年。赤本は大学に入りたいと思う受験生を応援しつづけてきました。これからも，苦しいとき落ち込むときにそばで支える存在でいたいと思います。

そして，勉強をすること，自分で道を決めること，努力が実ること，これらの喜びを読者の皆さんが感じることができるよう，伴走をつづけます。

そもそも赤本とは…

受験生のための大学入試の過去問題集！

70年の歴史を誇る赤本は，500点を超える刊行点数で全都道府県の370大学以上を網羅しており，過去問の代名詞として受験生の必須アイテムとなっています。

・・・・・・・・・・ なぜ受験に過去問が必要なのか？ ・・・・・・・・・・

大学入試は大学によって問題形式や頻出分野が大きく異なるからです。

赤本の掲載内容

傾向と対策

これまでの出題内容から，問題の「**傾向**」を分析し，来年度の入試に向けて
具体的な「**対策**」の方法を紹介しています。

問題編・解答編

- 年度ごとに問題とその解答を掲載しています。

- 「**問題編**」ではその年度の試験概要を確認したうえで，実際に出題された
  過去問に取り組むことができます。

- 「**解答編**」には高校・予備校の先生方による解答が載っています。

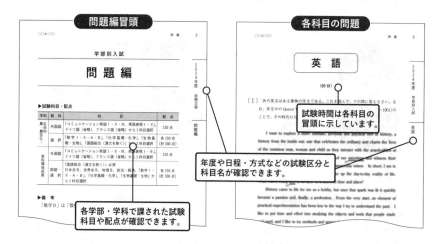

他にも，大学の基本情報や，先輩受験生の合格体験記，
在学生からのメッセージなどが載っていることがあります。

2024年度から
見やすい
デザインに！

受験勉強は

過去問に始まり，

STEP 1 （なにはともあれ）

まずは
解いてみる

しずかに…
今，自分の心と
向き合ってるんだから

ムーン

それは
問題を解いて
からだホン！

過去問は，**できるだけ早いうちに
解くのがオススメ！**
実際に解くことで，**出題の傾向，
問題のレベル，今の自分の実力が**
つかめます。

STEP 2 （じっくり具体的に）

弱点を
分析する

分析の結果だけど
英・数・国が苦手みたい

スリー

必須科目だホン
頑張るホン

間違いは自分の弱点を教えてくれ
る**貴重な情報源。**
弱点から自己分析することで，**今
の自分に足りない力や苦手な分野**
が見えてくるはず！

合格者があかす
赤本の使い方

傾向と対策を熟読
（Fさん／国立大合格）

大学の出題傾向を調べる
ために，赤本に載ってい
る「傾向と対策」を熟読
しました。

繰り返し解く
（Tさん／国立大合格）

1周目は問題のレベル確認，2周
目は苦手や頻出分野の確認に，3
周目は合格点を目指して，と過去
問は繰り返し解くことが大切です。

過去問に終わる。

STEP 3

志望校に
あわせて

苦手分野の
重点対策

明日からはみんなで頑張るよ！
参考書も！ 問題集も！
よろしくね！

呼んだ？

なにを!?
どこから!?

グッ グッ

参考書や問題集を活用して，苦手
分野の**重点対策**をしていきます。
過去問を指針に，合格へ向けた具
体的な学習計画を立てましょう！

STEP 1 ▶ 2 ▶ 3

サイクル
が大事！

実践を
繰り返す

やるのは
ボクだよ〜

STEP 1

解く!!

対策!!

分析!!

STEP 3

STEP 2

**STEP 1〜3を繰り返し，実力ア
ップにつなげましょう！**
出題形式に慣れることや，**時間配
分を考えることも大切**です。

目標点を決める

（Yさん／私立大合格）

赤本によっては合格者最低
点が載っているので，それ
を見て目標点を決めるのも
よいです。

時間配分を確認

（Kさん／私立大学合格）

赤本は時間配分や解く
順番を決めるために使
いました。

添削してもらう

（Sさん／私立大学合格）

記述式の問題は先生に添削し
てもらうことで自分の弱点に
気づけると思います。

新課程も赤本で
ばっちり！

新課程入試 Q&A

使える？

2022年度から新しい学習指導要領（新課程）での授業が始まり，2025年度の入試は，新課程に基づいて行われる最初の入試となります。ここでは，赤本での新課程入試の対策について，よくある疑問にお答えします。

Q1. 赤本は新課程入試の対策に使えますか？

A. もちろん使えます！

OK

旧課程入試の過去問が新課程入試の対策に役に立つのか疑問に思う人もいるかもしれませんが，心配することはありません。旧課程入試の過去問が役立つのには次のような理由があります。

● 学習する内容はそれほど変わらない

新課程は旧課程と比べて科目名を中心とした変更はありますが，学習する内容そのものはそれほど大きく変わっていません。また，多くの大学で，既卒生が不利にならないよう「経過措置」がとられます（Q3参照）。したがって，出題内容が大きく変更されることは少ないとみられます。

● 大学ごとに出題の特徴がある

これまでに課程が変わったときも，各大学の出題の特徴は大きく変わらないことがほとんどでした。入試問題は各大学のアドミッション・ポリシーに沿って出題されており，過去問にはその特徴がよく表れています。過去問を研究してその大学に特有の傾向をつかめば，最適な対策をとることができます。

出題の特徴の例	・英作文問題の出題の有無 ・論述問題の出題（字数制限の有無や長さ） ・計算過程の記述の有無

新課程入試の対策も，赤本で過去問に取り組むところから始めましょう。

Q2. 赤本を使う上での注意点はありますか？

A. 志望大学の入試科目を確認しましょう。

　過去問を解く前に，過去の出題科目（問題編冒頭の表）と2025年度の募集要項とを比べて，課される内容に変更がないかを確認しましょう。ポイントは以下のとおりです。科目名が変わっていても，実際は旧課程の内容とほとんど同様のものもあります。

英語・国語	科目名は変更されているが，実質的には変更なし。 ▶▶ ただし，リスニングや古文・漢文の有無は要確認。
地歴	科目名が変更され，「歴史総合」「地理総合」が新設。 ▶▶ 新設科目の有無に注意。ただし，「経過措置」(Q3参照)により内容は大きく変わらないことも多い。
公民	「現代社会」が廃止され，「公共」が新設。 ▶▶ 「公共」は実質的には「現代社会」と大きく変わらない。
数学	科目が再編され，「数学C」が新設。 ▶▶ 「数学」全体としての内容は大きく変わらないが，出題科目と単元の変更に注意。
理科	科目名も学習内容も大きな変更なし。

　数学については，科目名だけでなく，どの単元が含まれているかも確認が必要です。例えば，出題科目が次のように変わったとします。

旧課程	「数学I・数学II・数学A・数学B（数列・ベクトル）」
新課程	「数学I・数学II・数学A・**数学B（数列）・数学C（ベクトル）**」

　この場合，新課程では「数学C」が増えていますが，単元は「ベクトル」のみのため，実質的には旧課程とほぼ同じであり，過去問をそのまま役立てることができます。

Q3. 「経過措置」とは何ですか?

A. 既卒の旧課程履修者への対応です。

　多くの大学では,既卒の旧課程履修者が不利にならないように,出題において「経過措置」が実施されます。措置の有無や内容は大学によって異なるので,募集要項や大学のウェブサイトなどで確認しておきましょう。

○旧課程履修者への経過措置の例

> ●旧課程履修者にも配慮した出題を行う。
> ●新・旧課程の共通の範囲から出題する。
> ●新課程と旧課程の共通の内容を出題し,共通範囲のみでの出題が困難な場合は,旧課程の範囲からの問題を用意し,選択解答とする。

　例えば,地歴の出題科目が次のように変わったとします。

旧課程	「日本史B」「世界史B」から1科目選択
新課程	「歴史総合,日本史探究」「歴史総合,世界史探究」から1科目選択※ ※旧課程履修者に不利益が生じることのないように配慮する。

　「歴史総合」は新課程で新設された科目で,旧課程履修者には見慣れないものですが,上記のような経過措置がとられた場合,新課程入試でも旧課程と同様の学習内容で受験することができます。

新課程の情報はWEBもチェック!
より詳しい解説が赤本ウェブサイトで見られます。
https://akahon.net/shinkatei/

科目名が変更される教科・科目

	旧課程	新課程
国語	国語総合 国語表現 現代文A 現代文B 古典A 古典B	現代の国語 言語文化 論理国語 文学国語 国語表現 古典探究
地歴	日本史A 日本史B 世界史A 世界史B 地理A 地理B	歴史総合 日本史探究 世界史探究 地理総合 地理探究
公民	現代社会 倫理 政治・経済	公共 倫理 政治・経済
数学	数学Ⅰ 数学Ⅱ 数学Ⅲ 数学A 数学B 数学活用	数学Ⅰ 数学Ⅱ 数学Ⅲ 数学A 数学B 数学C
外国語	コミュニケーション英語基礎 コミュニケーション英語Ⅰ コミュニケーション英語Ⅱ コミュニケーション英語Ⅲ 英語表現Ⅰ 英語表現Ⅱ 英語会話	英語コミュニケーションⅠ 英語コミュニケーションⅡ 英語コミュニケーションⅢ 論理・表現Ⅰ 論理・表現Ⅱ 論理・表現Ⅲ
情報	社会と情報 情報の科学	情報Ⅰ 情報Ⅱ

大学のサイトも見よう

目　次

2024 年度
問題と解答

2023 年度
問題と解答

掲載内容についてのお断り

- 学類・専門学群選抜の選択科目のうち，国際総合学類の地歴と国語，教育・心理学類および障害科学類の地歴・公民と国語，看護学類の国語は『筑波大学（文系－前期日程）』に掲載しています。
- 著作権の都合上，下記の内容を省略しています。
  2024 年度「英語」大問Ⅲ［A］の英文・全訳

基本情報

 ## 学群・学類の構成

大　学

●総合学域群

第1類，第2類，第3類

※「総合選抜」で入学した学生が1年次に所属。総合学域群では，入学後1年間は基礎科目や様々な専門導入的な科目を学び，1年次の終わりに，2年次以降に所属する学類・専門学群を，体育専門学群を除く全学類・専門学群から選択する。ただし，特定の選抜区分で入学した学生を優先して受け入れる学類もある。

●人文・文化学群

人文学類　哲学主専攻（哲学・倫理学コース，宗教学コース），史学主専攻（日本史学コース，ユーラシア史学コース，歴史地理学コース），考古学・民俗学主専攻（先史学・考古学コース，民俗学・文化人類学コース），言語学主専攻（一般言語学コース，応用言語学コース，日本語学コース，英語学コース）

比較文化学類　比較文化主専攻（地域文化研究領野〔日本・アジア領域

〈日本文学コース，日本研究コース，中国文学コース，アジア研究コース〉，英米・ヨーロッパ領域〈欧米研究コース，フランス語圏文学・文化コース，ドイツ語圏文学・文化コース，英語圏文学・文化コース〉，フィールド文化領域〈文化人類学コース，文化地理学コース〉]，超域文化研究領野〔表現文化領域〈テクスト文化学コース，文化創造論コース，ワンプラネット文学・文化関係学コース〉，文化科学領域〈先端文化学コース，情報文化学コース〉，思想文化領域〈現代思想コース，比較宗教コース〉〕）

日本語・日本文化学類

●社会・国際学群

社会学類　社会学主専攻，法学主専攻，政治学主専攻，経済学主専攻

国際総合学類　国際関係学主専攻，国際開発学主専攻

●人間学群

教育学類　教育学コース（人間形成系列，教育計画・設計系列，地域・国際教育系列，学校教育開発系列），初等教育学コース（学校教育開発系列）

心理学類

障害科学類

●生命環境学群

生物学類　多様性コース，情報コース，分子細胞コース，応用生物コース，人間生物コース，GloBE（Global Biology in English）コース

生物資源学類　農林生物学コース，応用生命化学コース，環境工学コース，社会経済学コース

地球学類　地球環境科学主専攻，地球進化学主専攻

●理工学群

数学類

物理学類

化学類

応用理工学類　応用物理主専攻，電子・量子主専攻，物性工学主専攻，物質・分子主専攻

工学システム学類　知的・機能工学システム主専攻，エネルギー・メカニクス主専攻

社会工学類　社会経済システム主専攻，経営工学主専攻，都市計画主専攻

●**情報学群**

情報科学類

情報メディア創成学類

知識情報・図書館学類　知識科学主専攻，知識情報システム主専攻，情報資源経営主専攻

●**医学群**

医学類［6年制］

看護学類［4年制］

医療科学類［4年制］　医療科学主専攻，国際医療科学主専攻

●**体育専門学群**

体育・スポーツ学分野，コーチング学分野，健康体力学分野

●**芸術専門学群**

美術史領域，芸術支援領域，洋画領域，日本画領域，彫塑領域，書領域，版画領域，構成領域，総合造形領域，工芸領域，ビジュアルデザイン領域，情報・プロダクトデザイン領域，環境デザイン領域，建築デザイン領域

（備考）主専攻・コース等に分属する年次はそれぞれで異なる。

大学院

人文社会ビジネス科学学術院 / 理工情報生命学術院 / 人間総合科学学術院 / グローバル教育院

🔘 大学所在地

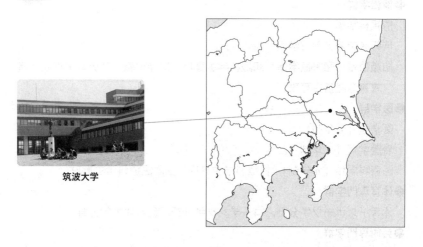

筑波大学

〒305-8577　茨城県つくば市天王台 1 丁目 1-1

入 試 デ ー タ

 ## 入試状況（志願者数・競争率など）

○競争率は受験者数（第2段階選抜受験者数）÷合格者数で算出。

2024 年度　一般選抜状況

●前期日程

学群・学類		募集人員	志願者数	受験者数	合格者数	競争率
総合選抜	文　　　　　系	128	474	455	133	3.4
	理　　系　　Ⅰ	154	509	495	155	3.2
	理　　系　　Ⅱ	41	165	158	43	3.7
	理　　系　　Ⅲ	90	241	235	93	2.5
人文・文化学群	人　文　学　類	45	158	151	48	3.1
	比 較 文 化 学 類	37	98	94	41	2.3
社会・国際学群	社　会　学　類	40	184	174	43	4.0
	国 際 総 合 学 類	36	105	99	38	2.6
人間学群	教　育　学　類	22	58	57	23	2.5
	心　理　学　類	26	104	88	29	3.0
	障 害 科 学 類	17	65	63	17	3.7
生命環境学群	生　物　学　類	14	52	51	14	3.6
	生 物 資 源 学 類	52	138	136	52	2.6
	地　球　学　類	21	77	77	22	3.5
理工学群	数　　学　　類	22	56	55	22	2.5
	物　理　学　類	20	60	59	20	3.0
	化　　学　　類	14	42	41	14	2.9
	応 用 理 工 学 類	49	127	122	49	2.5
	工 学 システム 学 類	55	135	132	56	2.4
	社 会 工 学 類	60	214	210	60	3.5
情報学群	情 報 科 学 類	42	144	139	44	3.2
	情報メディア創成学類	21	76	72	23	3.1

（表つづく）

学群・学類			募集人員	志願者数	受験者数	合格者数	競争率
医学群	医　学　類		46	180	122	48	2.5
	医　学　類 （地　域　枠）	全国	10	18	18	2	9.0
		茨城	8	56	48	8	6.0
	看　護　学　類		40	71	68	40	1.7
	医　療　科　学　類		15	47	47	15	3.1
体　育　専　門　学　群			140	465	427	149	2.9
芸　術　専　門　学　群			50	192	186	52	3.6
合　　計			1,315	4,311	4,079	1,353	－

（備考）

- 合格者数には，追加合格者：総合選抜文系 7 名，理系Ⅰ 4 名，理系Ⅲ 1 名，人文・文化学群比較文化学類 1 名，社会・国際学群社会学類 3 名，国際総合学類 1 名，人間学群教育学類 1 名，生命環境学群生物資源学類 1 名，理工学群数学類 1 名，物理学類 1 名，工学システム学類 2 名，社会工学類 3 名，情報学群情報科学類 3 名，医学群医学類 4 名，看護学類 2 名，医療科学類 1 名を含まない。
- 医学群医学類（地域枠〈全国〉）の合格者数には，医学類（地域枠〈茨城〉）出願者のうち，第 2 希望の医学類（地域枠〈全国〉）への合格者を含む。

●後期日程

学群・学類		募集人員	志願者数	受験者数	合格者数	競争率
人文・文化学群	人 文 学 類	20	226	88	26	3.4
人間学群	教 育 学 類	3	45	13	4	3.3
	心 理 学 類	4	45	18	5	3.6
	障 害 科 学 類	3	30	14	3	4.7
生命環境学群	生 物 学 類	18	116	55	18	3.1
	生 物 資 源 学 類	15	104	49	15	3.3
	地 球 学 類	4	31	14	4	3.5
理工学群	物 理 学 類	10	126	63	11	5.7
	化 学 類	10	44	11	10	1.1
	応 用 理 工 学 類	22	130	45	24	1.9
	工 学 シ ス テ ム 学 類	20	182	77	21	3.7
	社 会 工 学 類	15	118	61	15	4.1
情報学群	知識情報・図書館学類	11	59	28	15	1.9
芸 術 専 門 学 群		5	144	31	6	5.2
合 計		160	1,400	567	177	―

（備考）

- 人文・文化学群比較文化学類および日本語・日本文化学類，社会・国際学群，理工学群数学類，情報学群情報科学類および情報メディア創成学類，医学群，体育専門学群では実施されていない。

- 合格者数には，追加合格者：生命環境学群生物学類 2 名，生物資源学類 1 名，地球学類 2 名，理工学群物理学類 1 名，応用理工学類 1 名，工学システム学類 2 名を含まない。

2023 年度 一般選抜状況

●前期日程

学群・学類			募集人員	志願者数	受験者数	合格者数	競争率
総合選抜	文　　　　　系		128	361	353	136	2.6
	理　　　系　　Ⅰ		154	333	327	154	2.1
	理　　　系　　Ⅱ		41	189	176	43	4.1
	理　　　系　　Ⅲ		90	326	317	92	3.4
人文・文化学群・社会・国際学群	人　文　学　類		47	144	142	53	2.7
	比 較 文 化 学 類		35	104	103	38	2.7
	社　会　学　類		40	233	222	50	4.4
	国 際 総 合 学 類		36	122	109	38	2.9
人間学群	教　育　学　類		22	67	65	24	2.7
	心　理　学　類		26	130	119	27	4.4
	障 害 科 学 類		17	67	65	19	3.4
生命環境学群	生　物　学　類		15	58	56	15	3.7
	生 物 資 源 学 類		52	137	133	52	2.6
	地　球　学　類		21	54	54	21	2.6
理工学群	数　　学　　類		22	81	79	22	3.6
	物　理　学　類		20	97	96	20	4.8
	化　　学　　類		14	37	35	14	2.5
	応 用 理 工 学 類		49	136	133	49	2.7
	工 学 システム 学 類		55	162	159	55	2.9
	社 会 工 学 類		60	198	195	60	3.3
情報学群	情 報 科 学 類		42	144	141	45	3.1
	情報メディア創成学類		20	77	74	23	3.2
医学群	医　　学　　類		47	120	111	47	2.4
	医　学　類（地 域 枠）	全国	10	8	8	9	―
		茨城	8	51	46	8	5.8
	看　護　学　類		40	107	103	40	2.6
	医 療 科 学 類		15	53	50	15	3.3
体　育　専　門　学　群			140	468	423	153	2.8
芸　術　専　門　学　群			50	140	138	52	2.7
合　　　計			1,316	4,204	4,032	1,374	―

（備考）

• 合格者数には，追加合格者：総合選抜文系 4 名，理系Ⅰ4 名，理系Ⅱ1 名，理系Ⅲ2 名，人文・文化学群比較文化学類 3 名，社会・国際学群国際総合学類 2 名，人間学群障害科学類 1 名，生命環境学群生物資源学類 4 名，地球学類 1 名，理工学群化学類 1 名，応用理工学類 3 名，

　工学システム学類 2 名，社会工学類 5 名，医学群医学類 1 名，医療科学類 2 名を含まない。
- 医学群医学類（地域枠〈全国〉）の合格者数には，医学類（地域枠〈茨城〉）出願者のうち，第 2 希望の医学類（地域枠〈全国〉）への合格者を含む。

●後期日程

学群・学類		募集人員	志願者数	受験者数	合格者数	競争率
人文・文化学群	人 文 学 類	20	261	108	24	4.5
人間学群	教 育 学 類	3	35	10	3	3.3
	心 理 学 類	4	77	28	4	7.0
	障 害 科 学 類	3	32	15	3	5.0
生命環境学群	生 物 学 類	18	84	27	18	1.5
	生 物 資 源 学 類	15	112	54	16	3.4
	地 球 学 類	4	24	15	4	3.8
理工学群	物 理 学 類	10	103	44	10	4.4
	化 学 類	10	77	32	10	3.2
	応 用 理 工 学 類	22	115	48	22	2.2
	工 学 シ ス テ ム 学 類	20	176	64	20	3.2
	社 会 工 学 類	15	128	58	15	3.9
情報学群	知識情報・図書館学類	10	71	32	13	2.5
芸 術 専 門 学 群		5	59	19	6	3.2
合　　計		159	1,354	554	168	―

(備考)
- 人文・文化学群比較文化学類および日本語・日本文化学類，社会・国際学群，理工学群数学類，情報学群情報科学類および情報メディア創成学類，医学群，体育専門学群では実施されていない。
- 合格者数には，追加合格者：人間学群教育学類 1 名，心理学類 1 名，障害科学類 1 名，生命環境学群生物学類 4 名，理工学群物理学類 3 名，化学類 4 名，応用理工学類 7 名，工学システム学類 6 名，社会工学類 1 名を含まない。

2022 年度　一般選抜状況

●前期日程

学群・学類			募集人員	志願者数	受験者数	合格者数	競争率
総合選抜	文　　　　　系		128	424	412	136	3.0
	理　　系　　Ⅰ		154	440	435	164	2.7
	理　　系　　Ⅱ		41	129	121	43	2.8
	理　　系　　Ⅲ		90	283	275	96	2.9
人文・文化学群	人　文　学　類		45	153	147	52	2.8
	比 較 文 化 学 類		35	105	101	38	2.7
社会・国際学群	社　会　学　類		40	193	179	47	3.8
	国 際 総 合 学 類		36	140	137	38	3.6
人間学群	教　育　学　類		22	66	66	23	2.9
	心　理　学　類		26	122	110	27	4.1
	障 害 科 学 類		17	81	73	19	3.8
生命環境学群	生　物　学　類		17	47	46	17	2.7
	生 物 資 源 学 類		52	101	100	52	1.9
	地　球　学　類		21	54	51	21	2.4
理工学群	数　　学　　類		22	35	32	22	1.5
	物　理　学　類		20	82	78	21	3.7
	化　　学　　類		14	42	41	15	2.7
	応 用 理 工 学 類		49	133	132	49	2.7
	工 学 システム 学 類		55	170	165	55	3.0
	社 会 工 学 類		60	238	230	63	3.7
情報学群	情 報 科 学 類		43	126	118	47	2.5
	情報メディア創成学類		21	71	71	23	3.1
医学群	医　　学　　類		44	133	103	45	2.3
	医　学　類（地域枠）	全国	10	6	6	1	6.0
		茨城	8	30	29	8	3.6
	看　護　学　類		40	91	86	42	2.0
	医 療 科 学 類		15	36	35	15	2.3
体 育 専 門 学 群			140	472	420	151	2.8
芸 術 専 門 学 群			50	138	136	53	2.6
合　　計			1,315	4,141	3,935	1,383	—

（備考）合格者数には，追加合格者：総合選抜文系2名，理系Ⅱ2名，社会・国際学群社会学類
　　8名，国際総合学類3名，人間学群教育学類2名，生命環境学群生物学類1名，理工学群応
　　用理工学類2名，工学システム学類3名，情報学群情報メディア創成学類1名，医学群医療
　　科学類1名を含まない。

●後期日程

学群・学類		募集人員	志願者数	受験者数	合格者数	競争率
人文・文化学群	人 文 学 類	20	346	136	24	5.7
人間学群	教 育 学 類	3	22	9	3	3.0
	心 理 学 類	4	66	29	5	5.8
	障 害 科 学 類	3	23	11	3	3.7
生命環境学群	生 物 学 類	18	72	29	18	1.6
	生 物 資 源 学 類	15	113	38	15	2.5
	地 球 学 類	4	28	13	4	3.3
理工学群	物 理 学 類	10	100	48	10	4.8
	化 学 類	10	39	13	10	1.3
	応 用 理 工 学 類	22	96	26	20	1.3
	工 学 シ ス テ ム 学 類	20	173	56	20	2.8
	社 会 工 学 類	15	156	73	15	4.9
情報学群	知識情報・図書館学類	10	83	36	12	3.0
芸 術 専 門 学 群		5	87	30	7	4.3
合 計		159	1,404	547	166	―

(備考)

• 人文・文化学群比較文化学類および日本語・日本文化学類，社会・国際学群，理工学群数学類，情報学群情報科学類および情報メディア創成学類，医学群，体育専門学群では実施されていない。

• 合格者数には，追加合格者：人間学群障害科学類 1 名，生命環境学群生物学類 2 名，理工学群物理学類 2 名，工学システム学類 3 名，社会工学類 1 名，芸術専門学群 1 名を含まない。

2021 年度　一般選抜状況

●前期日程

学群・学類			募集人員	志願者数	受験者数	合格者数	競争率
総合選抜	文	系	128	291	275	139	2.0
	理　系	Ⅰ	154	431	421	161	2.6
	理　系	Ⅱ	41	166	158	43	3.7
	理　系	Ⅲ	90	246	245	95	2.6
人文・文化学群	人　文　学　類		45	150	145	51	2.8
	比 較 文 化 学 類		35	97	95	38	2.5
社会・国際学群	社　会　学　類		40	358	319	43	7.4
	国 際 総 合 学 類		36	129	124	45	2.8
人間学群	教　育　学　類		22	83	78	23	3.4
	心　理　学　類		26	151	140	28	5.0
	障　害　科　学　類		17	33	32	17	1.9
生命環境学群	生　物　学　類		14	32	32	14	2.3
	生 物 資 源 学 類		52	153	152	52	2.9
	地　球　学　類		21	79	77	21	3.7
理工学群	数　　学　　類		22	68	68	22	3.1
	物　理　学　類		20	74	71	20	3.6
	化　　学　　類		14	42	41	14	2.9
	応 用 理 工 学 類		49	111	105	49	2.1
	工 学 シ ス テ ム 学 類		55	157	155	59	2.6
	社　会　工　学　類		60	216	211	63	3.3
情報学群	情　報　科　学　類		42	127	126	45	2.8
	情報メディア創成学類		20	73	70	22	3.2
医学群	医　　学　　類		44	158	105	50	2.1
	医　学　類（地　域　枠）	全国	10	18	17	2	8.5
		茨城	8	30	26	8	3.3
	看　護　学　類		40	97	94	42	2.2
	医　療　科　学　類		15	45	42	15	2.8
体　育　専　門　学　群			140	437	430	149	2.9
芸　術　専　門　学　群			50	122	121	52	2.3
合　　計			1,310	4,174	3,975	1,382	―

（備考）合格者数には，追加合格者：総合選抜理系Ⅱ2名，社会・国際学群社会学類7名，人間学群障害科学類1名，生命環境学群生物学類1名，生物資源学類3名，地球学類1名，理工学群数学類1名，物理学類1名，化学類2名，応用理工学類3名，工学システム学類2名，情報学群情報科学類1名，医学群医学類2名を含まない。

●後期日程

学群・学類	募集人員	志願者数	受験者数	合格者数	競争率
人文・文化学群 人文学類	20	235	83	24	3.5
人間学群 教育学類	3	28	10	3	3.3
心理学類	4	65	39	4	9.8
障害科学類	3	13	5	3	1.7
生命環境学群 生物学類	18	105	46	18	2.6
生物資源学類	15	105	53	15	3.5
地球学類	4	33	14	5	2.8
理工学群 物理学類	10	128	49	10	4.9
化学類	10	63	20	10	2.0
応用理工学類	22	167	52	22	2.4
工学システム学類	20	208	71	20	3.6
社会工学類	15	182	84	15	5.6
情報学群 知識情報・図書館学類	10	86	43	13	3.3
芸術専門学群	5	117	9	5	1.8
合計	159	1,535	578	167	―

（備考）
• 人文・文化学群比較文化学類および日本語・日本文化学類，社会・国際学群，理工学群数学類，情報学群情報科学類および情報メディア創成学類，医学群，体育専門学群では実施されていない。
• 合格者数には，追加合格者：人文・文化学群人文学類2名，生命環境学群生物学類1名，生物資源学類4名，理工学群物理学類3名，化学類1名，応用理工学類3名，工学システム学類7名，社会工学類2名を含まない。

📊 合格者最低点・平均点（一般選抜）

○合格者最低点・平均点に追加合格者は含まない。
○合格者（追加合格者は含まない）が10人以下の学群・学類については公表しない。

2024 年度 合格者最低点・平均点

学群・学類		前期日程			後期日程		
		配点	最低点	平均点	配点	最低点	平均点
総合選抜	文　　　　　系	2,400	1,633	1,714.7			
	理　系　　Ⅰ	2,400	1,590	1,703.4			
	理　系　　Ⅱ	2,400	1,585	1,682.1			
	理　系　　Ⅲ	2,400	1,564	1,709.5			
人文・文化学群	人　文　学　類	2,700	1,818	1,905.4	1,100	865	900.1
	比 較 文 化 学 類	1,800	1,232	1,308.9			
社会・国際学群	社　会　学　類	1,250	934	998.5			
	国 際 総 合 学 類	1,300	956	1,033.1			
人間学群	教　育　学　類	1,000	745	777.6	550	－	－
	心　理　学　類	1,000	758	791.0	550	－	－
	障　害　科　学　類	1,000	728	773.4	550	－	－
生命環境学群	生　物　学　類	1,800	1,293	1,370.6	1,100	855	890.3
	生 物 資 源 学 類	1,800	1,248	1,306.8	1,000	741	765.1
	地　球　学　類	2,000	1,391	1,459.6	1,200	－	－
理工学群	数　　学　　類	2,400	1,557	1,727.6			
	物　理　学　類	2,400	1,621	1,773.1	1,000	846	872.9
	化　　学　　類	2,400	1,705	1,809.1	950	－	－
	応 用 理 工 学 類	2,400	1,654	1,745.2	1,050	854	892.0
	工 学 システム 学 類	2,400	1,644	1,760.1	800	659	687.3
	社 会 工 学 類	2,000	1,491	1,576.4	1,360	1,071	1,097.6
情報学群	情　報　科　学　類	2,500	1,845	1,986.1			
	情報メディア創成学類	1,700	1,258	1,372.1			
	知識情報・図書館学類				1,100	810	854.3

（表つづく）

学群・学類			前期日程			後期日程		
			配点	最低点	平均点	配点	最低点	平均点
医学群	医学類		2,300	1,849	1,907.6			
	医学類 （地域枠）	全国	2,300	—	—			
		茨城	2,300	—	—			
	看護学類		1,700	1,083	1,169.4			
	医療科学類		1,700	1,163	1,203.8			
体育専門学群			1,400	1,040	1,094.6			
芸術専門学群			1,400	1,034	1,098.1	600	—	—

2023 年度 合格者最低点・平均点

学群・学類			前期日程			後期日程		
			配点	最低点	平均点	配点	最低点	平均点
総合選抜	文　　　　　系		2,400	1,552	1,691.2			
	理　　系　　I		2,400	1,574	1,723.2			
	理　　系　　II		2,400	1,592	1,745.1			
	理　　系　　III		2,400	1,653	1,762.8			
人文・文化学群・社会・国際学群	人　文　学　類		2,700	1,758	1,894.1	1,100	855	878.0
	比 較 文 化 学 類		1,800	1,199	1,281.3			
	社　会　学　類		1,250	958	1,020.3			
	国 際 総 合 学 類		1,300	985	1,042.6			
人間学群	教　育　学　類		1,000	728	780.8	550	—	—
	心　理　学　類		1,000	745	787.2	550	—	—
	障　害　科　学　類		1,000	708	774.2	550	—	—
生命環境学群	生　物　学　類		1,800	1,252	1,333.6	1,100	742	840.1
	生 物 資 源 学 類		1,800	1,233	1,304.0	1,000	741	764.5
	地　球　学　類		2,000	1,300	1,421.9	1,200	—	—
理工学群	数　　学　　類		2,400	1,624	1,722.0			
	物　理　学　類		2,400	1,748	1,828.6	1,000	—	—
	化　　学　　類		2,400	1,611	1,778.6	950		
	応 用 理 工 学 類		2,400	1,634	1,760.6	1,050	854	893.0
	工 学 シ ス テ ム 学 類		2,400	1,697	1,818.8	800	645	685.4
	社　会　工　学　類		2,000	1,492	1,569.6	1,360	1,085	1,122.7
情報学群	情　報　科　学　類		2,500	1,780	1,927.1			
	情報メディア創成学類		1,700	1,270	1,333.6			
	知識情報・図書館学類					1,100	846	885.1
医学群	医　　学　　類		2,300	1,790	1,883.2			
	医　学　類（地　域　枠）	全国	2,300	—	—			
		茨城	2,300	—	—			
	看　護　学　類		1,700	1,111	1,179.4			
	医　療　科　学　類		1,700	1,117	1,195.4			
体　育　専　門　学　群			1,400	1,038	1,090.9			
芸　術　専　門　学　群			1,400	985	1,077.4	600	—	—

2022 年度 合格者最低点・平均点

学群・学類			前期日程			後期日程		
			配点	最低点	平均点	配点	最低点	平均点
総合選抜	文 系		2,400	1,538	1,623.4			
	理 系 I		2,400	1,481	1,594.5			
	理 系 II		2,400	1,437	1,566.3			
	理 系 III		2,400	1,459	1,611.6			
人文・文化学群・社会・国際学群	人 文 学 類		2,700	1,677	1,795.6	1,100	816	847.7
	比 較 文 化 学 類		1,800	1,111	1,188.7			
	社 会 学 類		1,250	817	887.3			
	国 際 総 合 学 類		1,300	905	954.7			
人間学群	教 育 学 類		1,000	690	724.9	550	446	452.0
	心 理 学 類		1,000	696	744.3	550	441	452.2
	障 害 科 学 類		1,000	672	713.2	550	435	439.0
生命環境学群	生 物 学 類		1,800	1,107	1,204.6	1,100	732	815.2
	生 物 資 源 学 類		1,800	1,095	1,193.8	1,000	678	721.7
	地 球 学 類		2,000	1,248	1,345.5	1,200	889	929.0
理工学群	数 学 類		2,400	1,368	1,578.0			
	物 理 学 類		2,400	1,525	1,633.2	1,000	849	868.7
	化 学 類		2,400	1,491	1,598.1	950	617	730.7
	応 用 理 工 学 類		2,400	1,526	1,637.0	1,050	709	838.9
	工 学 システム 学 類		2,400	1,542	1,652.2	800	622	654.4
	社 会 工 学 類		2,000	1,334	1,408.7	1,360	968	1,018.3
情報学群	情 報 科 学 類		2,500	1,575	1,715.9			
	情報メディア創成学類		1,700	1,143	1,231.5			
	知識情報・図書館学類					1,100	796	841.6
医学群	医 学 類		2,300	1,709	1,791.0			
	医 学 類 (地 域 枠)	全国	2,300	—	—			
		茨城	2,300	—	—			
	看 護 学 類		1,700	1,081	1,143.5			
	医 療 科 学 類		1,700	1,011	1,105.4			
体 育 専 門 学 群			1,400	1,012	1,068.6			
芸 術 専 門 学 群			1,400	980	1,051.1	600	503	518.7

2021 年度　合格者最低点・平均点

学群・学類		前期日程			後期日程		
		配点	最低点	平均点	配点	最低点	平均点
総合選抜	文　　　　　系	2,400	1,549	1,670.8			
	理　　系　　Ⅰ	2,400	1,562	1,665.9			
	理　　系　　Ⅱ	2,400	1,479	1,593.7			
	理　　系　　Ⅲ	2,400	1,479	1,610.1			
人文・文化学群	人　文　学　類	2,700	1,726	1,838.1	1,100	760	808.4
	比 較 文 化 学 類	1,800	1,207	1,289.3			
社会・国際学群	社　会　学　類	1,250	946	990.2			
	国 際 総 合 学 類	1,300	941	1,007.2			
人間学群	教　育　学　類	1,000	743	784.1	550	—	—
	心　理　学　類	1,000	764	788.1	550	—	—
	障　害　科　学　類	1,000	669	734.6	550	—	—
生命環境学群	生　物　学　類	1,800	1,208	1,283.9	1,100	871	910.2
	生 物 資 源 学 類	1,800	1,165	1,233.3	1,000	756	775.9
	地　球　学　類	2,000	1,366	1,448.6	1,200	—	—
理工学群	数　　学　　類	2,400	1,572	1,698.1			
	物　理　学　類	2,400	1,521	1,637.9	1,000	—	—
	化　　学　　類	2,400	1,533	1,662.8	950	—	—
	応 用 理 工 学 類	2,400	1,505	1,643.4	1,050	888	922.9
	工 学 シ ス テ ム 学 類	2,400	1,583	1,692.3	800	664	689.5
	社　会　工　学　類	2,000	1,357	1,443.4	1,360	1,092	1,135.2
情報学群	情　報　科　学　類	2,500	1,702	1,817.5			
	情報メディア創成学類	1,700	1,216	1,310.7			
	知識情報・図書館学類				1,100	886	920.5
医学群	医　　学　　類	2,300	1,731	1,809.3			
	医 学 類（地 域 枠） 全国	2,300	—	—			
	医 学 類（地 域 枠） 茨城	2,300	—	—			
	看　護　学　類	1,700	1,130	1,190.4			
	医　療　科　学　類	1,700	1,096	1,191.5			
体　育　専　門　学　群		1,400	1,070	1,112.2			
芸　術　専　門　学　群		1,400	989	1,079.7	600	—	—

募集要項の入手方法

　インターネット出願が導入されており，冊子体での学生募集要項の発行はありません。詳細は大学ホームページで確認してください。

問い合わせ先

　筑波大学　教育推進部入試課

　　〒305-8577　茨城県つくば市天王台1丁目1-1

　　電話　029（853）6007

　　FAX　029（853）6008

　　※受付時間：9：00〜12：00，13：15〜17：00（土・日・祝日除く）
　　　問い合わせは，原則として志願者本人が行うこと。

　　ホームページ　https://www.tsukuba.ac.jp/

 筑波大学のテレメールによる資料請求方法

| スマートフォンから | QRコードからアクセスしガイダンスに従ってご請求ください。 |
| パソコンから | 教学社 赤本ウェブサイト(akahon.net)から請求できます。 |

合格体験記
募集

　2025年春に入学される方を対象に，本大学の「合格体験記」を募集します。お寄せいただいた合格体験記は，編集部で選考の上，小社刊行物やウェブサイト等に掲載いたします。お寄せいただいた方には小社規定の謝礼を進呈いたしますので，ふるってご応募ください。

● 応募方法 ●

下記URLまたはQRコードより応募サイトにアクセスできます。
ウェブフォームに必要事項をご記入の上，ご応募ください。
折り返し執筆要領をメールにてお送りします。

※入学が決まっている一大学のみ応募できます。

☞ **http://akahon.net/exp/**

● 応募の締め切り ●

総合型選抜・学校推薦型選抜 ……………… 2025年2月23日
私立大学の一般選抜 ………………………… 2025年3月10日
国公立大学の一般選抜 ……………………… 2025年3月24日

受験にまつわる川柳を募集します。
入選者には賞品を進呈！
ふるってご応募ください。

応募方法 http://akahon.net/senryu/ にアクセス！☞

気になること、聞いてみました！

在学生メッセージ

大学ってどんなところ？　大学生活ってどんな感じ？
ちょっと気になることを，在学生に聞いてみました。

以下の内容は 2021〜2023 年度入学生のアンケート回答に基づくものです。ここ
で触れられている内容は今後変更となる場合もありますのでご注意ください。

Message from current students

メッセージを書いてくれた先輩　[人文・文化学群] S.A. さん　Y.T. さん　[総合学域群] T.T. さん
[人間学群] I.K. さん　[理工学群] H.O. さん　T.T. さん
[医学群] K.T. さん　H.T. さん

 ## 大学生になったと実感！

　大学生になったなと実感したことは，自分で履修を決めること（必修の
授業もある）です。入学式は，まだ高校の延長線上のような気分だったの
ですが，入学後にすぐ行われる履修登録において，自分で自分の学ぶこと
を決めなければならず，そのときに大学生になったのだと実感しました。
また，高校までと変わったところは，タスク管理の重要度です。高校生の
ときは，提出日を先生が再アナウンスしてくれたり，提出が遅れても受け
取ってくれたりすることが多いのではないでしょうか。しかし，大学では
そのようなことはまずしてくれません。締め切りを過ぎた場合は課題をま
ったく受け取らないという授業もあります（つまり落単します）。成績お
よび大学生活に大きな影響が出るので，タスク管理が高校生のときよりず
っと重要になりました。（Y.T. さん／人文・文化）

　やっぱり「自由」が多いと感じます。高校までのようなクラス内の関わり合いはなく，各々が好きなように過ごしています。しかし，友達を作りたいならサークルに入ったり，同じ学類の人に話しかけたりするなど積極性が必要なのが少しデメリットです。また，課題を出さなくても，出席しなくても何も言われません。ただ単位を落とすだけです。大学生になり自由も増えましたが，その分の責任は自分でもつ必要があります。(I.K. さん／人間)

大学生活に必要なもの

　自制心です。大学生活は良くも悪くも非常に「自由」です。学業においても，コツコツと努力することも怠けることもできてしまいます。また生活面でも，一人暮らしとなると特に，うっかり夜更かししてしまったり，食生活が乱れてしまったりと，生活リズムがかんたんに崩れます。私自身も気づけば睡眠時間がかなり少なくなっていて，これはまずいと改善策を模索しています。受験期にももちろん自制心は必要ですが，それ以上に節度をもった生活を送るためには，自制心をしっかりもつ必要があると思います。(S.A. さん／人文・文化)

　大学生に必要なもので，新たに購入したのは自分用のパソコン＆自転車です。パソコンは，オンデマンド授業，課題・レポートの作成および提出，授業の板書を取る，資料を見る，などさまざまな場面で必須アイテムです。大学内で持ち歩くため，軽量で薄型のパソコンがおすすめです。パソコンは使用頻度が高いため，自分用のものを購入することをすすめます。自転車は筑波大生必須アイテム（通称：人権）です。これがないと授業間の移動，通学，日々の暮らしに困ります。大学循環バスもありますが，バス停から建物が遠いことがあったり，都合のいい時間にバスが来るとは限らなかったりするため，自転車移動をする学生が多いです。ちなみに，筑波大学近くのお店で自転車を購入する学生が多いようです。(Y.T. さん／人文・文化)

この授業がおもしろい！

やはり，自分の専攻分野である看護の授業が一番楽しいです。まだ１年生ということもあり，深い内容には触れていませんが，人間の体の構造や機能を学んだり，看護とはいったい何なのかといった簡単なようで難しい答えのない問いについて理解を深めたりしています。（K.T. さん／医）

今のところ，私の一番好きな授業は英語の授業です。高校までの英語の授業では Speaking よりは Reading や Listening に重きを置いていましたが，私が受けている授業ではグループディスカッションが必ず実施されます。Speaking に慣れていない人は英語を話す機会が少ない人だと思います。この授業で英語を話す機会を得るとともに，話すテクニックを教わることができました。（T.T. さん／総合）

つくばロボットコンテストという授業があります。グループに分かれて，それぞれロボットを自主製作し，12月に行われるグランドフィナーレで優勝を目指します。とても大変ですが，グループの先輩が丁寧に教えてくださり，ロボットや機械を作るということについて，非常に勉強になる授業です。（H.O. さん／理工）

 ## 大学の学びで困ったこと

他学類の講義を幅広く取ることができますが，他学類のレポート・試験が非常に難しく感じます。私は教員免許（中学社会，高校地歴）を取得する予定ですが，社会学類や地球学類の講義が必修になっています。教職課程の必修科目だからといって難易度が調整されているかといえばそうでないことも多々あり，毎度苦労しています。（S.A. さん／人文・文化）

Message from current students

部活・サークル活動

　管弦楽団や医学系のサークルに所属しています。活動は週3で行っているものもあれば，不定期で開催されるものもあります。医学系のサークルでは主に医学群に所属する人たちと，管弦楽団では学群・学類を越えてさまざまな人たちと活動しており，どちらも新鮮で楽しいです。(K.T. さん／医)

 ## 交友関係は？

　入学式およびその後のオリエンテーションで主な交友関係を築きました。自分から声をかけに行くことが大事です。私は声かけをするのが苦手なタイプですが，勇気を出して，1人でいる人や気が合いそうな人に声をかけに行きました。新入生向けの授業であるファーストイヤーセミナーは，高校のホームルームのようなもので，交友関係を広げるよい機会です。同じ授業を履修していて交友関係が生まれることもありました。また，サークル・委員会に所属して，他学類の人・先輩と交友関係を築きました。大学では基本的に個人行動が高校より（否応なしに）増えるので，友人・先輩は心強い味方になります。(Y.T. さん／人文・文化)

 ## いま「これ」を頑張っています

　いま頑張っていることは，オンライン英会話です。大学では外国人と話す機会が高校と比べて多いので，もっと話せるようになりたいと思い始めました。また，自分の強みを作りたいなと思ったのもオンライン英会話を始めた理由です。大学にはいろいろなスキルをもった学生がいて，とても刺激になります。みなさんも自分の得意分野を見つけて伸ばしましょう！(T.T. さん／総合)

　大学の勉強と塾講師のバイトをいまは頑張っています。大学の成績が良いと，大学院に進むときに自分の希望の研究室に入れたり，推薦で入ることができるからです。塾講師のほうは，自分が教師志望ということもあり，生徒にどのように教えたらよいかを常に考えるのが楽しく，難しくもあります。(T.T. さん／理工)

おススメ・お気に入りスポット

　比較文化学類の講義が多い第二エリアの近くにある芝生がお気に入りです。大学構内にあるパン屋で買った昼食をそこで食べることが多いほか，夕方になると風が心地いいのでそこで読書をすることもあります。目の前に噴水があり，それを眺めながら昼食を取ったり読書をするのはいい気分転換になります。(S.A. さん／人文・文化)

　大学の近くにある松見公園という公園がお気に入りです。つくばは自然が多くて，人も穏やかで，とっても素敵な土地です。この松見公園では，そんなつくばのよさに触れられるので好きです。特に展望台の近くでは爽やかな風が気持ちよく，何も考えずにぼーっできる時間が魅力的です。また，筑波大学のある場所は，街全体にたくさんの研究施設があるので，街を歩いているだけでなんだかわくわくします。(K.T. さん／医)

　図書館です。キャンパスの中に図書館が合計 4 つあり，蔵書数は日本トップクラスだと思います。私はよく，中央図書館を利用しています。図書館には自習スペースがあり，コンセントも完備してあるので，自習場所としても最適です。中央図書館入り口にはスターバックスコーヒーの店舗があり，休憩もできます。(H.O. さん／理工)

普段の生活で気をつけていることや心掛けていること

何か悩みがあったら，友達・先輩に相談し，助けを求めることです。自分以外の目線からのアドバイスは非常に役に立ちます。何事も1人でためこまないことが大事です。（Y.T. さん／人文・文化）

生活リズムを崩さないようにすることです。大学は高校までと違い，毎朝何時に行かなくてはならないという決まりはありません。授業がないと遅くまで寝てしまい，その影響で夜眠れなくなるという悪循環に陥りがちなので，授業の有無にかかわらず早寝早起きを心掛けています。（H.T. さん／医）

規則正しい生活と3食は必ずとるようにしています。他にしいて言うならば，課題や授業に余裕のあるときはジムに行って運動していることくらいです。（T.T. さん／理工）

 ## 入学してよかった！

いろんな専攻分野の人たちと話すことができるのが筑波大学の魅力だと思います。総合大学は全国にたくさんありますが，キャンパスが分かれているところが多く，同じ大学でもあまり関わりがないことが多いようです。しかし，筑波大学は大きな1つのキャンパスでみんなで学んでいるため，自然と何かしらのつながりで他学群の人たちと話すことができます。自分とは違う視点をもっている人たちが多いので，将来看護師になるにあたってもいい経験ができていると思うし，自分の視野が広がります。（K.T. さん／医）

高校生のときに「これ」をやっておけばよかった

　読書をもう少ししておけばよかったと思います。私自身，まったくしていなかったわけではないのですが，友人と話をしていて，そこから窺えるこれまでの読書量とそれに対しての見聞の広さに日々圧倒されています。ジャンルにとらわれず，興味がある分野の本を手に取ることをおすすめします。見聞を広めるだけではなく，自分自身の意識していなかった興味・関心に気づくことにもつながります。（S.A. さん／人文・文化）

　英語の勉強とスポーツです！　英語に関しては，ある一定の資格を取っていれば授業の免除があるからです。また，私の学類では多くの人が運動部に所属するため，得意なスポーツが1つでもあればよかったなと感じています。（H.T. さん／医）

Message from current students

合格体験記

　みごと合格を手にした先輩に，入試突破のためのカギを伺いました。入試までの限られた時間を有効に活用するために，ぜひ役立ててください。

　（注）ここでの内容は，先輩方が受験された当時のものです。2025年度入試では当てはまらないこともありますのでご注意ください。

・アドバイスをお寄せいただいた先輩・

　M.N.さん　総合学域群（第3類）
　前期日程2024年度合格，茨城県出身

　過去問演習の量と質の両立を意識したことが合格の大きなポイントでした。学校や塾にあった赤本も利用して適度に量を担保し，解説や英語の長文の精読をじっくり行うことで質を高めました。難しくて解けなかった問題や，逆に平易と記載されているのに解けなかった問題にぶつかることもたくさんあると思います。しかしそこで落ち込みすぎずに，学校や塾の先生を最大限活用して一つずつ丁寧に克服していくのが大切です。

その他の合格大学　明治大（情報コミュニケーション〈共通テスト利用〉），同志社大（文化情報〈共通テスト利用〉），東京理科大（経営〈共通テスト利用〉）

H.H. さん　総合学域群（第2類）
前期日程 2022 年度合格，東京都出身

　共通テストでリードできたことが合格のポイントです。筑波大は共通テストの配点が高いので，1，2月も落ち着いて勉強することができました。次の受験生の方も早期から過去問を解くなどして頑張ってください！

その他の合格大学　東京理科大（理），日本大（理工〈共通テスト利用〉）

T.T. さん　総合学域群（第3類）
前期日程 2022 年度合格，東京都出身

　合格する上で最も大切なことは切り替える力です。必ずうまくいかないときが訪れます。そこでどれだけ早く気持ちを切り替えられるかが合否を分けると私は思います。受験当日に，「自分は今日までできる限りのことはやった」と思えるように受験勉強頑張ってください！

その他の合格大学　芝浦工業大（工），工学院大（情報）

H.O. さん　理工学群（工学システム学類）
前期日程 2022 年度合格，福岡県出身

　合格のポイントは，この1年間は誰よりも勉強すると決めて実行できたことです。朝8：30から夜22：00まで予備校から出ませんでした。今からでも遅くないです。勉強量だけは負けないようにしてください。

その他の合格大学　同志社大（理工），豊田工業大（工〈共通テスト利用〉）

○ **H.Ta. さん**　医学群（医学類）
前期日程 2022 年度合格，東京都出身

　合格のポイントは，うまくいかないことがあっても落ち込むのはその日だけ，と決めて気持ちを切り替え，成功につなげられたことだと思います。1 年間つらいこともたくさんありますが，たくさん周りを頼って，時にはリフレッシュして，乗り越えてください！

その他の合格大学　防衛医科大（医），順天堂大（医）

○ **K.S. さん**　総合学域群（第 3 類）
前期日程 2021 年度合格，神奈川県出身

　コロナ禍という条件は皆が同じだからこそ，自粛期間に誰よりも勉強すると覚悟を決めて，実際に勉強し続けたことが合格のポイントです。

○ **R.O. さん**　総合学域群（第 3 類）
前期日程 2021 年度合格，愛知県出身

　何よりも大切なのはあきらめないことです。模試が悪くてもギリギリまで志望校のレベルを下げてはいけません。「あきらめた」という過去をもってしまうと，その後の勉強にも支障が出てしまいます。

富永拓真さん　理工学群（数学類）
前期日程 2021 年度合格，市川高校（千葉県）卒

　合格のポイントは，無理をしないことです。無理をしてもいいことがないです。本当にやばいときは危機感がなんとかしてくれます。

その他の合格大学　東京理科大（理）（理工），立教大（理），明治大（総合数理〈共通テスト利用〉）

H. Te. さん　医学群（医学類）
前期日程 2021 年度合格，東京都出身

　一番大事なのは，何があっても腐らずに勉強し続けることです。勉強しているのに成績が上がらないこともあるかもしれませんが，手を動かし続けてください。そうすれば結果はおのずとついてくると思います。応援しています。

その他の合格大学　順天堂大（医），日本医科大（医）

Y. Y. さん　医学群（医療科学類）
前期日程 2021 年度合格，北海道出身

　最後まであきらめないことが大切だと思います。私は，共通テストの点数が目標の 8 割に届かず，1 週間ほど落ち込んでしまいました。しかし，例年の合格者最低点や平均点を赤本で調べることで，「まだ勝算はある」と前向きに勉強を再開することができました。

その他の合格大学　東洋大（生命科〈共通テスト利用〉）（理工〈共通テスト利用〉）

入試なんでも **Q&A**

受験生のみなさんからよく寄せられる，
入試に関する疑問・質問に答えていただきました。

 「赤本」の効果的な使い方を教えてください。

A　赤本振り返りノートを作り，不足知識や知らなかった英単語をまとめていました。繰り返し確認することができるのでおすすめです。また，毎回よかった点と改善すべき点を箇条書きでまとめると，冷静に自分を分析できるうえモチベーションにもつながります。そのほかに細かい工夫として，カラフルな付せんで年度ごとのインデックスをつけていたのですが，見るたびに達成感と「もっと頑張るぞ」という気合いが入りよかったと思います。
（M.N. さん／総合学域群）

A　私は赤本を 10 月に購入しましたが，夏休みに前の年に出た赤本を塾で借りて，1 年分時間を計って解いてみました。夏休みに解いたことによって，筑波大学は数学の範囲が限られていて傾向がつかみやすいことや，英語は長文読解がメインであることなどを知ることができました。夏休みには受ける科目すべてを 1 年分，秋には数学の問題を数問解きました。共通テスト前に，模試代わりに自分で通しで解いてみることもおすすめします。共通テスト後には赤本メインで勉強していき，解説を読んでもわからなかった箇所はすぐに先生に聞きに行きました。また，赤本には大学の過去問だけでなく，実際に合格した先輩方の体験談やアドバイスが掲載されており，モチベーションが下がったときなどに読んでいました。
（T.T. さん／総合学域群）

Q　1年間の学習スケジュールはどのようなものでしたか？

A　高3の10月くらいまでは基礎固めを中心に学校のワーク（重要問題集やスタンダード数学のA問題）で演習し，並行して地理の共通テスト対策の参考書を読み込んでいました。11・12月は共通テストの過去問演習に心血を注ぎ，二次試験の対策を本格的に始めたのはその後でした。10月頃になると周りの人たちが赤本を解き始めて焦りましたが，先生と相談した上で自分の状況をよくよく考慮してタイミングを決められました。本格的な演習とは別に，共通テスト対策の前に一度いくつかの志望校の過去問を解いて形式を見ました。　　　　　　（M.N. さん／総合学域群）

A　高校3年生のときは，センター試験の勉強を10月頃から始めたせいで，二次試験の対策が不十分になってしまいました。そのため，浪人が決まってからは，標準〜応用問題に対応できる二次力をつけることを目標に勉強しました。具体的には，3〜5月に英文法や数学の基礎問題などをやりこみ，6月頃からやや難しめの問題に手を出しました。しかし，夏期講習終盤の8月に，物理と数学がかなり足を引っ張っていると感じ，秋は物理をもう一度基礎から，数学は標準問題に戻って勉強しました。共通テスト対策は，12月中旬から本格的に行いましたが，英語のリスニングは普段から勉強し，1回読みなどに慣れるべきだと思いました。

　　　　　　　　　　　　　　　　　　　　　　　　　　（Y.Y. さん／医）

Q　学校外での学習はどのようにしていましたか？

A　理科において，教科書だけでは十分に理解するのに苦労することがあったので，自分の苦手な範囲や理解しきれていない範囲は，YouTube やスタディサプリなどを活用していました。社会科においては，学校の先生とはまた違った視点の授業を受けることで記憶に定着しやすくなるので，学校の授業から一定期間空けた後，映像授業を見ていました。ある程度頭に知識がある状態で見ると，細かい情報まで頭に入りやすいで

す。塾などには通っていませんでした。　　　　　（R.O. さん／総合学域群）

 筑波大学を攻略する上で，特に重要な科目は何ですか？ またその科目に対してどのような勉強をしましたか？

A　英語です。数学や理科は基本的な問題が多く，ある程度勉強した人の間では差がつかないと思いますが，英語は難しい長文や英作文が出題されることもたまにあるためです。特に2022年度の長文問題はレベルが高く，本文を英語で要約する新傾向の問題も出題されたため，差がかなり開いたと思います。私は英作文が苦手だったため，その対策に力を入れました。予備校の和文英訳のテキストを解き直して，最終的に暗記しました。英作文は自分で一から文を構成するのではなく，覚えてきた自信のある文をベースにして書くのがおすすめです。

（H.H. さん／総合学域群）

A　物理です。物理の授業が共通テスト前にギリギリで終わるという高校も少なくはないと思うので，物理を苦手とする受験生は多いのではないかと思います。しかし，筑波大学の物理は入試問題にしては標準〜平易な問題が多いです。したがって，浪人生からすると現役生と大きく差がつけられる科目です。全分野が収録されている標準レベルの問題集1冊を完璧にすることを目標にするといいと思います。具体的な達成度としては，問題集の問題は見たら答えが思いつくレベル，答えの導出過程を暗記するレベルです。　　　　　　　　　　　　　　　　　（H.O. さん／理工）

 苦手な科目はどのように克服しましたか？

A　解法暗記や公式暗記など小手先の技に頼らず，基本問題を繰り返し解くことで，なぜそうなるのかということをしっかり理解してから応用問題に手をつけるようにしていました。本番が迫ってきて難しい問題を解こうと思っても，基礎が固まっていないと意味はありませんし，模範解答を見ても「へえ」で終わってしまい，できた気になってしまいます。

自分で初めから解答を完成できるようにしないと,「できた」とはいえません。基礎力があると初見の問題でも応用が利きます。

(R.O. さん／総合学域群)

　模試の上手な活用法を教えてください。

　模擬試験は自分の弱点や得意なところが明確に出るので, できたところは自分の自信にし, できなかったところは模擬試験を受けた次の日にすぐに復習に取りかかりました。まず問題の解答を見たり解き直したりしてどうしてその問題ができなかったのかを徹底的に分析して, その原因を改善するために, 今まで使った問題集などで類題を探して解き直したりしました。例えば知識不足なら, その知識だけではなく周辺の知識も同時に覚え直したり, 計算ミスならば, 時間がなくてミスしたのか注意不足でミスしてしまったのかについて明確にし, それ以降それを意識しながら問題に挑むことにしたりしました。　　　　　　　(富永さん／理工)

　併願をする大学を決める上で重視したことは何ですか？
また, 注意すべき点があれば教えてください。

　他の大学に落ちたときに本当に進学する気があるのか, をまず第一に考えました。私大医学部は学費はもちろん受験料も決して安くはないので, カリキュラムなどを踏まえ, 受かったら行く大学だけを受験しました。日程はたまたま1週間おきだったのですが, それでも私は少しキツかったので, たくさんの大学を受験する人は自分の体力や過去問のことを考慮した方がよいと思います。また, 2つの大学の面接の日程が被ってしまったという話も聞いたので, 取捨選択しなければいけないことがあることを頭に入れておきましょう。　　　　　　　(H.Ta. さん／医)

> ## Q 試験当日の試験場の雰囲気はどのようなものでしたか？
> 緊張のほぐし方，交通事情，注意点等があれば教えてください。

A　試験会場に着くと，全員賢そうに見えてとても緊張します。使い慣れた参考書や暗記事項のリストの再確認で心を落ち着けるためにも，早めに会場に入ることが重要です。とにかく，弱気にならないように自分にあった方法で自信を保ちましょう。また，個人的な工夫としては，休憩時間にお菓子を食べて緊張をほぐしました。いつも食べているお気に入りのお菓子を食べると条件反射で安心できるのでおすすめです。

（M.N. さん／総合学域群）

A　私はホテルの送迎バスで向かったので何も困ることはありませんでしたが，駅からのバスに乗る場合はとても混むので，早めに出発する必要があるようです。試験場が開くまでは外で待たされるので防寒着は必須です。また，私は大学内で飲み物を買うつもりでいたのですが，生協は開いておらず，自販機もかなり少ないように見えたので，事前に飲み物と昼食は買っておくべきだと思います。私の試験場には大きい教室と小さい教室があり，私は小さい教室でした。教室内は 20 人から 30 人くらいだったと思います。あまり，試験場という感じがしなくて，ほとんど緊張せずに試験に臨めました。試験場がとても暑かったので，試験監督に試験中に伝えたら，対応していただけました。少しでも暑い，寒いと感じたら伝えるべきだと思います。

（H.H. さん／総合学域群）

> ## Q 面接の内容はどのようなものでしたか？

A　面接官 2 人，約 10 分の個人面談。張り詰めた雰囲気だったが，面接官の方は圧迫してくる様子はなく，優しかった印象がある。60 人くらいが前半，残りが後半に分けられた。

- 医学部の志望動機は？
  → 祖父をがんで亡くしたときに最期に立ち会えなかった。その体験から，患者さんに寄り添えるような医師になりたいと思った。

- 筑波大学の志望動機は？
　→少人数授業，クリニカルクラークシップの期間が長いこと，広大なキ
　　ャンパスで運動できる環境が整っていること。
- 自己紹介をしてください。
- 年齢が上がれば救急を続けるのは難しくなると思うが，どうするか。
　→地域医療分野に従事できればいいと思う。　　　　　（H.Te. さん／医）

 どのような面接対策をしましたか？

A　私大も受験しており，ある程度面接には慣れてきていたので，練習は塾で一度模擬面接をしただけでした。学科試験が終わった後，ホテルで学校や塾の先輩の体験記や代々木ゼミナールの『医学部面接ノート』を見て，聞かれそうな質問の答えを考えました。筑波大では特別な知識が必要なことはあまり聞かれないようだったので，そのような対策はしなかったのですが，自分が行きたい科についてのニュースくらいは調べておいたほうがよいかもしれません。　　　　　　　　　（H.Ta. さん／医）

 受験生へアドバイスをお願いします。

A　周りの人と比べないでください。「過去の自分を超える」これを目標にするほうが，勉強のモチベーションが続きやすいです。自分を信じてください。何の根拠も必要ありません。「私は合格する」と思ってください。二次試験前に，「私はできる限りのことはやった」と思えるように勉強してください。そうすれば，受験後に後悔することはないと思います。そして，苦しいときは先生や友達に相談してください。きっと力を貸してくれます。応援しています。　　　　　　（T.T. さん／総合学域群）

科目別攻略アドバイス

みごと入試を突破された先輩に，独自の攻略法や
おすすめの参考書・問題集を，科目ごとに紹介していただきました。

英　語

　試験時間はそこまでシビアではありませんが，本番で詰まったときに焦らないためにも過去問を解くときに自分に合った時間配分を設定しておくとよいです。私は大問ごとに 30 分，30 分，40 分（＋20 分は見直しや飛ばした問題を解く）の配分で解くようにしていました。答え合わせの後に振り返るときは本文を和訳と照らし合わせて精読し，文構造がよくわからないときは，すかさず先生に質問しました。英作文は学校の日本人の先生と ALT の先生両方に添削してもらいました。　　（M.N. さん／総合学域群）

📖 **おすすめ参考書**　『入試必携 英作文 Write to the Point』（数研出版）

　難しい単語や文法はあまり出ないので，単語帳を完璧にし，記号問題は落とさないことを意識したほうがよいと思います。説明問題も近くにわかりやすい目印があることが多いので，ほとんどはそこを正確に和訳すれば解答できます。　　　　　　　　　　　　　　　　　　　（H.Ta. さん／医）

📖 **おすすめ参考書**　『英単語ターゲット 1900』（旺文社）

数　学

　とにかくたくさんの過去問やワークを解きましょう。もちろん解法パターンの暗記だけでは筑波大の数学は解けませんが，そもそもの引き出しが十分にないと思考のとっかかりが見つけにくいです。私は二次対策を始めたときはまだ演習量が全く足りていなかったので，数学だけ過去問を 20年分くらい解いて盤石にしました。　　　　　　（M.N. さん／総合学域群）

📖 **おすすめ参考書**　『オリジナル・スタンダード　数学演習Ⅲ　受験編』
（数研出版）

　筑波大学の数学は非常に傾向がつかみやすいです。赤本を実際に解いてから二次試験対策を始めましょう。特に微・積分法が大切です。

（T.T. さん／総合学域群）

📖 **おすすめ参考書**　『数学のトリセツ！』シリーズ（Next Education）

（　**物　理**　）

　試験時間は理科 2 科目で 120 分なのでかなり時間がシビアです。私は物理の立式や計算に時間がかかるので物理に少し多めに時間をかけました。大問 1 問 15 分を目安に，方針が見えたときは一気に解き，詰まったら飛ばして後で解く方法をとっていました。　　　（M.N. さん／総合学域群）

📖 **おすすめ参考書**　『リード α 物理基礎・物理』（数研出版）

　物理は標準〜やや平易な問題傾向が続いています。めちゃくちゃ難しい問題が出るということではないと思うので，焦らず，問題設定だけは確実に把握しましょう。それから，要点を記述する欄があります。要点だけでいいので，日頃から答えを導いた過程の記述をすることを意識したほうがいいです。　　　　　　　　　　　　　　　（H.O. さん／理工）

📖 **おすすめ参考書**　『良問の風　物理』（河合出版）

（　**化　学**　）

　時間がシビアなので，知識問題や少し考えれば解ける問題はテンポよく解きます。わからない問題は即座に見極めて飛ばし，後から戻って解く方法がよいです。　　　　　　　　　　　　　（M.N. さん／総合学域群）

おすすめ参考書　『実戦　化学重要問題集　化学基礎・化学』（数研出版）

　化学反応式は，半反応式を組み合わせて作ることを意識すると，暗記量が減ってよいと思います。そのためには，下に挙げた参考書がとても役立ちました。

（H.H. さん／総合学域群）

📖 **おすすめ参考書** 『福間の無機化学の講義』（旺文社）

生　物

　問題により，難易度のばらつきが大きいので，医学部以外では 80 ％以上を狙わず，取れる問題で稼いでいくほうがコスパはよいと思います。

（K.S. さん／総合学域群）

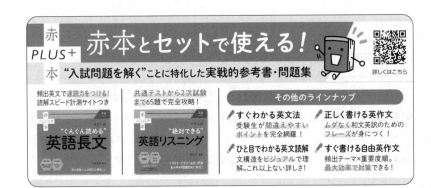

TREND & STEPS

傾 向 と 対 策

　科目ごとに問題の「傾向」を分析し，具体的にどのような「対策」をすればよいか紹介しています。まずは出題内容をまとめた分析表を見て，試験の概要を把握しましょう。

=== 注　意 ===

　「傾向と対策」で示している，出題科目・出題範囲・試験時間等については，2024 年度までに実施された入試の内容に基づいています。2025 年度入試の選抜方法については，各大学が発表する学生募集要項を必ずご確認ください。

=== 来年度の変更点 ===

　2025 年度入試では以下の変更が予定されている（本書編集時点）。
- 前期日程人間学群障害科学類の選択科目から「数学Ⅰ・Ⅱ・A・B・C」がなくなり，「日本史探究，世界史探究，地理探究，倫理，『数学Ⅰ・Ⅱ・Ⅲ・A・B・C』，『物理基礎・物理』，『化学基礎・化学』，『生物基礎・生物』，『地学基礎・地学』，『論理国語・文学国語・古典探究』から 1 科目選択」となる。

英 語

年度	番号	項目	内容
2024	〔1〕	読　解	内容説明（30字2問，50字），空所補充，セクションの主題，出来事の配列
	〔2〕	読　解	空所補充，内容説明（20字3問，40字，45字2問）
	〔3〕	［A］読解 ［B］英作文	語句整序 意見論述（80語）
2023	〔1〕	読　解	内容説明（30・40・50・70字他），空所補充
	〔2〕	読　解	内容説明（30・40・50・60字），空所補充（語形変化を含む）
	〔3〕	［A］読解 ［B］英作文	語句整序 意見論述（80語）
2022	〔1〕	読　解	共通語による空所補充，内容説明（40字2問，60字2問，80字），同意表現
	〔2〕	読　解	同意表現，内容説明（50字2問，70・90字他），空所補充
	〔3〕	［A］読　解 ［B］英作文	語句整序 要約（50語），意見論述（50語）
2021	〔1〕	読　解	同意表現，内容説明（20・25・50字，40字2問），空所補充
	〔2〕	読　解	内容説明（30・35字，40字2問他），同意表現，空所補充
	〔3〕	［A］読　解 ［B］英作文	語句整序 意見論述（100語）

読解英文の主題

年度	番号	主題
2024	〔1〕	人間はいつ話せるようになったのか
	〔2〕	不安やパニックと恐怖との違い
	〔3〕	［A］人工知能がもたらす未来 ［B］他者を支援しようとする心と睡眠不足との関係
2023	〔1〕	言語音がイメージに与える影響
	〔2〕	子守唄の科学分析
	〔3〕	［A］食べられるセメント ［B］インターネットが及ぼす影響

2022	〔1〕	挨拶の役割
	〔2〕	匂いは言語になり得るか
	〔3〕	［A］ビーガニズムとは何か
		［B］インターネット検閲の必要性について
2021	〔1〕	老いに対する暗黙の偏見
	〔2〕	消化器官内のバクテリアが脳に与える影響
	〔3〕	［A］武士道の起源
		［B］プラスチック削減の取り組み

 文法・語彙の正確な知識と記述力が必要

01 出題形式は？

　試験時間は120分。例年大問3題の出題で，〔3〕が読解（語句整序）・英作文の2本立てとなっている。設問は，内容説明や英作文などの記述式と，同意表現や空所補充などの選択式がみられる。

02 出題内容はどうか？

　長文読解：英文の内容は多岐にわたっており，同じ年度に出題される2題には，傾向の違う英文が選ばれることがある。過去にはエッセー風の文章が出題されたこともあった。2024年度〔1〕は人類の言語能力の発生に関する論説文，〔2〕は生存の手段としての恐怖を取り上げた論説文であった。例年，〔1〕も〔2〕も設問はオーソドックスなものとなっており，内容理解を問う問題が中心で，記述式の問題が多い。すばやく要点を押さえて制限字数内に手際よくまとめる力が求められる。

　英作文：2021年度はレジ袋の有料化に関する英文を読んで意見を述べる問題で，語数指定は100語程度であった。2022年度は，英文を要約した上で，自分の意見を論述するという2問に分かれた形式で，語数指定は各50語程度であった。2023年度以降は，英文を読んで自分の意見を述べるという2021年度以前と同様の問題であるが，語数指定は80語程度となっている。

03 　難易度は？

　読解問題の英文で使われている語彙・表現や，文章の内容はいずれも標準的なものが多く，選択式の問題にも紛らわしい選択肢はほとんどない。ただし，内容を自然な日本語でまとめるのに苦労する設問もある。文章量は例年同程度で，記述量にも変化はなく，読み書きするスピードがカギになる。英作文問題も標準的で，基本的な語彙・文法・構文で対処できるが，さまざまなパターンで出題されているので，柔軟に対応できるよう準備が必要である。

　英語の読解力だけでなく日本語の記述力も求められ，うまくまとめるのが難しい設問もある。文法・語彙の正確な知識の運用力など，実際に言葉を使いこなす力が求められる。地道な積み重ねが必要であるという点でやや難だが，取り組みがいのある問題だといえる。

対 策

01 　読むことに慣れる

　読解問題の英文自体は，具体的でわかりやすいものが多い。ただ，論点や話の運びに意外性のあるものも多く，柔軟な思考力や豊かな想像力が求められる。テーマも多岐にわたるので，日頃から文章を読むこと自体になじんでおきたい。そのためにも，『大学入試 ぐんぐん読める英語長文』シリーズ（教学社）や，『やっておきたい英語長文700』（河合出版）などの問題集で演習を重ねておこう。

　その際，各段落の話題，段落間の展開といった，文章全体の構成がどうなっているのかを考えてみよう。それを意識して読むのと，ただ漫然と読むのとでは内容の把握に大きな違いが出る。また，読解の設問として指示内容を問われることも多いので，it や this などが何を指しているのか，必ず確認する習慣をつけておこう。

02　書くことに慣れる

　読解問題の設問は，記述式の内容説明などの場合，文意がわかっていても，うまくまとめられるとは限らない。字数制限があればなおさらである。本書や『筑波大の英語15カ年』（教学社）などで過去問に取り組む際は，解答を作成したら模範解答と比較して，自分の解答を添削してみよう。どこをどう直せばよりよくなるかを検討することが書く力のもとになる。内容説明では解答に盛り込むべきポイントやまとめ方をよく研究しよう。

　英作文も実際に書かなければ上達しない。出題形式が年度によって少しずつ異なるが，まずは基本的な構文や熟語など決まった表現を蓄えておくことが重要である。注意したいのは，「例文の丸暗記」から脱して「使いこなし」のレベルにまで到達しておくことだろう。主語や目的語，時制などが覚えた例文と異なっても，ポイントとなる表現を使って正しい英文が書けるように応用力をつけておこう。出題形式が変わっても，文法や語法は変わるわけではない。基本的な知識は完璧に身につけておきたい。

―――――　筑波大「英語」におすすめの参考書　―――――　

✓ 『大学入試 ぐんぐん読める英語長文』シリーズ（教学社）
✓ 『やっておきたい英語長文700』（河合出版）
✓ 『筑波大の英語15カ年』（教学社）

地　理

年度	番号	内　容	形　式
2024	〔1〕	山岳氷河の形状変化（150字2問）**☑視覚資料・地形図**	論　述
	〔2〕	気圧帯と恒常風（300字）**☑図**	描図・論述
	〔3〕	インドネシアの人口変化と大都市にみられる特徴（300字）⇨指定語句：工業化，交通渋滞，首都移転計画，人口移動，スラム **☑グラフ**	論　述
2023	〔1〕	滋賀県東近江市付近の地形図読図（300字）**☑地形図・視覚資料**	論　述
	〔2〕	太平洋赤道域における海水温の変化（200字）**☑地図・図**	記述・描図・論述
	〔3〕	OECD加盟国における国際人口移動の特色と要因（300字）**☑統計表**	論　述
2022	〔1〕	岐阜県海津市付近の地形的特徴と集落立地,土地利用（300字）**☑地形図**	論　述
	〔2〕	ヨーロッパにおける冬季の気候要素の分布（300字）**☑地図**	論　述
	〔3〕	ドイツ，日本，ブラジルの発電方法の特色と地域的背景（300字）**☑統計表**	論　述
2021	〔1〕	スイスの山岳地域の地形と土地利用（300字）**☑地形図**	論　述
	〔2〕	大気と陸地・海洋間の炭素移動と人間社会における化石燃料の使用（300字）**☑統計表**⇨指定語句：光合成，植物プランクトン，二酸化炭素濃度，微生物	論　述
	〔3〕	インドにおける農業の発展要因と関連する諸問題（300字）⇨指定語句：格差，環境，持続可能，生活様式	論　述

傾　向 図表の利用が多く地形図読図が頻出
自然環境を中心に幅広く問われる

01 出題形式は？

　大問3題で，試験時間は理科1科目と合わせて2科目120分。設問形式は1題1問の論述問題がほとんどで，「～について述べよ，説明せよ」などの表現で問われる。1題の制限字数は各300字で合計900字であること

が多いが，2023 年度は 200 字の論述と描図法を組みあわせた問題，2024年度は 150 字の論述法を 2 つ続ける問題もみられた。また，2024 年度は，描図法や使用語句を指定して論述させる問題も出題されている。統計表や地図，グラフなどの資料を利用した問題が多く，特に地形図の読図問題はよく出題されている。2023・2024 年度は視覚資料を用いた問題も出題された。

なお，2025 年度は出題科目が「地理探究」となる予定である（本書編集時点）。

02 出題内容はどうか？

例年，**地形図読図問題**が出題されている。山麓や海岸など特徴の表れやすい場所が選ばれ，地形の特色・土地利用・集落立地などの説明やその要因を問う問題が多い。新旧 2 枚の地形図から地域の変化を考えさせたり，地形図と陰影起伏図を用いて考察する問題もみられる。

残りは，気候を中心とする自然地理分野と，産業・人口・都市などの人文地理分野からそれぞれ 1 題ずつ出題されることが多い。

統計表や地図・グラフ・分布図などの資料類を参考に論述する問題が多く，描図法もみられるが，内容は比較的シンプルで，どちらかといえば，その事項に関する基本的な知識や考え方が試される。

03 難易度は？

深い知識に裏打ちされた思考力の必要な問題が 3 題あり，ほとんどで300 字の論述が求められているので，入試問題としてはハイレベルである。しかし，高校地理の学習内容に基づいて考えれば解答できるように工夫されており，地理的判断さえ間違えないようにすれば，基本に即した学習の積み重ねで十分に対応できるだろう。ただし，理科と合わせて 2 科目を120 分で解答しなければならず，地理だけで 3 題もあるから，時間配分には十分に気をつけたい。

対　策

01　高校地理の基礎力の強化

　論述問題が中心なので，教科書レベルの基本事項は全分野確実に理解しておくと同時に，地理用語や地名をさまざまな場面で駆使できるような力が必要である。重要な用語の整理には『地理用語集』（山川出版社）などを活用して意味と具体例を知り，主要地名は必ず地図帳で位置を確認するなどの習慣を身につけてほしい。

02　地理的な考え方を身につける

　「何が」「どこに」を知るだけでなく，それが「どのようにみられるのか」「どのような要因によるのか」を考える習慣を養っておきたい。そのためには，普段の授業を大切にし，授業中に説明される思考過程を自分のものにすることが望ましい。また，地理事象を自然的・社会的・経済的諸条件に合わせてとらえるとともに，時代による変化や別の場所との比較をしてみるなどの学習が必要である。

03　地形図や資料類に強くなる

　地形図の読図については，主要な地図記号や等高線の読み方はもちろんのこと，初見の地形図から地形を判断し，土地利用や集落立地の説明ができ，さらには地域の特色を読み取れるように，読図能力を高めておく必要がある。地形図読図には日本地誌が含まれることもあるので，日本各地の特色にも関心をもってほしい。

　資料類に関しては，統計表・グラフ・統計地図・写真などから地域の状況が読み取れるよう，平素から慣れ親しんでおかねばならない。

04 自然環境と経済・社会を入念に

　自然環境は出題頻度が高いので，地形・気候ともに成因などについて論理的な説明ができるよう，入念な学習が必要である。なかでも気候の分野に関しては，気候差の生じる要因，気候分布と特色，人間活動との関係などをしっかりと押さえたい。環境問題についても，原因・発生地域・対策などを整理しておくこと。

　経済や社会についても，それらの動向が地域の特色といかに関わっているか，具体的にとらえておきたい。理解の幅を広げるためには，『新詳 資料地理の研究』（帝国書院）などの副教材の利用が望まれる。

05 論述練習を

　過去問などを参考にして，300字または150～200字で文章を書く練習をしておきたい。100字くらいの短文を書き，それらを論理的に並べる訓練が効果的である。頭の中で論述する内容がわかっていても，試験時間内に，しかも制限字数に合わせてまとめる作業は非常に難しい。したがって，実際に文章を書いてみる訓練は大切であり，自分の答案を担当の先生に添削してもらうなどの指導を受けておきたい。

数　学

年　度	番号	項　目	内　容
2024	〔1〕	ベ ク ト ル	ベクトルの内積を利用して求める三角形の面積
	〔2〕	積　分　法	曲線で囲まれた図形の面積　　　　　✅証明・図示
	〔3〕	微　分　法	3次関数のグラフの接線
	〔4〕	微・積分法	媒介変数表示の関数で表される曲線で囲まれる図形の面積
	〔5〕	微　分　法	関数が極値をとらない条件
	〔6〕	複 素 数 平 面	複素数平面上で純虚数となるための条件　✅証明
2023	〔1〕	微　分　法	三角形の面積の最大値
	〔2〕	積　分　法	曲線で囲まれた図形の面積　　　　　✅証明
	〔3〕	ベ ク ト ル	内積の値の最大値
	〔4〕	微・積分法	回転体の体積　　　　　　　　　　　✅証明
	〔5〕	微・積分法	曲線で囲まれた図形の面積に関わる極限値　✅証明
	〔6〕	複 素 数 平 面	複素数平面における点の軌跡　　　✅証明・図示
2022	〔1〕	微　分　法	円と放物線の共通接線
	〔2〕	確　　　率	さいころの目に関する確率の漸化式
	〔3〕	ベ ク ト ル	平行四辺形に関わるベクトル　　　　✅証明
	〔4〕	微・積分法	曲線で囲まれた部分の面積
	〔5〕	微　分　法	曲線上の点との2点間の距離の最大値　✅証明
	〔6〕	複 素 数 平 面	複素数平面における点の軌跡　　　✅証明・図示
2021	〔1〕	図形と方程式	2円と共通な接線
	〔2〕	三 角 関 数	三角関数を含む方程式
	〔3〕	ベ ク ト ル	点が三角形の内部または周にあるための条件
	〔4〕	微・積分法	曲線で囲まれた図形の面積　　　　　✅証明
	〔5〕	極　　　限	面積に関わる極限
	〔6〕	複 素 数 平 面	複素数平面における点の描く図形　✅証明・図示

(注)　学類・専門学群選抜のうち，社会・国際（国際総合）学群および人間（障害科）
　　　学群の「数学Ⅰ・Ⅱ・Ａ・Ｂ」選択者は〔1〕〜〔3〕から2題を選択すること。
　　　その他は〔1〕〜〔3〕から2題を選択，〔4〕〜〔6〕から2題を選択すること。

出題範囲の変更

2025 年度入試より，数学は新教育課程での実施となります。詳細については，大学から発表される募集要項等で必ずご確認ください（以下は本書編集時点の情報）。

2024 年度（旧教育課程）	2025 年度（新教育課程）
数学Ⅰ・Ⅱ・Ⅲ・A・B（数列，ベクトル）	数学Ⅰ・Ⅱ・Ⅲ・A・B（数列）・C（ベクトル，平面上の曲線と複素数平面）
数学Ⅰ・Ⅱ・A・B（数列，ベクトル）	数学Ⅰ・Ⅱ・A・B（数列）・C（ベクトル）

旧教育課程履修者への経過措置

旧教育課程履修者に対して特別な経過措置はとらないが，出題内容によって配慮する。

標準レベルの問題が確実に解けるように演習を繰り返そう

01 出題形式は？

大問 6 題が出題され，〔1〕～〔3〕から 2 題を，〔4〕～〔6〕から 2 題を選択する形である（「数学Ⅰ・Ⅱ・A・B」選択者は〔1〕～〔3〕から 2 題を選択）。試験時間はいずれも 120 分である。全問記述式で，証明問題，図示問題が出題されることが多い。

なお，学類・専門学群選抜の国際総合学類では，2024 年度から「数学Ⅰ・Ⅱ・Ⅲ・A・B」が選択できなくなり，選択科目のうち数学は「数学Ⅰ・Ⅱ・A・B」のみとなった。

02 出題内容はどうか？

出題項目は固定されず，まんべんなく出題されているが，微・積分法，ベクトル，複素数平面からの出題が目立つ。

なお，2025 年度入試の学類・専門学群選抜では，障害科学類は「数学Ⅰ・Ⅱ・A・B・C」が選択できなくなり，選択科目のうち数学は「数学Ⅰ・Ⅱ・Ⅲ・A・B・C」のみとなる予定である。

03　難易度は？

　標準レベルを中心とする出題で，しっかりとした学力を備えているかどうかを試す内容である。計算力を必要とする問題や，解答過程での深い思考力を必要とする問題もある。2021〜2023 年度と易化していたが，2024 年度では少し難化した印象である。大問を構成する 2，3 問の小問間に，2022 年度まではそれほど強い関係がないことが多かったが，2023・2024 年度はそれらが密接につながって絶妙な誘導がなされるようになった。

対　策

01　しっかりした学力を養うこと

　まずは公式・重要事項をしっかり理解しよう。その際に，例題などで公式・重要事項の活用の仕方もいっしょに確認しておこう。公式や定理は，ただ覚えているだけで使いこなせないということがないように，標準的な問題集・参考書で典型的な問題に当たり，十分に練習すること。公式や定理を証明させる問題が出題されることもある。公式や定理を単に覚えるだけではなく証明できるようにしておくことで，そのような問題の対策となるだけでなく，本質を理解することにもなり，応用も利くようになる。

02　答案の表現力を身につけること

　全問記述式であり，証明問題もよく出題されているので，答案は数式の羅列ではなく，条件式から結論への筋道の通った，簡潔なものが書けるように練習すること。また，図示問題も出題されているので，面倒がらずに図を正確に描く習慣もあわせて身につけること。

03　計算力のアップを

　標準レベルの問題を中心に出題されているので，本書や『筑波大の数学

15 カ年』（教学社）で過去問に当たるほか，典型的な問題が載っている問題集で演習していくとよい。練習問題を自分で最後まできちんと計算し，一度で正答できるレベルの計算力が必要である。計算ミスをしたらもう一度振り返り，ミスをはっきり見極め，自分の計算力の欠点を明確にして以後の計算で同じミスをしないよう努力する姿勢も大切である。問題のレベルを考えると，『チョイス新標準問題集』シリーズ（河合出版），より実戦的でレベルが高めのものでは『入試精選問題集 理系数学の良問プラチカ 数学Ⅰ・A・Ⅱ・B・C』『入試精選問題集 文系数学の良問プラチカ 数学Ⅰ・A・Ⅱ・B・C』（いずれも河合出版）などがすすめられる。理系，文系と区別されているが，気に入った方でよい。

　計算の訓練には，数学Ⅲに限ればかなり難しい問題も載っているものとして『数Ⅲ（極限，級数，微分，積分）試験に出る計算演習』（河合出版）がよい。解説が詳しいものを選び，繰り返し何度も問題を解くことが肝要である。きちんと正解を導き出せるようになれば，同じ問題でよいので次のステップとしてスピードを速められるよう，さらに解き続けていくとよい。

筑波大「数学」におすすめの参考書

- ✓ 『筑波大の数学 15 カ年』（教学社）
- ✓ 『大学入試 最短でマスターする数学Ⅰ・Ⅱ・Ⅲ・A・B・C』（教学社）
- ✓ 『チョイス新標準問題集』シリーズ（河合出版）
- ✓ 『数Ⅲ（極限，級数，微分，積分）試験に出る計算演習』（河合出版）
- ✓ 『入試精選問題集 理系数学の良問プラチカ 数学Ⅰ・A・Ⅱ・B・C』（河合出版）
- ✓ 『入試精選問題集 文系数学の良問プラチカ 数学Ⅰ・A・Ⅱ・B・C』（河合出版）

物　理

年度	番号	項　目	内　容
2024	〔1〕	力　　学	衝突および動摩擦力がする仕事から生じる力学的エネルギーの変化
	〔2〕	電 磁 気	2つの磁場層とそれに挟まれた電場層の中を運動する荷電粒子
	〔3〕	波　　動	くさび形の空気層・液体層による干渉の発展的題材
2023	〔1〕	力　　学	衝突と力学的エネルギーの減少，ひもで吊るされた小球の円運動　　　　　　　　　　　　　　　　　　　　　✓証明
	〔2〕	電 磁 気	磁場に進入する正方形コイル，コイルがコンデンサーを含む場合　　　　　　　　　　　　　　　　　　✓描図・証明
	〔3〕	原　　子	水素原子のイオン化，コンプトン効果とX線の波長の変化
2022	〔1〕	力　　学	ばねが設置され部分的に摩擦面をもつ台車の上での物体の運動
	〔2〕	電 磁 気	2つの電荷がつくる電場・電位とその中での荷電粒子の運動　　　　　　　　　　　　　　　　　　　　　　✓描図
	〔3〕	波　　動	プリズムでの光線の屈折，波長による光線の分散，全反射の条件
2021	〔1〕	力　　学	斜面に衝突した小球の放物運動
	〔2〕	電 磁 気	極板間に誘電体・導体が挿入された平行板コンデンサー
	〔3〕	熱 力 学	気体の定積変化と定圧変化

傾向　オーソドックスな内容だが，描図対策も十分に

01　出題形式は？

　試験時間は1科目60分，2科目120分。毎年大問が3題出題されている。各大問は内容的に関連したいくつかの小問に分かれている。答えのみを記述するものと，考え方や計算の要点の記入が求められるものがある。また，描図や証明問題も出題されている。

02　出題内容はどうか？

　出題範囲は「物理基礎・物理」である。

　力学・電磁気の分野からは必ず出題されている。残りの1題は，2021年度は熱力学分野，2022・2024年度は波動分野，2023年度は原子分野から出題された。

03　難易度は？

　どの問題も基本的な物理的概念を重視しており，受験生の総合力・応用力を試す，よく練られた問題といえる。全体としては標準〜やや平易な問題であるが，描図問題や証明問題など，公式暗記だけでは対処しきれない問題もみられる。また，やや難度の高い問題が出題されることもあり，たとえば，2021年度の誘電体内の電場の問題，2022年度の加法定理を用いる波動の問題，2024年度の電場・磁場内での荷電粒子の運動の問題などは，手こずった受験生もいたであろう。大問1題あたり20分と時間的余裕はあまりないので，時間配分には注意が必要である。

対　策

01　教科書で基礎力の充実を

　教科書は，重要な物理量の定義や法則，物理的概念，代表的な実験とその意義などを論理的に説明している。出題されている問題を見てみると，論理的な式の展開や説明が要求され，それらに対して自分の考えを理路整然と表現しなければならない。ただ公式を暗記するのではなく，物理的思考を伴った地道な学習が不可欠である。また，1つの設問に対して複数の解法を考えてみる習慣も大切である。苦手な分野については，『大学入試 ちゃんと身につく物理』（教学社）など，解説の詳しい参考書を用いて基本事項の理解を固めておくとよいだろう。

02 問題演習で論理的な思考を身につけよう

　二次試験では論理性，柔軟性，表現力，応用力が問われることが多い。日常の問題演習でも，答えのみを求め，正誤ばかりを気にするのではなく，自ら手を動かし，論理的に他者を説得できるだけの表現力のある解答をつくるように心がけよう。このような学習の姿勢こそが着実な実力アップにつながる。過去問のほかには『大学入試 もっと身につく物理問題集①・②』（教学社）などの実戦的な問題集に取り組んでおきたい。

03 数値・文字計算を迅速に

　約60分で大問3題なので，1つの小問にあまり時間はかけられない。さらに，描図問題や証明問題がある場合は慎重に解答したいので，式や数値計算の問題には迅速に対処することが求められる。日頃から，問題演習の際には面倒がらず丁寧に，かつ迅速に計算するようにしよう。

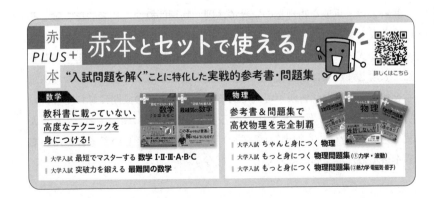

化　学

年度	番号	項目	内容
2024	〔1〕	変　化	水の密度，燃料電池，光合成，炎色反応，銅の性質（40字他）　　✓論述・計算
	〔2〕	変化・無機	平衡定数，ヘスの法則，電離平衡，反応速度定数（50字）　　✓計算・論述
	〔3〕	有　機	分子式 $C_{10}H_{12}$ の化合物の構造決定（30字）　✓計算・論述
2023	〔1〕	変化・無機	マンガン化合物の酸化還元反応，EDTA の平衡，電池　　✓計算・論述
	〔2〕	変化・状態	電気分解，水上置換で捕集した気体の圧力と体積　✓計算
	〔3〕	有機・高分子	$C_4H_6O_2$ の構造決定，フェーリング液の還元反応，ビニロンの合成　　✓計算
2022	〔1〕	理論・無機	元素の周期律，放射壊変の半減期，酸化物の性質，溶解度積，電池　　✓計算・論述
	〔2〕	状　態	凝固点降下，高分子化合物と浸透圧　✓計算
	〔3〕	有機・高分子	C_9H_{10} の構造決定，PET の加水分解，タンパク質と核酸　　✓計算
2021	〔1〕	変化・無機	酸・塩基の定義，二段階滴定，電離平衡，ルイス酸，錯イオン（70字）　　✓計算・論述
	〔2〕	変化・状態	安息香酸の生成熱と凝固点降下，平衡定数，平衡移動　✓論述
	〔3〕	有　機	カルボン酸の反応，アルケンの付加反応，芳香族化合物の性質（40字）　　✓計算・論述

傾向　標準問題中心だが目新しい題材や考察問題に注意

01 出題形式は？

　試験時間は１科目 60 分，２科目 120 分。例年，大問３題の出題で，問題量はほぼ同じ。ほとんどが記述式で，計算問題の量は比較的多い。また，論述問題も毎年出題されており，2022・2023 年度は字数制限のないものが出題されたが，2024 年度は字数制限のあるものとないものが出題され

ている。近年は出題されていないが，過去には描図問題が出題されたこと
もある。

02 出題内容はどうか？

　出題範囲は「化学基礎・化学」である。理論分野の比重が大きい。理論
分野の中では，化学平衡に関する問題が電離平衡を含めてよく出題されて
いる。有機分野は構造決定や異性体，高分子分野からもよく出題されてい
る。無機分野は理論との融合で出題されることが多い。2021年度は発展
的内容となるルイス酸・ルイス塩基が，2023年度はEDTAを用いたキレ
ート滴定が，2024年度はアレニウスの式や核磁気共鳴分光装置が出題さ
れた。

03 難易度は？

　標準問題が中心であるが，やや難しい内容を含む場合もある。試験時間
に対して設問数が多く，計算問題や論述問題も多いので，全体的には標準
以上のレベルといえる。大問1題あたり20分と時間に余裕はあまりない
と思われるので，時間配分に十分注意して取り組みたい。まず全問に目を
通した上で，有機や無機の問題ですぐに解答できる設問から手をつけ，難
しい計算問題や思考問題は後に回すなど，見通しを立てた解き方が重要で
ある。過去問を利用して時間配分をよく研究しておこう。

対　策

01 理　論

　理論分野は，最も出題が多い分野である。標準的なものが大半を占める
が，難問対策もある程度必要である。計算問題は演習を通じて十分慣れて
おくこと。計算式を要求されることもあるので，そのまとめ方も習得して
おきたい。反応速度や化学平衡に関しては，複雑な内容の問題も含まれて

いるので，十分な対策が必要である。このほか，グラフを描く問題も想定しておく必要がある。教科書だけでは不十分なので，問題集などでこの種の問題に当たって対応できるようにしておきたい。『実戦 化学重要問題集 化学基礎・化学』（数研出版）などを利用するとよいだろう。

02　無　機

　無機分野は理論分野と絡めて出題されることが多い。理論の学習でも物質の理解が前提である。重要な物質の製法や性質をきちんとまとめて，それらの理解を確実なものにしておくこと。金属の性質やイオンの反応は特に重要である。

03　有　機

　有機分野は標準的な問題中心の出題であるが，年度によってはやや難しい問題が出題されることもある。教科書に出てくる物質については，確実に示性式あるいは構造式で書けるようにしておくこと。有機の学習では，化合物相互の関連が大切であり，それらを反応系統図をつくってまとめるのが有効である。官能基を見れば，どのような性質をもっているか，あるいはどのような反応をするかをすぐに思い出せるように学習してほしい。有機分野も理論と絡めて出題されることがあるので注意すること。また，高分子化合物分野からの出題にも対応できるよう，天然・合成高分子とも構造，製法，性質など一通りの知識は身につけておきたい。

04　論述問題に備えて

　論述問題は毎年出題されている。簡単な説明問題であっても，簡潔に自分の言葉でまとめることは意外に難しい。問題集の論述問題をピックアップして日頃から十分に練習を積み重ねておこう。論述問題対策を徹底的にやりたければ，『化学 記述・論述問題の完全対策』（駿台文庫）を利用するとよいだろう。その際，解答は，学校の先生などに添削してもらうと効果的である。この種の問題に対処するには，日頃の学習で「なぜ？」と疑問をもち，考える習慣を身につけることが大切である。

生　物

年度	番号	項　目	内　　容
2024	〔1〕	生　　態, 進化・系統	個体群間の相互作用, フィンチのくちばしと自然選択（80字） ⊘論述
	〔2〕	総　　合	細胞内共生説, 原核生物と真核生物の遺伝子発現（50字） ⊘計算・論述
	〔3〕	植物の反応, 遺伝情報	植物ホルモンのはたらき, フロリゲンが作用するしくみ（80字） ⊘論述
	〔4〕	動物の反応	ヒトの受容器, 伝導速度の計算, 興奮の伝導経路（40・50・60字） ⊘計算・論述
2023	〔1〕	体 内 環 境	体液の恒常性, 腎臓のはたらき（20・40字） ⊘論述
	〔2〕	代　　謝, 遺伝情報	酵素反応, 遺伝子組換え植物（20字） ⊘論述・描図・計算
	〔3〕	細胞, 代謝	生体膜の流動性に関する遺伝子のはたらき, 光合成（15・70字） ⊘論述
	〔4〕	生　　態	海洋生態系の食物連鎖と物質収支（60字） ⊘論述・計算
2022	〔1〕	体 内 環 境, 生殖・発生	血液凝固, 伴性遺伝, 免疫寛容（30・60字他） ⊘論述
	〔2〕	代　　謝, 遺伝情報	窒素同化, 遺伝子突然変異（60・80字） ⊘論述
	〔3〕	動物の反応	鳥類の渡りのしくみ（30字2問, 40字） ⊘論述・描図
	〔4〕	生　　態	ウイルス感染に関する数理モデル, 個体群の成長（30字） ⊘描図・計算・論述
2021	〔1〕	代　　謝	ブタ回虫の呼吸, 細胞内共生説（30・50字） ⊘論述
	〔2〕	植物の反応	エチレンの情報伝達経路（20字） ⊘論述
	〔3〕	遺 伝 情 報	性決定のしくみと DNA（50字2問） ⊘論述・計算
	〔4〕	体 内 環 境, 細　　胞	ヘモグロビンの性質, アロステリック効果（60字） ⊘描図・論述

傾　向　思考力をみる良問
論述問題の出来が合否を分ける

01　出題形式は？

　例年, 試験時間は1科目60分, 2科目120分で, 出題数は4題となっ

ている。論述問題が必ず含まれ，問題文に与えられている資料や実験結果をもとに，その具体例や理由説明が求められたり，選択式問題に続いてその解答の理由の明示が求められたりするなど，思考力が要求される。そのほか，計算問題や描図問題も出題されている。

02 出題内容はどうか？

出題範囲は「生物基礎・生物」である。

広範囲から出題されており，その内容も分野を横断する多彩なものになっている。基本的な知識を問う問題，基本的な理解を論述させる問題，そして思考力が要求される応用問題とバランスよく出題されている。したがって，基本的な知識の暗記だけでは十分な解答は難しい。2021年度〔2〕〔3〕，2022年度〔3〕〔4〕，2023年度〔2〕～〔4〕，2024年度〔1〕～〔4〕は実験や観察を題材にした問題で，推理や応用的な判断の能力が要求されている。近年は考察力重視の傾向がみられるので注意したい。

03 難易度は？

容易に解答できる基本問題がある一方，高い思考力・考察力を要求する問題も出題されている。年度により，論述量・計算量の増減はあるものの，内容的には標準よりやや高いレベルであるといえる。大問1題あたり15分と時間に余裕はあまりないので，時間配分に注意したい。

対 策

01 教科書を中心に理解を

まずは教科書をきちんと理解しよう。単なる用語の暗記に終わらず，用語・概念の意味・本質を十分に理解しておくことが大切である。特に図や表・グラフは多角的に読み取れるようなとらえ方が望まれる。図説に目を通しておくこと。また，描図問題に対処できるよう，代表的な図について

は描けるようにしておきたい。

02　実験の考察

　実験結果の解析を問い，思考力をみる問題が出題されている。実験問題では，新しい内容を含む出題も目立ち，科学的思考を問われることが多いため，実験結果やその資料をもとにした考察に慣れておくこと。特に，教科書の探究活動にはしっかりと目を通し，理解しておく必要がある。

03　標準的問題集をきちんと

　標準的なレベルの問題集を，特定の分野に偏ることなく，全問きちんと繰り返し演習するとよいだろう。その際，問題文の解釈を誤らないように，またケアレスミスのないように常に意識して解答し，間違った箇所については十分に点検・確認しておくこと。『大学入試 全レベル問題集 生物［生物基礎・生物］3（私大標準・国公立大レベル)』（旺文社）などは標準レベルの入試問題対策としては扱いやすい問題集である。

04　論述対策

　論述問題の出来が，全体の出来具合にかなりの影響を与えると考えられる。字数制限の有無にかかわらず，常に要点を的確につかみ，要領よくまとめられるようにしておくこと。120字の論述が出題されたこともあるが，全体的には短文の論述が多いため，生物用語や，実験内容に関する考察を20〜50字程度の短文で説明する練習などを通じて簡潔な表現力を養いたい。また，用語を正しく活用できるように，過去問を中心に練習しておくことが大切である。

地　学

年度	番号	項　目	内　容
2024	〔1〕	大　　気	地球の放射収支，日本の気象（100・150 字）⊘**描図・論述**
	〔2〕	宇　　宙	HR 図と恒星の進化，恒星までの距離と等級　　⊘**計算**
	〔3〕	地　　史	地層の対比，不整合，絶対年代の測定（100・130 字）⊘**論述**
	〔4〕	地　　球	地震と断層（100 字，使用語句指定：100 字）　⊘**論述**
2023	〔1〕	大　　気	日本の天気，大気の安定性（80 字，使用語句指定：100字）　　　　　　　　　　　　　　　　　⊘**論述**
	〔2〕	宇　　宙	ハッブルの法則（100 字 2 問）　　　　⊘**論述・計算**
	〔3〕	地　　史	古生物と生物礁の形成（80・100 字）　　　⊘**論述**
	〔4〕	岩石，地球	固溶体，地殻熱流量，変成岩（30・40・80 字）⊘**論述**
2022	〔1〕	大　　気	大気の大循環（100 字）　　　　　　　⊘**論述・描図**
	〔2〕	宇　　宙	ケプラーの第三法則　　　　　　　　　　　⊘**計算**
	〔3〕	地　　史	顕生代の地史（50・70 字）　　　　　　　⊘**論述**
	〔4〕	地　　球	プレート境界と回転運動（80・100 字）　⊘**描図・論述**
2021	〔1〕	大　　気	日本の天気（130 字）　　　　　　　　　　⊘**論述**
	〔2〕	宇　　宙	連星の性質　　　　　　　　　　　　　　　⊘**計算**
	〔3〕	地　　史	先カンブリア時代の地史（40・50 字）　　　⊘**論述**
	〔4〕	岩石・鉱物	マグマの生成と変化（50・60 字）　　　　　⊘**論述**

幅広く基礎力を試す問題
論述対策は必須，計算・描図問題にも注意

01 出題形式は？

　試験時間は 1 科目 60 分，2 科目 120 分。出題数は大問 4 題で，例年，論述問題が多く出題されている。字数制限があるものがほとんどで，50〜100 字程度が中心であるが，2024 年度は 130・150 字以内というやや長めの論述も課された。そのほか計算・描図問題もたびたび出題されている。

02 | 出題内容はどうか？

出題範囲は「地学基礎・地学」である。

例年，大気，宇宙，地史分野から出題され，岩石・鉱物，地球に関する問題もよく出題されている。大気分野は構造，熱収支，大循環から日本の天気まで幅広い内容から出題がある。宇宙分野は，太陽系を中心に基礎的な内容を問う問題が大部分であるが，計算問題が含まれ，応用力を問う問題も出題されることがある。

03 | 難易度は？

標準的な問題がほとんどであるが，年度によってやや難問が出題されることがある。特に，知識の応用力や科学的思考力をみる問題は今後も注意しておきたい。また，試験時間のわりに論述問題が多く，描図問題や計算問題が加わることもあるので，時間配分に十分注意して取り組むようにしたい。

対 策

01 | 基礎知識の充実をはかろう

内容は基本的な問題が多いが，論述としてまとめ上げる力を問う設問が多いので，知識の暗記に終わることなく，教科書や図説・参考書などの図やグラフから何が読み取れるのかを考えることが重要である。頻出語句および図やグラフについてはその意味や解説，描き方も含めてよくチェックしておこう。出題分野・出題形式を把握するためには，過去問をよく調べることが必要である。さらに，ニュースなどで話題になっている地学的現象には十分に注意を払って理解を深めておきたい。幅広い知識を得るには，『徹底図解 ○○のしくみ』シリーズ（新星出版社）や『Newton 別冊』シリーズ（ニュートンプレス）などの一般書を2，3冊でよいので興味ある題材について書かれているものを読み，地学に関する見方・考え方を広げ

ておくとよいだろう。

02 論述・描図・計算対策

　論述は出題の中心となっているので，練習を十分に積んで本番で手間取ることのないようにしたい。本書の過去問や，他大学の論述問題などを参考に練習するとよい。時間に余裕があるなら，教科書や参考書から，重要語句や現象，図の説明などについての記述を書き出したり，30字・50字・100字と，字数制限をつけて練習するのもよいだろう。論述練習では，解答例とまったく同じ文章になる必要はないが，内容が首尾一貫していることが求められる。描図問題についても，教科書の図を見て終わりにするのではなく，自分の手で描き直す練習を積んでおくとよい。計算問題については，一般的な公式は必ず覚え，問題集で練習をしておこう。特に，指数や対数について習熟し，単位とその換算に注意して計算することが必要である。

03 分野別対策

　大気，宇宙分野は基礎的な事項を問う問題が多いので，用語の説明ができるように論述対策を含めて学習しておきたい。計算問題も出題されているが，標準的な問題集で力をつけておけばよい。気象や気候に関する出題にやや特徴があるので，多方面から俯瞰した学習を深めておこう。また，宇宙分野では太陽と惑星関連の分野を中心に学習範囲を広げ，計算問題に対応できるようにしておくとよい。

　地史，岩石・鉱物，および地球分野も頻出の分野である。互いに関連があるので，個々の事項を切り離さず結びつけて理解することが大切である。たとえば，プレートテクトニクスの視点に立ち，地震・火山・地質現象や地殻変動，造山運動にともなう変成作用と変成岩などを関連させて整理しておきたい。また，生物の進化と化石や環境変化，岩石の生成と組織や鉱物組成なども確認しよう。地質調査・地質図については，地質図から走向・傾斜・断層・しゅう曲・不整合・新旧関係などを読み取る練習が不可欠である。さらに，地質図や断面図の描図もできるようにしておきたい。

2024 年度

問題と解答

前期日程

問 題 編

▶試験科目・配点

【総合選抜*】

選抜区分	教 科	科　　　　　目	配 点
理系 I	外国語	「コミュニケーション英語 I・II・III，英語表現 I・II」，ドイツ語，フランス語，中国語から1科目選択	500 点
	数 学	数学 I・II・III・A・B	500 点
	理 科	「物理基礎・物理」必須。「化学基礎・化学」，「生物基礎・生物」，「地学基礎・地学」から1科目選択	500 点
理系 II	外国語	「コミュニケーション英語 I・II・III，英語表現 I・II」，ドイツ語，フランス語，中国語から1科目選択	500 点
	数 学	数学 I・II・III・A・B	500 点
	理 科	「物理基礎・物理」，「化学基礎・化学」，「生物基礎・生物」，「地学基礎・地学」から2科目選択	500 点
理系 III	外国語	「コミュニケーション英語 I・II・III，英語表現 I・II」，ドイツ語，フランス語，中国語から1科目選択	500 点
	数 学	数学 I・II・III・A・B	600 点
	理 科	「物理基礎・物理」，「化学基礎・化学」，「生物基礎・生物」，「地学基礎・地学」から2科目選択	400 点

【学類・専門学群選抜】

学群・学類		教　科	科　　目	配点
社会・国際	国際総合	外国語	「コミュニケーション英語Ⅰ・Ⅱ・Ⅲ，英語表現Ⅰ・Ⅱ」，ドイツ語，フランス語，中国語から1科目選択	400点
		地　歴	日本史B，世界史B，地理Bから1科目選択　　　　　　　　　　　　〈省略〉	から1科目選択 400点
		数　学	数学Ⅰ・Ⅱ・A・B	
		理　科	「物理基礎・物理」，「化学基礎・化学」，「生物基礎・生物」，「地学基礎・地学」から1科目選択	
		国　語	現代文B・古典B　　　　　〈省略〉	
人　間	教育、心理	外国語	「コミュニケーション英語Ⅰ・Ⅱ・Ⅲ，英語表現Ⅰ・Ⅱ」，ドイツ語，フランス語，中国語から1科目選択 ※心理学類は英語必須で，ドイツ語，フランス語，中国語は選択できない。	250点
		地歴・公民	日本史B，世界史B，地理B，倫理から1科目選択　　　　　　〈省略〉	から1科目選択 250点
		数　学	数学Ⅰ・Ⅱ・Ⅲ・A・B	
		理　科	「物理基礎・物理」，「化学基礎・化学」，「生物基礎・生物」，「地学基礎・地学」から1科目選択	
		国　語	現代文B・古典B　　　　　〈省略〉	
	障害科	外国語	コミュニケーション英語Ⅰ・Ⅱ・Ⅲ，英語表現Ⅰ・Ⅱ	250点
		地歴・公民	日本史B，世界史B，地理B，倫理から1科目選択　　　　　　〈省略〉	から1科目選択 250点
		数　学	数学Ⅰ・Ⅱ・A・B	
			数学Ⅰ・Ⅱ・Ⅲ・A・B	
		理　科	「物理基礎・物理」，「化学基礎・化学」，「生物基礎・生物」，「地学基礎・地学」から1科目選択	
		国　語	現代文B・古典B　　　　　〈省略〉	

生命環境	生物	外国語	コミュニケーション英語Ⅰ・Ⅱ・Ⅲ，英語表現Ⅰ・Ⅱ	300点
		数学	数学Ⅰ・Ⅱ・Ⅲ・A・B	300点
		理科	「物理基礎・物理」，「化学基礎・化学」，「生物基礎・生物」，「地学基礎・地学」から2科目選択	300点
	生物資源	外国語	コミュニケーション英語Ⅰ・Ⅱ・Ⅲ，英語表現Ⅰ・Ⅱ	300点
		数学	数学Ⅰ・Ⅱ・Ⅲ・A・B	300点
		①・②から選択	①「物理基礎・物理」，「化学基礎・化学」，「生物基礎・生物」，「地学基礎・地学」から2科目選択	300点
			地理B（150点）	
			②「物理基礎・物理」，「化学基礎・化学」，「生物基礎・生物」，「地学基礎・地学」から1科目選択（150点）	
	地球	外国語	コミュニケーション英語Ⅰ・Ⅱ・Ⅲ，英語表現Ⅰ・Ⅱ	300点
		数学	数学Ⅰ・Ⅱ・Ⅲ・A・B	400点
		①・②から選択	①「物理基礎・物理」，「化学基礎・化学」，「生物基礎・生物」，「地学基礎・地学」から2科目選択	400点
			地理B（200点）	
			②「物理基礎・物理」，「化学基礎・化学」，「生物基礎・生物」，「地学基礎・地学」から1科目選択（200点）	
理工	数、物理、工学システム	外国語	「コミュニケーション英語Ⅰ・Ⅱ・Ⅲ，英語表現Ⅰ・Ⅱ」，ドイツ語，フランス語，中国語から1科目選択	500点
		数学	数学Ⅰ・Ⅱ・Ⅲ・A・B	500点
		理科	「物理基礎・物理」必須。「化学基礎・化学」，「生物基礎・生物」，「地学基礎・地学」から1科目選択	500点

理工	化	外国語	「コミュニケーション英語Ⅰ・Ⅱ・Ⅲ，英語表現Ⅰ・Ⅱ」，ドイツ語，フランス語，中国語から1科目選択	500 点
		数　学	数学Ⅰ・Ⅱ・Ⅲ・A・B	500 点
		理　科	「化学基礎・化学」必須。「物理基礎・物理」，「生物基礎・生物」，「地学基礎・地学」から1科目選択	500 点
	応用理工	外国語	「コミュニケーション英語Ⅰ・Ⅱ・Ⅲ，英語表現Ⅰ・Ⅱ」，ドイツ語，フランス語から1科目選択	500 点
		数　学	数学Ⅰ・Ⅱ・Ⅲ・A・B	500 点
		理　科	「物理基礎・物理」必須。「化学基礎・化学」，「生物基礎・生物」，「地学基礎・地学」から1科目選択	500 点
	社会工	外国語	「コミュニケーション英語Ⅰ・Ⅱ・Ⅲ，英語表現Ⅰ・Ⅱ」，ドイツ語，フランス語から1科目選択	500 点
		数　学	数学Ⅰ・Ⅱ・Ⅲ・A・B	500 点
情報	情報科	外国語	「コミュニケーション英語Ⅰ・Ⅱ・Ⅲ，英語表現Ⅰ・Ⅱ」，ドイツ語，フランス語，中国語から1科目選択	400 点
		数　学	数学Ⅰ・Ⅱ・Ⅲ・A・B	700 点
		理　科	「物理基礎・物理」，「化学基礎・化学」，「生物基礎・生物」，「地学基礎・地学」から2科目選択	500 点
	情報メディア創成	外国語	「コミュニケーション英語Ⅰ・Ⅱ・Ⅲ，英語表現Ⅰ・Ⅱ」，ドイツ語，フランス語，中国語から1科目選択	400 点
		数　学	数学Ⅰ・Ⅱ・Ⅲ・A・B	400 点

医	医	外国語	コミュニケーション英語Ⅰ・Ⅱ・Ⅲ，英語表現Ⅰ・Ⅱ		300 点
		数　学	数学Ⅰ・Ⅱ・Ⅲ・A・B		300 点
		理　科	「物理基礎・物理」，「化学基礎・化学」，「生物基礎・生物」から2科目選択		300 点
		適性試験	適性試験(1)：筆記試験により，適応力や学習意欲，人間性等を評価する　　　　　　　　　〈省略〉		300 点
			適性試験(2)：個別面接により，医学を志向する動機，修学の継続力，適性，感性，社会的適応力等総合的な人間性について評価する		200 点
	看護	外国語	「コミュニケーション英語Ⅰ・Ⅱ・Ⅲ，英語表現Ⅰ・Ⅱ」，ドイツ語，フランス語から1科目選択		300 点
		理　科	「物理基礎・物理」，「化学基礎・化学」，「生物基礎・生物」から1科目選択	から1科目選択	200 点
		国　語	現代文B　　　　　　　〈省略〉		
		個別面接	看護学を志向する動機，適性，感性，社会的適応力等について総合的に判断する		300 点
	医療科	外国語	コミュニケーション英語Ⅰ・Ⅱ・Ⅲ，英語表現Ⅰ・Ⅱ		200 点
		数　学	数学Ⅰ・Ⅱ・Ⅲ・A・B		200 点
		理　科	「物理基礎・物理」，「化学基礎・化学」，「生物基礎・生物」から2科目選択		200 点
		個別面接	医療を志向する動機，適性，感性，社会的適応力等について総合的に判断する		200 点

▶選抜方式

- 「総合選抜」「学類・専門学群選抜」の 2 つの選抜方式により実施する。「総合選抜」と「学類・専門学群選抜」は併願できない。総合選抜の 4 区分から一つ，もしくは学類・専門学群選抜の 21 学類・2 専門学群から一つの募集区分に出願することができる。

*『総合選抜』の仕組み

　①受験者は「文系」「理系Ⅰ」「理系Ⅱ」「理系Ⅲ」のいずれかの選抜区分を選択して受験する。

　②1 年次では総合学域群に所属し，専門分野の異なる複数の科目を履修し，自分の学びたい専門分野を探す。

　③2 年次以降に所属する学類・専門学群は，志望に基づき 1 年次の成績や適性等によって決まる。その際，志望する学類・専門学群の指定する科目を履修していることが条件となる。なお，特定の選抜区分（文系・理系Ⅰ・理系Ⅱ・理系Ⅲ）で入学した学生を優先して受け入れる学類もある。

　④いずれの選抜区分で入学しても，体育専門学群を除く全ての学類・専門学群に進める。ただし，それぞれの学類・専門学群には定員がある。

▶備　考

- 学類・専門学群選抜の選択科目のうち，国際総合学類の地歴と国語，教育・心理学類および障害科学類の地歴・公民と国語，看護学類の国語は『筑波大学（文系―前期日程）』に掲載。
- ドイツ語，フランス語，中国語は省略。
- 数学 B は「数列，ベクトル」を出題範囲とする。
- 生命環境（生物資源，地球）学群の選択科目は①・②いずれかを選択。
- 情報（知識情報・図書館）学群では，前期日程（学類・専門学群選抜）を実施していない。

英　語

（120 分）

Ⅰ　次の英文を読んで，下の問いに答えなさい。
　（星印（＊）のついた語句には本文の後に注があります。）

[①]

Attempts to teach chimpanzees to talk have failed dismally. In contrast, each of the species of great ape has been taught to communicate quite well using visual and manual signals. Chimpanzees, gorillas, and an orang-utan have been taught a simple form of sign language, and both chimpanzees and bonobos have learned to use a keyboard containing symbols, which they point to in sequence to deliver messages. At least one of these animals, the bonobo Kanzi, has invented gestures to add to the repertoire, and can understand spoken sentences uttered by humans — although he cannot himself speak.

Although these animals can produce and understand short sequences of signs or symbols, their accomplishments cannot be described as true language. The systems they use typically consist of symbols for objects and actions, usually combined to form requests. There is no way of representing different tenses, such as past and future, and no way of distinguishing between requests, statements, questions, commands, and negations. There is no recursion*, whereas in human speech we readily embed phrases within other phrases in a recursive manner to convey complex propositions, as in *I suspect that she knows that I'm watching her talking to him.* The level of language reached by the so-called linguistic apes is roughly that of a 2-year-old child, and has been called protolanguage* rather than true language.

Just as the 2-year-old must await the next stage of development for syntax* to emerge, the common ancestor of ourselves and the chimpanzee was not yet

2
0
2
4
年
度

前
期
日
程

英
語

ready for true language.

[②]

If we accept that this common ancestor did not possess true language, it follows that language must have evolved at some point in the hominin branch, which split from the branch leading to modern chimpanzees and bonobos some six million years ago. The hominins were distinguished chiefly from the other great apes by being bipedal, that is, using only two legs for walking. They habitually walked upright, although the earliest hominins probably retained some adaptations to living in the trees. Bipedalism would have freed the hands, perhaps leading to a wider range of communicative gestures. However, there is no evidence to suggest that anything approaching syntax would have evolved until the emergence of the genus *Homo** around 2.5 million years ago.

[③]

Stone tools first emerged in the archaeological record at around the same time as the first known species of the genus *Homo, Homo rudolfensis.* This also marked the beginning of an increase in brain size — the earlier hominins had brains no larger, when corrected for body size, than that of the chimpanzee. *Homo ergaster* and its Asian cousin, *Homo erectus*, emerged a little later, and had larger brains, while both the Neanderthals and modern *Homo sapiens* had brains that were about three times the size of that predicted for an ape of the same body size. And nearly two million years ago, *Homo erectus* began what appears to be a series of migrations from Africa to Asia. These events all suggest an advance in the ability to think and plan. Migrations and manufacture also suggest that communication may have become more effective. It therefore seems reasonable to suppose that language developed beyond protolanguage, probably gradually, over the past two million years. I shall argue, though, that language developed first as a primarily gestural system, involving movements of the body, and more especially the hands, arms, and face. Nevertheless, there was probably increasing vocal accompaniment, with speech finally becoming the dominant mode only following the emergence of our own species, *Homo sapiens*, within the last 170,000 years.

[④]

One reason to believe that speech evolved late is that the vocal apparatus and the brain mechanisms controlling it had to undergo considerable change before speech was possible. One change relates to the control of the tongue, which of course is critically involved in speech — that's why <u>languages are sometimes called "tongues"</u>. It is generally recognized that the Neanderthals were distinct from *Homo sapiens*, but share a common ancestor dating from some 500,000 years ago. It might also be reasonable to conclude that this common ancestor possessed sufficient control of the tongue for articulate* speech.

A researcher, Philip Lieberman, has long argued that the changes that resulted in the modern human vocal tract were not complete until the emergence of our own species around 170,000 years ago, and that the changes were also incomplete in the Neanderthal, even as recently as 30,000 years ago. In human children, the lowering of the larynx* in the first few years of life is accompanied by a flattening of the face, so that, relative to chimpanzees and other primates, we humans have short mouths. The fossil evidence shows that the Neanderthals did not have flattened faces like ours, but had long mouths, more like those of apes. Since the flattening of the face had apparently not occurred in the Neanderthal, it is a reasonable assumption that the lowering of the larynx had not taken place, or was at least incomplete.

Moreover, for the length of the pharynx* to match the length of the mouth, the larynx would have to have been placed in the chest. As such, it is plausible to suppose that the changes to the face and vocal tract that have given us the power of articulate speech had not yet occurred, or were incomplete, in the Neanderthal. If Lieberman's argument is correct, the fully formed human vocal tract must have emerged (ア) the parting of the ways between the Neanderthals and the line leading to *Homo sapiens*. Indeed, it might be considered a critical part of the "speciation* event" that gave rise to our own species some 170,000 years ago.

Lieberman's views are controversial, but it is unlikely that speech itself arrived suddenly. Even Lieberman has acknowledged that the Neanderthals could probably speak, but without the full range of articulation possessed by *Homo sapiens*. Presumably, if Lieberman is correct, they would have the vocal range of modern human infants. The alterations to the vocal tract must surely have occurred gradually, perhaps reaching their present level of elaboration with the emergence of our species.

出典：Michael C. Corballis (2003) "From Hand to Mouth: The Gestural Origins of Language," *Language Evolution*, edited by Morten H. Christiansen and Simon Kirby, pp. 201-218, Oxford University Press, Oxford/New York より抜粋，一部改変

(注)   recursion 反復
       protolanguage 原(型)言語
       syntax 統語法，構文
       the genus *Homo* ヒト属
       articulate 明瞭な
       larynx 喉頭
       pharynx 咽頭
       speciation 種分化，種形成

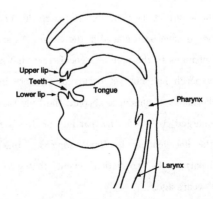

Figure: Parts of Modern Human Vocal Tract (Based on Mike Davenport and S. J. Hannahs (1998) *Introducing Phonetics & Phonology*, p. 8, Arnold, London)

（注意） 解答する際，句読点は1マスに1つ，英数字は大文字・小文字ともに1
マスに2文字（奇数文字の時は1マスに1文字）記入すること。

（例： | 英 | 単 | 語 | の | th | e | | ）

1. 下線部(1)の short sequences of signs or symbols は，どのようなものによって
構成され，どのような内容を表すことができるか，本文に即して30字以内の日
本語で説明しなさい。

2. 下線部(2)の内容を These events の内容を明らかにしながら，50字以内の日本
語で説明しなさい。

3. 下線部(3) languages are sometimes called "tongues" とあるが，その理由を本
文に即して30字以内の日本語で答えなさい。

4. 空欄（ ア ）に入る語として，文脈上最も適切なものを次の中から選び，記号
で答えなさい。

(A) since (B) until (C) before (D) because

5. 空欄[①][②][③][④]に入るセクションの見出しとして最も
適切なものを次の中から1つずつ選び，記号で答えなさい。ただし，同じ記号は
1度しか使えない。

(A) Why Speech Arrived Late

(B) The Emergence of *Homo*, and a Cognitive Advance

(C) Teaching Language to Apes

(D) Hominin Evolution

6. 以下の(A)(B)(C)(D)(E)の出来事が生じた時期について，本文の内容に即して古い
順に並べ替えなさい。

(A) The hominin branch newly emerged.

(B) Some great apes were shown to be able to use a keyboard for communication.

(C) *Homo sapiens* came into existence on the planet.

(D) *Homo erectus* started to move from one continent to another.

(E) First stone tools were made.

Ⅱ　次の英文を読んで，下の問いに答えなさい。

　　（星印（＊）のついた語句には本文の後に注があります。）

　　　As a psychiatrist＊, I learned that anxiety and its close cousin, panic, are both born from fear. As a behavioral neuroscientist＊, I know that fear's main evolutionary function is helping us survive. （　ア　）, fear is the oldest survival mechanism we've got. Fear teaches us to avoid dangerous situations in the future through a brain process called negative reinforcement.

　　　For example, if we step out into a busy street, turn our head, and see a car coming right at us, we instinctively jump back onto the safety of the sidewalk. That fear reaction helps us to learn quickly that streets are dangerous and to approach them with caution. Evolution made this really simple for us. So simple that we need only three elements in situations like this to learn: an environmental cue, a behavior, and a result. In this case, walking up to a busy street is our signal to look both ways before crossing. Crossing the street uninjured teaches us to remember to repeat the action again in the future. We share this survival tool with all animals. Even the sea slug＊, a creature with the most "primitive" nervous system known in science (twenty thousand neurons total, as opposed to roughly a hundred billion in the human brain), uses this same learning mechanism.

　　　Sometime in the last million years, humans evolved a new layer on top of our more primitive survival brain; neuroscientists call this the prefrontal cortex (PFC)＊. (From an anatomical＊ perspective, this "newer" brain region is located just behind our eyes and forehead.) Involved in creativity and planning, the PFC

helps us to think and plan for the future. The PFC predicts what will happen in the future based on our past experience. Yet critically, the PFC needs accurate information to make accurate predictions. If information is lacking, our PFC plays out different versions of what might happen to help us choose <u>the best path forward</u>. It does this by running simulations based on previous events in our
(2)
lives that are most similar. For example, trucks and buses are similar enough to cars that we can safely assume we should look both ways to avoid any fast-moving vehicle.

However, anxiety is born when our PFCs don't have enough information to accurately predict the future. We saw <u>this</u> with COVID-19, when it exploded
(3)
onto the world stage in early 2020. As would be true of any newly discovered virus or pathogen*, <u>scientists raced to study the characteristics of COVID-19</u> in
(4)
order to find out precisely how infectious and deadly it was so that we could act appropriately. Yet especially in the early days of discovery, uncertainty abounded. Without accurate information, our brains found it easy to spin （　イ　） and dread, based on the latest reports that we had heard or read. And because of the way our brains are wired, the more shocking the news — increasing our sense of danger and （　ウ　） — the more likely our brains are to remember it. Now add （　エ　） and uncertainty — the illness or death of family members; the prospect of losing your job; hard decisions about whether or not to send your kids to school; concerns about how to safely reopen the economy; and so on — and you get a big heap of badness for your brain to try to sort through.

Notice how fear itself does not equal anxiety. Fear is an adaptive learning mechanism that helps us survive. Anxiety, on the other hand, is maladaptive*; our thinking and planning brain spins out of （　オ　） when it doesn't have enough information.

出典：Judson Brewer (2021) *Unwinding Anxiety: New Science Shows How to Break the Cycles of Worry and Fear to Heal Your Mind*, pp. 15–17, Avery, New York より抜粋，一部改変

(注)　psychiatrist　精神科医，精神分析医

　　　neuroscientist　神経科学者

　　　sea slug　ナマコ，ウミウシ

　　　prefrontal cortex（PFC）　前頭前皮質

　　　anatomical　解剖（学）の，解剖組織上の

　　　pathogen　病原菌，病原体

　　　maladaptive　順応性[適応性]のない

(注意)　解答する際，句読点は1マスに1つ，英数字は大文字・小文字ともに1マスに2文字（奇数文字の時は1マスに1文字）記入すること。

(例：| 英 | 単 | 語 | の | th | e |)

1. 空欄（　ア　）に入る語句として，文脈上最も適切なものを次の中から選び，記号で答えなさい。

(A)　As usual

(B)　However

(C)　In fact

(D)　Otherwise

2. 下線部(1)について，(a)　an environmental cue, (b)　a behavior, (c)　a result とし，本文に即してそれぞれの具体例を20字以内の日本語で説明しなさい。

3. 下線部(2)の the best path forward を選ぶために，PFCはどのようなことをするのか，本文に即して40字以内の日本語で説明しなさい。

4. 下線部(3)の this が指す内容を，本文に即して45字以内の日本語で説明しなさい。

5. 下線部(4)の scientists raced to study the characteristics of COVID-19 の目的について，本文に即して45字以内の日本語で説明しなさい。

6. 空欄（　イ　）と（　ウ　）と（　エ　）に入る表現の組み合わせとして，文脈上最
　も適切なものを次の中から選び，記号で答えなさい。

(A)　(イ)　elements of fear　　　(ウ)　stories of fear　　　(エ)　feelings of fear

(B)　(イ)　elements of fear　　　(ウ)　feelings of fear　　　(エ)　stories of fear

(C)　(イ)　stories of fear　　　　(ウ)　elements of fear　　　(エ)　feelings of fear

(D)　(イ)　stories of fear　　　　(ウ)　feelings of fear　　　(エ)　elements of fear

7. 空欄（　オ　）に入る語として，文脈上最も適切なものを次の中から選び，記号
　で答えなさい。

(A)　control

(B)　memory

(C)　sight

(D)　stock

Ⅲ　次の[A]，[B]に答えなさい。

[A]　次の英文の文脈に適合するように，(1)から(3)の（　　　　）内の語を並べ替える
　　とき，それぞれ3番目と5番目にくるものを選び，記号で答えなさい。

著作権の都合上，省略。

著作権の都合上，省略。

出典：Ian Bremmer, "How the World Must Respond to the AI Revolution," *Time*, May 31, 2023 より抜粋，一部改変（https://time.com/6283716/world-must-respond-to-the-ai-revolution/）

(1)　3番目＿＿＿＿　　　5番目＿＿＿＿

(2)　3番目＿＿＿＿　　　5番目＿＿＿＿

(3)　3番目＿＿＿＿　　　5番目＿＿＿＿

[B]　次の英文を読んで，下の問いに80語程度の英語で答えなさい。ただし，句読点は語数に含めません。

　　　Humans help each other — it's one of the foundations of civilized society. But a new scientific report citing three studies shows that a lack of sleep makes people less helpful and less generous. These studies used different techniques such as brain scans, interviews, surveys, and other quantitative methods. The brain scans showed that the parts of the brain which enable people to empathize with and understand others are less active after a sleepless night. Poor sleep quality also lowered people's desire to help others, such as holding an elevator door open for someone else, volunteering, or helping an injured stranger on the street. The analysis of 3 million charitable donations in the United States between 2001 and 2016 also found a 10% drop in donations after the transition to Daylight Saving Time — the practice of setting the clock forward one hour when summer arrives. As the time transition happens at midnight, if people sleep at their usual time and wake up at their usual time, people would have slept for one hour less. The report points out that our society often thinks sleep is unnecessary or a waste of time, but not having enough sleep can actually have social consequences. It concludes that sleeping is the best form of kindness we can offer ourselves, as well as the people around us.

出典：Robert Sanders, "Sleepless and Selfish: Lack of Sleep Makes Us Less Generous," *Berkeley News*, August 23, 2022 の要約 (https:// news.berkeley.edu/2022/08/23/sleepless-and-selfish-lack-of-sleep-makes-us-less-generous/)

Question

Based on the above article, discuss how your sleep quality and quantity could affect your helpfulness and generosity toward others. Provide specific examples to illustrate your points.

地　理

（2科目　120分）

次の設問Ⅰ～Ⅲについて解答せよ。

Ⅰ　写真1は19世紀末にスイスで撮影されたものであり，スイスとイタリアの国境
である稜線が遠景に写っている。図1は，写真1に写る場所を含む地形図（2015年
修正）である。

　はじめに，写真1の撮影地点は図1の●点a～cのうちどこか，選んだ理由とと
もに150字程度で説明せよ。図中の場所を明示したい場合，図1の格子に振られて
いるアルファベット（A～G）と数字（1～9）を組み合わせてもよい。

　次に，写真1と図1を比べて，氷河の形状が19世紀末から21世紀初頭にかけて
どのように変化したか，地形図の距離や標高も参照して説明し，その変化の原因と
ともに150字程度で説明せよ。

　なお，図1の原図は多色刷りであり，等高線は20m間隔で引かれている。4桁
の数値は標高（m）を表す。地形図の表記法のうち，日本の地形図と大きく異なるも
のは図中に凡例を示した。道路や建物については，日本の地形図の記号から類推せ
よ。

Ⅱ　図2は，赤道のはるか上空から見た地球を模式的に示したものである。太線は
地表を，点線は緯度線を表している。3つの恒常風（地球規模の大気の流れ）のお
よその向きと4つの気圧帯のおよその位置を互いの関係に注意しながら，解答用
紙の所定の図に記入せよ。また，それぞれの気圧帯と恒常風との関係について300
字程度で説明せよ。

〔解答欄〕　図2と同様。

Ⅲ　図3は，インドネシアの人口推移(1960年から2021年)を都市地域と農村地域別
　に示している。この図を参照した上で，インドネシアの人口変化について，また同
　国の大都市にみられる特徴について，下記の語句をすべて用いて300字以内で説明
　せよ。なお，語句の順序は問わない。用いた語句には下線を付せ。

　　　　工業化　　交通渋滞　　首都移転計画　　人口移動　　スラム

写真1

左下の矢印の先が撮影当時の氷河下端に相当する。

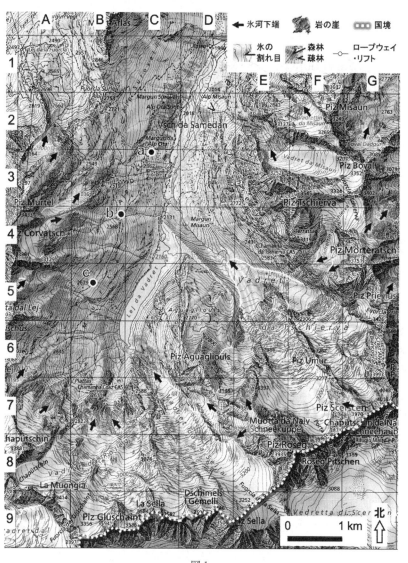

図1

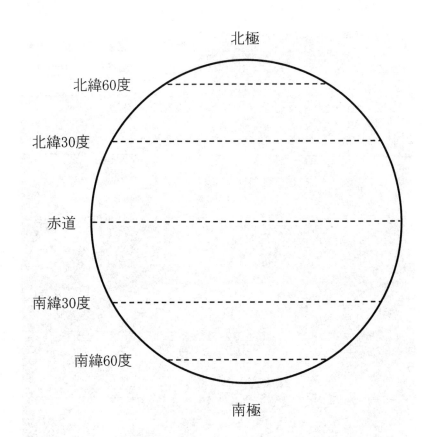

赤道のはるか上空から見た地球の模式図。太線は地表を，
点線は緯度線を表している。

図2

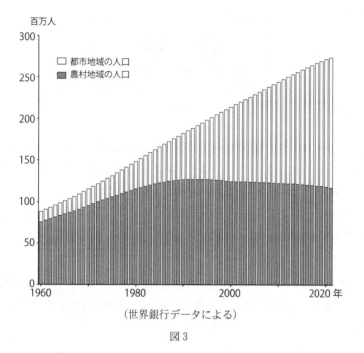

（世界銀行データによる）

図 3

数　学

（120分）

（注）　学類・専門学群選抜のうち，社会・国際（国際総合）学群，人間（障害
科）学群の「数学Ⅰ・Ⅱ・Ａ・Ｂ」選択者は〔1〕～〔3〕から2題を選択し
解答すること。

　　その他は〔1〕～〔3〕から2題を選択，〔4〕～〔6〕から2題を選択，計4
題を解答すること。

〔1〕　△OABにおいて，OA = OB = 4，AB = 2とする。∠OABの二等分線と
　　線分OBの交点をCとし，点Oから直線ACに垂線ODを引く。$\overrightarrow{OA} = \vec{a}$,
　　$\overrightarrow{OB} = \vec{b}$とおく。以下の問いに答えよ。

　　⑴　$\overrightarrow{AC}$を$\vec{a}$と$\vec{b}$を用いて表せ。

　　⑵　$\overrightarrow{OD}$を$\vec{a}$と$\vec{b}$を用いて表せ。

　　⑶　△BCDの面積を求めよ。

〔2〕　以下の問いに答えよ。

(1)　$x > 1$, $y > 1$ のとき，不等式

$$\log_x y + \log_y x \geqq 2$$

　　が成り立つことを示せ。

(2)　座標平面において，連立不等式

$$x > 1, \quad y > x, \quad \log_x y + \log_y x < \frac{5}{2}$$

　　の表す領域を図示せよ。

(3)　(2)の領域の中で $x^2 + y^2 < 12$ を満たす部分に境界線を含めた図形を D とする。D の面積を求めよ。

〔3〕　$f(x) = x(x + 1)(x - 1)$ とする。座標平面において，曲線 $y = f(x)$ を C とし，曲線 C 上の点 $(t, f(t))$ における接線を L とする。以下の問いに答えよ。

(1)　直線 L の方程式を t を用いて表せ。

(2)　$t \neq 0$ のとき，直線 L と曲線 C の共有点で，点 $(t, f(t))$ とは異なるものを $(a, f(a))$ とする。a を t を用いて表せ。また，t が 0 を除いた実数を動くとき，$f'(t)f'(a)$ の最小値を求めよ。

(3)　次の条件(A)を満たすような実数 t の範囲を求めよ。
　　(A)　曲線 C 上の点 $(s, f(s))$ における接線が直線 L と直交するような実数 s が存在する。

〔**4**〕 座標平面において，媒介変数表示
$$x = -t\left(t - \frac{3}{2}\right),\ y = \sin \pi t \quad (0 \le t \le 1)$$
で表される曲線を C とする。以下の問いに答えよ。

(1) 定積分 $\displaystyle\int_0^1 t \sin \pi t\, dt$ を求めよ。

(2) 実数 a に対し，曲線 C と直線 $x = a$ の共有点の個数を求めよ。

(3) 曲線 C と x 軸で囲まれた図形の面積を求めよ。

〔**5**〕 a と b は実数の定数とする。関数
$$f(x) = (1 - 2x^2)\cos 2x + 2x \sin 2x + a \cos^2 x + b \int_0^x t \sin 2t\, dt$$
について，以下の問いに答えよ。

(1) $a = 8\pi^2$，$b = -4\pi$ のとき，$0 < x < \dfrac{3}{2}\pi$ において $f(x)$ が極値をとる x の値をすべて求めよ。

(2) 次の条件(B)を満たす a, b を求めよ。
   (B) $0 < x < \dfrac{3}{2}\pi$ において，$f(x)$ は極値をとらない。

〔**6**〕 定数 α は実数でない複素数とする。以下の問いに答えよ。

(1) $\dfrac{\alpha - |\alpha|}{\alpha + |\alpha|}$ は純虚数であることを示せ。

(2) 純虚数 β で，$\dfrac{\beta - |\alpha|}{\alpha + |\alpha|}$ が純虚数となるものがただ一つ存在することを示せ。

(3) 複素数 z を $\dfrac{z - |\alpha|}{\alpha + |\alpha|}$ が純虚数となるように動かすとき，$|z|$ が最小となる z を α を用いて表せ。

物　理

（1科目60分　2科目120分）

Ⅰ　図のように，質量 m の小物体Ａが，水平面と曲面からなる台の左端に，また，質量 M の小物体Ｂが，長さ l の二本の糸で天井からつり下げられ，台の水平面から高さ h の位置にあって，いずれも静止している。左側の糸を静かに切ると，右側の糸はたるむことなく，小物体Ｂは最下点で小物体Ａに非弾性衝突し，小物体Ａは台の上を右方向に運動して曲面上を滑り上がり，水平面から高さ h' の最高点に到達した。糸をつり下げた二地点と二つの小物体は一つの鉛直面内にあるものとし，小物体の運動は常にこの鉛直面内で起こるものとする。また，台は床の上に固定されているものとする。

　台の左端を原点として水平方向に x 軸をとり，右向きを正とする。重力加速度の大きさを g，二つの小物体間の反発係数を e，また，台の水平面では $0 \leq x \leq L$ において一様な摩擦力が働くとし，動摩擦係数を $\mu\,(> 0)$，その他の面 $(x > L)$ はなめらかであるとする。さらに，二つの小物体の質量比 $\dfrac{m}{M}$ を λ と表すこととする。糸の質量，小物体の大きさ，空気抵抗は無視できるとして，以下の問いに答えよ。解答はすべて解答用紙の所定の欄に記入せよ。

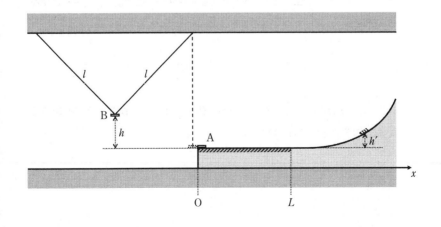

問 1　右側の糸について，左側の糸を切る前の張力 S と切った直後の張力 T を M, g, h, l から必要なものを用いてそれぞれ表せ。

問 2　衝突直前の小物体 B の速度 V_0 を M, g, h から必要なものを用いて表せ。

問 3　衝突直後の小物体 A の速度 v を $v = aV_0$，衝突直後の小物体 B の速度 V を $V = bV_0$ と書くとき，a, b を λ, e, g から必要なものを用いてそれぞれ表せ。ここに，V_0 は，小物体 B の衝突直前の速度（問 2 のそれに同じ）を表す。

問 4　小物体 A が $x = L$ の地点を通過するためには，h が十分な高さをもつことが必要である。天井，糸はそれぞれ必要なだけ高く，長くできるとして，高さ h に必要な条件を $h > c^2 \mu L$ と書くとき，c を λ, e, g から必要なものを用いて表せ。ただし，c は正とする。解答欄には考え方や計算の要点も記入せよ。

問 5　h' と h の関係を $h' = p^2 h - q$ と書くとき，p, q を λ, e, g, μ, L から必要なものを用いてそれぞれ表せ。ただし，p は正とする。解答欄には考え方や計算の要点も記入せよ。

問 6　衝突によって失われる小物体 A，B の力学的エネルギーを $|\Delta E|$，小物体 A が $x = L$ の地点を通過するまでに摩擦力が小物体 A にする仕事を W と表すとき，次の式が力学的エネルギーと仕事の関係を正しく表すよう，$r_1 \sim r_4$ の値をそれぞれ 1，0，-1 から選んで答えよ。

$$Mgh - mgh' = \frac{1}{2} r_1 mv^2 + \frac{1}{2} r_2 MV^2 + r_3 |\Delta E| + r_4 W$$

　　ここに，v および V は，それぞれ小物体 A および小物体 B の衝突直後の速度（問 3 のそれぞれに同じ）を表す。

Ⅱ 図1のように原点をOとする座標軸をとる。z軸は紙面の裏側から表側に向かう方向を正の向きとする。$0 \leqq y \leqq l$の領域を領域1，$l < y$の領域を領域2，$y < 0$の領域を領域3と呼ぶ。ここでlは正の数である。領域1には磁場は存在せず，y軸の正の向きに大きさがEの一様な電場が存在している。領域2と領域3には電場は存在せず，z軸の正の向きにそれぞれ磁束密度の大きさがB_2とB_3の一様な磁場がかかっている。$y = 0$の面は電位が0に保たれているとする。この空間における電荷q，質量mの荷電粒子の運動について，以下の問いに答えよ。ただし$q > 0$，$m > 0$とし，空気抵抗と重力の影響は無視してよいものとする。解答はすべて解答用紙の所定の欄に記入せよ。問2と問6については考え方も簡潔に記入すること。

まず，図1のように荷電粒子を原点Oからy軸の正の向きにv_0の大きさの速度で射出した場合を考える。粒子は領域1，領域2，領域1，領域3の順に移動し，その後，原点Oに到達した。

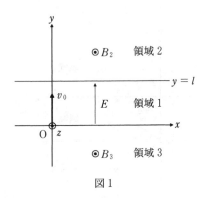

図1

問1 領域1，領域2，領域3における荷電粒子の運動を説明した以下の文章の①②③に当てはまる最も適切な語句を，以下の選択肢(ア)～(カ)の中からそれぞれ選べ。

　　荷電粒子は領域1で一様な電場から力を受け，①を行う。一方，領域2と領域3では磁場から受けるローレンツ力により②において③を行う。

選択肢：(ア) 等速直線運動　　(イ) 等加速度直線運動　　(ウ) 円運動
　　　　(エ) xy平面内　　(オ) yz平面内　　(カ) zx平面内

問 2　荷電粒子が領域2に到達したときの速度の大きさをvとする。荷電粒子のエネルギー保存則からvを求めよ。

問 3　領域2での運動の後，荷電粒子が再び領域1に到達したときの荷電粒子のx座標を求めよ。解答には問2で定義されているvおよび，B_2, m, q, Eのうち必要なものを用いよ。

問 4　B_3をB_2, m, v_0, q, l, Eを用いて表せ。

　次に，図2のように原点Oから荷電粒子をxy平面上でx軸との角度が$30°$の向きに$\sqrt{\dfrac{qEl}{m}}$の大きさの速度で射出した場合を考える。粒子が領域1，領域2，領域1，領域3の順に移動し，その後，再び領域1に戻ってくるまでの運動について考える。

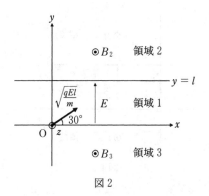

図 2

問 5　領域2に到達したときの荷電粒子のx座標，速度の大きさ，速度がx軸となす角の大きさをそれぞれ求めよ。

問 6　荷電粒子が領域2から領域1に到達したときのx座標を求めよ。

問 7　荷電粒子が領域3から領域1に到達したときの速度の大きさと，速度がx軸となす角の大きさをそれぞれ求めよ。

Ⅲ　図1のように，空気中でガラス板 A を水平に置き，その左端にガラス板 B を接して傾ける。ガラス板 B を示す長方形の左下の頂点を点 O とし，点 O から水平方向右向きに x 軸，鉛直方向下向きに y 軸をとる。点 O の座標を $(0, 0)$ とする。点 O から x 軸方向に距離 L の位置に厚さ D の薄いフィルムをはさんで，ガラス板の間にくさび形のすきまを作る。そして，ガラス板の真上から単色光を鉛直方向下向きに入射し，真上に反射される光を水平なスクリーンに当てて観測する。A と B のガラスは同じ材質であり，このガラスの屈折率を $n_G (> 1)$ とする。また，空気の屈折率を 1 とする。解答はすべて解答用紙の所定の欄に記入せよ。

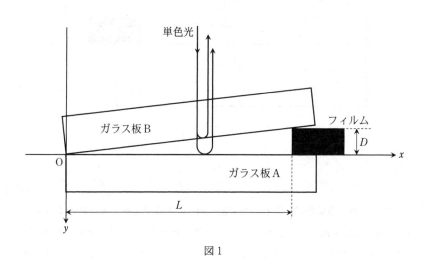

図1

はじめに，波長 λ の単色光を入射したとき，明線と暗線が観測された。以下の問いに答えよ。

問 1　y 軸から x 軸方向に距離 x の位置における，ガラス板 B の下面で反射された光と，ガラス板 A の上面で反射された光の光路差 p を，x, D, L を用いて表せ。

問 2　図1の左側から数えて m 番目の明線が，y 軸から x 軸方向に距離 x_m の位置に観測された。x_m を，D, L, λ, m を用いて表せ。ただし，m は自然数とす

る。

問 3　明線の間隔 Δx を，D，L，λ を用いて表せ。

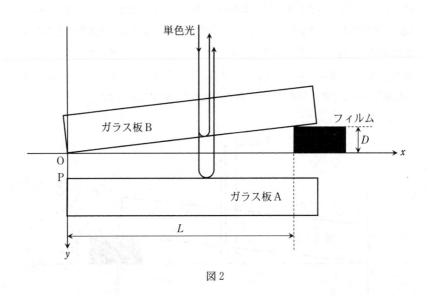

図 2

　　次に，波長 λ の単色光を入射したまま，図 2 のように，ガラス板 B と薄いフィルムを固定し，y 軸の正の方向にガラス板 A を平行移動した。このとき，観測された明線はガラス板 A を動かす前と比べ，水平方向に移動した。ここで，ガラス板 A を示す長方形の左上の頂点を点 P とする。以下の問いに答えよ。

問 4　問 2 で観測した m 番目の明線に注目する。この明線はガラス板 A の移動後に，y 軸から x 軸方向に距離 x'_m の位置に観測された。点 P の座標を $(0, y)$ とするとき，x'_m を，y，D，L，λ，m を用いて表せ。ただし，ガラス板 A の移動後も注目した明線が $0 < x'_m < L$ の範囲で観測される m を選んでいる。

問 5　明線が移動した方向を，x 軸の正負の方向を用いて答えよ。

問 6　点 P の座標を $(0, Y)$ とする。このとき，問 2 で観測した m 番目の明線は，

水平方向にちょうど4本ずれた。Y を，D，L，λ の中から必要なものを用いて表せ。

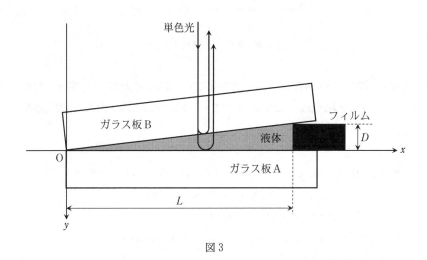

図3

次に，図3のように，ガラス板Aを図1と同じ位置に戻した後，ガラス板Aおよび B，そして薄いフィルムで囲まれる空間を，液体で満たした。そして，波長 $\lambda'(>\lambda)$ の単色光を入射したとき，明線と暗線が観測された。ここで，液体の屈折率を n とし，n は入射光の波長に依存しないとする。さらに，液体とガラス板の屈折率に関し，$n \neq n_G$ であり，n_G も入射光の波長に依存しないとする。以下の問いに答えよ。

問 7　明線の間隔 ΔX を，D，L，λ'，n を用いて表せ。

問 8　問 7 の明線の間隔 ΔX が，問 3 の Δx と一致した。このとき，液体の屈折率 n を，D，L，λ，λ' の中から必要なものを用いて表せ。

化　学

（1科目 60 分　2科目 120 分）

　問題 Ⅰ～Ⅲについて解答せよ。字数を指定している設問の解答では，数字，句読点，アルファベット，括弧，記号も，すべて 1 字として記入せよ。なお，計算に必要ならば，次の数値を用いよ。

　原子量：H = 1.00，C = 12.0，N = 14.0，O = 16.0，Na = 23.0，S = 32.1，
　　　　　Cl = 35.5，Cr = 52.0，Cu = 63.5，Pt = 195.1
　アボガドロ定数：$N_A = 6.02 \times 10^{23}$/mol
　気体定数：$R = 8.31 \times 10^3$ Pa·L/(mol·K) = 8.31 J/(mol·K)
　ファラデー定数：9.65×10^4 C/mol

　有機化合物の構造式は，下に示す例にならって記せ。なお，構造式の記入に際し，不斉炭素原子の存在により生じる異性体は区別しないものとする。

Ⅰ　次の問1～問7に答えよ。

[1]

　　物質が物理変化や化学変化を起こすときは，エネルギーの出入りがある。例え
ば，水分子の集合状態が，液体から気体(水蒸気)へ変化するときは熱エネルギーを
吸収し，液体から固体(氷)へ変化するときは熱エネルギーを放出する。また水は，
電気エネルギーを与えると，水素と酸素に電気分解される。逆に，水素を燃料とし
た燃料電池は，水を生成しながら電気エネルギーを取り出すことができる。燃料電
　　(a)
池は，環境負荷の小さい発電装置として期待されている。一方，緑色植物が行う光
合成では，光エネルギーを使って水と二酸化炭素から化学エネルギーの高い糖類が
　　　　　　　　(b)
合成される。また，様々なエネルギーを吸収して高いエネルギー状態になった物質
は，光としてそのエネルギーを放出することがある。
　(c)

問1　多くの物質とは異なり，水分子の集合状態では，液体の密度より固体(氷)の
　　　密度の方が小さい。その理由を40字以内で説明せよ。

問2　下線部(a)に関して，以下の問に答えよ。
　　(i)　燃料電池の正極と負極で起こる反応を，それぞれイオン反応式で示せ。

　　(ii)　燃料電池を1時間運転したところ，起電力が0.800Vで18.0kgの水が得
　　　　られた。このとき，流れた電気量〔C〕を有効数字3桁で求めよ。

　　(iii)　(ii)で得られた電気エネルギーが，水素の燃焼で18.0kgの水が生じるとき
　　　　の発熱量の何%であるかを有効数字2桁で求めよ。ただし，1J＝1C・V
　　　　であり，水素の燃焼熱は286kJ/molとする。

問3　下線部(b)に関して，以下の問に答えよ。
　　(i)　光合成において，水と二酸化炭素から単糖類のグルコース($C_6H_{12}O_6$)が
　　　　生成する反応を化学反応式で示せ。

　　(ii)　多糖類の一種であるデンプンにヨウ素溶液を加えると，デンプン分子の特
　　　　徴的な構造の内部にヨウ素が取り込まれることで青紫色を示す。この構造の
　　　　名称を答えよ。

問4 下線部(c)に関して，以下の文章の ① ～ ③ にあてはまる適切な語句を，以下の(a)～(i)から選び，それぞれ記号で答えよ。

　　金属などを含む物質を炎の中に入れると，元素固有の波長の光が放出される現象を ① と呼び，定性分析や花火に利用されている。例えば， ① によって青緑色に光る元素は， ② である。 ① では，内側の ③ に存在する電子が，熱エネルギーを吸収して外側の ③ に移動して高いエネルギー状態（励起状態）となる。その電子が内側の ③ に戻るとき，元素固有の光を放出する。

(a) 炎色反応　　　　(b) 化学発光　　　　(c) 金属表面

(d) 原子核　　　　(e) ストロンチウム　(f) テルミット反応

(g) 電子殻　　　　(h) 銅　　　　　　　(i) ナトリウム

[2]

　固体の銅は，電気をよく通す性質を示す。銅線を熱濃硫酸に入れると，気体を発生しながら溶けた。この水溶液から結晶を析出させると，青色結晶が得られた。この青色結晶を溶かした水溶液にアンモニア水を加えると，青白色の沈澱が生じた。さらにアンモニア水を加えると，沈澱は溶けて深青色の水溶液になった。
(下線部d, e, f)

問5 下線部(d)に関して，金属はなぜ電気をよく通すのかを金属結合の特徴に基づいて，簡潔に述べよ。

問6 下線部(e)に関して，以下の問に答えよ。

(i) 青色結晶の化学式を示せ。

(ii) 青色結晶を200℃で加熱したときに起こる，色と形状の変化を述べよ。

問7 下線部(f)の化学反応式を示せ。

Ⅱ　次の文章を読み，問1～問5に答えよ。ただし，気体はすべて理想気体とする。

一酸化窒素(NO)や二酸化窒素(NO_2)などの窒素酸化物はNOx（ノックス）と呼ばれ，大気汚染や酸性雨の原因となる気体成分である。NO は，自動車のエンジン内などの高温条件で窒素と酸素が反応すると生成する。NO は，空気中でオゾン(O_3)と反応し，NO_2と酸素(O_2)が生成する。NO_2の一部は四酸化二窒素(N_2O_4)となる。
_(a)
_(b)

$$2\,NO_2 \rightleftharpoons N_2O_4 \qquad (1)$$

(1)式のような可逆反応が平衡状態にあるとき，濃度，圧力，温度などの条件を変化させると，その変化による影響を緩和する方向に平衡が移動し，新しい平衡状態になる。これを　ア　の原理と呼ぶ。　ア　の原理を化学工業に応用した例に，窒素と水素を原料にしてアンモニア(NH_3)を合成する　イ　法がある。NH_3は弱塩基であり，水溶液中では次のような電離平衡が成立する。
_(c)

$$NH_3 + H_2O \rightleftharpoons NH_4^+ + OH^- \qquad (2)$$

また，NO_2(気)は空気中のO_3(気)と反応して，三酸化窒素(気)と酸素(気)になる。
_(d)

$$NO_2 + O_3 \longrightarrow NO_3 + O_2 \qquad (3)$$

問1　下線部(a)の反応を熱化学方程式で表せ。ただし，NO(気)，NO_2(気)，O_2(気)，O_3(気)の生成熱はそれぞれ$-90\,kJ/mol$，$-33\,kJ/mol$，$0\,kJ/mol$，$-143\,kJ/mol$とする。

問2　下線部(b)に関して，次の問に答えよ。
(i)　反応(1)の正反応は発熱反応である。その理由を，反応物と生成物の電子式の違いに基づき50字以内で説明せよ。なお，NO_2を電子式で表すと次のようになる。

$$:\ddot{O}:N::\ddot{O}:$$
NO_2の電子式

(ii) 気体物質が平衡状態にある場合，各成分気体の濃度の代わりに分圧を用いて平衡定数を表すことができ，この平衡定数を圧平衡定数 K_p という。反応(1)の圧平衡定数 K_p を，気体定数 R〔Pa・L/(mol・K)〕，絶対温度 T〔K〕，反応(1)の濃度平衡定数 K_c〔L/mol〕を用いて表せ。

(iii) 体積一定の容器に 2.0 mol の N_2O_4 を封入し一定温度に保つと，その 50% が解離して NO_2 となり，全圧は 3.0×10^5 Pa となった。反応(1)の K_p の値を，有効数字 2 桁で単位とともに答えよ。

問 3 文中の ア ， イ にあてはまる語句を答えよ。

問 4 下線部(c)に関して，次の問に答えよ。

(i) アンモニアの電離定数 K_b を，アンモニアの濃度 C とアンモニアの電離度 α を用いて表せ。ただし，アンモニアの電離度 α は 1 に比べて非常に小さく，$1-\alpha ≒ 1$ とみなせるとする。

(ii) 25 ℃ における 2.3×10^{-3} mol/L のアンモニア水の pH を小数第 1 位まで求めよ。ただし，この温度における NH_3 の電離定数は $K_b = 2.3 \times 10^{-5}$ mol/L，水のイオン積は $K_w(25℃) = 1.0 \times 10^{-14}$ (mol/L)^2，また $\log_{10}2.3 = 0.36$ とする。

(iii) 液体の水の電離 $H_2O \rightarrow H^+ + OH^-$ は吸熱反応である。25 ℃ と 60 ℃ の水のイオン積 $K_w(25℃)$ と $K_w(60℃)$ の関係について，正しいものを次の①～③から一つ選び，番号で答えよ。

① $K_w(25℃) = K_w(60℃)$

② $K_w(25℃) > K_w(60℃)$

③ $K_w(25℃) < K_w(60℃)$

(iv) 25 ℃ の純水の pH を測定したところ 7.0 であった。60 ℃ の純水の pH の値について，正しいものを次の①～③から一つ選び，番号で答えよ。

① 7.0 になる ② 7.0 より小さくなる ③ 7.0 より大きくなる

問 5 下線部(d)に関して，次の問に答えよ。

(i) 反応(3)の反応速度定数 k と温度 T の関係は，$k = Ae^{-\frac{E_a}{RT}}$ で表される。A は

定数，E_a は反応の活性化エネルギー，R は気体定数である。実験によって反応(3)の k を各 T で測定した。横軸に T の逆数 $\left(\dfrac{1}{T}\right)$ 〔K^{-1}〕を取り，縦軸に k〔L/（mol・s）〕の自然対数（$\log_e k$）を取りプロットしたところ，その直線の傾きは -2.50×10^3 K になった。反応(3)の E_a〔kJ/mol〕を有効数字 3 桁で求めよ。

(ii)　反応(3)の逆反応 $NO_3 + O_2 \rightarrow NO_2 + O_3$ の活性化エネルギー〔kJ/mol〕を，有効数字 3 桁で求めよ。ただし，反応(3)の反応熱は 102.2 kJ/mol とする。

(iii)　活性化エネルギーに関する記述として正しいものを，次の①～⑤からすべて選び，番号で答えよ。

①　活性化エネルギーは，反応物の結合エネルギーの和と等しい。

②　温度が上昇すると，活性化エネルギー以上の運動エネルギーをもつ分子の割合が増加し，反応速度は増加する。

③　反応物の濃度を大きくすると，活性化エネルギーが低くなるため，反応速度が大きくなる。

④　触媒は活性化エネルギーと反応熱を小さくするため，反応速度が大きくなる。

⑤　可逆反応に触媒を加えると，正反応と逆反応の両方の活性化エネルギーが小さくなり，平衡に達するまでの時間は短くなるが，平衡の移動は起こらない。

Ⅲ 次の文章を読み，問1～問8に答えよ。

核磁気共鳴分光装置を用いると，有機化合物の分子中に物理的・化学的性質の異なる炭素原子が何種類存在するかを調べることができる。たとえば，ベンゼンを核磁気共鳴分光装置で調べると，1種類のみの炭素原子が観測される。これは，ベンゼンの6個の炭素原子が正六角形に配置していることや，ベンゼンの6個の炭素原子の反応性が全て等しいことと合致する。一方，メトキシベンゼンを核磁気共鳴分光装置で調べると，5種類の炭素原子ア～オが観測される（図1）。

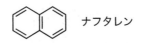

図1 メトキシベンゼン

分子式 $C_{10}H_{12}$ で表される芳香族化合物 A，B，C がある。化合物 A，B，C を核磁気共鳴分光装置で調べると，それぞれ 10 種類，8 種類，8 種類の炭素原子が観測された。化合物 A，B，C に白金触媒存在下で十分な量の水素を反応させると，<u>(a)</u> それぞれ芳香族化合物 D，E，F になった。化合物 D，E，F を核磁気共鳴分光装置で調べると，それぞれ 5 種類，4 種類，7 種類の炭素原子が観測された。<u>化合物 E</u> <u>に濃硫酸と濃硝酸の混合物を室温で作用させたところ，ベンゼン環上の置換基が一</u> <u>つ増え，ただ一つの化合物 G が生成した。</u>(b) 化合物 D，E，F に酸性条件で三酸化クロムを反応させると，化合物 D からはカルボン酸 H が，化合物 E，F からはカル<u>(c)</u> ボン酸 I が得られた。カルボン酸 H，I の分子式は，いずれも $C_8H_6O_4$ であった。<u>(d)</u> <u>カルボン酸 H を加熱すると脱水が起こり，無水フタル酸になった。カルボン酸 I</u> <u>(e)</u> は，縮合重合を利用してポリエステル繊維を合成する際の原料として用いられている。

問1 ナフタレンを核磁気共鳴分光装置で調べると何種類の炭素原子が観測されるか答えよ。

ナフタレン

問 2　下線部(a)について，次の問に答えよ。

　　(i)　1.98 g の化合物 A を完全に化合物 D とするのに理論上必要な水素の体積

　　　　を，mL 単位で有効数字 3 桁で求めよ。ただし水素の体積は，標準状態にお

　　　　けるものとせよ。

　　(ii)　このような形式の反応を何と呼ぶか。①～④から一つ選び，番号で答え

　　　　よ。

　　　　①　置換反応　　②　酸化反応　　③　付加反応　　④　脱離反応

問 3　下線部(c)では，ベンゼン環に結合している炭化水素基がカルボキシ基に変換

　　　されている。化合物 D，E，F の構造について下線部(d)からわかることを，

　　　30 字以内で述べよ。

問 4　化合物 A に関連して，次の問に答えよ。

　　(i)　下線部(e)の反応を，化学反応式で表せ。ただし化学反応式において，カル

　　　　ボン酸 H と無水フタル酸は構造式で示すこと。

　　(ii)　化合物 A の構造を，構造式で示せ。

問 5　カルボン酸 I の化合物名を答えよ。

問 6　下線部(b)に関連して，次の問に答えよ。

　　(i)　濃硫酸と濃硝酸の混合物を室温でトルエンに作用させたところ，互いに異

　　　　性体の関係にある二置換ベンゼンが 3 種類得られた。これら 3 種類の二置換

　　　　ベンゼンを，構造式で示せ。

　　(ii)　化合物 G の構造を，構造式で示せ。

問 7　化合物 B の構造を，構造式で示せ。

問 8　化合物 C の構造を，構造式で示せ。

生　物

（1科目 60分　　2科目 120分）

　　問題 I 〜 IV について解答せよ。解答はすべて解答用紙の所定欄に記入すること。解答文字数を指定している設問については，数字，アルファベット，句読点，括弧，その他の記号とも，すべて1字として記入せよ。ただし，濁点および半濁点は1字とはしないこと（たとえば，「が」を「か゛」とはしない）。

Ⅰ　次の文章を読み，以下の問に答えよ。

　　自然界の生物は，周囲の環境と深い関わりあいをもちながら生活している。こうした関わりあいの中には，気温や降水量などで表される非生物的環境との関係だけでなく，オオヤマネコとユキウサギの間にみられる　　1　　やゾウリムシとヒメゾウリムシの間にみられる　　2　　などの，生物的環境との関係が含まれる。こうした異なる生物種どうしの関わりあいが原因となって，いずれか一方の種が地域から姿を消したり，あるいは，世代をくり返す間に生物の姿かたちが変わったりすることがある。
　　　　　　　(a)　　　　　　　　　　　　　　　　　(b)

　　さらに，異なる生物種どうしの関わりあいに加え，同じ生物種の個体どうしの関わりあいも，生物の生活にしばしば大きな影響をおよぼす。これには，餌や異性の奪いあいによって互いに不利益をもたらす　　3　　のようなものもあれば，スズメが形成する　　4　　のように，集まって一緒に行動することで，餌や天敵に早く気づけるといった利益をもたらすものもある。

問1　文中の空欄　　1　　〜　　4　　に当てはまる最も適切な語句を答えよ。

問2　異なる生物種どうしの関わりあいが原因で生じる，下線部(a)のような現象の呼び名として最も適切なものを，以下のア〜オより選び，記号で答えよ。

　　ア．密度効果

イ．近交弱勢

ウ．ニッチの分割

エ．競争的排除

オ．遺伝的浮動

問3　下線部(b)に関連する次の文章を読み，以下の設問(1)〜(3)に答えよ。

　　ガラパゴス諸島に生息するコガラパゴスフィンチ(以下，フィンチ)は雑食性
で，種子を割って食べる他，花蜜を飲んで乾季を生きのびると言われる。とこ
ろがよく見ると，フィンチが乾季に花蜜を利用する頻度は，島ごとに異なって
いる。この島ごとのフィンチの食性の違いは，種子と花の種類や量，気候の違
いではなく，フィンチの体のサイズが遺伝的に異なっていることに起因する。
フィンチのくちばしの大きさは，体の大きさにほぼ比例しており，小さな個体
のくちばしは，種子を食べるだけでなく，他の鳥が利用しない花蜜を飲むこと
にも適している。一方，大きな個体のくちばしは，小さな個体のくちばしに比
べ，花蜜を飲むことよりも，種子をすばやく割って食べることに適している。
　　乾季には種子が不足する場合があるので，一般的には状況に応じて花蜜も利
用できる小さな個体の方が，有利と思われる。種子と花の種類や量，気候には
島の間でほとんど差がないにも関わらず，一部の島でのみ，フィンチの体のサ
イズが大きいのはなぜだろうか。疑問を抱いた研究者らが調べてみたところ，
サイズが大きいフィンチが生息する3つの島には，サイズが小さいフィンチが
生息する2つの島と異なり，花蜜や花粉を主食とするクマバチが生息している
ことがわかった(表1)。

表1

島	平均翼長*(mm)
クマバチがいない島	
ピンタ島	59.8
マルチェナ島	58.2
クマバチがいる島	
フェルナンディナ島	64.8
サン・サルバドル島	63.8
エスパニョーラ島	64.7

*翼長＝たたんだ翼の長さ。体サイズの指標となる。

(1)　フィンチは，これらの島々の間をほとんど移動しない。このように，異なる場所に生息する集団間で同種の個体の移動がほとんどみられない状態を表す，最も適切な語を答えよ。

(2)　それぞれの島において乾季の間，フィンチが食事時間のそれぞれ何％を種子と花蜜に費やしているかを観察したところ，図1のようになった。このような結果が得られた理由として適切なものを，以下のア～カよりすべて選び，記号で答えよ。

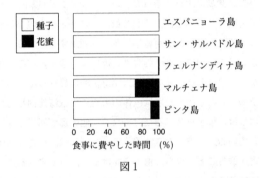

図1

ア．ピンタ島とマルチェナ島では，他の鳥が盛んに花蜜を飲んでおり，フィンチも他の鳥と一緒に花蜜を利用していた。

イ．ピンタ島とマルチェナ島では，他の島にくらべて花蜜を利用する他の生物が少なく，フィンチが花蜜を利用できた。

ウ．ピンタ島とマルチェナ島では，フィンチはくちばしが小さく，クマバチとの競争により花蜜が十分に得られないときには，小さな種子を食べることでエネルギーを補っていた。

エ．ピンタ島とマルチェナ島では，フィンチはくちばしが小さく，種子が十分に得られない乾季の間は，花蜜を飲むことで効率的にエネルギーを補っていた。

オ．ピンタ島とマルチェナ島では，他の島にくらべ，フィンチが食べることのできる種子を生産する植物の数が少なかった。

カ．ピンタ島とマルチェナ島では，他の島にくらべ，フィンチが花蜜を飲むことのできる植物の数が多かった。

(3)　これらの食性の多様性がどのように生じたかについては，さまざまな可能性が考えられる。「元来は小さなフィンチだけが生息していた一部の島に，後から侵入したクマバチが定着した」とすると，クマバチが定着した島にお

いて，フィンチの体が遺伝的に大きくなる方向に変化した経緯はどのように
考えられるか，80字以内で記述せよ。

Ⅱ 次の文章を読み，以下の問に答えよ。

　細胞内共生説では，真核生物の細胞小器官のうち，ミトコンドリアは呼吸を行う
好気性細菌が，葉緑体はシアノバクテリアが，宿主となる細胞に取り込まれた結
果，生じたとされている。葉緑体をもつ植物における細胞内共生説の根拠の一つと
して，葉緑体が2枚の生体膜で包まれていることが挙げられる。さらに複雑な細胞
内構造をもつ生物も存在する。例えばケイ藻類では，4枚の生体膜に包まれた葉緑
体が見られる。これは，シアノバクテリアを取り込むことで葉緑体を獲得した細胞
を，さらに別の宿主細胞が取り込むという，二次共生によって説明される。
　葉緑体には，核DNAとは異なる独自のDNA（葉緑体DNA）が含まれている。葉
緑体DNAは，その構造や，遺伝子からmRNAがつくられる過程が，原核生物の
ものと類似している。シアノバクテリアのDNAと比べて，葉緑体に含まれる個々
のDNAのサイズは小さく，そこに含まれる遺伝子の数は少ない。これは，葉緑体
DNAの一部が，宿主細胞の核DNAに移動したり，不要になった遺伝子が葉緑体
DNAから消失した結果であると考えられている。

問1　下線部(a)に関連して，以下のア～オに対して，誤りを含まないものには○，
　　含むものには×を記せ。

　　ア．ミトコンドリアや葉緑体に含まれるDNAの塩基配列を，現存する細菌の
　　　　DNAの塩基配列と比較することで，これらの細胞小器官の起源となった
　　　　細菌の種類を推定することができる。

　　イ．細胞小器官をもたない原始的な原核生物が，シアノバクテリアを取り込む
　　　　ことで葉緑体を獲得したと考えられている。この過程を，一次共生と呼
　　　　ぶ。

　　ウ．ケイ藻類の葉緑体を包む4枚の生体膜は，内側から1枚目はシアノバクテ
　　　　リアの細胞膜，2枚目はシアノバクテリアを取り込んで葉緑体を獲得した

　　　生物の細胞膜，3枚目と4枚目は葉緑体を獲得した生物の細胞を取り込ん
　　　だ生物の細胞膜に由来すると考えられている。
　エ．真核生物の細胞では，ミトコンドリアの獲得に続いて，呼吸に必要な酸素
　　　から DNA を守るために核膜が発達したことがわかっている。
　オ．シアノバクテリアが水を用いた光合成を行うことで地球環境の酸素濃度が
　　　上昇したため，ミトコンドリアで酸素を用いた効率の良い好気呼吸を行う
　　　ことができる真核生物が繁栄したと考えられている。

問2　下線部(b)に関連して，以下の空欄 ┃ 1 ┃ ～ ┃ 5 ┃ に当てはまる適切
　　な語を答えよ。

　　　　二酸化炭素と C_5 化合物のリブロース二リン酸から，C_3 化合物の ┃ 1 ┃
　　を2分子つくる酵素である ┃ 2 ┃ は，小サブユニットと大サブユニットと
　　いう二種類のタンパク質分子から成る。真核生物である緑藻のある種では，小
　　サブユニットと大サブユニットの遺伝子はそれぞれ，核 DNA と葉緑体 DNA
　　にある。小サブユニットの遺伝子の塩基配列は，全てがタンパク質に翻訳され
　　るわけではない。DNA の塩基配列が写し取られた RNA から，┃ 3 ┃ に
　　対応する領域が取り除かれ，┃ 4 ┃ に対応する領域だけを含む成熟した
　　mRNA になる。この過程を ┃ 5 ┃ と呼ぶ。

問3　下線部(c)に関連して，植物の核 DNA の塩基配列には，葉緑体 DNA の一部
　　の塩基配列と類似性が高い配列が見つかることがある。このような核 DNA 中
　　の配列は，葉緑体 DNA に由来する塩基配列が核 DNA に挿入されたものと考
　　えられており，nupDNA と呼ばれる。nupDNA の塩基配列と葉緑体 DNA の
　　塩基配列を詳しく解析することで，個々の nupDNA が核 DNA に挿入された
　　年代を推定することができる。ある植物 X において，200 塩基対以上の長さを
　　もつ nupDNA は，約3億9千万塩基対の長さをもつ核 DNA 中の 380 箇所で
　　見つかる。図1(A)および(B)はそれぞれ，推定された挿入年代ごとの，現在の
　　nupDNA の長さの合計，および nupDNA が見つかる箇所の数を表しており，
　　各バーの上部の数字は，各データの値を表している。これらをふまえて，以下
　　の設問に答えよ。

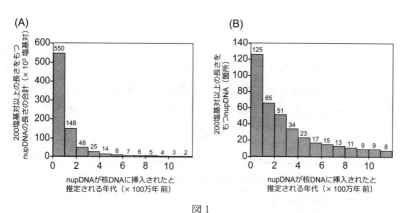

図 1

(1) 以下のア～オに対して，これらの図から読み取れることには○，読み取れ
ないことには×を記せ。

ア．葉緑体 DNA 由来の配列が核 DNA に挿入されるというイベントは過去
に 12 回起こった。

イ．過去 100 万年以内に核 DNA に挿入されたと推定できる，200 塩基対以
上の長さをもつ nupDNA の数は，全 nupDNA の数の半分以上である。

ウ．200 塩基対以上の長さをもつ nupDNA の長さの合計は，植物 X の核
DNA の合計の長さの 0.2 % 以上を占める。

エ．nupDNA の長さの平均は，核 DNA に挿入されたと推定される年代が古
いほど短い傾向がある。

オ．葉緑体 DNA に由来し，核 DNA に挿入されたと推定される nupDNA が
存在することと同様に，ミトコンドリアに含まれる DNA に由来し，核
DNA に挿入されたと推定される DNA も存在する。

(2) 葉緑体 DNA が核 DNA に挿入されただけでは，その nupDNA に含まれる
ほとんどの遺伝子は転写されないとされている。そう考えられる理由を，
50 字以内で記述せよ。

Ⅲ　次の文章を読み，以下の問に答えよ。

　植物ホルモンは，植物体内で合成される低分子の有機化合物のうち，植物の成長，発生，環境応答などの多岐にわたる生理反応に影響を与えるものの総称である。これまでに知られている植物ホルモンとして，オーキシン，ジベレリン，エチレン，アブシジン酸，　　1　　などがある。これらの植物ホルモンはそれぞれが固有の生理作用をもちながらも，互いに協調的または拮抗的に作用し合うことで，(a)状況に応じた適切な生理反応を引き起こしている。そのほかに，花芽形成を誘導する植物ホルモン様物質は　　2　　と呼ばれている。その正体は長らく謎であったが，現在では　　2　　の実体は FT タンパク質(Hd3a タンパク質)であることが明らかにされている。FT タンパク質が合成される器官は　　3　　であり，合成された FT タンパク質は師部を通過し，茎頂分裂組織まで移動する。

　植物ホルモンや FT タンパク質が細胞に存在する受容体に結合することによっ(b)て，一連のタンパク質群が互いに影響を及ぼし合うようになる。そして，その影響が及ぶ経路固有の調節タンパク質のはたらきが活性化または不活性化されること(c)で，特定の遺伝子群の発現が調節され，植物ホルモンや FT タンパク質に対応するさまざまな生理反応が引き起こされるのである。

問 1　文中の空欄　　1　　～　　3　　に当てはまる適切な語を記せ。

問 2　下線部(a)に関連して，植物ホルモンのはたらきに関する以下の文ア～エを読み，誤りを含まないものには○を，誤りを含むものには×を記せ。

　　ア．植物が水不足になると，アブシジン酸が合成されて孔辺細胞に作用し，気
　　　　孔が閉じて蒸散を抑制することで，体内から水分が失われることを防ぐ。

　　イ．エチレンが植物細胞に作用すると，細胞壁のセルロース繊維が茎の伸長方
　　　　向に対して垂直に並ぶ。続いてオーキシンがはたらくことで，セルロース
　　　　繊維が緩み，細胞が吸水して，茎の肥大成長が促される。

　　ウ．幼葉鞘は光の当たる側に屈曲する。この現象では，幼葉鞘の先端部にて光
　　　　受容体であるフィトクロムが光を感知して，オーキシン輸送体の分布が変

化する。そして，オーキシンが光の当たる側から影側に輸送され，影側の
伸長成長が促進される。

エ．アブシジン酸は種子の休眠性を高めるが，逆にジベレリンは休眠打破のは
たらきをもつ。例えば，オオムギの種子では，ジベレリンが糊粉層に作用
して，アミラーゼ遺伝子の転写が抑制され，胚乳中のデンプンが十分に蓄
積されることで発芽する。

問3 下線部(b)に関連して，図1は野生型のイネとジベレリン反応に異常が起こっ
たイネ変異体の発芽後の様子を示したものである。a変異体ではジベレリン受
容体であるタンパク質A，b変異体ではタンパク質Bをコードする遺伝子が機
能を失っている。また，ab変異体ではAとBをコードする遺伝子がともに機
能を失っている。このとき，Bに関する説明として最も適切なものを以下の選
択肢ア～カから選べ。

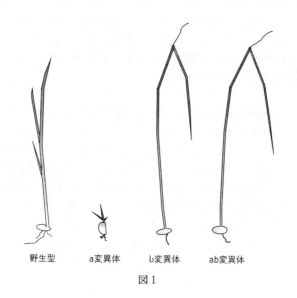

野生型　　　a変異体　　　b変異体　　　ab変異体

図1

ア．Aにジベレリンを運ぶことで，ジベレリン反応を促進する。

イ．Aと競合する形でジベレリンに結合し，ジベレリン反応を適度に抑制す
る。

ウ．Aに結合しAとジベレリンの結合を強めることで，ジベレリン反応を促

　　　進する。

　　エ．ジベレリンと競合する形でAに結合し，ジベレリン反応を適度に抑制する。

　　オ．ジベレリンが結合したAにより活性化され，ジベレリン反応を促進する。

　　カ．ジベレリン反応を抑制しており，ジベレリンが結合したAによって不活性化される。

問4　下線部(c)に関連する次の文章を読み，設問(1)，(2)に答えよ。

　　調節タンパク質は一般的に，転写調節領域内の特定の塩基配列に結合し，転写調節を補助する他のタンパク質と複合体を形成することで，遺伝子の発現を調節する。調節タンパク質のはたらきを解析する手法には，細胞を用いた遺伝子産物量の定量実験や，電気泳動法を用いたDNAおよびタンパク質の結合実験などがある。これらの手法を用いて，ある植物のFTタンパク質が，茎頂分裂組織の細胞で発現してはたらくタンパク質Xおよびタンパク質Yとともに，どのような仕組みで花芽形成を誘導する遺伝子の発現を促進させるのかについて確かめるため，以下の実験1，2を行った。なお，タンパク質XとYの一方がDNAに結合する調節タンパク質であり，他方がフロリゲンの細胞内受容体であることはわかっている。

　　実験1：　細胞壁を取り除いた細胞で，花芽形成に関わるタンパク質の発現の有無を調べたところ，FTとXは発現しておらず，Yは十分に発現してはたらいていることがわかった。そこで，この細胞にFTまたはXを発現させるプラスミドを導入し，花芽形成を誘導する遺伝子に与える影響を調べた。具体的には，花芽形成を誘導する遺伝子から転写されるmRNA量をプラスミド導入直後と24時間後に測定した(図2)。なお，図中における ＋ は該当するタンパク質を発現するプラスミドを導入したことを，－ は対照実験のためにいずれのタンパク質も発現しないプラスミドを導入したことを意味する。

■ プラスミドを導入した直後
□ プラスミドを導入した24時間後

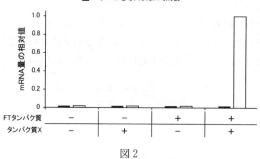

図2

実験2：　別の実験より，花芽形成を誘導する遺伝子の発現促進には，転写調節領域内の塩基配列Zが重要であることがわかった。そこで，塩基配列Zを含む2本鎖DNA，および，その塩基配列Zのみを全く異なる塩基配列に置き換えた2本鎖DNAを用意し，その末端をそれぞれ蛍光色素で標識した。さらに，FT，XおよびYの各タンパク質を他のタンパク質やDNAが混ざっていない状態まで精製した。そして，これらの蛍光標識DNAと各種タンパク質を様々な組み合わせで混合し，電気泳動した。この電気泳動の実験では，分子やその複合体のサイズが大きいほど泳動方向に移動しにくくなるので，泳動距離の比較によって複合体を形成したかどうかが判別できる。泳動後に，蛍光標識DNAから生じる蛍光を検出したところ，図3のような蛍光バンドが得られた。なお，図中における + は該当するDNAまたはタンパク質を加えたことを，− は該当の分子を加えていないことを意味する。

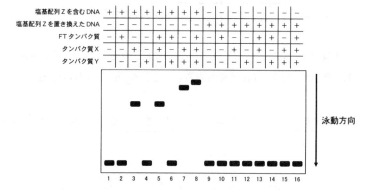

図3

(1)　XまたはYのうち，DNAに結合する調節タンパク質と考えられるものを選んで答えよ。

(2)　茎頂分裂組織の細胞において花芽形成を誘導する遺伝子の発現促進がどのように起こるのか，実験1，2の結果から考えられることを80字以内で記述せよ。ただし，以下の記号および語を必ず用いること。

> X，Y，FT，細胞内受容体

Ⅳ　次の文章を読み，以下の問に答えよ。

　皮膚には，触覚，痛覚，温覚などの感覚を担う感覚神経が分布している。触覚と痛覚は，それぞれ圧点と痛点という感覚神経の末端が<u>圧力などの物理的刺激を受けることにより生じる</u>。皮膚から脊髄に至る脊髄神経は，<u>形態の異なる神経繊維が束となっている</u>。その中には軸索の太さが異なるものや，軸索が　1　細胞というグリア細胞で覆われている有髄神経繊維と覆われていない無髄神経繊維が存在する。また，脊髄神経の経路は，感覚神経と運動神経では異なっており，感覚神経は　2　を通って脊髄に入る。<u>脊髄内では，介在神経を介した神経回路により，感覚情報の統合が行われる</u>。脊髄を中心として左右対称に分布している感覚神経は，<u>それぞれ左右の半身から刺激を受け，脊髄を経由して反対側の大脳の体性感覚野へ情報を伝える</u>。このため，右脳の体性感覚野が損傷を受けた場合，左半身の感覚が失われることになる。

問1　文中の空欄　1　と　2　に当てはまる適切な語を記せ。

問2　下線部(a)に関連して，以下のア～カの受容器や感覚細胞のうち，細胞が物理的に変形することで刺激を受けとるものをすべて選び，記号で記せ。

　　ア．筋紡錘　　イ．コルチ器　　ウ．味細胞　　エ．視細胞　　オ．嗅細胞
　　カ．半規管

問3　下線部(b)に関連して，皮膚から脊髄に至る感覚神経は，図1に示すAβ繊維，Aδ繊維，C繊維という異なる神経繊維の束で構成され，それぞれの繊維は表1に示す形態的特徴をもつ。これをふまえて以下の設問(1)〜(3)に答えよ。

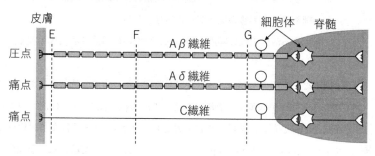

図1

表1　各神経繊維の典型的な形態的特徴

神経繊維	髄鞘の有無	軸索の直径（μm）
Aβ 繊維	有	10
Aδ 繊維	有	5
C 繊維	無	1

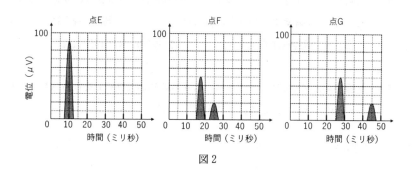

図2

(1)　軸索における興奮の伝導について述べた以下のア〜エの文のうち正しいものをすべて選び，記号で記せ。

　ア．軸索の興奮部はその隣接部に比べて細胞外の電位は低くなる。

イ．軸索の図 1 の点 F に電気刺激を与え局所的に興奮させると，興奮の伝導は刺激部位から細胞体方向と末梢方向の両方向へ起こる。

ウ．軸索の図 1 の点 F 近傍を薬剤処理し，電位依存性ナトリウムチャネルをはたらかなくさせると，有髄神経繊維および無髄神経繊維はともに末梢から細胞体への興奮の伝導が起こらなくなる。

エ．発生する活動電位の頻度が高いほど軸索の伝導速度は大きくなる。

(2)　図 1 に示す圧点と痛点の感覚神経が存在する皮膚に，時刻 0 においてすべての感覚神経が興奮する刺激を与え，神経繊維の点 E，F，G において電位変化を記録した。図 2 は各点における時刻 0 から 50 ミリ秒までの電位変化を示している。この電位変化の大きさは，各点において活動電位が発生した神経繊維の数を反映している。このとき，Aδ 繊維の軸索における活動電位の典型的な伝導速度は何 m/秒と算出されるか，有効数字 2 桁で答えよ。ただし，皮膚表面から点 F，点 G までの軸索の長さはそれぞれ 15 cm，30 cmとする。

(3)　図 1 の皮膚表面に，ある強さの圧力刺激を与えると，すべての神経繊維からの活動電位が点 G の位置で観測された。次に，同じ部位に，より弱い圧力刺激を与えると，圧点の神経繊維の活動電位だけが点 G の位置で観測され，痛点の神経繊維の活動電位は観測されなかった。刺激の強さにより神経繊維ごとに活動電位の有無が生じた理由を 40 字以内で記述せよ。

問 4　下線部(c)に関連して，圧点を担う感覚神経 R および痛点を担う感覚神経 U は，脊髄内において図 3 に示す神経回路を形成している。

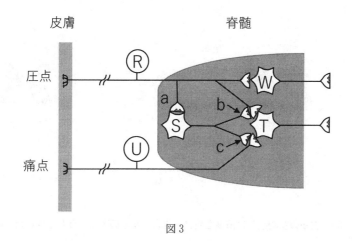

図3

　介在神経 W および T はいずれも脳で統合され，介在神経 W が興奮すると触覚が生じ，介在神経 T が興奮すると痛覚が生じる。また，感覚神経 R および U から介在神経 T のシナプス上には，介在神経 S がシナプス b およびシナプス c で接続している。この神経回路について以下の 3 つの事実がみられた。

・圧点を刺激したとき，触覚は生じたが痛覚は生じなかった。

・痛点を刺激したとき，痛覚が生じた。

・痛点を刺激した状態で圧点が刺激されると，痛覚が和らいだ。

　このとき，シナプス a，b，c はそれぞれ興奮性シナプスと抑制性シナプスのどちらに該当すると考えられるか，解答欄に記せ。ただし，感覚神経 R，U から介在神経 W，T へ接続するシナプスはすべて興奮性シナプスとする。

問 5　下線部(d)に関連して，以下の設問(1)，(2)に答えよ。

(1)　ヒトの脊髄は頭側から順に，頸髄，胸髄，腰髄，仙髄の 4 つの領域からなる。図 4 のア～ウはヒトの胸髄，腰髄，仙髄のいずれかの横断面を表している。下記のア～ウの中から胸髄に該当するものを選び記号で記せ。また，そのように考えられる理由を 50 字以内で記述せよ。

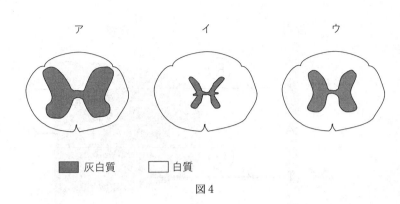

図 4

(2)　胸髄の左側半分に損傷を受けた場合，左右の下肢のうち触覚が損なわれた
のが左下肢のみであったのに対して，痛覚が損なわれたのは右下肢のみで
あった。これは感覚神経が脊髄に入ってから大脳へ至る経路が触覚と痛覚で
は異なるためであるが，その違いについて 60 字以内で記述せよ。

地　学

（1科目60分　2科目120分）

　問題Ⅰ～Ⅳについて解答せよ。字数を指定している設問の解答では，数字，アルファベット，句読点，括弧，元素記号を1字として記述せよ。ただし，化学式を記述する場合は，元素記号とその添え字を含めて1字とする。途中の計算過程を記述する設問の解答では，答えとなる値がどのように得られたのかを理解できるように記述せよ。

Ⅰ　次の文章を読み，以下の問いに答えよ。

　　地球表面での放射収支は，単位　　ア　　に対する単位　　イ　　あたりの　　ウ　　の出入りで評価する。地球規模で見ると，この放射収支は1年間で平均すると，低緯度地域と高緯度地域で大きな差が生じている。そのため，水蒸気を含む大気や海水の循環により熱が低緯度から高緯度に輸送され，放射収支の不均一性を解消している。また，大陸と海洋の分布は地球表面の熱収支の不均一性を生じさせる一因となっている。この結果，大陸東岸に位置する日本の天気は西岸に比べて四季に応じた明瞭な違いを生じている。
（a）は「この放射収支は1年間で平均すると，低緯度地域と高緯度地域で大きな差が生じている。」の部分に付されている。（b）は「大陸東岸に位置する日本の天気は西岸に比べて」の部分に付されている。

問1　文章中の空欄　　ア　　～　　ウ　　に入る適切な用語を，以下の語群から一つずつ選択せよ。
　　【語群：体積，太陽放射，エネルギー，時間，長さ，面積】

問2　文章中の下線部(a)に関して放射収支の差が生じるしくみを，図と文章を用いて説明せよ。説明文は150字以内に収める事。

問3　下線部(b)に関して大陸の影響を受けた現象として最も適切なものを，次のA～Dから一つ選択し，記号で答えよ。また，その仕組みを100字以内で説明

せよ。

   A　日本海側で頻発する降雪

   B　周期的な天気の変化

   C　台風の到来に伴う大雨

   D　フェーン現象に伴う高温

Ⅱ　ヘルツシュプルング・ラッセル図(HR 図)に関する以下の問いに答えよ。

問 1　図 1 は地球近傍の恒星及び地球から見える明るい恒星を HR 図上に記入したものである。太陽の位置は図 1 の(b),(c),(d)のどれに相当するか答えよ。

問 2　HR 図をもとに恒星を分類することができる。図 1 の(a),(e)の領域に存在する恒星はそれぞれどのような種類の恒星であるといえるのか答えよ。

問 3　図 1 の縦軸は絶対等級である。絶対等級に比べて,＋5,－5 の見かけの等級を持つそれぞれの恒星と観測点までの距離(パーセク)をそれぞれ求めよ。計算過程も解答用紙に記述せよ。

問 4　恒星進化の順番として適当なものを次の①～⑤から一つ選べ。

   ①　(d) → (c) → (b) → (a) → 超新星爆発

   ②　(b) → (c) → (d) → (a) → 超新星爆発

   ③　(d) → (a) → 超新星爆発

   ④　(c) → (a) → (e)

   ⑤　(e) → (c) → (a)

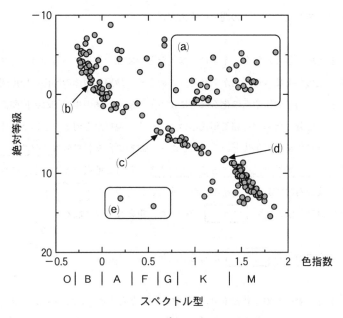

図1　ヘルツシュプルング・ラッセル図

データは http://www.astro.utoronto.ca/~garrison/oh.html を参照

Ⅲ　次の文章を読んで，以下の問いに答えよ。

　　異なる地層や岩体が整合，不整合，貫入などの関係で接している場合，どちらが
　　　　　　　　　　　　　(1)
先にできたのかを調べることができる。このような地層や岩体の関係を層序関係と
呼ぶ。また，層序関係や示準化石などによって地層や岩体の相対的な新旧関係を明
らかにして区分したものを相対年代という。一方，現在から何年前というように数
値で表した年代を絶対年代という。岩石などの試料に含まれている放射性同位体の
　　　　　　　　　　　　　　　　　　　　　　　　　　　　　　　　　　　(2)
壊変を利用して絶対年代を調べることができる。離れた地点で露出する地層や岩体
が同じ年代のものであることを明らかにすることを地層の　　a　　という。相対
年代と絶対年代は地層の　　a　　を行う際に重要な情報になる。

問 1　文章中の空欄　　a　　に適当な語句を入れよ。

問 2　ある地層の絶対年代が 6000 万年前であったとする。この地層より新しい地
　　　層から産出する化石として適切なものを以下の語群からすべて選べ。
　　　【語群：アンモナイト，ビカリア，カヘイ石，イノセラムス，フズリナ，

　　　　　　　三葉虫，リンボク，クサリサンゴ，デスモスチルス】

問 3　下線部(1)について，絶対年代や示準化石の情報がなくても，接している二つ
　　　の地層の関係が不整合であることが分かる場合がある。それはどのような場合
　　　か，100 字以内で説明せよ。

問 4　下線部(2)について，なぜ放射性同位体の壊変を利用することで絶対年代を調
　　　べることができるのか，130 字以内で説明せよ。

Ⅳ　次の文章を読んで，以下の問いに答えよ。

　　地震は，地殻や上部マントルに蓄積された　ア　　が，瞬時に解放される現象
である。地震によって放射された地震波は，震源からあらゆる方向に伝わっていく
が，観測点に最初に到達するのはP波である。観測点における地面の最初の動き
（初動）によって，震源における断層の方向やずれの動きを知ることができる。例え
ば，P波の初動は，断層のずれにより，震源から押し出される領域では押し波，震
源に引き込まれる領域では引き波となる。日本列島は，複数のプレートの境界に位
置し，地震活動の活発な地域である。プレート境界のうち，日本海溝などのプレー
　　　　　　　　　　　　　　　　　　　　　　　　　　　　　　　　　(a)
ト収束境界は，海のプレートと陸のプレートの境界であり，逆断層型の地震が発生
する。地震は陸のプレート内でも発生し，とくに震源の浅い地震は，地下のずれが
地表に現れることがある。最近数十万年間にくり返し活動した証拠があり，今後も
地震が起こる可能性のある断層を，　イ　　という。

問1　上の文章中の空欄　ア　，　イ　　に，適当な語句を入れよ。

問2　地震波のうちP波の説明として，最も適切なものを次の①～④から一つ選
　　べ。
　　①　振動方向が波の進行方向と垂直で，固体，液体，気体中を伝わる。
　　②　振動方向が波の進行方向と平行で，固体，液体，気体中を伝わる。
　　③　振動方向が波の進行方向と垂直で，固体中のみを伝わる。
　　④　振動方向が波の進行方向と平行で，固体中のみを伝わる。

問3　図1は，あるプレート内のごく浅部で発生した地震の本震と余震の震央を地
　　図に示したものである。図中4つの観測点における初動の観測から，本震は横
　　ずれ断層で発生したことがわかっている。なお，A地点の初動は引き波で
　　あった。これらの地震を起こしたと考えられる断層ののびる方向を例のように
　　8方位で答えよ（例：北東-南西）。さらに，これらの地震を起こしたと考えら
　　れる断層が，右横ずれ断層か，左横ずれ断層か答えよ。また，その根拠を100
　　字以内で述べよ。

問 4　下線部(a)について，プレート収束境界で逆断層型の地震が発生する理由を，
　　　以下の 3 つの用語を使って，100 字以内で述べよ。
　　　【用語：沈み込み，陸のプレート，海のプレート】

　　図 1　あるプレート内のごく浅部で発生した地震の本
　　　　　震と余震の震央を地図に示したもの。本震を大き
　　　　　な円，余震を小さな円で示す。三角形は観測点を
　　　　　示す。

解 答 編

英 語

　**1.** 物体や行為を表す記号で構成され，その組み合わせで要求を表す。(30 字以内)

2. 石器を作ったり大陸を渡って移動したりする行為は，計画的に物事を考える能力の向上を示唆している。(50 字以内)

3. 言語の明瞭な発音には舌の動きの制御が大きく影響するから。(30 字以内)

4 ─(A)　**5.** ①─(C)　②─(D)　③─(B)　④─(A)

6. (A)→(E)→(D)→(C)→(B)

···　**全 訳**　···

《人間はいつ話せるようになったのか》
類人猿に言葉を教えること

① チンパンジーに話すという行為を教える試みは全くうまくいっていない。それとは対照的に，大型類人猿のそれぞれの種に，視覚による合図や手での合図を使ってコミュニケーションを教えるのは，非常にうまくいっている。チンパンジーやゴリラやオランウータンには，簡単な形態の手まね言語を教えてきており，チンパンジーとボノボはどちらも，記号が入っているキーボードを使えるようになっている。彼らはこれらの記号を順番に指さして，メッセージを伝えるのである。この動物たちのうち少なくとも1頭，ボノボのカンジは，ジェスチャーを考え出してレパートリーに追加しており，今では人間が話す文章を理解できる──彼自身は話すことはできないのだが。

② この動物たちは合図や記号が短く連続したものを作り出して理解できるのだが，彼らの技能を真の言語と評することはできない。彼らが使ってい

るシステムは，主として物体や行為を指す記号で構成されていて，たいていは組み合わさって頼みごとを形作る。過去と未来のように，異なる時制を表す方法はなく，頼みごとや陳述や質問や命令や否定を区別する方法もない。彼らには反復もないが，一方，人間の発話においては，別の句の中に再帰的に句をはめ込んで，複雑な事柄を伝えることも容易である。たとえばこんな表現である。「私は，彼女が彼としゃべっているのを私が見ていることを彼女は知っているのではないかと思う」 いわゆる言語類人猿が到達する言語レベルは，だいたい2歳児のレベルであり，真の言語というよりもむしろ原型言語と呼ばれてきた。

③　2歳児が，統語法が現れる次の発達段階を待たねばならないのと全く同様に，我々とチンパンジーとの共通の祖先は，まだ真の言語の準備ができていなかった。

ヒト族の進化

④　この共通の祖先が真の言語を有していなかったということを受け入れるならば，必然的に言語はヒト族の系統樹のある地点で進化したことになる。それは，600万年ほど前に，現代のチンパンジーやボノボにつながる系統へと枝分かれしたのである。ヒト族が他の大型類人猿と区別されるのは，主にバイペダル，つまり2本の足だけを使って歩行することによってであった。彼らはいつも直立して歩いていた。もっとも，最初期のヒトはおそらく樹上での生活に適応するための構造をいくつか保持していただろうが。二足歩行は両手を自由にしてくれ，そのおかげでコミュニケーションのための種々様々なジェスチャーが可能になった。しかし，約250万年前にヒト属が現れるまで，統語法に近づくものが進化したということを示す証拠は存在しない。

ヒト属の出現と認知の発達

⑤　石器が考古学の記録に初めて現れたのは，最初のヒト属の種として知られているホモ・ルドルフエンシスの時期とほぼ同じである。これは，脳の大きさが増加し始めたことを示してもいる——以前のヒト族の脳は，体の大きさに合わせて修正すると，チンパンジーの脳と変わらない大きさであった。ホモ・エルガスターとそのアジアのいとこにあたるホモ・エレクトスは，その少し後に出現し，より大きな脳を持っていた。一方，ネアンデルタール人と現代のホモ・サピエンスの脳はどちらも，同じ体の大きさ

の類人猿に対して予測された脳の約3倍の大きさであった。ほぼ200万年前に，ホモ・エレクトスは，アフリカからアジアへの一連の移住と思われるものを始めた。これらの出来事は全て，思考や計画の能力が進歩していることを示している。移住と製作は，コミュニケーションがより効果的になったかもしれないことを示してもいる。したがって，過去200万年の間に，おそらくは徐々に，言語が原型言語の領域を超えて発達したと考えるのは筋が通っているようである。だが，私は敢えて主張するが，言語は初め，身体，とりわけ手や腕や顔の動きを含む原始的なジェスチャーのシステムとして発達したのである。それでも，おそらく声を伴うことが増えてきて，この17万年の間に我々自身の種であるホモ・サピエンスが現れてようやく，発話が最終的に支配的な方法になったのであろう。

発話の到来が遅かった理由

[6]　発話の発展が遅かったと思われる理由の一つは，発声器官とそれを管理する脳のメカニズムが，発話が可能となる前にかなりの変化を経験しなければならなかった点である。一つの変化は，舌の制御に関連している。それは当然発話に決定的に関連している——だから，言語（language）は時に「tongue（舌）」と呼ばれるのである。ネアンデルタール人はホモ・サピエンスとは別個のものであるが，50万年ほど前までさかのぼって共通の祖先を持っているということは，一般に認められている。この共通の祖先が，明瞭な発話のために舌の十分な制御力を有していたと結論づけることも，筋が通っているかもしれない。

[7]　研究者のフィリップ=リーバーマンは，長く以下のような主張をしてきた。つまり，結果的に現代の人間の音声器官となった変化は，我々自身の種が約17万年前に現れて初めて完全なものになったのであり，さらにその変化は，たとえ3万年前という最近であっても，ネアンデルタール人においては不完全なものであったという点だ。人間の子供では，生まれてからの数年間で喉頭が下がると，それに伴って顔が平たくなる。そのため，チンパンジーや他の霊長類と比較して，我々人間の口は短い。化石の証拠によると，ネアンデルタール人は我々のような平たい顔ではなく，類人猿のほうに似た長い口をしていた。ネアンデルタール人においては顔の平板化が起こらなかったのは明白なので，喉頭の低下は起こらなかった，あるいは少なくとも完全なものではなかったと考えるのは妥当である。

⑧　さらに，咽頭の長さが口の長さに対応するためには，喉頭は胸部に配置されなければならなかっただろう。それゆえに，我々に明瞭に話す力を与えてくれた顔と音声器官への変化は，ネアンデルタール人においてはまだ起こっていなかったか不完全であったと考えるのはもっともなことである。リーバーマンの主張が正しいとすれば，完全に形成された人間の音声器官は，ネアンデルタール人とホモ・サピエンスに至る道筋とが分岐してから出現したに違いない。それはまさに，17万年ほど前に我々自身の種を生じさせるもとになった，「種分化」の決定的な部分であったと考えてよいだろう。

⑨　リーバーマンの意見は論争の的となっているが，発話自体がいきなり現れた可能性は低い。リーバーマンでさえ，ネアンデルタール人はおそらく話すことができただろうが，ホモ・サピエンスが持っているようなあらゆる声域の発音はできなかっただろうと認めている。リーバーマンが正しければ，どうやらネアンデルタール人は現代の人間の幼児と同じくらいの声域を持っていたようだ。音声器官へのこの変化は，きっと徐々に起こったはずであり，おそらくは我々の種の出現によって現在の労作のレベルに到達したのだろう。

=== 解　説 ===

1. 下線部(1)の意味は「合図や記号が短く連続したもの」となる。これは第1段第2文（In contrast, …）で述べられている visual and manual signals「視覚による合図や手での合図」や，同段第3文（Chimpanzees, gorillas, …）にある a keyboard containing symbols「記号が入っているキーボード」などを使って表現されるもののことである。そして，第2段第2文（The systems they …）でそれらが objects and actions「物体や行為」を表す記号で構成されており，requests「要請，依頼」を表すと説明されている。この2点を30字以内で記述する。

2. 下線部(2)の意味は，「これらの出来事は全て，思考や計画の能力が進歩していることを示している」となる。These events は，直後の文の冒頭で Migrations and manufacture「移住と製作」と言い換えられている。つまり，第5段第1文（Stone tools first …）にある石器を作り始めたことと，同段第4文（And nearly …）にあるアフリカからアジアへの移住を始めたことを指している。これらの行為には想像や予測などの複雑な思

考力が必要であり，この事実によってヒト属が計画的に考える力を有していたことが示されているのである。

3．下線部(3)の意味は「言語（language）は時に『tongue（舌）』と呼ばれる」となり，その直前に that's why ～「だから～なのだ」とあることから，それ以前の部分が理由になっていることがわかる。第6段第1・2文（One reason to … called "tongues".）に，ヒトが発話できるようになるには発声器官と脳のメカニズムにかなりの変化が必要で，その変化の一つが舌の制御であり，それは発話と決定的に関連していると述べられている。この内容を中心に 30 字以内で記述する。なお，〔解答〕では critically involved「決定的に関連している」に対応する部分を「大きく影響する」としたが，「極めて重要」などと表現してもよい。

4．空欄に続く箇所を見ると，動詞が存在しないので，後続部分は節ではなく句であると考えられる。よって，空欄には接続詞ではなく前置詞が入ると予想され，(D)の because は除外される。次に，直前の「人間の音声器官が出現した（に違いない）」と，直後の「ネアンデルタール人とホモ・サピエンスとの分岐」の順序を考える。同段第2文（As such, …）で「我々に話す力を与えてくれた音声器官への変化は，ネアンデルタール人においてはまだ起こっていなかったか不完全であった」と述べられているので，人間の音声器官の出現はネアンデルタール人と分岐した後ということになる。この順序を表すのは(A)の since「～以来」である。

5．(A)「発話の到来が遅かった理由」 (B)「ヒト属の出現と認知の発達」 (C)「類人猿に言葉を教えること」 (D)「ヒト族の進化」

①の直後となる第1段第1文（Attempts to teach …）は「チンパンジーに話すという行為を教える試みは全くうまくいっていない」という意味であり，まさに類人猿に言葉を教えるという行為に言及している。よって①には(C)を補う。

②の直後となる第4段第1文（If we accept …）は，「この共通の祖先が真の言語を有していなかったということを受け入れるならば，必然的に言語はヒト族の系統樹のある地点で進化したことになる」という意味であり，後続の文でもヒト族が大型類人猿と分かれて進化していったことが説明されている。この段落の見出しとして最も適切なのは(D)である。

③の直後の第5段では，ホモ・エレクトスやホモ・サピエンスが現れた

ことが述べられており，脳の大きさや思考力の発達についても言及されている。よって，この段落の見出しとしては(B)が最も適切である。

　④の直後の第6段第1文の冒頭は，One reason to believe that speech evolved late「発話の発展が遅かったと思われる理由の一つ」となっている。よって見出しとして最適なのは(A)である。

6．(A)「新たにヒト族が現れた」　(B)「キーボードを使ってコミュニケーションができる大型類人猿もいることが示された」　(C)「ホモ・サピエンスが地球上に存在するようになった」　(D)「ホモ・エレクトスがある大陸から別の大陸へと移動し始めた」　(E)「最初の石器が作られた」

　まず，(C)のホモ・サピエンスは現代の人類と一致しているので，(D)のホモ・エレクトスのほうが古い。この両者はヒト族に属するので，(A)はさらに古いことがわかる。さらに，(E)の最初の石器が作られたのは，第5段第1文（Stone tools first …）にあるように「最初のヒト族であるホモ・ルドルフエンシスの時期とほぼ同じ」であるが，厳密に言えば「ホモ・ルドルフエンシスが現れてから石器を作るようになった」と考えられるので，(E)は(C)，(D)よりも古いが(A)よりも後である。最後に，(B)はkeyboardなどの語があることから，かなり最近の内容であることがわかる。よって正しい順序は(A)→(E)→(D)→(C)→(B)となる。

Ⅱ **解答** 　**1**―(C)

　2．(a)　自分が歩いている通りの交通量が多いこと。（20字以内）

(b)　通りを渡る前に左右を見て確認すること。（20字以内）

(c)　事故にあわずに無事に通りを渡れること。（20字以内）

3．過去に起こった出来事の中から最も状況が似ているものを選んでシミュレーションする。（40字以内）

4．不安が生まれるのは，我々のPFCが未来を正確に予測できるだけの情報を持たないときであること。（45字以内）

5．コロナウイルスの感染力や致死率の程度を見つけ出し，その情報に基づいて適切に対処するため。（45字以内）

6―(D)　**7**―(A)

··········· **全　訳** ···········

《不安やパニックと恐怖との違い》

① 　私は精神科医として，不安とそれに近い親類であるパニックは，どちらも恐怖から生まれるものであると知った。私は行動神経科学者として，恐怖が持つ進化のための重要な機能が，我々を生存させてくれているのだと知っている。実のところ，恐怖は我々が持つ最古の生存メカニズムなのである。恐怖は，負の強化と呼ばれる脳の作用を通して，将来の危険な状況を回避するよう我々に教えてくれる。

② 　たとえば，我々が交通量の多い通りに足を踏み入れて，振り返ると車が自分に向かって進んでくるのが目に入ったとしたら，我々は本能的に歩道の安全な所へと飛びのくだろう。そういった恐怖による反応が，通りが危険であるとすぐに知ることと，通りに用心して近づくことに役立つのである。進化のおかげで，これは我々にとって非常に単純なものになっている。とても単純なので，このような状況で我々が学ぶ必要のある要素は3つしかない。つまり，環境的手掛かり，行動，結果である。この場合，交通量の多い通りを歩いていることは，横断前に左右を見ろという合図である。ケガをせずに通りを渡れたことで，我々は将来もまたこの行為を忘れずに繰り返すことを教わる。我々は，生存のためのこの手段を，全ての動物と共有している。科学で知られている最も「原始的な」神経系（人間の脳の約1000億ニューロンとは対照的に，合計で2万ニューロンしかない）を持つ生物であるナマコでさえ，これと同じ学習機能を使っているのである。

③ 　過去100万年間のどこかで，人間は，より原始的な生存脳に加えて，新しい層を進化させた。神経科学者たちはこれを前頭前皮質（PFC）と呼んでいる（解剖学的見地から言えば，この「より新しい」脳域は，目と額のすぐ奥にある）。創造と計画に関係しているので，PFCは我々が未来のために考えたり計画したりするのを助けてくれる。PFCは，我々の過去の経験に基づいて，将来何が起こるかを予測してくれる。しかし重要なのは，PFCが正確な予測をするためには，正確な情報が必要だということである。情報不足の場合，PFCは我々が最善の進路を選ぶ手助けをするため，何が起こりそうかということについてさまざまなバージョンを展開する。PFCがこうするのは，我々の人生で過去に起こった出来事の中で最も似通ったものに基づいてシミュレーションをすることによってである。たと

えば，トラックやバスは車に十分に似ているので，速く動いているのがどんな乗り物であれ，それを避けるために左右を見るべきだと問題なく想定できるのだ。

④　しかしながら，不安が生まれるのは，我々のPFCが未来を正確に予測できるだけの情報を持たないときである。我々は，2020年初めに新型コロナウイルスが世界中に爆発的に広がったときに，これを目撃した。新たに発見されたウイルスや病原菌ならどんなものでもそうだったように，科学者たちは，適切に行動できるよう感染力や致死率の程度を正確に見つけ出すために，競って新型コロナウイルスの特徴を研究した。しかし発見されて間もないころは特に，不確かなことが多かった。正確な情報がないので，我々の脳は，聞いたり読んだりした最新の報告を基に，簡単に恐怖や心配の話を作ってしまった。そして，我々の脳の接続方法のせいで，そのニュースが衝撃的であればあるほど，――我々の危機感と恐怖心が増大するので――我々の脳はそれを記憶に留めやすくなる。そして恐怖と不確実性の要素――家族の病気や死，失業の可能性，子供を学校へ行かせるかどうかの難しい決断，経済を安全に再開する方法への懸念など――が加わっていく。そして，脳が整理しようとする良からぬことが大量に積み上がるのである。

⑤　恐怖自体が不安とどのように異なるのかに注目してほしい。恐怖は，我々が生存していくのを助けてくれる順応性のある学習機能である。それに対して，不安には順応性がない。我々の思考脳や計画脳は，十分な情報がないときには制御できなくなるのである。

=== 解説 ===

1．(A)「いつものように」　(B)「しかしながら」　(C)「実のところ」
(D)「さもなければ」

　　直前の第1段第2文（As a behavioral …）の意味は「私は行動神経科学者として，恐怖が持つ進化のための重要な機能が，我々を生存させてくれているのだと知っている」となる。当該文の空欄以下の意味は「恐怖は我々が持つ最古の生存メカニズムである」となるので，前後の関係は〈先に述べた内容をさらに補強している〉ものであると考えられる。この関係に対して用いるのに最も適切なものは(C)である。

2．それぞれの意味は(a)「環境的手掛かり」，(b)「行動」，(c)「結果」とな

り，これらは危険を回避するために学んでおく必要がある要素である。

　本文では，「交通量の多い通りを歩いている」という設定で，直後の2文 (In this case, … in the future.) で詳しく説明している。特に注意すべき表現は walking up to a busy street と to look both ways before crossing, Crossing the street uninjured の3つ。これが(a)，(b)，(c)にそれぞれ対応しているので，20字以内でまとめる。

3. 下線部(2)の意味は「最善の進路」となるが，それを選ぶために PFC が行うことについては，直後の文 (It does this …) で「我々の人生で過去に起こった出来事の中で最も似通ったものに基づいてシミュレーションをすることによって」であると説明されている。この部分を40字以内でまとめる。

4. 当該文の意味は「我々は，2020年初めに新型コロナウイルスが世界中に爆発的に広がったときに，これを目撃した」となるので，this はコロナ禍の状況で見られたことを指していると考えられる。それについては直前の文 (However, anxiety is …) で「不安が生まれるのは，我々の PFC が未来を正確に予測できるだけの情報を持たないときである」と述べられているので，この部分を45字以内でまとめる。

5. 下線部(4)の意味は，「科学者たちは競ってコロナウイルスの特徴を研究した」となるが，その目的は直後の in order to 「～するために」以下で述べられていると考えられる。重要な表現だけをピックアップすると，find out how ～ so that … 「…できるように，どれほど～であるかを見つけ出す」となるので，「適切に行動できるよう，どれほど感染力が強く命に関わるのかを見つけ出すために」がその目的である。これを45字以内でまとめる。

6. それぞれの空欄を含んだ前後の意味は，「正確な情報がないので，我々の脳は，聞いたり読んだりした最新の報告を基に（　イ　）を作るのが簡単だと考えた」「我々の危機感と（　ウ　）が増大するので」「不確実性と（　エ　）が加わっていく」となる。つまり，(イ)は「作る」対象となるもの→「話」，(ウ)は危機「感」と並列になるもの→「感情」となるので(D)が正解であると考えられる。さらに，(エ)であるが，この部分は elements of fear and uncertainty で「恐怖や不確実性の要素」というつながりになっていて，ダッシュ（―）に挟まれた部分でその具体例が述べられている。

7. 当該文のセミコロン（；）以下の意味は「我々の思考脳や計画脳は，十分な情報がないときには…」となる。直前の out of に注目すると，out of control で「手に負えなくなる，制御できなくなる」という意味の成句があり，本文の趣旨とも矛盾しない。よって正解は(A)である。

Ⅲ　解答

[A]　（3番目・5番目の順に）

(1)—⑤・①　(2)—⑥・①　(3)—②・④

[B]　〈解答例〉We should help anyone in need at any time. I have learned from this article, however, that sometimes we are unable to be kind to others when we do not get enough sleep. In my experience, this is true. Without enough sleep, I tend to feel down, become self-centered, and less concerned about others. Or, I may become more irritable than usual at the slightest words of my family and friends. Lack of sleep can harm our relationships with others. （80語程度）

全訳

[A]《人工知能がもたらす未来》

著作権の都合上，省略。

［B］《他者を支援しようとする心と睡眠不足との関係》

　人間は助け合う──それは，文明社会の基盤の一つである。ところが，3つの研究を引き合いに出した新しい科学報告によると，睡眠不足になると人は助けようとしなくなり，寛容さもなくなるのである。これらの研究は，脳のスキャン，面談，アンケート，その他の数量化できる方法など，様々な技術を駆使した。脳のスキャンによって，他者への共感や理解を可能にする脳の部分は，眠れない夜を過ごした後は活動が衰えることがわかった。また，睡眠の質が悪いと，ほかの誰かのためにエレベーターの扉を開けたままにしておくとか，ボランティア活動をするとか，通りで出会った面識のないケガ人を助けるなどのような，他人を助けようとする願望も薄れたのである。また，2001 年から 2016 年の間にアメリカで行われた 300 万件の慈善寄付を分析すると，夏時間──夏が来ると時計の針を1時間進めるという取り組み──に移行した後は，寄付が 10 ％減っていることがわかった。時刻の切り替えは深夜 0 時に行われるので，いつもの時間に眠っていつもの時間に目を覚ましたとしても，睡眠時間は1時間短くなる。その報告の指摘では，我々の社会はしばしば，睡眠は不要なものか時間の無駄であると考えているが，十分に睡眠をとらないと実際には社会的な影響が生じるのである。結論すると，睡眠は自分の周囲の人たちだけでなく，自分自身にも提供できる最善の親切の形態なのである。

═══════════ **解　説** ═══════════

［A］　⑴　当該文の述語動詞が give である点に注目する。第 4 文型の SVO（間接目的語，通常は人）O（直接目的語，通常は物）の形が想定されるので，並べ替えの部分は直接目的語になっていると考えられる。したがって核となる語は tools で，この前に形容詞の powerful が置かれる。また，後置修飾の形として *A*（名詞＝tools）S V「S が V する tools」が考えられ，S が their ancestors，V が never imagined となり，意味の通る

表現が完成する。

　完成文は powerful tools their ancestors never imagined「彼らの祖先が想像もしなかった強力な道具」となる。

⑵　当該文の述語動詞が（has）made である点に注目する。直後が it になっていることから，第5文型の SVO（目的語）C（補語，名詞か形容詞）の形が想定され，さらに it は形式目的語だと考えられる。その場合，真の主語が to 不定詞の形で C の後に置かれることになる。さらに，tell と from があることから，tell A from B「A と B を見分ける」という表現が想起され，fact と fiction が A, B に当たると考えられる。

　完成文は（social media has made it）tougher to tell fact〔fiction〕from fiction〔fact〕「ソーシャルメディアが事実と虚構を見分けることをより難しくしている」となる。

⑶　直前の and に注目する。選択肢の中に助動詞と動詞（の原形）があることから，この and は述語動詞を結ぶ接続詞であると考えられる。よって can produce で始まり，後に目的語が続くと推測できる。さらに volumes と of から，large volumes of ～「大量の～」という表現になっていると考えられ，最後に content を補って文が完成する。

　完成文は（and）can produce large volumes of content「大量のコンテンツを生産できる」となる。

[B]　「上記の論説に基づいて，あなたの睡眠の質と量が，他者を助け，他者に対して寛大になろうという気持ちにどのように影響するかについて論じなさい。論点を説明するための具体的な例を挙げなさい」

　本文の趣旨は，睡眠時間が不足したり睡眠の質が悪かったりすると，他者を支援しようとする意欲が低下し，寛大さもなくなるということである。これについて，賛成または反対の立場で自分の意見を述べていくことになる。トピックがやや抽象的なので文を作りにくいかもしれないが，自分なりの表現でうまくまとめてほしい。「80語程度」という指示があるので，75～85語くらいになるようにしたい。

講評

　2024年度は，ⅠとⅡは長文読解問題，Ⅲは語句整序問題と自由英作

文問題という構成で，ほぼ例年通りの出題内容であった。なお，Ⅲの英作文問題は，要約問題が出題された年度もあったが，2023 年度以降は意見論述のみの出題となっている。

　Ⅰ　人類の発話の起こりを扱った言語学の論文である。1 語を補う空所補充問題が 1 問，小見出しを 4 つ補う空所補充問題が 1 問，出来事を時系列で並べる内容説明問題が 1 問，日本語による内容説明問題が 3 問となっている。日本語の論述問題は，いずれも下線を施された部分について説明するもので，字数制限がある。正解となる箇所を本文中から見つけるのはそれほど難しくはないが，適切な字数になるように自分なりの表現に変換する必要がある。

　Ⅱ　恐怖というものを生物が生き残るためのメカニズムとして捉えた英文。空所補充問題が 3 問（うち 1 問は複数の空所補充の組み合わせ），内容説明問題が 4 問（いずれも日本語による論述で字数制限あり）となっている。

　Ⅰ，Ⅱともに英文の量が多いので，何度も読み返していると時間が足りなくなってしまう。先に設問に目を通しておくなどして，精読すべき箇所を明確にしておきたい。

　Ⅲ　[A] の語句整序問題は，並べ替えたときに 3 番目と 5 番目にくるものを選ぶ形式である。日本語が与えられていないので，文法・語法・構文の知識を中心に考えていくことになる。[B] の英作文問題は，他者を助けたいという人間の心理と睡眠不足との関係を扱った英文が出題されている。「具体的な例を挙げて」という条件があるので，この部分の記述を忘れないように気をつけてほしい。

2024 年度　前期日程

英語

地　理

Ⅰ　**解答**　　　　点 a。手前に流下する氷河が写った写真 1 は，遠景に国境の稜線が見えるため，南または南東を向いて撮影されたことがわかる。ただしどの点からも南を向くと，左側の谷へ下る斜面が正面に見えるはずで適当でない。点 b は D5 に山，点 c は C6 に岩の崖が残るのに対し，点 a は南東からモレーンで挟まれた谷が延びるので撮影地点と判断した。(150 字程度)

　　19 世紀末に 2000 m 近くまで下っていた氷河は融解が進み，21 世紀初頭には末端の標高が 2300 m 付近の高所へ 2 km 以上も後退した。化石燃料の大量消費に伴って二酸化炭素の排出量が増加した一方，吸収源となる森林などが開発により縮小し，大気中の温室効果ガスの濃度が上昇して地球の平均気温が上昇したことが主な原因である。(150 字程度)

══════════════════ **解　説** ══════════════════

《山岳氷河の形状変化》

　　問題の前半では，手前方向にモレーンを伴いながら流下する氷河を撮影した地点の判別が求められた。後半で扱われたように，氷河の融解が進んだ現在は，氷食谷が手前に向かって延びてくる点を選ぶことになる。「スイスとイタリアの国境である稜線が遠景に写っている」ことに注意すると，いずれかの点から南向きまたは南東向きに撮影されたと判断できるが，どの点からも南を向くと氷河湖が分布する谷に向かって左側に下る斜面が正面に見えるはずで，写真 1 の景観と異なる。点 a から南東を向くと，D4 付近に高所方向に等高線が凸状に分布する谷の存在が読み取れるが，点 b の南東には D5 付近の山が，点 c の南東には C6 の「岩の崖」が分布しており，氷食谷と合致しない。

　　後半では，氷河の形状の変化とその原因を説明する。写真 1 中の氷河の末端は，19 世紀末には撮影地点である点 a に近い C3 北東部付近に位置していたが，21 世紀初頭には D4 南東部に移動している。「地形図の距離や標高も参照して説明」することが求められているので，C3 北東部の標高を，北側の 2018 m と南側の 2131 m の標高点から 2050 m 前後と推定し，

D4 南東部の 2300 m の等高線も読み取って，氷河が高所に向かって直線距離で 2km 以上後退したことなどに言及したい。論述字数に余裕があるので，氷河の融解をもたらした原因となる地球温暖化についても丁寧に説明するとよい。

Ⅱ ─ 解 答

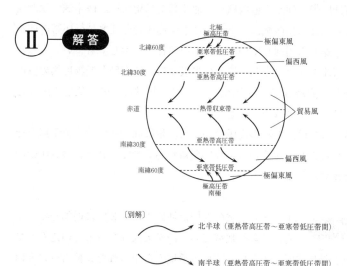

太陽からの受熱量が多い赤道付近では，暖められた地表付近の大気が上昇して熱帯収束帯とよばれる低圧帯が形成される。上空で南北両半球に移動しながら冷却された大気が下降して生じる亜熱帯高圧帯からは，熱帯収束帯に向かって貿易風が吹くが，コリオリの力が作用して北半球では北東風，南半球では南東風となる。さらに亜熱帯高圧帯から高緯度側に吹き出す大気は西寄りの偏西風となり，上空では南北に蛇行しながら地球を周回する。一方，受熱量が少なく，寒気が地表付近に蓄積した北極や南極には極高圧帯が形成されており，低緯度側に極偏東風が吹き出している。極偏東風と偏西風が会合する一帯では大気が上昇して，亜寒帯低圧帯が形成される。(300 字程度)

═══ 解 説 ═══

《気圧帯と恒常風》

　図の作成に当たっては，まず 4 つの気圧帯として，赤道付近に熱帯収束帯（赤道低圧帯），緯度 20〜30 度付近に亜熱帯高圧帯（中緯度高圧帯），

緯度50〜60度付近に亜寒帯低圧帯（高緯度低圧帯），両極付近に極高圧帯
（極高圧部）を示す必要がある。その上で，亜熱帯高圧帯から熱帯収束帯
に向かう貿易風と，極高圧帯から亜寒帯低圧帯に向かう極偏東風（極東
風）を，北半球では北東風，南半球では南東風として描き，亜熱帯高圧帯
から亜寒帯低圧帯に向かう偏西風を，北半球では南西風，南半球では北西
風として描く。なお偏西風は，上空で亜熱帯高圧帯と亜寒帯低圧帯の間を
南北に蛇行しながら周回しているため，その様子を示してもよい。もっと
もジェット気流を含むこうした風系の形成には高緯度側と低緯度側の温度
差が一因として関わっているため，「気圧帯と恒常風」の関係をテーマと
する本問ではあえて触れなくてもよい。

　論述に当たっては，上記の高圧帯から低圧帯に向かって吹く恒常風をそ
れぞれ説明することになるが，字数に余裕があるのでそれぞれの気圧帯の
成因にも言及するとよいだろう。

Ⅲ 〔解答〕　インドネシアの人口は期間中に約3倍に増加した。初
期には農村地域での人口が大部分を占めていたが，ま
もなく開発が遅れ貧困問題を抱える農村地域から限られた大都市への人口
移動が活発化し，農村地域の人口が減少傾向に転じた一方，都市地域の人
口は増大した。とりわけ人口が集中・急増した首都のジャカルタでは，雇
用機会の創出，住宅の建設，上下水道や公共交通などのインフラ整備が追
いつかず，不安定なインフォーマルセクターの従事者が増加したほか，不
衛生なスラムが拡大し，自動車による交通渋滞も頻発するなどの都市問題
が深刻化した。さらに工業化に伴って大気汚染も激化したため，カリマン
タン島への首都移転計画が進められてきた。（300字以内）

解　説

《インドネシアの人口変化と大都市にみられる特徴》

　図3より，1960年から2021年にかけてインドネシアの人口は，約9000
万人から約2億7000万人に増加したことが読み取れる。初期には農村地
域の人口が大部分を占めたが，1990年頃から農村地域の人口は減少傾向
に転じている。一方，都市地域の人口は期間の後半にかけて増加が顕著で，
2021年には農村地域の人口を上回っている。

　インドネシアを含む多くの発展途上国では，人口爆発とよばれる人口の

急激な自然増加が起こってきたが，上述のように農村地域における人口減少も考慮すると，指定語句にある「人口移動」に注意して「大都市にみられる特徴」を説明することになる。一般的に国家のスケールでは，農村から都市への人口移動が主流となるが，先進国では都市の経済的な豊かさが農村からの人口を吸引する傾向が強いのに対し，発展途上国では農村の貧しさが都市へ人口を押し出してきたとされ，とりわけ首都など特定の都市に人口が集中してプライメートシティが生まれやすい。ただし，急激な人口増加に雇用機会の創出，住宅の建設，インフラの整備などが追いつかず，発展途上国の多くの都市で「スラム」「交通渋滞」などの都市問題が深刻化している。インドネシアでは，近年の「工業化」も一因となって激しい大気汚染に見舞われてきたジャカルタから，地域格差の是正も目的として，カリマンタン島東部のヌサンタラへ首都機能を移転する計画が進められてきた。

講　評

　2024年度は，300字の論述法2問に加え，150字の論述法が2問出題され，2023年度に続いて描図法もみられた。頻出の地形図に加え，自然環境や社会・経済をテーマとするいずれの大問でも資料が用いられた。資料に基づいて地理的に考察する姿勢が大切である。

　Ⅰ　スイスの山岳地帯の地形図読み取りが求められたが，標高を判別しにくく，写真の撮影地点の選定理由を簡潔にまとめる作業にもやや苦労するだろう。

　Ⅱ　気圧帯と恒常風の関係について，図を描きながら説明する問題で取り組みやすかった。教科書によっては偏西風が，亜熱帯高圧帯と亜寒帯低圧帯の間を南北に蛇行しながら吹く風（ジェット気流）として示されており，そのように描いても構わない。

　Ⅲ　インドネシアの人口の変化を，グラフを参照して説明する問題である。多くの発展途上国で，農村から都市への人口移動が都市問題を引き起こしてきたことは基本事項で書きやすい。インドネシアの「首都移転計画」を知らなくても，ジャカルタの都市問題から推察できる。

数　学

① 【解答】　(1)　直線 AC は ∠OAB を二等分するので

BC : CO = AB : AO = 2 : 4 = 1 : 2

よって

$$\overrightarrow{AC} = \overrightarrow{OC} - \overrightarrow{OA} = -\overrightarrow{OA} + \frac{2}{3}\overrightarrow{OB}$$

$$= -\vec{a} + \frac{2}{3}\vec{b} \quad \cdots\cdots(\text{答})$$

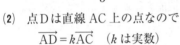

(2)　点 D は直線 AC 上の点なので

$$\overrightarrow{AD} = k\overrightarrow{AC} \quad (k \text{ は実数})$$

と表せて

$$\overrightarrow{OD} = \overrightarrow{OA} + \overrightarrow{AD} = \overrightarrow{OA} + k\overrightarrow{AC}$$

$$= \vec{a} + k\left(-\vec{a} + \frac{2}{3}\vec{b}\right)$$

$$= (1-k)\vec{a} + \frac{2}{3}k\vec{b}$$

OD⊥AC であるから

$$\overrightarrow{OD} \cdot \overrightarrow{AC} = 0$$

これより

$$\left\{(1-k)\vec{a} + \frac{2}{3}k\vec{b}\right\} \cdot \left(-\vec{a} + \frac{2}{3}\vec{b}\right) = 0$$

$$-(1-k)|\vec{a}|^2 + \frac{2}{3}(1-2k)\vec{a}\cdot\vec{b} + \frac{4}{9}k|\vec{b}|^2 = 0 \quad \cdots\cdots①$$

ここで

$$|\vec{a}|^2 = 4^2 = 16$$

$$|\vec{b}|^2 = 4^2 = 16$$

また，$|\overrightarrow{AB}|^2 = 2^2$ であるから

$$|\vec{b} - \vec{a}|^2 = 4$$

これより　　$|\vec{b}|^2 - 2\vec{a}\cdot\vec{b} + |\vec{a}|^2 = 4$

したがって　$\vec{a}\cdot\vec{b}=\dfrac{1}{2}(|\vec{a}|^2+|\vec{b}|^2-4)=\dfrac{1}{2}(4^2+4^2-4)$

$\qquad\qquad\qquad = 14$

①より

$\qquad -(1-k)\cdot 16+\dfrac{2}{3}(1-2k)\cdot 14+\dfrac{4}{9}k\cdot 16=0$

$\qquad \dfrac{40}{9}k-\dfrac{20}{3}=0$

ゆえに　　$k=\dfrac{3}{2}$

よって

$\qquad \overrightarrow{\mathrm{OD}}=(1-k)\vec{a}+\dfrac{2}{3}k\vec{b}$

$\qquad\quad =\left(1-\dfrac{3}{2}\right)\vec{a}+\dfrac{2}{3}\cdot\dfrac{3}{2}\vec{b}$

$\qquad\quad =-\dfrac{1}{2}\vec{a}+\vec{b}$　……(答)

(3)　　$\triangle\mathrm{BCD}=\dfrac{1}{2}\triangle\mathrm{OCD}=\dfrac{1}{2}\cdot\dfrac{1}{2}\triangle\mathrm{OAC}$

$\qquad\qquad =\dfrac{1}{4}\triangle\mathrm{OAC}=\dfrac{1}{4}\cdot\dfrac{2}{3}\triangle\mathrm{OAB}$

$\qquad\qquad =\dfrac{1}{6}\cdot\dfrac{1}{2}\sqrt{|\vec{a}|^2|\vec{b}|^2-(\vec{a}\cdot\vec{b})^2}$

$\qquad\qquad =\dfrac{1}{12}\sqrt{4^2\cdot 4^2-14^2}$

$\qquad\qquad =\dfrac{1}{12}\cdot 2\sqrt{15}=\dfrac{\sqrt{15}}{6}$　……(答)

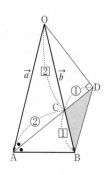

━━━━━ **解　説** ━━━━━

《ベクトルの内積を利用して求める三角形の面積》

(1)　直線 AC は∠OAB の二等分線なので，BC：CO がわかる。

(2)　∠ODA $=\dfrac{\pi}{2}$ なので，$\overrightarrow{\mathrm{OD}}\perp\overrightarrow{\mathrm{AC}}$ より $\overrightarrow{\mathrm{OD}}\cdot\overrightarrow{\mathrm{AC}}=0$ である。$\overrightarrow{\mathrm{AC}}$ は(1)で

すでに求めているので，$\overrightarrow{\mathrm{OD}}$ を求めることができる。

(3)　三角形 OAB の面積は $\dfrac{1}{2}\sqrt{|\vec{a}|^2|\vec{b}|^2-(\vec{a}\cdot\vec{b})^2}$ で直接求めることができ

るが，面積を求めようとしている三角形 BCD は直接扱うには面倒そうである。このような場合は，基準になる図形（本問では三角形 OAB）に対する割合を求めることで面積を求めるという手順を理解しておこう。線分 OB，AD に対する辺の比より，△BCD∽△OCA となる。これを利用してもよい。

② 解答

(1) $\log_x y + \log_y x = \log_x y + \dfrac{\log_x x}{\log_x y}$

$$= \log_x y + \dfrac{1}{\log_x y}$$

ここで，$x>1$，$y>1$ より，$\log_x y>0$ である。

相加平均・相乗平均の関係より

$$\dfrac{\log_x y + \dfrac{1}{\log_x y}}{2} \geqq \sqrt{\log_x y \cdot \dfrac{1}{\log_x y}}$$

$$\log_x y + \dfrac{1}{\log_x y} \geqq 2$$

よって，$x>1$，$y>1$ のとき

$$\log_x y + \log_y x \geqq 2$$

が成り立つ。　　　　　　　　　　　　　　　　　　　　　　　　　　（証明終）

(2) $\begin{cases} x>1 & \cdots\cdots① \\ y>x & \cdots\cdots② \\ \log_x y + \log_y x < \dfrac{5}{2} & \cdots\cdots③ \end{cases}$

②の両辺の底が x の対数をとると，①より

$$\log_x y > \log_x x$$

$$\log_x y > 1 \quad \cdots\cdots④$$

が成り立つ。

③より

$$\log_x y + \dfrac{1}{\log_x y} < \dfrac{5}{2}$$

④より，$\log_x y$ は正なので，両辺に $2\log_x y$ をかけると

$$2(\log_x y)^2 + 2 < 5\log_x y$$

$2(\log_x y)^2 - 5\log_x y + 2 < 0$

$(2\log_x y - 1)(\log_x y - 2) < 0$

$\dfrac{1}{2} < \log_x y < 2$　……⑤

④, ⑤より, $1 < \log_x y < 2$ であるから

$\log_x x < \log_x y < 2\log_x x$

$\log_x x < \log_x y < \log_x x^2$

①より

$x < y < x^2$　……⑥

①, ②, ⑥より, 連立不等式の表す領域は下図の網かけ部分（境界線は含まない）である。

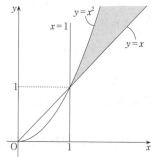

(3)　$x^2 + y^2 < 12$ は中心が $(0, 0)$, 半径が $2\sqrt{3}$ の円の内部なので, D は右図の網かけ部分である。

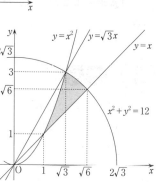

直線 $y = x$ と $y = \sqrt{3}x$ が x 軸の正の向きとなす角はそれぞれ $\dfrac{\pi}{4}$, $\dfrac{\pi}{3}$ なので,

2直線のなす角は $\dfrac{\pi}{3} - \dfrac{\pi}{4} = \dfrac{\pi}{12}$ である。

$D = $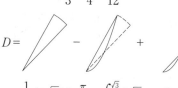

$= \dfrac{1}{2}(2\sqrt{3})^2 \cdot \dfrac{\pi}{12} - \displaystyle\int_0^{\sqrt{3}}(\sqrt{3}x - x^2)\,dx + \int_0^1 (x - x^2)\,dx$

$$= \frac{\pi}{2} - \left[\frac{\sqrt{3}}{2}x^2 - \frac{1}{3}x^3\right]_0^{\sqrt{3}} + \left[\frac{1}{2}x^2 - \frac{1}{3}x^3\right]_0^1$$

$$= \frac{\pi}{2} - \left(\frac{3\sqrt{3}}{2} - \sqrt{3}\right) + \left(\frac{1}{2} - \frac{1}{3}\right)$$

$$= \frac{1}{6} + \frac{\pi}{2} - \frac{\sqrt{3}}{2} \quad \cdots\cdots (答)$$

=== 解 説 ===

《曲線で囲まれた図形の面積》

(1) 対数関数にかかわる不等式を証明する問題である。底をそろえないと計算ができないので，まずは底をそろえると，$\log_x y$ とその逆数 $\dfrac{1}{\log_x y}$ の和となる。$x>1$, $y>1$ のとき $\log_x y>0$ となることから，相加平均・相乗平均の関係が利用できることに気づく。

(2) (1)での証明プロセスから $\log_x y + \log_y x < \dfrac{5}{2}$ の整理の仕方は理解できる。$1<\log_x y<2$ のままでは xy 平面上に図示できないので，各辺を底が x の対数で表して，真数部分を比較することから $x<y<x^2$ を得ることができると図示できる。

(3) 直接求めることはできないので，図形をうまく組み合わせて面積を求める。

3 解答

(1) $f(x) = x(x+1)(x-1) = x^3 - x$ より
$$f'(x) = 3x^2 - 1$$

よって，直線 L の方程式は
$$y - (t^3 - t) = (3t^2 - 1)(x - t)$$
$$y = (3t^2 - 1)x - 2t^3 \quad \cdots\cdots (答)$$

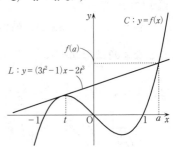

(2) $\begin{cases} y = x^3 - x \\ y = (3t^2 - 1)x - 2t^3 \quad (t \neq 0) \end{cases}$

より，y を消去して
$$x^3 - x = (3t^2 - 1)x - 2t^3$$
$$x^3 - 3t^2x + 2t^3 = 0$$
$$(x - t)^2(x + 2t) = 0$$

$$x = -2t, \ t$$

$x = t$ は接点の x 座標なので，$x = -2t$ が点 $(t, f(t))$ と異なる共有点の x 座標である。

よって　　$a = -2t$　……(答)

$$
\begin{aligned}
f'(t)f'(a) &= f'(t)f'(-2t) \\
&= (3t^2 - 1)\{3(-2t)^2 - 1\} \\
&= (3t^2 - 1)(12t^2 - 1) \\
&= 36t^4 - 15t^2 + 1 \\
&= 36\left(t^2 - \frac{5}{24}\right)^2 - \frac{9}{16}
\end{aligned}
$$

$t^2 = u$ として

$$g(u) = 36\left(u - \frac{5}{24}\right)^2 - \frac{9}{16}$$

とおく。$t \neq 0$ なので，$u > 0$ より $g(u)$ の $u > 0$ における最小値は

$$g\left(\frac{5}{24}\right) = -\frac{9}{16}$$

よって，$f'(t)f'(a)$ の最小値は　　$-\dfrac{9}{16}$　……(答)

(3)　曲線 C 上の点 $(s, f(s))$ における接線を M とする。$L \perp M$ となるための t の条件を求める。

$L \perp M$ となるための条件は，$f'(t)f'(s) = -1$ となることであり

$$(3t^2 - 1)(3s^2 - 1) = -1$$

$$3s^2 - 1 = -\frac{1}{3t^2 - 1}$$

$$3s^2 = 1 - \frac{1}{3t^2 - 1}$$

実数 s が存在するための条件は，$3s^2 \geqq 0$ より

$$1 - \frac{1}{3t^2 - 1} \geqq 0$$

を満たす t が存在することであり，$\dfrac{1}{3t^2 - 1} \leqq 1$ かつ $t \neq 0$ かつ $t \neq \pm\dfrac{\sqrt{3}}{3}$ を解けばよい。

両辺に正の $(3t^2 - 1)^2$ をかけると

$$3t^2-1 \leqq (3t^2-1)^2$$

$$(3t^2-1)(3t^2-2) \geqq 0$$

$$\left(t^2-\dfrac{1}{3}\right)\left(t^2-\dfrac{2}{3}\right) \geqq 0$$

$$\left(t-\dfrac{\sqrt{3}}{3}\right)\left(t+\dfrac{\sqrt{3}}{3}\right)\left(t-\dfrac{\sqrt{6}}{3}\right)\left(t+\dfrac{\sqrt{6}}{3}\right) \geqq 0$$

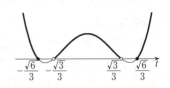

したがって，求める t の値の範囲は

$$t \leqq -\dfrac{\sqrt{6}}{3}, \quad -\dfrac{\sqrt{3}}{3}<t<\dfrac{\sqrt{3}}{3}, \quad \dfrac{\sqrt{6}}{3} \leqq t \quad \cdots\cdots(答)$$

参考　$\dfrac{1}{3t^2-1} \leqq 1$ の両辺に $3t^2-1$ をかけるときは，正負によって不等号の向きがかわるので注意すること。次のようになる。

$3t^2-1>0$，つまり $t<-\dfrac{\sqrt{3}}{3}$，$\dfrac{\sqrt{3}}{3}<t$ のとき両辺に正の $3t^2-1$ をかけると

$$1 \leqq 3t^2-1$$

これより　　$3\left(t+\dfrac{\sqrt{6}}{3}\right)\left(t-\dfrac{\sqrt{6}}{3}\right) \geqq 0$

ゆえに　　$t \leqq -\dfrac{\sqrt{6}}{3}, \dfrac{\sqrt{6}}{3} \leqq t$

このうち $t<-\dfrac{\sqrt{3}}{3}$，$\dfrac{\sqrt{3}}{3}<t$ を満たす範囲は　　$t \leqq -\dfrac{\sqrt{6}}{3}, \dfrac{\sqrt{6}}{3} \leqq t$

$3t^2-1<0$，つまり $-\dfrac{\sqrt{3}}{3}<t<\dfrac{\sqrt{3}}{3}$ のとき両辺に負の $3t^2-1$ をかけると

$$1 \geqq 3t^2-1$$

これより　　$3\left(t+\dfrac{\sqrt{6}}{3}\right)\left(t-\dfrac{\sqrt{6}}{3}\right) \leqq 0$

ゆえに　　$-\dfrac{\sqrt{6}}{3} \leqq t \leqq \dfrac{\sqrt{6}}{3}$

このうち $-\dfrac{\sqrt{3}}{3}<t<\dfrac{\sqrt{3}}{3}$ を満たす範囲は　　$-\dfrac{\sqrt{3}}{3}<t<\dfrac{\sqrt{3}}{3}$

したがって，求める t の値の範囲は

$$t \leqq -\dfrac{\sqrt{6}}{3}, \quad -\dfrac{\sqrt{3}}{3}<t<\dfrac{\sqrt{3}}{3}, \quad \dfrac{\sqrt{6}}{3} \leqq t$$

解 説

《3次関数のグラフの接線》

(1) 直線 L の接線の傾きは $f'(t)$ であるから,方程式は

$$y - f(t) = f'(t)(x - t)$$

で表せる。

(2) 曲線とその接線のそれぞれの方程式を連立すると,共有点の座標が得られる。$x = t$ に対応する点で2つのグラフが接していることから,$x = t$ を重解としてもっていることを考えると,$(x - t)^2(x + 2t) = 0$ と整理できることが容易にわかる。

(3) 直線 L と M が直交するための条件を求める問題である。直線 L, M の傾きはそれぞれ $f'(t)$, $f'(s)$ である。2つの直線が直交するための条件は傾きの積が -1,つまり $f'(t)f'(s) = -1$ となることである。そして s が実数なので $s \geqq 0$ となることより,対になる t の条件を求めた。

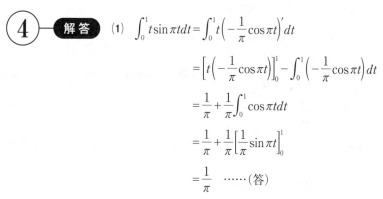

④ 解答

(1)
$$\int_0^1 t\sin\pi t\,dt = \int_0^1 t\left(-\frac{1}{\pi}\cos\pi t\right)' dt$$

$$= \left[t\left(-\frac{1}{\pi}\cos\pi t\right)\right]_0^1 - \int_0^1 \left(-\frac{1}{\pi}\cos\pi t\right) dt$$

$$= \frac{1}{\pi} + \frac{1}{\pi}\int_0^1 \cos\pi t\,dt$$

$$= \frac{1}{\pi} + \frac{1}{\pi}\left[\frac{1}{\pi}\sin\pi t\right]_0^1$$

$$= \frac{1}{\pi} \quad \cdots\cdots(\text{答})$$

(2)
$$\begin{cases} x = -t\left(t - \dfrac{3}{2}\right) \\ y - \sin\pi t \end{cases} \quad (0 \leqq t \leqq 1)$$

$x = -t^2 + \dfrac{3}{2}t$ より $\dfrac{dx}{dt} = -2t + \dfrac{3}{2}$

$0 \leqq t \leqq 1$ の範囲で $\dfrac{dx}{dt} = 0$ のとき,$-2t + \dfrac{3}{2} = 0$ より $t = \dfrac{3}{4}$

$y = \sin\pi t$ より $\dfrac{dy}{dt} = \pi\cos\pi t$

$0 \leqq t \leqq 1$ の範囲で $\dfrac{dy}{dt} = 0$ のとき，$0 \leqq \pi t \leqq \pi$，$\pi \cos \pi t = 0$ より

$$\pi t = \frac{\pi}{2} \qquad \text{ゆえに} \qquad t = \frac{1}{2}$$

よって，$0 \leqq t \leqq 1$ における x と y の増減表は左下のようになるから，曲線 C は右下のようになる。

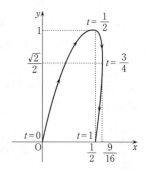

t	0	$\cdots$	$\dfrac{1}{2}$	$\cdots$	$\dfrac{3}{4}$	$\cdots$	1
$\dfrac{dx}{dt}$		$+$	$+$	$+$	0	$-$	
$\dfrac{dy}{dt}$		$+$	0	$-$	$-$	$-$	
$(x,\ y)$	$(0,\ 0)$	$\nearrow$	$\left(\dfrac{1}{2},\ 1\right)$	$\searrow$	$\left(\dfrac{9}{16},\ \dfrac{\sqrt{2}}{2}\right)$	$\swarrow$	$\left(\dfrac{1}{2},\ 0\right)$

これと直線 $x = a$ の共有点の個数は

$$\begin{cases} a < 0,\ \dfrac{9}{16} < a \text{ のとき} & 0 \text{ 個} \\[2mm] 0 \leqq a < \dfrac{1}{2},\ a = \dfrac{9}{16} \text{ のとき} & 1 \text{ 個} \quad \cdots\cdots \text{(答)} \\[2mm] \dfrac{1}{2} \leqq a < \dfrac{9}{16} \text{ のとき} & 2 \text{ 個} \end{cases}$$

(3)　求める面積を S，y_1 を曲線 C の $0 \leqq t \leqq \dfrac{3}{4}$ に対応する関数，y_2 を曲線 C の $\dfrac{3}{4} \leqq t \leqq 1$ に対応する関数とすると

$$S = \int_0^{\frac{9}{16}} y_1\,dx - \int_{\frac{1}{2}}^{\frac{9}{16}} y_2\,dx$$

で求めることができる。

$x = -t^2 + \dfrac{3}{2}t$ より $\dfrac{dx}{dt} = -2t + \dfrac{3}{2}$ となるので

$$dx = \left(-2t + \frac{3}{2}\right)dt$$

積分区間は

x	$0 \longrightarrow \dfrac{9}{16}$
t	$0 \longrightarrow \dfrac{3}{4}$

x	$\dfrac{1}{2} \longrightarrow \dfrac{9}{16}$
t	$1 \longrightarrow \dfrac{3}{4}$

よって

$$S = \int_0^{\frac{3}{4}} (\sin \pi t)\left(-2t+\frac{3}{2}\right)dt - \int_1^{\frac{3}{4}} (\sin \pi t)\left(-2t+\frac{3}{2}\right)dt$$

$$= \int_0^{\frac{3}{4}} (\sin \pi t)\left(-2t+\frac{3}{2}\right)dt + \int_{\frac{3}{4}}^{1} (\sin \pi t)\left(-2t+\frac{3}{2}\right)dt$$

$$= \int_0^{1} \left(-2t+\frac{3}{2}\right)\sin \pi t\, dt$$

$$= -2\int_0^{1} t\sin \pi t\, dt + \frac{3}{2}\int_0^{1} \sin \pi t\, dt$$

$$= -2\cdot\frac{1}{\pi} + \frac{3}{2}\left[-\frac{1}{\pi}\cos \pi t\right]_0^{1}$$

$$= -\frac{2}{\pi} - \frac{3}{2\pi}(\cos \pi - \cos 0)$$

$$= -\frac{2}{\pi} - \frac{3}{2\pi}\cdot(-2)$$

$$= \frac{1}{\pi} \quad \cdots\cdots (答)$$

═══════════════ 解　説 ═══════════════

《媒介変数表示の関数で表される曲線で囲まれる図形の面積》

(1)　部分積分法で計算する。結果は(3)で利用することになることを予測しておく。

(2)　媒介変数表示の関数の扱いを苦手とする受験生は少なくないが，手順を覚えて，グラフを描いたり面積を求めたりできるようになろう。$\dfrac{dx}{dt}$ より x の増減を，$\dfrac{dy}{dt}$ より y の増減を求めて増減表を完成させよう。t の増加にともなう点の移動を追うとグラフが描ける。曲線 C のグラフが描けたら直線 $x=a$ との共有点の個数は容易に求められる。y 軸に平行な直線 $x=a$ であることを間違わないこと。

(3)　(2)で描いた曲線 C を観察して，曲線 C と x 軸で囲まれた図形の面積

を求めよう。まずは x に関する定積分の形で表して，媒介変数 t に置き換える置換積分法で計算していく。(1)の結果が利用できる形に変形するとよい。

⑤　解答

(1)　$f(x) = (1 - 2x^2)\cos 2x + 2x\sin 2x + a\cos^2 x$
$$+ b\int_0^x t\sin 2t\,dt$$

両辺を x で微分すると

$$f'(x) = -4x\cos 2x + (1 - 2x^2)(-2\sin 2x) + 2\sin 2x + 2x(2\cos 2x)$$
$$+ 2a\cos x(-\sin x) + bx\sin 2x$$

ゆえに　　$f'(x) = (4x^2 + bx - a)\sin 2x$　……①

$a = 8\pi^2$，$b = -4\pi$ のとき，①は

$$f'(x) = (4x^2 - 4\pi x - 8\pi^2)\sin 2x = 4(x - 2\pi)(x + \pi)\sin 2x$$

となる。$0 < x < \dfrac{3}{2}\pi$ において，$f'(x) = 0$ のとき

$$4(x - 2\pi)(x + \pi)\sin 2x = 0$$

$x - 2\pi < 0$，$x + \pi > 0$ より　　　$\sin 2x = 0$

よって　　　$x = \dfrac{\pi}{2}$，π

$0 < x < \dfrac{3}{2}\pi$ における $f(x)$ の増減表は次のようになる。

x	(0)	$\cdots$	$\dfrac{\pi}{2}$	$\cdots$	π	$\cdots$	$\left(\dfrac{3}{2}\pi\right)$
$f'(x)$		$-$	0	$+$	0	$-$	
$f(x)$		$\searrow$	極小	$\nearrow$	極大	$\searrow$	

よって，求める x の値は　　　$x = \dfrac{\pi}{2}$，π　……(答)

(2)　$f'(x) = (4x^2 + bx - a)\sin 2x$

$0 < x < \dfrac{3}{2}\pi$ のとき，$\sin 2x = 0$ を満たす x は $x = \dfrac{\pi}{2}$，π である。

2 次方程式 $4x^2 + bx - a = 0$ が $x = \dfrac{\pi}{2}$ を解にもたないときは $f'\left(\dfrac{\pi}{2}\right) = 0$ であ

り，$x = \dfrac{\pi}{2}$ の前後で $f'(x)$ の符号が異なる。

したがって，$f(x)$ は $x = \dfrac{\pi}{2}$ で極値をとる。

ゆえに，$4x^2 + bx - a = 0$ は $\dfrac{\pi}{2}$ を解にもつ。

同様にして，$4x^2 + bx - a = 0$ は π を解にもつ。

よって，解と係数の関係より
$$\begin{cases} -\dfrac{b}{4} = \dfrac{\pi}{2} + \pi \\[2mm] -\dfrac{a}{4} = \dfrac{\pi}{2} \cdot \pi \end{cases}$$

$a = -2\pi^2$, $b = -6\pi$　……(答)

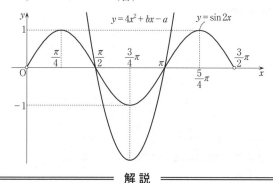

==========解　説==========

《関数が極値をとらない条件》

(1)　このように，(1)で具体的な数値について考え，(2)で一般的な数値として扱う場合，初めから具体的な数値を代入して変形し解答していく場合と，一般的な形で表してから(1)で具体的に値を代入する場合との２つの解法が考えられる。現状が把握できないから実験を兼ねて解答する場合や，一般的な形として扱いづらいときは，お試しのつもりで前者の方針をとるとよい。特に問題なければ後者の方針をとると要領よく解ける。〔解答〕では①のように表してから $a = 8\pi^2$, $b = -4\pi$ を代入することにした。導関数 $f'(x)$ を求めて，それを 0 にする x の値を求める。そして $f(x)$ の増減の様子を調べてから極値をとる x の値を得るプロセスは，典型的なものである。

(2)　(1)で $f'(x) = (4x^2 - 4\pi x - 8\pi^2)\sin 2x$ のとき $f(x)$ は極値をとった。こ

のことより，$4x^2-4\pi x-8\pi^2=0$ が $0<x<\dfrac{3}{2}\pi$ の範囲に解をもたないときは，$f(x)$ が極値をもつことがわかる。次に，$0<x<\dfrac{3}{2}\pi$ の範囲に解をもつ場合はどうなるかを考える。

6　**解答**　(1)　$\dfrac{\alpha-|\alpha|}{\alpha+|\alpha|}$ の α は実数でない複素数すなわち虚数である。複素数平面上では α は実軸上以外に存在する。$|\alpha|$ は虚数 α の絶対値なので，点Oと点 α の距離である（図イ）。

　$|\alpha|$ は実数なので，点Oが中心で半径 $|\alpha|$ の円と実軸の正の部分との交点に点がとれる（図ロ）。

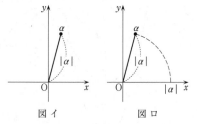

図イ　　　　　図ロ

点 $-|\alpha|$ も複素数平面上に記すと次のようになる。

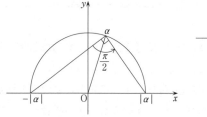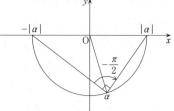

$$\arg\dfrac{\alpha-|\alpha|}{\alpha+|\alpha|}=\arg\dfrac{|\alpha|-\alpha}{-|\alpha|-\alpha}=\begin{cases}\dfrac{\pi}{2} & (\alpha \text{ の虚部が正のとき})\\[3mm]-\dfrac{\pi}{2} & (\alpha \text{ の虚部が負のとき})\end{cases}$$

したがって，$\dfrac{\alpha-|\alpha|}{\alpha+|\alpha|}$ は純虚数である。　　　　　　　　　　（証明終）

(2)　$\dfrac{\beta-|\alpha|}{\alpha+|\alpha|}$ の β は純虚数なので，複素数平面上では虚軸上の点O以外に

存在する。

β が純虚数で $\dfrac{\beta-|\alpha|}{\alpha+|\alpha|}=\dfrac{|\alpha|-\beta}{-|\alpha|-\alpha}$ が純虚数となるための条件は,

$\arg\dfrac{|\alpha|-\beta}{-|\alpha|-\alpha}=\dfrac{\pi}{2}$ または $\arg\dfrac{|\alpha|-\beta}{-|\alpha|-\alpha}=-\dfrac{\pi}{2}$ となることである。

α, $|\alpha|$ が表す点をそれぞれ A, B とおく。

$\arg\dfrac{|\alpha|-\beta}{-|\alpha|-\alpha}=\dfrac{\pi}{2}$ となる β は

$\begin{cases} (\alpha \text{の実部})>0 \text{かつ } (\alpha \text{の虚部})>0 \text{のとき, 半直線 BA と虚軸との交点} \\ (\alpha \text{の実部})<0 \text{かつ } (\alpha \text{の虚部})>0 \text{のとき, 線分 AB と虚軸との交点} \end{cases}$

としてただ一つ存在する。

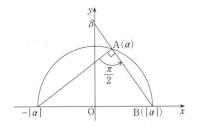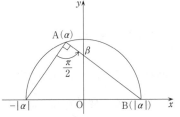

$\arg\dfrac{|\alpha|-\beta}{-|\alpha|-\alpha}=-\dfrac{\pi}{2}$ となる β は

$\begin{cases} (\alpha \text{の実部})<0 \text{かつ } (\alpha \text{の虚部})<0 \text{のとき, 線分 AB と虚軸との交点} \\ (\alpha \text{の実部})>0 \text{かつ } (\alpha \text{の虚部})<0 \text{のとき, 半直線 BA と虚軸との交点} \end{cases}$

としてただ一つ存在する。

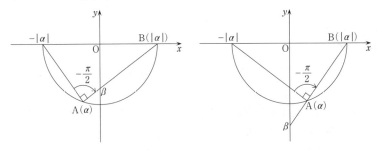

よって, 純虚数 β で, $\dfrac{\beta-|\alpha|}{\alpha+|\alpha|}$ が純虚数となるものがただ一つ存在する。

(証明終)

(3) (2)での純虚数 β を複素数 z に置き換えると, 条件を満たす z は直線

AB 上に存在する。ただし，$z-|\alpha| \neq 0$ より $z \neq |\alpha|$ なので，点Aは除く。

$|z|$ が最小となるのは，点Oから直線 AB に垂線 OH を下ろしたときの点Hを z が表すときである。三角形 OAB は OA＝OB の二等辺三角形なので，点Hは線分 AB の中点であるから，求める z は

$$z=\frac{\alpha+|\alpha|}{2} \quad \cdots\cdots(答)$$

=== 解 説 ===

《複素数平面上で純虚数となるための条件》

(1) $\dfrac{\alpha-|\alpha|}{\alpha+|\alpha|}$ の偏角が $\dfrac{\pi}{2}$ または $-\dfrac{\pi}{2}$ となることを示せばよい。図で考察したいので，まずは α, $|\alpha|$, $-|\alpha|$ が表す3点を複素数平面上にとってみよう。

$\dfrac{c-a}{b-a}$ の形で表すことができれば，a の表す点を中心とする回転移動に結びつけることができる。また，$\gamma=\dfrac{\alpha-|\alpha|}{\alpha+|\alpha|}$ とおいて純虚数の条件 $\gamma \neq 0$ かつ $-\bar{\gamma}=\gamma$ を式変形で示してもよい。

(2) $\dfrac{\beta-|\alpha|}{\alpha+|\alpha|}=\dfrac{|\alpha|-\beta}{-|\alpha|-\alpha}$ と変形すると，(1)での考察が利用できる。純虚数 β は虚軸上にある。

(3) (2)の純虚数 β が複素数 z に置き換わったことの意味を知る。(2)で描いた図のどこに点 z があるかを考えればよい。

(講 評)

　　1　三角形の面積を求める平面ベクトルの問題である。図示をして面積比を利用して求める。

　　2　対数に関する不等式で表される領域に関して考える。図形をうまく組み合わせて面積を求める。

　　3　3次関数のグラフの接線に関する微分法の問題である。

　　4　媒介変数表示の関数で表される曲線と直線の共有点の個数を求めたり，x 軸とで囲まれる面積を求める問題である。媒介変数で表される関数の扱い方をマスターしておこう。

5　定積分を含む関数が極値をとらないための条件を求める問題である。(1)では極値をとる x の値を求めているので，そこでの考察プロセスをもとに条件を求めよう。

6　複素数平面で純虚数について考える。偏角に注目しつつ，計算処理の方向に進んでいくのではなく，図示して図形で処理していくと，(3)が解答しやすい。

　いずれも標準レベルの難易度である。

物　理

Ⅰ　**解答**　**問1.** $S = \dfrac{l}{2(l-h)} Mg$,　$T = \left(1 - \dfrac{h}{l}\right) Mg$

問2. $V_0 = \sqrt{2gh}$

問3. $a = \dfrac{1+e}{1+\lambda}$,　$b = \dfrac{1-\lambda e}{1+\lambda}$

問4. $x = L$ での小物体Aの速度を v_L とすると，摩擦力がした仕事と力学的エネルギーの変化の関係から，次式が成り立つ。

$$\frac{1}{2} m v_L{}^2 - \frac{1}{2} m v^2 = -\mu m g L$$

小物体Aが $x = L$ の地点を通過するとき $\dfrac{1}{2} m v_L{}^2 > 0$ だから，上式より

$$\frac{1}{2} m v_L{}^2 = \frac{1}{2} m v^2 - \mu m g L > 0$$

したがって　　$\dfrac{1}{2} m v^2 > \mu m g L$

この式の $v\ (= a V_0)$ に問2，問3の答えを代入して整理し

$$h > \left(\frac{1+\lambda}{1+e}\right)^2 \mu L$$

∴　$c = \dfrac{1+\lambda}{1+e}$　……(答)

問5. 力学的エネルギー保存則より，$x = L$ を通過した直後における小物体Aの運動エネルギーは mgh' に等しい。したがって，摩擦力がした仕事と力学的エネルギーの変化の関係から，次式が成り立つ。

$$mgh' - \frac{1}{2} m v^2 = -\mu m g L$$

上式中の $v\ (= a V_0)$ に問2，問3の答えを代入して整理し

$$h' = \left(\frac{1+e}{1+\lambda}\right)^2 h - \mu L$$

したがって　　$\left.\begin{array}{r} p=\dfrac{1+e}{1+\lambda} \\[2mm] q=\mu L \end{array}\right\}$　……(答)

問6. $r_1 = 0$, $r_2 = 1$, $r_3 = 1$, $r_4 = -1$

===== 解　説 =====

《衝突および動摩擦力がする仕事から生じる力学的エネルギーの変化》

問1. 糸を切る前：台の水平面から天井までの高さは l だから，小物体Bから天井までの距離は $l-h$ である。したがって，右図のように糸が鉛直線となす角を θ とすると，2つの張力の合力（鉛直成分の和）が重力とつり合っているから

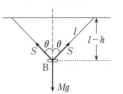

$$2S\cos\theta = 2S \cdot \frac{l-h}{l} = Mg$$

$$\therefore\quad S = \frac{l}{2(l-h)}Mg$$

糸を切った直後：小物体Bは円運動を開始するが，速さは0と見なせるから遠心力も0と見なせる。小物体Bから見て，円運動の半径方向での力のつり合いより，次式が成り立つ。

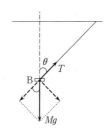

$$T = Mg\cos\theta = Mg \cdot \frac{l-h}{l}$$

$$= \left(1 - \frac{h}{l}\right)Mg$$

問2. 小物体Bのスタート時と衝突直前に対して力学的エネルギー保存則を適用して

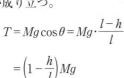

$$\frac{1}{2}MV_0{}^2 = Mgh$$

$$\therefore\quad V_0 = \sqrt{2gh}$$

問3. 衝突の直前と直後について運動量保存則が成り立ち

$$MV_0 = mv + MV = m(aV_0) + M(bV_0)$$

上式を MV_0 で割ることにより

$$\lambda a + b = 1 \quad\cdots\cdots①$$

反発係数の定義式より

$$e = -\frac{v - V}{0 - V_0} = \frac{aV_0 - bV_0}{V_0}$$

この式から $e = a - b$ ……②

①，②式より $a = \dfrac{1+e}{1+\lambda}$，$b = \dfrac{1-\lambda e}{1+\lambda}$

問4. 〔解答〕の「問2，問3の答えを代入」の部分は，次の通りである。

$$v^2 = (aV_0)^2 = \left(\frac{1+e}{1+\lambda}\right)^2 \cdot 2gh$$

なお，〔解答〕の記述が標準的といえるが，「負の仕事は物体からエネルギーを奪うはたらきをしている」という解釈も成り立ち，これを用いるとエネルギーの流れがイメージできてわかりやすい。すなわち，動摩擦力は，大きさ μmgL の負の仕事をするので，小物体Aから μmgL だけの力学的エネルギーを奪う。したがって，求める条件は $\dfrac{1}{2}mv^2 > \mu mgL$ である。

問5. 問4の〔解説〕後半に記した通り，小物体Aの衝突直後の運動エネルギーは，動摩擦力がした負の仕事によって μmgL だけ減少する。

問6. 問題文にある数式の左辺 $Mgh - mgh'$ の値は，エネルギー保存則より「小物体Bの衝突直後の運動エネルギー」と「衝突および動摩擦力によって失われた力学的エネルギー」の和に等しい。$W < 0$ なので，動摩擦力がする負の仕事によって失われた力学的エネルギーは，$|W| = -W$ で表される（問4の〔解説〕後半参照）。

したがって，エネルギー保存則より

$$Mgh - mgh' = \frac{1}{2}MV^2 + |\Delta E| - W$$

Ⅱ **解 答** **問1.** ①—(イ) ②—(エ) ③—(ウ)

問2. $v = \sqrt{v_0^2 + \dfrac{2qEl}{m}}$

考え方：$y = 0$ および $y = l$ での荷電粒子の静電気力による位置エネルギーはそれぞれ 0，$-qEl$ なので，力学的エネルギー保存則より

$$\frac{1}{2}mv_0^2 + 0 = \frac{1}{2}mv^2 + (-qEl)$$

$$\therefore \quad \frac{1}{2}mv^2 = \frac{1}{2}mv_0{}^2 + qEl$$

問3. $\dfrac{2mv}{qB_2}$

問4. $B_3 = \dfrac{B_2}{\sqrt{1 + \dfrac{2qEl}{mv_0{}^2}}}$

問5. x座標：$\dfrac{\sqrt{3}}{2}l$，速度の大きさ：$\sqrt{\dfrac{3qEl}{m}}$，

速度がx軸となす角の大きさ：$60°$

問6. $\dfrac{\sqrt{3}}{2}l + \dfrac{3}{B_2}\sqrt{\dfrac{Elm}{q}}$

考え方：領域2内で荷電粒子は円弧の軌道を描くので，その半径を求めることで，円弧の両端を結ぶ弦の長さを求め，問5で求めたx座標を加える。

問7. 速度の大きさ：$\sqrt{\dfrac{qEl}{m}}$，速度がx軸となす角の大きさ：$30°$

━━━━━━ 解　説 ━━━━━━

《2つの磁場層とそれに挟まれた電場層の中を運動する荷電粒子》

問1. 領域1では電場から静電気力（大きさと向きが一定）を受けて①等加速度直線運動をする。領域2では，初速及びローレンツ力のベクトルがxy平面内にあるので，②xy平面内で③円運動をする。

問2. $y=0$での電位が0，$y=0〜l$間の電位差はElで電場の向きがy軸の正の向きだから，$y=l$での電位をV_lとすると$V_l = -El$である。さらに，$y=0$での荷電粒子の静電気力による位置エネルギーは0で，$y=l$での静電気力による位置エネルギーをU_lとすると$U_l = qV_l = -qEl$である。したがって，力学的エネルギー保存則を用いて次式が成り立つ。

$$\frac{1}{2}mv_0{}^2 + 0 = \frac{1}{2}mv^2 + U_l = \frac{1}{2}mv^2 - qEl$$

$$\therefore \quad v = \sqrt{v_0{}^2 + \frac{2qEl}{m}}$$

問3. 領域2内での荷電粒子は，ローレンツ力を向心力とする等速円運動をする。その半径をrとすると，運動方程式は

$$m\frac{v^2}{r} = qvB_2$$

　この式から　　　$r = \dfrac{mv}{qB_2}$

　荷電粒子はy軸に沿って領域2に入射し，x軸上の点（座標は正）を中心として時計回りに180°回転する。したがって，求めるx座標をxとすると

$$x = 2r = \dfrac{2mv}{qB_2}$$

問4. ローレンツ力は仕事をしないので荷電粒子の速さは領域2において変化せず，領域1にはy軸の負の向きに速さvで入射する。領域1では運動の向きを変えずに減速し，問2の逆過程として力学的エネルギー保存則より，$y = 0$で速さはv_0に戻り領域3に入射する。領域3でも荷電粒子は時計回りに円運動をするから，その半径が問3の〔解説〕の半径rに等しければ，荷電粒子は原点Oに到達する。したがって

$$r = \dfrac{mv}{qB_2} = \dfrac{mv_0}{qB_3}$$

$$\therefore \quad B_3 = \dfrac{v_0}{v} B_2 = \dfrac{v_0 B_2}{\sqrt{v_0{}^2 + \dfrac{2qEl}{m}}} = \dfrac{B_2}{\sqrt{1 + \dfrac{2qEl}{mv_0{}^2}}}$$

問5. 荷電粒子の領域1での運動は，x方向が等速運動，y方向が等加速度運動であり，右図（概念図）のような放物線の軌道を描く。

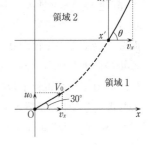

　初速度の大きさを$V_0 = \sqrt{\dfrac{qEl}{m}}$とし，求める速度の大きさを$V$とすると，問2と同様に力学的エネルギー保存則より

$$\dfrac{1}{2} m V^2 + (-qEl) = \dfrac{1}{2} m V_0{}^2$$

　上式より

$$V = \sqrt{\dfrac{2qEl}{m} + V_0{}^2} = \sqrt{\dfrac{2qEl}{m} + \dfrac{qEl}{m}} = \sqrt{\dfrac{3qEl}{m}}$$

　初速度のx成分をv_xとすると

$$v_x = V_0 \cos 30° = \dfrac{\sqrt{3}}{2} V_0 = \dfrac{1}{2}\sqrt{\dfrac{3qEl}{m}}$$

したがって，求める角度を θ とすると，上記の結果を用いて

$$\cos\theta = \frac{v_x}{V} = \frac{1}{2} \qquad \therefore \quad \theta = 60°$$

初速度の y 成分を u_0 とすると

$$u_0 = V_0 \sin 30° = \frac{1}{2} V_0$$

$y=l$ での速度の y 成分を u_1 とすると，問 2 の〔解説〕の v の式において v_0 を u_0 で置き換えて，次式が成り立つ。

$$u_1 = \sqrt{u_0{}^2 + \frac{2qEl}{m}} = \sqrt{\frac{1}{4}V_0{}^2 + 2V_0{}^2} = \frac{3}{2}V_0$$

$y=0\sim l$ 間の移動に要する時間を t として，右図のように，速度の y 成分についての v-t グラフ（概念図）を描くと，網かけ部分の面積は l に等しい。したがって，上で求めた u_0，u_1 を用いて

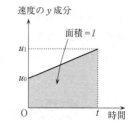

$$l = \frac{1}{2}(u_0 + u_1)t = \frac{1}{2}\left(\frac{1}{2}V_0 + \frac{3}{2}V_0\right)t = V_0 t$$

$$\therefore \quad t = \frac{l}{V_0}$$

x 方向の移動は等速だから，求める x 座標を x' とすると

$$x' = v_x t = \frac{\sqrt{3}}{2}V_0 \cdot \frac{l}{V_0} = \frac{\sqrt{3}}{2}l$$

問 6. 荷電粒子は，領域 2 では右図のような円軌道を描く。この半径を r' とすると，問 3 の〔解説〕で導いた r の式中の v を問 5 の〔解説〕の V で置き換えることにより

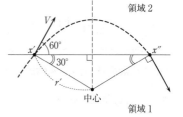

$$r' = \frac{mV}{qB_2} = \frac{m}{qB_2}\sqrt{\frac{3qEl}{m}}$$

$$= \frac{1}{B_2}\sqrt{\frac{3Elm}{q}}$$

求める x 座標を x'' とすると，問 5 の〔解説〕の x' を用いて

$$x'' = x' + 2r'\cos 30° = \frac{\sqrt{3}}{2}l + \frac{3}{B_2}\sqrt{\frac{Elm}{q}}$$

問7. 力学的エネルギー保存則より，領域1から領域3に入射するときの速度の大きさは，初速の大きさに等しく $\sqrt{\dfrac{qEl}{m}}$ （問5の〔解説〕の V_0）である。続く領域3内では等速円運動だから，求める速度の大きさは $\sqrt{\dfrac{qEl}{m}}$ である。

　領域2から領域1に入射した時点（問6）では，前の図からもわかる通り，速度が x 軸となす角は $60°$ で，問5で求めた角度の値に等しい。結局，その後の領域1での荷電粒子の軌道は，問5で扱った領域1内での軌道（問5の〔解説〕の図）を，y 軸に平行な直線を軸として $180°$ 回転させたものと同じ形になる。したがって，領域1から領域3に入射するときの速度が x 軸となす角は，スタート時点と同じく $30°$ であり，問6の図を参照すれば，求める角度も $30°$ になることがわかる。

Ⅲ **解答** **問1.** $p=\dfrac{2D}{L}x$ **問2.** $x_m=(2m-1)\dfrac{L\lambda}{4D}$

問3. $\Delta x=\dfrac{L\lambda}{2D}$

問4. $x'_m=(2m-1)\dfrac{L\lambda}{4D}-\dfrac{Ly}{D}$

問5. x 軸の負の向き **問6.** $Y=2\lambda$

問7. $\Delta X=\dfrac{L\lambda'}{2nD}$ **問8.** $n=\dfrac{\lambda'}{\lambda}$

解説

《くさび形の空気層・液体層による干渉の発展的題材》

問1. この位置での空気層の厚さを d とすると，$\dfrac{d}{D}=\dfrac{x}{L}$ だから

$$p=1\times 2d=2\cdot\dfrac{Dx}{L}=\dfrac{2D}{L}x$$

問2. ガラスAの上面では反射に伴い位相が π ずれる。m が自然数であることに注意し，問1の答えを用いて，明線の条件は

$$\dfrac{2D}{L}x_m=(2m-1)\dfrac{\lambda}{2}$$

$$\therefore \quad x_m = (2m-1)\frac{L\lambda}{4D}$$

問3. 問2の答えにおいて，$m=2$ と $m=1$ での x_m を求めて，それらの差を求めると

$$\Delta x = x_2 - x_1 = 2\cdot\frac{L\lambda}{4D} = \frac{L\lambda}{2D}$$

問4. 問2におけるある特別な明線（例えば $m=8$ など）に注目して，それを追跡するということである。距離 x'_m の位置における光路差を p' とすると，問1の p を用いて

$$p' = p + 2y = \frac{2D}{L}x'_m + 2y$$

したがって，問2の〔解説〕と同様に，明線の条件は

$$\frac{2D}{L}x'_m + 2y = (2m-1)\frac{\lambda}{2}$$

$$\therefore \quad x'_m = (2m-1)\frac{L\lambda}{4D} - \frac{Ly}{D}$$

問5. 問4での m は，問2での m と同じ数値であり，$y>0$ だから問4の答えより $x'_m < x_m$ である。

したがって，x 軸の負の向きに移動している。

問6. 注目している明線は，問4の答えにおいて $y=Y$ として，$\dfrac{Ly}{D} = \dfrac{LY}{D}$ だけ移動していることがわかる。したがって，問3で求めた Δx を用いて次式が成り立つ。

$$\frac{LY}{D} = x_m - x'_m = 4\times\Delta x = 4\cdot\frac{L\lambda}{2D}$$

$$\therefore \quad Y = 2\lambda$$

問7. x 軸上の位置 x における光路差（光学的距離の差）を p'' とすると，問1の答えの p を用いて

$$p'' = np = 2nd = \frac{2nD}{L}x$$

問2，問3の〔解説〕と同様の考察により（問2，問3での D を nD に置き換えることになる）

$$\Delta X = \frac{L\lambda'}{2nD}$$

問 8 . 題意より $\Delta X = \Delta x$ であり，問 3 ，問 7 の答えを用いて

$$\frac{L\lambda'}{2nD} = \frac{L\lambda}{2D} \qquad \therefore \quad n = \frac{\lambda'}{\lambda}$$

講　評

　　例年通り，大問 3 題の出題で，問題文や小問での説明・誘導が丁寧であり，特に難問といえる問題はないが，一筋縄ではいかない問題も多い。

　　Ⅰ　問 1 ～問 4 は，内容的には基本問題なのだが，問 1 では糸を切った直後の状況において判断ミスをしそうだ。問 3 は，無次元数である a，b，λ の導入が難度を上げたかもしれない。問 4 ～問 6 では，負の仕事が小物体 A から力学的エネルギーを奪うはたらきをしている，と考えるとわかりやすいだろう。また問 6 では，慌てていると小物体 B の存在を見逃してしまいそうである。全体としての難易度は標準的といえる。

　　Ⅱ　問 1 ，問 2 は基本問題で，問 3 は運動の様子を思い浮かべれば解法が見出せる。ただし，ローレンツ力の向きを間違わないように。問 4 も荷電粒子の軌跡を思い浮かべれば「あ，そうか！」となる。問 5 ，問 6 は計算がやや多く，問 7 は対称性を見抜くセンスが試されている。これらの問題も，図を描いてみることが肝心である。全体としての難易度は標準的ないしやや難といえよう。

　　Ⅲ　問 1 ～問 3 は「くさび形空気層による干渉」の基本問題である。問 4 ～問 6 は，ある明線を追跡するという内容だが，題意と状況設定の正確な理解が要求されていて，意外と難しかったかもしれない。問 7 ，問 8 は光学的距離を使い慣れていれば難しくはない。全体としての難易度は標準的といえる。

　　解答時間は大問 1 題あたり 20 分なので，全問に解答した上で見直しをするという余裕はなかったと思われる。

化　学

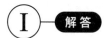

[1]　問1. 氷は他の水分子4つと分子間に水素結合を形成し，すき間の多い結晶構造をとるため。（40字以内）

問2.（i）　負極：$H_2 \longrightarrow 2H^+ + 2e^-$

　　　　　　正極：$O_2 + 4H^+ + 4e^- \longrightarrow 2H_2O$

または　　負極：$H_2 + 2OH^- \longrightarrow 2H_2O + 2e^-$

　　　　　　正極：$O_2 + 2H_2O + 4e^- \longrightarrow 4OH^-$

（ii）　$1.93 \times 10^8 C$　（iii）　54 %

問3.（i）　$6H_2O + 6CO_2 \longrightarrow C_6H_{12}O_6 + 6O_2$

（ii）　らせん構造

問4.　①—(a)　②—(h)　③—(g)

[2]　問5. 金属結合は正電荷を帯びた金属原子核の周りを自由電子が動き回ることで金属原子を結びつけている結合であり，この自由電子の移動によって容易に電気が運ばれるから。

問6.（i）　$CuSO_4 \cdot 5H_2O$　（ii）　白色の粉末になる。

問7.　$Cu(OH)_2 + 4NH_3 \longrightarrow [Cu(NH_3)_4](OH)_2$

または　　$Cu(OH)_2 + 4NH_3 \longrightarrow [Cu(NH_3)_4]^{2+} + 2OH^-$

―――――――――――――――――― 解説 ――――――――――――――――――

《水の密度，燃料電池，光合成，炎色反応，銅の性質》

[1]　問1. 多くの物質では液体より固体の方が粒子が密に集合した状態であるため，固体の方が密度は大きい。しかし，氷は水分子間に規則正しく水素結合を形成し，すき間の多い正四面体構造の結晶を形成しているため，液体の水よりも密度が小さい。

問2.（i）　電解液が酸性の水溶液の燃料電池では

　　　　　負極：$H_2 \longrightarrow 2H^+ + 2e^-$

　　　　　正極：$O_2 + 4H^+ + 4e^- \longrightarrow 2H_2O$

　　電解液が塩基性の水溶液の燃料電池では

　　　　　負極：$H_2 + 2OH^- \longrightarrow 2H_2O + 2e^-$

$$正極：O_2 + 2H_2O + 4e^- \longrightarrow 4OH^-$$

の反応が起こる。

(ii)　生じた H_2O（分子量 18.0）の 2 倍の電子が流れるので

$$\frac{18.0 \times 10^3}{18.0} \times 2 \times 9.65 \times 10^4 = 1.93 \times 10^8〔C〕$$

(iii)　得られた電気エネルギーは

$$1.93 \times 10^8 \times 0.80 \times 10^{-3} = 1.544 \times 10^5〔kJ〕$$

　　よって，電気エネルギーへの変換効率は

$$\frac{1.544 \times 10^5}{286 \times \dfrac{18.0 \times 10^3}{18.0}} \times 100 = 53.9 \fallingdotseq 54〔\%〕$$

問 3.（i）　光合成は水と二酸化炭素から糖類が生じる反応であり，グルコースの燃焼反応の逆反応である。

(ii)　デンプン分子のらせん構造の中にヨウ素分子が取り込まれることで青紫色に呈色する反応が，ヨウ素デンプン反応である。アミロースでは青色，アミロペクチンでは赤紫色を示す。

問 4.　内側の電子殻の電子がエネルギーを吸収すると，よりエネルギーの高い外側の電子殻に移動して励起状態になる。その電子が内側の電子殻に戻る際に各元素に固有の色の光を放つ。この現象を炎色反応といい，ナトリウムでは黄色，ストロンチウムでは赤色（紅色），銅では青緑色を示す。

[2]　問 5.　金属結晶中には動き回ることができる自由電子が存在するため，電気や熱を伝えやすい。

問 6.（i）　銅を熱濃硫酸に入れると SO_2 を発生して溶解する。

$$Cu + 2H_2SO_4 \longrightarrow CuSO_4 + SO_2 + 2H_2O$$

　硫酸銅（Ⅱ）水溶液から析出する結晶は，青色の $CuSO_4 \cdot 5H_2O$ である。

(ii)　$CuSO_4 \cdot 5H_2O$ を加熱すると結晶水を失い，白色の $CuSO_4$ に変化する。

問 7.　硫酸銅（Ⅱ）水溶液にアンモニア水を加えて生じる青白色の沈殿は $Cu(OH)_2$ であり，これに過剰のアンモニア水を加えるとテトラアンミン銅（Ⅱ）イオン $[Cu(NH_3)_4]^{2+}$ を生じて溶解する。

問1． NO（気）+ O₃（気）= NO₂（気）+ O₂（気）+ 200 kJ

問2．（i）不対電子をもつ NO₂ は不安定でエネルギーが高いが，N₂O₄ は不対電子をもたずエネルギーが低いから。（50字以内）

（ii）$K_p = \dfrac{K_c}{RT}$ 　（iii）2.5×10^{-6}〔Pa^{-1}〕

問3．ア． ルシャトリエ　**イ．** ハーバー・ボッシュ（ハーバー）

問4．（i）$K_b = C\alpha^2$ 　（ii）10.4 　（iii）—③ 　（iv）—②

問5．（i）20.8 kJ/mol 　（ii）123 kJ/mol 　（iii）—②・⑤

=== 解 説 ===

《平衡定数，ヘスの法則，電離平衡，反応速度定数》

問1． 下線部(a)の反応熱を Q〔kJ〕とすると

　　　NO（気）+ O₃（気）= NO₂（気）+ O₂（気）+ Q kJ

　ヘスの法則より

　　　$Q = -33 - (-90) - (-143) = 200$〔kJ〕

問2．（i）不対電子をもつ NO₂ は不安定でエネルギーの高い状態にある。一方，2分子の NO₂ が不対電子を出し合って共有電子対を形成した N₂O₄ は安定でエエルギーが低い状態である。よって，NO₂ が N₂O₄ に変化する反応は発熱反応となる。

$$:\!\overset{..}{O}\!:\!\overset{..}{N}\cdot \quad \cdot\overset{..}{N}\!:\!\overset{..}{O}\!: \longrightarrow :\!\overset{..}{O}\!:\!N\!:\!N\!:\!\overset{..}{O}\!:$$

（ii）反応(1)の濃度平衡定数 K_c，圧平衡定数 K_p は

$$K_c = \frac{[\mathrm{N_2O_4}]}{[\mathrm{NO_2}]^2}\,[(\mathrm{mol/L})^{-1}], \quad K_p = \frac{P_{\mathrm{N_2O_4}}}{(P_{\mathrm{NO_2}})^2}$$

　気体の状態方程式 $PV = nRT$ より

$$P_{\mathrm{N_2O_4}} = \frac{n_{\mathrm{N_2O_4}}}{V}RT = [\mathrm{N_2O_4}]\,RT$$

となるので

$$K_p = \frac{P_{\mathrm{N_2O_4}}}{(P_{\mathrm{NO_2}})^2} = \frac{[\mathrm{N_2O_4}]\,RT}{([\mathrm{NO_2}]RT)^2} = \frac{[\mathrm{N_2O_4}]}{[\mathrm{NO_2}]^2} \times (RT)^{-1} = \frac{K_c}{RT}$$

（iii）2.0 mol の N₂O₄ の 50% が解離したとき，変化量は以下のようになる。

$$2NO_2 \rightleftharpoons N_2O_4$$

反応前	0	2.0	〔mol〕
変化量	+2.0	−1.0	〔mol〕
平衡後	2.0	1.0	〔mol〕

物質量比と圧力比は等しく，平衡後の分圧比は 2：1 になっているので

$$K_p = \frac{P_{N_2O_4}}{(P_{NO_2})^2} = \frac{3.0 \times 10^5 \times \frac{1}{3}}{\left(3.0 \times 10^5 \times \frac{2}{3}\right)^2} = \frac{1.0 \times 10^5}{(2.0 \times 10^5)^2}$$

$$= 2.5 \times 10^{-6} \, (Pa)^{-1}$$

問 3．ア． 平衡に影響を与える変化をさせたとき，平衡はその影響を緩和する方向に移動する，これをルシャトリエの原理という。

イ． アンモニアの工業的製法をハーバー・ボッシュ法（ハーバー法）という。

問 4．(i)　濃度 C〔mol/L〕，電離度 α のアンモニアの電離平衡は以下の通り。

$$NH_3 + H_2O \rightleftharpoons NH_4{}^+ + OH^-$$

反応前	C		0	0	〔mol〕
変化量	$-C\alpha$		$+C\alpha$	$+C\alpha$	〔mol〕
平衡後	$C(1-\alpha)$		$C\alpha$	$C\alpha$	〔mol〕

アンモニアの電離定数 K_b は

$$K_b = \frac{[NH_4{}^+][OH^-]}{[NH_3]} = \frac{C\alpha \times C\alpha}{C(1-\alpha)} = \frac{C\alpha^2}{1-\alpha}$$

$1 - \alpha \fallingdotseq 1$ と近似すると

$$K_b = C\alpha^2$$

(ii)　(i)より，$\alpha = \sqrt{\dfrac{K_b}{C}}$ なので

$$[OH^-] = C\alpha = C\sqrt{\frac{K_b}{C}} = \sqrt{CK_b} = \sqrt{2.3 \times 10^{-3} \times 2.3 \times 10^{-5}}$$

$$= 2.3 \times 10^{-4} \, (mol/L)$$

よって

$$pOH = -\log_{10}(2.3 \times 10^{-4}) = 4 - \log_{10} 2.3 = 3.64$$

$$pH = 14 - 3.64 = 10.36 \fallingdotseq 10.4$$

ただし，アンモニアの濃度が 2.3×10^{-3} mol/L のとき，電離度 α はおよ

そ

$$\alpha = \sqrt{\frac{K_b}{C}} = \sqrt{\frac{2.3 \times 10^{-5}}{2.3 \times 10^{-3}}} = 0.1$$

となるため，厳密には $1 - \alpha \doteqdot 1$ は成立しないと捉えると

$$K_b = \frac{C\alpha^2}{1-\alpha}$$

より　　$C\alpha^2 + K_b\alpha - K_b = 0$

$2.3 \times 10^{-3}\alpha^2 + 2.3 \times 10^{-5}\alpha - 2.3 \times 10^{-5} = 0$

$100\alpha^2 + \alpha - 1 = 0$

$$\alpha = \frac{-1 + \sqrt{401}}{200} \doteqdot 0.095$$

$[OH^-] = 2.3 \times 10^{-3} \times 0.095 \, (mol/L)$

$pOH = -\log_{10}(2.3 \times 10^{-3} \times 0.095) = 3.66$

$pH = 14 - 3.66 = 10.34 \doteqdot 10.3$

と考えることもできる。

(iii)　温度を高くすると吸熱反応の方向に平衡が移動する。つまり水の電離が進むため，水中の H^+，OH^- は増加する。よって，水のイオン積の値は大きくなる。

(iv)　H^+ の濃度が大きくなると，その常用対数である pH の値は小さくなる。

問5. (i)　反応速度定数 k と温度 T の関係を表すアレニウスの式 $k = Ae^{-\frac{E_a}{RT}}$ より

$$\log_e k = -\frac{E_a}{RT} + \log_e A$$

縦軸に $\log_e k$，横軸に $\frac{1}{T}$ をとったとき，その直線の傾きは $-\frac{E_a}{R}$ なので

$$-2.50 \times 10^3 = -\frac{E_a}{R} = -\frac{E_a}{8.31}$$

$E_a = 20.775 \times 10^3 \, (J/mol) \doteqdot 20.8 \, (kJ/mol)$

(ii)　逆反応の活性化エネルギーは，正反応の活性化エネルギーと反応熱の和である。よって

$102.2 + 20.77 = 122.97 \doteqdot 123 \, (kJ/mol)$

(iii)　①誤り。活性化エネルギーは反応物が活性化状態になるために必要な
エネルギーであり，反応物の結合エネルギーの和とは異なる。

③誤り。反応物の濃度を変化させても，活性化エネルギーの値は変化しな
い。活性化エネルギーを変化させるのは触媒である。

④誤り。触媒によって活性化エネルギーは小さくなるが，反応熱は変わら
ない。

Ⅲ 解答

問1． 3種類

問2． (i)　336 mL　(ii)—③

問3． ベンゼン環に炭化水素基が2つ結合した構造をもつ。(30字以内)

問4． (i)

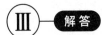

(ii)

CH=CH₂ / CH₂-CH₃（オルト位）構造

問5． テレフタル酸

問6． (i)

CH₃ に NO₂ がオルト位、メタ位、パラ位に結合した3つの構造

(ii)

CH₂-CH₃, NO₂, CH₂-CH₃ が結合した構造

問7． HC=CH₂ と CH₂-CH₃ がパラ位に結合した構造

問8． H₃C-C=CH₂ と CH₃ がパラ位に結合した構造

===== 解 説 =====

《分子式 $C_{10}H_{12}$ の化合物の構造決定》

問1. ナフタレンには以下に①〜③で示すように3種類の炭素原子が存在する。

問2. 分子式 $C_{10}H_{12}$ （分子量132）の化合物**A**の不飽和度は

$$\frac{10 \times 2 + 2 - 12}{2} = 5$$

ベンゼン環の不飽和度が4なので，化合物**A**には C=C 結合が1つ存在し，水素が付加することで化合物**D**を生じる。化合物**A**に付加する水素の標準状態における体積は

$$\frac{1.98}{132} \times 22.4 \times 10^3 = 336 \,[\text{mL}]$$

問3. 化合物**D**，**E**，**F**を酸化して生じたカルボン酸**H**，**I**の分子式が $C_8H_6O_4$ であることから，カルボン酸**H**，**I**はベンゼン環にカルボキシ基を2つもつ構造である。このことから，化合物**D**，**E**，**F**はベンゼン環に炭化水素基が2つ結合しているベンゼン二置換体であることがわかる。

問4. 加熱すると脱水し無水フタル酸になるカルボン酸**H**は，フタル酸である。化合物**E**がオルト二置換体であることから，化合物**A**もオルト二置換体であり，化合物**A**に水素を付加して生じた化合物**D**の炭素が5種類であることから，化合物**D**はエチル基を2つもつベンゼンのオルト二置換体であるとわかる。化合物**A**，**D**，**H**の反応は次のとおり。

$$\text{酸化} \rightarrow \overset{\text{COOH}}{\underset{\text{COOH}}{\bigcirc}} \quad \text{脱水} \rightarrow \quad \text{無水フタル酸}$$

カルボン酸 **H**　　　　　　　無水フタル酸

問5. 分子式 $C_8H_6O_4$ のカルボン酸 **I** は，縮合重合によりポリエステルとなることから，テレフタル酸である。

問6. (i)　トルエンに濃硝酸と濃硫酸を室温で作用させるとニトロ化が起こり，オルト，メタ，パラの3種のニトロトルエンを生じる（メチル基の配向性により，オルト二置換体とパラ二置換体が生じやすく，メタ二置換体は生じにくい）。

(ii)　化合物 **E** のニトロ化で生じる化合物がただ1種の化合物 **G** であることから，化合物 **E** はベンゼン環のパラ位に同じ置換基をもつ化合物とわかる。化合物 **B** の炭素数が10なので，その水素付加で得られる化合物 **E** の炭素数も10，よって化合物 **E** のもつ炭化水素基はエチル基である。

$$\overset{CH_2-CH_3}{\underset{CH_2-CH_3}{\bigcirc}} \quad \xrightarrow{\text{ニトロ化}} \quad \overset{CH_2-CH_3}{\underset{CH_2-CH_3}{\bigcirc}}NO_2$$

化合物 **E**　　　　　　　　　化合物 **G**

問7. 水素付加によってベンゼンのパラ位にエチル基を2つもつ化合物 **E** になる化合物 **B** は，パラ位にビニル基とエチル基をもつ。なお，ビニル基に水素が付加するとエチル基に変化する。

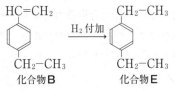

化合物 **B**　　　　　　　　　化合物 **E**

問8. 化合物 **C** に水素を付加して生じる化合物 **F** を酸化するとカルボン酸 **I** のテレフタル酸になることから，化合物 **C**，**F** はベンゼンのパラ二置換体である。化合物 **F** がもつ炭化水素基はメチル基とプロピル基，またはメチル基とイソプロピル基であるが，メチル基とプロピル基の場合の炭素原子は8種類，メチル基とイソプロピル基の場合の炭素原子は7種類なので，

化合物 **C**，**F** は以下の構造と決まる。

$$\underset{\text{化合物 C}}{\text{H}_3\text{C}-\text{C}=\text{CH}_2} \xrightarrow{\text{H}_2\text{ 付加}} \underset{\text{化合物 F}}{\text{H}_3\text{C}-\text{CH}-\text{CH}_3} \xrightarrow{\text{酸化}} \underset{\text{化合物 I}}{\text{COOH}}$$

講 評

Ⅰ　40字以内の論述問題，字数制限のない論述問題が出題されており，ポイントを押さえ簡潔にまとめるにはやや時間を要したと思われる。問1では「水素結合」「すき間」，問5では「自由電子」というキーワードは必ず入れたい。

Ⅱ　窒素化合物に関しての大問。問2(i)の論述問題では，与えられた NO_2 の電子式に不対電子が存在すること，N_2O_4 の電子式を推定すると不対電子をもたないこと，それゆえ N_2O_4 より NO_2 が不安定であることに触れて説明したい。問5は近年，入試頻出となっているアレニウスの式に関する問題であったが，演習でこのタイプの問題に触れたことがあれば難しくはなかっただろう。

Ⅲ　芳香族化合物に関する大問。核磁気共鳴分光装置を用いて炭素原子の種類を知るという問題は，演習の経験がなかった場合，例として与えられているメトキシベンゼンの炭素原子は5種類であるという部分から読み取る必要があり，やや時間がかかったかもしれない。炭素原子の種類の扱いさえわかれば，構造決定自体は難しくはなかった。

生　物

Ⅰ 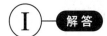 **問1.** **1.** 被食者－捕食者相互関係（被食－捕食関係）　**2.** 種間競争　**3.** 種内競争　**4.** 群れ

問2. エ

問3. (1)　地理的隔離　(2)－イ・エ

(3)　フィンチとクマバチの間で花蜜をめぐる競争が起こった結果，比較的体のサイズが大きいフィンチが生き残り，この形質が次世代に遺伝していく過程を繰り返した。（80字以内）

━━━━━━━ 解　説 ━━━━━━━

《個体群間の相互作用，フィンチのくちばしと自然選択》

問1・問2. 同種の個体間では，同一の資源を利用することが多いため競争が起こりやすく，このような競争を種内競争という。異種の個体群間でも，同一の資源をめぐる競争がみられることがあり，このような競争を種間競争という。また，種間競争によって一方の種が排除されることを競争的排除という。すみわけや食いわけなどによって異なる資源を利用することをニッチの分割という。

問3. (2)　リード文と表1の内容を以下にまとめる。

〈花蜜を主食とするクマバチがいない島〉

　平均翼長が比較的小さい（＝くちばしが小さい）ことから，種子を食べるだけでなく，他の鳥が利用しない花蜜を飲むことにも適したフィンチが生息している。

〈花蜜を主食とするクマバチがいる島〉

　平均翼長が比較的大きい（＝くちばしが大きい）ことから，花蜜を飲むことよりも，種子を食べることに適したフィンチが生息している。

　また，図1の結果も上記の内容を支持することがわかる。

ア．誤文。リード文に，フィンチ以外の鳥は花蜜を利用しないとある。

イ．正文。ピンタ島やマルチェナ島には花蜜を利用するクマバチがいないので，フィンチは花蜜を利用しやすい。

ウ．誤文。ピンタ島やマルチェナ島にはクマバチがいない。

エ．正文。ピンタ島やマルチェナ島にはクマバチがいないので，小さなくちばしをもつフィンチは効率的に花蜜を飲むことができる。

オ・カ．誤文。リード文に，種子と花の種類や量は，島の間でほとんど差がないとある。

⑶　「元来は小さなフィンチだけが生息していた一部の島に，後から侵入したクマバチが定着した」という前提をもとに考える。つまり，表1のクマバチがいる3つの島では，もともと小さなフィンチだけが生息していたが，そこへクマバチが定着し，花蜜をめぐる競争が起こった結果，花蜜を独占するようになったため，種子を食べることに適した体のサイズが比較的大きなフィンチが生き残り，この形質が次世代に遺伝していく過程を繰り返した結果，クマバチがいる3つの島では，フィンチの体が大きくなったと考えられる。

Ⅱ　**解答**　問1．ア―〇　イ―×　ウ―×　エ―×　オ―〇

問2．1．ホスホグリセリン酸（PGA）

2．ルビスコ（RubisCO，RuBP カルボキシラーゼ/オキシゲナーゼ）

3．イントロン　4．エキソン　5．スプライシング

問3．⑴　ア―×　イ―×　ウ―〇　エ―〇　オ―×

⑵　原核生物由来である nupDNA 上のプロモーターには，真核生物のRNA ポリメラーゼが結合できないから。（50字以内）

══════════════════ 解説 ══════════════════

《細胞内共生説，原核生物と真核生物の遺伝子発現》

問1．ア．正文。ミトコンドリアのゲノムはある種の好気性細菌のゲノムと相同性が高く，葉緑体のゲノムはシアノバクテリアのゲノムと相同性が高い。このことは細胞内共生説の根拠の一つとなっている。

イ．誤文。細胞内共生説では，原始的な真核生物（原核生物ではない）にまず好気性細菌が共生してミトコンドリアになり，その後にシアノバクテリアが共生することで葉緑体になったと考えられている。

ウ．誤文。シアノバクテリアが細胞内に共生して葉緑体に変わることを一次共生といい，一次共生によって生じた光合成生物が細胞内に共生して葉緑体に変わることを二次共生という。ケイ藻類の葉緑体は4枚の生体膜で

包まれており，次図に示すように，内側から3枚目（C）は一次共生によってできた生物の細胞膜に由来し，内側から4枚目（D）は二次共生時の宿主となった生物の細胞膜に由来する。ウの文では3枚目に関する記述が誤りである。

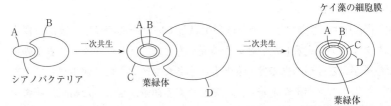

エ．誤文。酸素は核膜（生体膜）を自由に透過できるので，酸素からDNAを守るために核膜が発達したという内容は誤りである。なお，酸素は，活性酸素と呼ばれる非常に強い酸化力をもつ物質に変換されると，DNAに損傷を与えることが知られている。好気性細菌や真核生物では，この活性酸素を除去する酵素をもっている。

問2．1・2． ルビスコは，二酸化炭素とリブロース二リン酸（RuBP，リブロースビスリン酸）から2分子のホスホグリセリン酸（PGA）を生成する反応を触媒する。

問3． (1)　ア．誤文。図1の横軸は年代を12の期間に区切っているだけであり，核DNAに挿入されるというイベントの回数に対応したものではない。

イ．誤文。200塩基対以上の長さをもつnupDNAの総数は，リード文にあるように380箇所である。これは，図1(B)のそれぞれのグラフの値を合計することでも確認できる。また，直近100万年の間に核DNAに挿入された200塩基対以上の長さをもつnupDNAの数は，図1(B)の左端のグラフから125箇所とわかり，その割合は，全nupDNAの数（380箇所）の半分にも満たない。

ウ．正文。この植物Xの核DNAの合計の長さは約3億9千万塩基対（3.9×10^8塩基対）である。また，200塩基対以上の長さをもつnupDNAの長さの合計は，図1(A)のそれぞれのグラフの値を合計することにより8.2×10^5塩基対と求められ，核DNAの合計の長さに占める割合は

$$\frac{8.2\times10^5}{3.9\times10^8}\times100=0.210\cdots\doteqdot0.21〔\%〕$$

となる。

エ．正文。図1(A)をみると，200塩基対以上の長さをもつnupDNAの数は，核DNAに挿入されたと推定される年代が古いほど短いことが読み取れる。このとき，核DNAに挿入されたnupDNAは，時間とともに細かく切断されていくと考えられる。

オ．誤文。図1は葉緑体DNAに関するものであり，ミトコンドリアDNAに関しては，図1からは読み取れない。

(2)　葉緑体の起源であるシアノバクテリアは原核生物であるが，植物Xは真核生物である。原核生物と真核生物では転写のしくみが異なっており，たとえば，RNAポリメラーゼが結合するプロモーターの塩基配列も，原核生物と真核生物で異なる。そのため，葉緑体由来のプロモーターと構造遺伝子の両方を含むDNA断片が植物Xの核DNAに挿入されたとしても，植物XのRNAポリメラーゼは葉緑体由来のプロモーターに結合できず，その後に続く構造遺伝子は転写されない。葉緑体由来の構造遺伝子が転写されるためには，プロモーターをもたない葉緑体由来の構造遺伝子だけが植物Xのプロモーターの近傍に挿入されるなどの条件が必要となる。

III　解答　問1．1．サイトカイニン　2．フロリゲン　3．葉
問2．アー○　イー×　ウー×　エー×

問3．カ

問4．(1)－X

(2)　FTは細胞内受容体であるYに結合する。さらにXが塩基配列Zに結合していれば，FTとYの複合体がYの部分でXに結合し，花芽形成を誘導する遺伝子の発現が促進される。(80字以内)

=========== 解　説 ===========

《植物ホルモンのはたらき，フロリゲンが作用するしくみ》

問1．1・2．リード文中にあるオーキシン，ジベレリン，エチレン，アブシジン（アブシシン）酸以外の植物ホルモンは，新課程の教科書ではほとんど扱われなくなっている。また，植物ホルモンは低分子の有機化合物であり，分子量が大きいフロリゲンは植物ホルモンには含めないとしてい

る教科書が多い。本問のリード文でも，フロリゲンは「植物ホルモン様物質」となっている。

問2． イ．誤文。エチレンが植物細胞に作用すると，細胞壁のセルロース繊維が茎の伸長方向と同じ方向に並ぶようになる。

ウ．誤文。幼葉鞘の光屈性に関与する光受容体はフォトトロピンである。

エ．誤文。ジベレリンが糊粉層に作用すると，アミラーゼ遺伝子の転写が促進される。

問3． ジベレリンは茎の伸長を促進するはたらきがある。図1より，タンパク質A（ジベレリン受容体）が機能しないa変異体は矮性となり，タンパク質Bが機能しないb変異体は徒長する（野生型より伸長する）ことから，タンパク質Aは茎の伸長促進にはたらき，タンパク質Bは茎の伸長抑制にはたらくといえる。また，ab変異体はb変異体と同じ表現型になっている。<u>2種類のタンパク質が機能しない場合の表現型は，伝達経路のより後の段階に位置するタンパク質が機能しない場合の表現型と同じになる</u>ので，タンパク質Bはタンパク質Aの後の段階ではたらくといえる。

　よって，以下のようなしくみが考えられる。

- ジベレリンが存在しないと，タンパク質Bが茎の伸長を抑制している。
- ジベレリンが存在すると，ジベレリンはタンパク質Aと複合体を形成し，これがタンパク質Bのはたらきを抑制することで，茎の伸長を促進する。

　このように考えると，タンパク質Bが機能しないb変異体やab変異体では，ジベレリンの有無に関わらず茎の伸長が促進されるとわかる。

問4． タンパク質XとYのうち，一方がDNAに結合する調節タンパク質で，他方がフロリゲン受容体（FT受容体）である。実験1，実験2からわかることを以下にまとめる。

実験1：Yは十分に発現しているがFTとXは発現していない細胞において，FTとXを発現させるプラスミドを導入した場合のみ，24時間後に花芽形成を誘導する遺伝子の転写が促進されている。

実験2：塩基配列Zを含むDNA（以下Zとする）とタンパク質からなる複合体のサイズが大きいほど泳動距離は短くなるとある。図3の1〜8のレーンからわかることを次にまとめる。

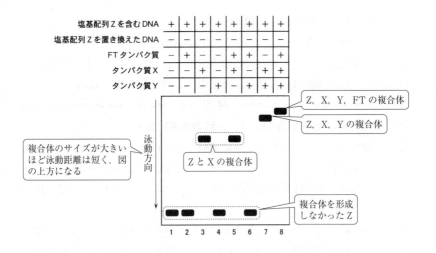

- レーン2〜4より，Xだけが単独でZに結合できる（レーン3と2，4の違い）とわかる。よって，Xが調節タンパク質で，YがFT受容体といえる。
- レーン5〜7より，ZにXが結合していれば，このXにYが結合できる（レーン7）とわかる。また，XはFT受容体ではないので，当然，XにFTが結合することはない（レーン5と3が同じ位置）。
- レーン8より，ZにXとYが結合していれば，FT受容体であるYにFTが結合できるとわかる。

　なお，Xは単独でZに結合できるので，「XはFTとYとともに複合体を形成することではじめてZに結合できるようになる」といった表現は適当ではない。

 **解答**

問1．1．シュワン　2．背根

問2．ア・イ・カ

問3．⑴—ア・イ・ウ　⑵　7.5m/秒

⑶　圧力刺激に対する閾値は，圧点の感覚神経よりも痛点の感覚神経の方が大きいから。（40字以内）

問4．a．興奮性シナプス　b．抑制性シナプス　c．抑制性シナプス

問5．⑴—イ

理由：脳に近づくにつれて脊髄に含まれる神経繊維の数が増えていき，白質の占める割合が大きくなるから。(50字以内)

(2)　触覚を大脳に伝える感覚神経は損傷部位より上側で交差し，痛覚を大脳に伝える感覚神経は損傷部位より下側で交差するから。(60字以内)

=========== 解説 ===========

《ヒトの受容器，伝導速度の計算，興奮の伝導経路》

問1. 神経系は，ニューロン（神経細胞）とそれを取り囲むシュワン細胞や，オリゴデンドロサイトなどのグリア細胞などから構成されている。シュワン細胞は末梢神経系の髄鞘を形成し，オリゴデンドロサイトは中枢神経系の髄鞘を形成する。

問2. 筋紡錘は引き伸ばされることで筋肉の伸長を受容する。コルチ器は，内部にある聴細胞の感覚毛がおおい膜に触れて屈曲することで聴細胞が興奮する（音波を受容する）。半規管は，内部にある感覚細胞の感覚毛がリンパの流れによって屈曲することで感覚細胞が興奮する（回転を受容する）。なお，味細胞や嗅細胞は，受容体に特定の化学物質が結合することで興奮する（味細胞や嗅細胞が物理的に変形することで興奮するのではない）。

問3. (1)　ウ．正文。活動電位は，はじめに電位依存性ナトリウムチャネルが開いて Na^+ が細胞内に流入することで生じる。電位依存性ナトリウムチャネルをはたらかなくさせると，活動電位は発生せず，伝導は起こらない。

エ．誤文。伝導速度は髄鞘の有無や，軸索の直径で決まり，頻度には関係ない。

(2)　伝導速度は，無髄神経繊維よりも有髄神経繊維の方が大きく，同じ有髄神経繊維であれば軸索の太い方が大きい。よって，伝導速度は $A\beta$ 繊維 $>A\delta$ 繊維 $>C$ 繊維となる。皮膚から近い点Eでは，どの神経繊維も10ミリ秒後に同時に電位変化が起こっているが，点Fや点Gでは，先に $A\beta$ 繊維で電位変化が起こり，その後に $A\delta$ 繊維で電位変化が起こる（C繊維は伝導速度が小さすぎるため，C繊維の電位変化は図中に示されていないと考えられる）。$A\delta$ 繊維に注目すると，点Fでは25ミリ秒後に，点Gでは45ミリ秒後に電位変化のピークが現れている。また，点Fと点G間の距離が $30-15=15$〔cm〕なので，$A\delta$ 繊維の伝導速度は

$$\frac{\dfrac{15}{100}}{\dfrac{45}{1000}-\dfrac{25}{1000}}=7.5〔\text{m/秒}〕$$

と求められる。

(3)　弱い圧力刺激を与えると，圧点の神経繊維の活動電位だけが観測された。よって，圧力刺激に対する閾値は，圧点の感覚神経よりも痛点の感覚神経の方が大きいといえる。実際，圧点の適刺激は接触などによる弱い圧力で，痛点の適刺激は強い圧力である。

問4．痛点を刺激した状態で圧点が刺激されると，痛覚が和らいだとあるので，感覚神経Rが興奮すると，介在神経Sを通じて介在神経Tの興奮を抑制するといえる。このとき，感覚神経Rから介在神経Wへ接続する一番上のシナプスおよび，UからTへ接続する一番下のシナプスは，すべて興奮性シナプスである。よって，感覚神経Rが興奮すると，シナプスa（興奮性シナプス）によって介在神経Sが興奮し，興奮した介在神経Sはシナプスb（抑制性シナプス）とシナプスc（抑制性シナプス）によって，介在神経Tへ接続しているRとUからの2つのシナプス（興奮性シナプス）の伝達を抑制するといえる。

問5．(1)　脊髄の白質は上下方向に走る神経繊維が束になっている部分で，脊髄の灰白質は神経細胞の細胞体が密に存在している部分である。脊髄は脳に近づくにつれて神経が合流するので，含まれる神経繊維の数が増えていき，白質の占める割合が大きくなる。よって，上部から下部に向かってイ→ウ→アとなる。

(2)　右下肢の感覚神経からの情報は左脳へ伝えられ，左下肢の感覚神経からの情報は右脳へ伝えられる。また，下肢の感覚神経は，脊髄に入ったあと，脊髄で交差するものもあれば，延髄で交差するものもある。胸髄の左側半分に損傷を受けた場合，左下肢の触覚が損なわれ，右下肢の痛覚が損なわれたとあるので，それぞれの感覚神経の経路は次図のようになると考えられる（損傷部位は×印で示している）。

　なお，論述に際しては，それぞれの感覚神経が交差する場所が，損傷部位より上側か下側かという点に注目して述べるとよい。

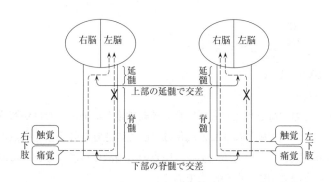

講 評

　2024 年度も大問数は 4 題で，例年通り，知識問題よりはリード文を
もとに考察していく問題が多かった。2023 年度と比べると，論述量は
増加したものの，取り組みやすい考察問題が多く，全体の難易度はやや
易化した。

　Ⅰ　個体群間の相互作用やフィンチの進化に関する問題。問 1・問 2
は基本的であり完答したい。問 3 の(2)は丁寧にリード文の内容を読めば
完答できる。(3)は自然選択説を扱う問題においては頻出の論述問題であ
り，類題を解いたことがあればさほど難しくはない。

　Ⅱ　細胞内共生説と遺伝子発現に関する問題。問 1 は細かい知識が必
要な選択肢が多く，特にイとウは間違えやすい。問 2 は基本的な知識問
題であり完答したい。問 3 の(1)はグラフの解読にやや時間を要する。ウ
は実際に計算しないと正解にたどり着けない。(2)はどのように書くべき
か悩んだ受験生も多かったと思われる。

　Ⅲ　植物ホルモンやフロリゲンに関する問題。問 1 は基本的。問 2 は
標準レベルの正誤問題であり，完答したい。問 3 はタンパク質Bが伸長
成長抑制にはたらくことに気づけばさほど難しくはない。問 4 は実験内
容を把握するのにやや時間がかかったかもしれないが，標準レベルの考
察問題であり，(2)の論述問題もさほど難しくはない。

　Ⅳ　ヒトの受容器とその伝導経路に関する問題。問 1・問 2 はともに
基本的。問 3 の(1)も基本的であり正解したい。(2)は図 2 のグラフの解釈
を間違えると苦戦する。(3)は素直な論述問題であり，正解したい。問 4

は丁寧な誘導があり，これについても完答したい。問5の(1)はやや難しい。(2)は，類題を解いたことがない受験生にとっては，かなりの難問であったと思われる。

地　学

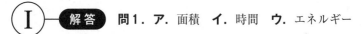

Ⅰ　**解答**　**問1.** **ア.** 面積　**イ.** 時間　**ウ.** エネルギー

問2.

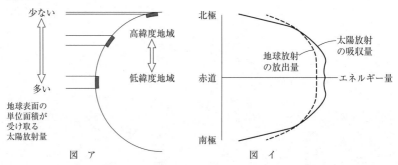

説明：地球表面に入射する太陽放射エネルギーは，低緯度ほど太陽高度が高いため，低緯度地域の方が大きくなる（図ア）。一方地球から放射されるエネルギーは，地表温度が高い低緯度ほど大きいが，その違いはそれほど大きくない。このため，図イのように低緯度では吸収量の方が大きく，高緯度では放出量の方が大きくなっている。（150字以内）

問3. 現象：A

仕組み：冬季の大陸内部では放射冷却が進み，低温で乾燥した高気圧性の気団が形成される。その吹き出しが日本海を渡る際に暖流から熱と水蒸気の供給を受け，日本の脊梁山脈を越える際に日本海側に多量の降雪をもたらす。（100字以内）

━━━━━━━━━━　**解説**　━━━━━━━━━━

《地球の放射収支，日本の気象》

問1. 地球を出入りするエネルギーの量は，太陽定数で代表されるように通常 W/m^2 という単位で表されるが，W は J/s と書き直せるので変換すると J/s·m^2 となり，単位時間（1秒）あたり，かつ単位面積（1m^2）あたりのエネルギー量〔J〕として表される。

問2. 地球に届く太陽放射エネルギーは，緯度によらず等しい。しかし地

球が球体であるため，太陽の南中高度が緯度によって大きく変化し，単位面積あたりの地表に入射するエネルギー量もそれに合わせて大きく変化する。一方，地球放射エネルギーの大きさは，海陸分布や雲の有無なども関係するが，第一義的にはシュテファン・ボルツマンの法則にしたがって，表面温度〔K〕の4乗に比例する。しかし地球の低緯度地域と高緯度地域の平均温度の差はせいぜい数十Kであり，そのため地球放射エネルギーは地球が受け取る太陽放射エネルギーに比べて，緯度による変化が小さい。地球全体ではエネルギーの収支は均衡していることから，傾きの違う二つのグラフは中緯度で交差しており，低緯度では吸収量の方が大きく，高緯度では放出量の方が大きくなっている。このようにして，熱収支の緯度による不均一性が生じている。

問3. BやCにも，大陸の存在や海陸分布に関係した気団や偏西風の影響がないわけではないが，「最も適切なもの」ということでAを選ぶ。説明のポイントは，冬に低温・乾燥のシベリア気団が形成されることと，日本海を渡る際の気団の変質（熱と水蒸気の供給）である。チベット高原・ヒマラヤ山脈の存在や，上昇気流にともなう雪の生成過程などについては，100字という制限があるので，あえて触れる必要はない。

 **解答**

問1. (c)

問2. (a)　赤色巨星（巨星）　(e)　白色矮星

問3. 恒星の見かけの等級を m，絶対等級を M，距離を r パーセクとしたとき，$m-M=5\log_{10}r-5$ の関係がある。そこで，絶対等級に比べて $+5$，-5 の見かけの等級をもつ恒星までの距離を，それぞれ r_1，r_2 パーセクとすると

$$m-M=+5=5\log_{10}r_1-5 \qquad \log_{10}r_1=2$$

∴　$r_1=100$ パーセク　……（答）

$$m-M=-5=5\log_{10}r_2-5 \qquad \log_{10}r_2=0$$

∴　$r_2=1$ パーセク　……（答）

別解 絶対等級は恒星を10パーセクの距離に置いたときの等級である。また，等級差が±5あると明るさは100倍異なり，さらに地球から見た明るさは距離の2乗に反比例するため，ある恒星を10倍に遠ざけると等級は5大きく，10分の1に近づけると等級は5小さくなる。よって，見か

けの等級が絶対等級に比べて $+5$，-5 の恒星までの距離をそれぞれ r_1，r_2 とすると

$r_1 = 10 \times 10 = 100$ パーセク

$r_2 = 10 \div 10 = 1$ パーセク

問4． ④

===== 解　説 =====

《HR図と恒星の進化，恒星までの距離と等級》

問1． 太陽は絶対等級が5，スペクトル型がGの主系列星で，通常のHR図上では主系列のほぼ中央に位置する。なお図1の横軸の色指数とは，短い波長で見た等級から長い波長で見た等級を引いた値で，スペクトル型を数値化したものと考えればよい。

問2． (a)　赤色巨星（巨星）の領域である。赤っぽく低温のため単位表面積からの放射エネルギーは小さいが，絶対等級が小さく総放射エネルギーが大きいことから，半径が大きいことがわかる。

(e)　白色矮星の領域である。青白く高温のため単位表面積からの放射エネルギーは大きいが，絶対等級が大きく総放射エネルギーが小さいことから，半径が小さいことがわかる。

問3． 恒星の見かけの等級を m，絶対等級を M としたとき，$m-M$ を距離指数とよび，距離 r パーセクとは $m-M=5\log_{10}r-5$ の関係がある。これを公式として扱い数値を代入して答えてもよいが，〔別解〕のように順を追って説明しつつ計算過程を示してもよい。

問4． 一般に恒星は，星間物質が自らの重力により収縮し，解放された位置エネルギーが熱に変わり温度が上がって，原始星となる。この段階では周囲の星間物質のため赤外線でのみ観測されるが，やがてその物質がなくなると可視光線でも見えるようになる。しかし，温度がまだ十分高くなくスペクトルはM型やK型で，HR図では右方に位置する（次ページの左図）。さらに収縮が進むと中心部が超高温高圧になり，水素核融合反応が始まり主系列星（(b)，(c)，(d)）となって明るく輝き出す。このとき大質量の星ほどHR図の左上に位置する。よって⑤は不適。

　やがて中心部にヘリウムの芯ができると膨張し始め赤色巨星（(a)）に移るが（次ページの右図），それまでの間は核融合反応が安定して起こるため光度や大きさはほぼ変わりなく，HR図上での位置はほとんど変わらな

い。よって①，②は不適。

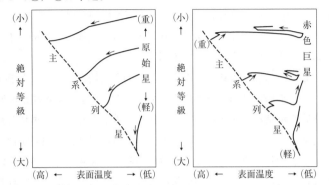

その後は，大質量の場合は超新星爆発するが，小質量の場合は超新星爆発せず（③は不適），外層が放出されて中心部は収縮し，高温になって白色矮星（(e)）と化する。よって④が適当といえる。

 **解答**　　**問1.** 対比

問2. ビカリア，カヘイ石，デスモスチルス

問3. 接している二つの地層のうち，下の地層が傾き，上の地層によって切られている場合，また，凹凸をもった境界面の上の地層中に，その面より下にある地層を起源とする礫が含まれている場合，不整合とわかる。（100字以内）

問4. 放射性同位体は，一定の割合で別種の原子に壊変する。元の同位体の量が壊変により半分になる時間は，温度・圧力などの条件にかかわらず同位体の種類ごとに一定であるため，当初の存在量に対する現存量の割合がわかれば，壊変開始からの年数すなわち絶対年代が求められる。（130字以内）

=== **解説** ===

《地層の対比，不整合，絶対年代の測定》

問1. ある地層や岩体が離れていて直接つながっていない場合でも，さまざまな手がかりから，それらの同時性もしくは新旧関係を決めることができる。これを対比という。

問2. 6000万年前は新生代古第三紀の初期で，暁新世にあたる。語群中の生物のうち，ビカリア，デスモスチルスは新第三紀であり，カヘイ石は

古第三紀初期に出現したが後期（漸新世）まで生息していたので，いずれも 6000 万年前より新しい地層から化石が産出する可能性がある。しかし，フズリナ，三葉虫，クサリサンゴ，リンボクは古生代，アンモナイト，イノセラムスは中生代の生物なので不適。

問 3． 接している二つの地層の堆積に時間的な連続性がないことを不整合という。ある地層が堆積した後，隆起や海退などによって堆積が中断し，その後沈降や海進などが起こってから新たな地層がその上に堆積した場合，上下の地層の関係は不整合となる。堆積の中断中に下位の地層が傾斜・褶曲したり断層や貫入などの活動を受けていると，隆起・海退時に形成された侵食面の上に堆積する上位の地層によってそれらの構造が切られることがあり，上下の地層が不整合関係にあることがわかりやすい。また，そのような証拠がない場合でも，通常の層理面に比べて凹凸を多くもった面（不整合面）の上にある地層中に，その面より下位にある地層を起源とする礫などが含まれていると，下の地層の堆積後上の地層が堆積するまでの間に侵食作用を受けるだけの時間間隔があったと考えられるので，やはり不整合関係にあることがわかる。

問 4． 放射性同位体の壊変は，環境条件にかかわらず一定の割合で起こるといわれるが，一定というのは当初の存在量に対してではなく，その時々の現存量に対して一定の割合であることに注意する。ある時点から存在量が半減するまでの時間を半減期（T）といい，同位体の種類ごとに一定の値をもつ。その壊変のようすを模式的に示すと，直線的に減少するわけではなく，右図のような曲線となる。

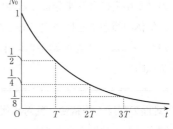

　これを式で表すと，当初の存在量を N_0，そこから時間 t 経過後の存在量を N として，次のように指数関数となる。

$$\frac{N}{N_0}=\left(\frac{1}{2}\right)^{\frac{t}{T}}$$

 解答　**問 1．ア．** ひずみ（ひずみエネルギー）　**イ．** 活断層
問 2． ②
問 3． 断層ののびる方向：北西-南東

断層の種類：左横ずれ断層

根拠：余震の震央が北西-南東に分布しているので，断層もその方向と考えられる。さらにA地点の初動が引き波であることから，断層の南西側の地盤はA地点が震源に近づく向き，つまり南東向きに動いたと考えられるから。（100字以内）

問4. <u>海のプレート</u>が<u>陸のプレート</u>の下に<u>沈み込み</u>を行うとき，陸のプレートは引きずり込まれて変形する。それが限界を超えると上盤である陸のプレートが境界面に沿って跳ね上がるため，逆断層型の地震が発生する。（100字以内）

=========== **解　説** ===========

《地震と断層》

問1.　ア. 地下の岩石が大きな力を受け続けるとしだいに変形し，ひずみが蓄積する。それが限界に達すると岩石は破壊され，これが地震の発生である。そしてそれまで蓄えられていたひずみのエネルギーが解放され，地震波となって周囲へ伝わっていく。よって，空欄アには「ひずみ」または「ひずみエネルギー」が入り，力・圧力・変位などではないことに注意。

イ. 最近の数十万年間に活動した断層は十分に固着していないため，同じような力が働き続けていると再び活動する可能性があると考えられる。このような断層を活断層とよぶ。また，断層の活動により地震が引き起こされるので，活断層は防災上注意が払われている。

問2. 地下を伝わる地震波には，縦波であるP波と，横波であるS波がある。縦波は，媒質を構成する粒子の振動方向が波の進行方向に平行な波であり，横波は，媒質を構成する粒子の振動方向が波の進行方向に垂直な波である。縦波は体積変化が起こったとき媒質が元に戻ろうとする性質によって伝わるので，その性質をもつ固体・液体・気体中のいずれも伝わることができるが，横波はねじれが生じたとき媒質が元に戻ろうとする性質によって伝わるので，元に戻らない液体・気体中は伝わらない。また両者の伝わる速さも異なり，縦波は横波より速い。このため震源から同時に射出されても前者が最初に（primary）到達し，後者が二番目に（secondary）到達することからP波，S波と名付けられた。

問3. 一連の地震活動で最大規模のものを本震とよぶ。本震のマグニチュードが大きいと，それを引き起こした断層面に沿って余震活動が分布する

ことが多いので，図1から断層面は北西-南東方向とわかる。この断層面の西方にあるA地点の初動は引き波なので，A地点が存在する地盤は南東向きに動いたと考えられる。これは，断層面をはさんだ反対側の地盤から見ると左向きに動いたように見えるので，左横ずれ断層である。

問4. プレートの沈み込み境界で起こる海溝型地震の発生のしくみを述べる。海のプレートが陸のプレートの下に沈み込むとき，両者が固着している部分があると陸のプレートが引きずり込まれる。このときプレートが変形することにより，ひずみのエネルギーが蓄積されていく。しかし固着の強度の限界を超えると，上盤側の陸のプレートが下盤側の海のプレートに対して一気にすべり出し，エネルギーが解放されて地震が発生する。したがって，この地震は逆断層型といえる。

（講評）

　2024年度も大問4題の構成で，出題分野にも変わりはなかった。論述量はやや減ったものの描図が復活したため，難易度に変化はなかったといえる。

　Ⅰ　問2の図は，2種類用意した方が説明しやすい。その手間を惜しまないようにしたいが，論述を150字以内に抑えるのは少々工夫が必要である。問3はBやCではなくAを迷いなく選べるかどうかがポイント。

　Ⅱ　問3は，距離指数の関係式を用いるのか，一般的な距離による明るさの減衰や等級の関係式から導くのかは悩みどころであるが，前者の場合＋や－の符号などの記憶が確実でなければ，後者の方法を選ぶべきである。

　Ⅲ　問3や問4は，字数制限がある中で何をどこまで取り上げるべきか迷うかもしれないが，述べるべき要素を字数の範囲内できちんと説明できるよう工夫したい。

　Ⅳ　断層と地震の発生に関する問題であった。Ⅲ同様，よく理解している内容であっても，問3，問4は図を用いずに言葉だけで的確な説明を示すのには，工夫が必要である。日常からの文章表現力が求められている。

2023 年度

問題と解答

■前期日程

問題編

▶試験科目・配点
【総合選抜*】

選抜区分	教　科	科　　　　目	配　点
理系Ⅰ	外国語	「コミュニケーション英語Ⅰ・Ⅱ・Ⅲ，英語表現Ⅰ・Ⅱ」，ドイツ語，フランス語，中国語から1科目選択	500 点
	数　学	数学Ⅰ・Ⅱ・Ⅲ・A・B	500 点
	理　科	「物理基礎・物理」必須。「化学基礎・化学」，「生物基礎・生物」，「地学基礎・地学」から1科目選択	500 点
理系Ⅱ	外国語	「コミュニケーション英語Ⅰ・Ⅱ・Ⅲ，英語表現Ⅰ・Ⅱ」，ドイツ語，フランス語，中国語から1科目選択	500 点
	数　学	数学Ⅰ・Ⅱ・Ⅲ・A・B	500 点
	理　科	「物理基礎・物理」，「化学基礎・化学」，「生物基礎・生物」，「地学基礎・地学」から2科目選択	500 点
理系Ⅲ	外国語	「コミュニケーション英語Ⅰ・Ⅱ・Ⅲ，英語表現Ⅰ・Ⅱ」，ドイツ語，フランス語，中国語から1科目選択	500 点
	数　学	数学Ⅰ・Ⅱ・Ⅲ・A・B	600 点
	理　科	「物理基礎・物理」，「化学基礎・化学」，「生物基礎・生物」，「地学基礎・地学」から2科目選択	400 点

【学類・専門学群選抜】

学群・学類		教　科	科　　　　目		配　点
社会・国際	国際総合	外国語	「コミュニケーション英語Ⅰ・Ⅱ・Ⅲ, 英語表現Ⅰ・Ⅱ」, ドイツ語, フランス語, 中国語から1科目選択		400点
		地　歴	日本史B, 世界史B, 地理Bから1科目選択　　　　　　　　　　　　〈省略〉	から1科目選択	400点
		数　学	数学Ⅰ・Ⅱ・A・B		
			数学Ⅰ・Ⅱ・Ⅲ・A・B		
人　間	教育、心理	外国語	「コミュニケーション英語Ⅰ・Ⅱ・Ⅲ, 英語表現Ⅰ・Ⅱ」, ドイツ語, フランス語, 中国語から1科目選択 ※心理学類は英語必須で, ドイツ語, フランス語, 中国語は選択できない。		250点
		地歴・公民	日本史B, 世界史B, 地理B, 倫理から1科目選択　　　　　　　　　　〈省略〉	から1科目選択	250点
		数　学	数学Ⅰ・Ⅱ・Ⅲ・A・B		
		理　科	「物理基礎・物理」,「化学基礎・化学」,「生物基礎・生物」,「地学基礎・地学」から1科目選択		
		国　語	現代文B・古典B　　　　　〈省略〉		
	障害科	外国語	コミュニケーション英語Ⅰ・Ⅱ・Ⅲ, 英語表現Ⅰ・Ⅱ		250点
		地歴・公民	日本史B, 世界史B, 地理B, 倫理から1科目選択　　　　　　　　　　〈省略〉	から1科目選択	250点
		数　学	数学Ⅰ・Ⅱ・A・B		
			数学Ⅰ・Ⅱ・Ⅲ・A・B		
		理　科	「物理基礎・物理」,「化学基礎・化学」,「生物基礎・生物」,「地学基礎・地学」から1科目選択		
		国　語	現代文B・古典B　　　　　〈省略〉		

生命環境	生物	外国語	コミュニケーション英語Ⅰ・Ⅱ・Ⅲ，英語表現Ⅰ・Ⅱ	300 点
		数 学	数学Ⅰ・Ⅱ・Ⅲ・A・B	300 点
		理 科	「物理基礎・物理」，「化学基礎・化学」，「生物基礎・生物」，「地学基礎・地学」から2科目選択	300 点
	生物資源	外国語	コミュニケーション英語Ⅰ・Ⅱ・Ⅲ，英語表現Ⅰ・Ⅱ	300 点
		数 学	数学Ⅰ・Ⅱ・Ⅲ・A・B	300 点
		選 択	地理B，「物理基礎・物理」，「化学基礎・化学」，「生物基礎・生物」，「地学基礎・地学」から2科目選択	300 点
	地球	外国語	コミュニケーション英語Ⅰ・Ⅱ・Ⅲ，英語表現Ⅰ・Ⅱ	300 点
		数 学	数学Ⅰ・Ⅱ・Ⅲ・A・B	400 点
		選 択	地理B，「物理基礎・物理」，「化学基礎・化学」，「生物基礎・生物」，「地学基礎・地学」から2科目選択	400 点
理工	数、物理、工学システム	外国語	「コミュニケーション英語Ⅰ・Ⅱ・Ⅲ，英語表現Ⅰ・Ⅱ」，ドイツ語，フランス語，中国語から1科目選択	500 点
		数 学	数学Ⅰ・Ⅱ・Ⅲ・A・B	500 点
		理 科	「物理基礎・物理」必須。「化学基礎・化学」，「生物基礎・生物」，「地学基礎・地学」から1科目選択	500 点
	化	外国語	「コミュニケーション英語Ⅰ・Ⅱ・Ⅲ，英語表現Ⅰ・Ⅱ」，ドイツ語，フランス語，中国語から1科目選択	500 点
		数 学	数学Ⅰ・Ⅱ・Ⅲ・A・B	500 点
		理 科	「化学基礎・化学」必須。「物理基礎・物理」，「生物基礎・生物」，「地学基礎・地学」から1科目選択	500 点

理工	応用理工	外国語	「コミュニケーション英語Ⅰ・Ⅱ・Ⅲ，英語表現Ⅰ・Ⅱ」，ドイツ語，フランス語から1科目選択	500点
		数　学	数学Ⅰ・Ⅱ・Ⅲ・A・B	500点
		理　科	「物理基礎・物理」必須。「化学基礎・化学」，「生物基礎・生物」，「地学基礎・地学」から1科目選択	500点
	社会工	外国語	「コミュニケーション英語Ⅰ・Ⅱ・Ⅲ，英語表現Ⅰ・Ⅱ」，ドイツ語，フランス語から1科目選択	500点
		数　学	数学Ⅰ・Ⅱ・Ⅲ・A・B	500点
情報	情報科	外国語	「コミュニケーション英語Ⅰ・Ⅱ・Ⅲ，英語表現Ⅰ・Ⅱ」，ドイツ語，フランス語，中国語から1科目選択	400点
		数　学	数学Ⅰ・Ⅱ・Ⅲ・A・B	700点
		理　科	「物理基礎・物理」，「化学基礎・化学」，「生物基礎・生物」，「地学基礎・地学」から2科目選択	500点
	情報メディア創成	外国語	「コミュニケーション英語Ⅰ・Ⅱ・Ⅲ，英語表現Ⅰ・Ⅱ」，ドイツ語，フランス語，中国語から1科目選択	400点
		数　学	数学Ⅰ・Ⅱ・Ⅲ・A・B	400点
医	医	外国語	コミュニケーション英語Ⅰ・Ⅱ・Ⅲ，英語表現Ⅰ・Ⅱ	300点
		数　学	数学Ⅰ・Ⅱ・Ⅲ・A・B	300点
		理　科	「物理基礎・物理」，「化学基礎・化学」，「生物基礎・生物」から2科目選択	300点
		適性試験	適性試験(1)：筆記試験により，適応力や学習意欲，人間性等を評価する　　　　〈省略〉	300点
			適性試験(2)：個別面接により，医学を志向する動機，修学の継続力，適性，感性，社会的適応力等総合的な人間性について評価する	200点

医	看護	外国語	「コミュニケーション英語Ⅰ・Ⅱ・Ⅲ，英語表現Ⅰ・Ⅱ」，ドイツ語，フランス語から1科目選択		300 点
		理　科	「物理基礎・物理」，「化学基礎・化学」，「生物基礎・生物」から1科目選択	から1科目選択	200 点
		国　語	現代文B　　　　　　　　　　　〈省略〉		
		個別面接	看護学を志向する動機，適性，感性，社会的適応力等について総合的に判断する		300 点
	医療科	外国語	コミュニケーション英語Ⅰ・Ⅱ・Ⅲ，英語表現Ⅰ・Ⅱ		200 点
		数　学	数学Ⅰ・Ⅱ・Ⅲ・A・B		200 点
		理　科	「物理基礎・物理」，「化学基礎・化学」，「生物基礎・生物」から2科目選択		200 点
		個別面接	医療を志向する動機，適性，感性，社会的適応力等について総合的に判断する		200 点

▶選抜方式

- 「総合選抜」「学類・専門学群選抜」の2つの選抜方式により実施する。「総合選抜」と「学類・専門学群選抜」は併願できない。総合選抜の4区分から一つ，もしくは学類・専門学群選抜の21学類・2専門学群から一つの募集区分に出願することができる。

* 『総合選抜』の仕組み

①受験者は「文系」「理系Ⅰ」「理系Ⅱ」「理系Ⅲ」のいずれかの選抜区分を選択して受験する。

②1年次では総合学域群に所属し，専門分野の異なる複数の科目を履修し，自分の学びたい専門分野を探す。

③2年次以降に所属する学類・専門学群は，志望に基づき1年次の成績や適性等によって決まる。その際，志望する学類・専門学群の指定する科目を履修していることが条件となる。なお，特定の選抜区分（文系・理系Ⅰ・理系Ⅱ・理系Ⅲ）で入学した学生を優先して受け入れる学類もある。

④いずれの選抜区分で入学しても，体育専門学群を除く全ての学類・専門学群に進める。ただし，それぞれの学類・専門学群には定員がある。

▶備　考

- 学類・専門学群選抜の選択科目のうち，国際総合学類の地歴，教育・心理学類および障害科学類の地歴・公民と国語，看護学類の国語は『筑波大学（文系―前期日程）』に掲載。

- ドイツ語，フランス語，中国語は省略。

- 数学 B は「数列，ベクトル」を出題範囲とする。

- 情報（知識情報・図書館）学群では，前期日程（学類・専門学群選抜）を実施していない。

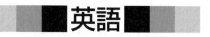

■英語■

（120 分）

Ⅰ　次の英文を読んで，下の問いに答えなさい。

　（星印（＊）のついた語には本文の後に注があります。）

　　Hear the word "circle," and you'll probably think of something round.　Hear "razor," and you'll think of something sharp.　But what about a seemingly nonsense word such as "bouba" or "kiki"?

　　In a famous linguistics* study, researchers showed these words make English speakers think of blobby and sharp shapes, respectively.　Now, the most extensive study of this finding yet — testing 917 speakers of 25 languages that use 10 different writing systems — has found that 72% of participants across languages associate the word "bouba" with a blobby shape and "kiki" with a sharp one.

　　(1) Such "cross-sensory" links — here, between speech and vision — show people can use nonsense words and other vocal noises to evoke* concepts without using actual language.　That could help explain how language evolved in the first place, says Aleksandra Ćwiek, a linguistics doctoral researcher at the Leibniz-Centre General Linguistics who led the new study.

　　"It's exciting to see more work on this phenomenon with a greater diversity of languages," says Lauren Gawne, a linguist at La Trobe University who was not involved with the study.　Testing speakers from different writing systems is especially useful, she says, because it helps figure out exactly what underlies the finding.

　　Past research has （　ア　） to the spikiness of the letter K, and roundness of the letter B, as the primary reason for the effect of "kiki" and "bouba" on English speakers.　But other work has found that children who haven't yet （　イ　） to

read also make the association, as do Himba people in Namibia, who have
(　ウ　) contact with Westerners and don't use (　エ　) language.

To understand how much of a role writing plays in the finding, Ćwiek and
her colleagues wanted to test speakers from a much wider sample of
languages — and, crucially, different writing systems.　She and her colleagues
were already running a large international experiment across multiple countries,
and they realized they could easily add on the bouba-kiki test at the end of the
₍₂₎
task.　They included speakers of languages from around the world — from
Albanian to isiZulu in South Africa — and writing systems as different as Thai,
Georgian, and Korean.　The researchers recorded Ćwiek saying the two words
aloud, and asked participants to choose whether a pointy, starlike shape or a
blobby, cloudlike shape best matched each recording.

The volunteers overwhelmingly matched "bouba" with the round shape and
"kiki" with the spiky one, the authors report today in the *Philosophical
Transactions of the Royal Society B*.　The finding suggests people make a genuine
link between the sounds and the shape.　It also adds to a growing pile of
₍₃₎
evidence that challenges an old linguistic dogma: the belief that the sounds that
make up a word have no relationship to its meaning.

But there were important differences across languages.　Whereas 75% of
speakers whose languages use the Roman alphabet — including English and
other European languages — made the link, only 63% of speakers of other
languages such as Georgian and Japanese did.　And three languages —
₍₄₎
Romanian, Turkish, and Mandarin Chinese — didn't show the effect at all.

There are good reasons why the finding might look different across
languages, says Suzy Styles, a linguist at Nanyang Technological University.
Different languages have their own rules for what sounds and syllables* can fit
together; in English, for example, you can't start a word with the sound "ng,"
although this is perfectly fine in isiZulu.　When the test words in an experiment
don't match these rules, speakers don't have strong cross-sensory associations,
Styles says: "An English speaker finds it hard to decide whether 'srpski' is spiky

or round, because it doesn't sound 'wordy' in our language."
(5)

It could also be that the made-up words have real meanings in certain languages, Ćwiek says. *Buba* is a Romanian word used for a small child's wound—like "ouchy"—which could feel more like a "spiky" association for Romanian speakers, she says. And *cici*, pronounced "gee-gee," means "cute" in Turkish. That could give "kiki" associations with round-headed, chubby babies, Ćwiek adds.

Some evolutionary linguists have suggested language may have started not with speech, but with gesture, because it's so much easier to illustrate an idea with hands—like miming the shape of a tree, Ćwiek says. But that explanation just raises a new question: Why did speech emerge at all? The growing evidence that vocal noises can also evoke ideas like shape or size helps close that gap, she
(6)
says, hinting that both gesture and speech "have played a significant role at the very core of language."

The study is robust*, and its control of writing systems is "useful and important," says Mark Dingemanse, a linguist at Radboud University. But linguists also need to better understand how cross-sensory associations like these play a role in real-world languages, he says: "For that, we need to move beyond bouba and kiki."

出典：Cathleen O'Grady (2021, November 14) "Nonsense Words Make People Around the World Think of the Same Shapes," https://www.science.org/content/article/nonsense-words-make-people-around-world-think-same-shapes より抜粋，一部改変

（注）　linguistics　言語学
　　　　evoke　　〜を喚起する
　　　　syllable　音節
　　　　robust　しっかりした，手堅い

（注意）　解答する際，句読点は 1 マスに 1 つ，英数文字は（大文字小文字ともに）
　　　　　1 マスに 2 文字記入すること。

1. 下線部(1)は何と何のつながりを意味するか，以下の語群から 2 つ選び，記号で
　　答えなさい。（順不同）
　　語群
　　(A) sight　　　　　　　(B) smell　　　　　　　(C) sound
　　(D) taste　　　　　　　(E) touch

2. 空欄（　ア　）～（　エ　）を埋めるのに最も適した語を以下の語群から選び，記
　　号で答えなさい。ただし，不要な語がひとつある。
　　語群
　　(A) hinted　　　　　　(B) learned　　　　　　(C) limited
　　(D) pointed　　　　　　(E) written

3. 下線部(2)の the bouba-kiki test の具体的な内容について，本文に即して 50 字
　　以内の日本語で説明しなさい。

4. 下線部(3)の evidence とはどういうものか，本文の内容に即して 30 字以内の日
　　本語で説明しなさい。

5. 下線部(4)について，ルーマニア語で bouba-kiki 効果が出なかったのはなぜだ
　　と考えられているか，その理由を，具体例を挙げて 70 字以内の日本語で説明し
　　なさい。

6. 下線部(5)について，筆者がこのように考えるのはなぜか，"wordy" の意味する
　　ところが明らかになるように本文の内容に即して 40 字以内の日本語で説明しな
　　さい。

7. 下線部(6)の close that gap が具体的に何を表すかの言い換えとして，最も適し

たものを以下から選び，記号で答えなさい。

(A)　answer the question of how language survived

(B)　discover the origin of gesture

(C)　explain why speech emerged

(D)　raise a new question

Ⅱ　次の子守唄についての英文を読んで，下の問いに答えなさい。

　　（星印（＊）のついた語には本文の後に注があります。）

　　There is a growing body of research about how lullabies help soothe both caregiver and child. Laura Cirelli, professor of developmental psychology at the University of Toronto, studies the science of maternal song. She found that when mothers sang lullabies, stress levels dropped not just for the baby but for mothers as well. In her most recent work, she found that familiar songs soothed babies the most — more than speaking or hearing unfamiliar songs.

　　A new mother herself, Cirelli sees singing lullabies as a "multimodal experience" shared by mother and child. "It's not just about the baby hearing music," she says. "It's about being held by the mom, having her face very close, and feeling her warm, gentle rocking."

　　From culture to culture, lullabies "tend to have collections of features that make them soothing or calming," says Samuel Mehr, director of Harvard University's Music Lab, which studies how music works and why it exists. The lab's project, the Natural History of Song, found that people can hear universal traits in music — even when they are listening to songs from other cultures. The project asked 29,000 participants to listen to 118 songs and identify whether it was a healing song, a dance song, a love song, or a lullaby. "Statistically, people are most consistent in identifying lullabies," he says.

　　In a separate study, Mehr's lab found that (　ア　) when infants were listening to lullabies that were not sung by their own caregiver, or were not from their own culture, they were （　イ　） soothed. "There seems to be some kind of parenting-music connection that is not only universal around the world but also old, sort of ancient. This is something that we've been doing for a really long time."

Lullabies reflect the present, but they are often （　①　） in the past. In Mongolia the *buuvei* lullaby has been sung by nomads* for generations. Its refrain, "buuvei," （　②　） "don't fear." "Love is the most important thing — passed on like a heritage," Bayartai Genden, a Mongolian traditional singer and dancer, and grandmother of 13, tells us as she describes "the magic of （　③　） love to your child through melodies." With more than half of Mongolia's children living in Ulaanbaatar, where pneumonia* is the second （　④　） cause of death of children under age five, UNICEF declared that the city's air pollution has become a child health crisis.

"I use these words to protect my children. They help my children heal," Oyunchimeg Buyankhuu says of the lullabies she sang when her two daughters were often sickened by the pollution. Her family moved out of the city so her children could breathe fresher air. Oyunchimeg sings the traditional *buuvei* lullaby, but between refrains she whispers healing words, reshaping a long-established song for today. (3)

As the COVID-19 pandemic began altering life worldwide, physical distancing drastically changed the way we connect. Elizabeth Streeter, a nurse in Massachusetts, works on the COVID-19 floor of her hospital. As the pandemic escalated, she made the difficult decision to isolate herself from her four boys in early April, to avoid exposing them to the virus. She stayed in a camper outside of her parents' home for a month while her husband stayed home to care for their children. During the evenings, Elizabeth connected with her family over the phone. She would sing her three-year-old son's favorite lullaby while fighting through tears, unclear about when she might get to hold him again.

"To separate such a sacred bond between mother and child, there are no words," she says in a journal post on Facebook. For Elizabeth, making her

children safe meant being physically present. But to serve her community during the pandemic, <u>that has shifted</u>. These days, living away from her children has
(4)
become her way of keeping them safe. "It looks entirely different than what I always thought protection looked like."

Allison Conlon, a nurse from Bridgewater, Massachusetts, who works in a hospital's intensive care unit, also separated from her family. At night she called Lucas, two, to read to him and sing "The Wheels on the Bus" and "Itsy-Bitsy Spider" before he went to bed. On Sundays she visited her family's home but did not enter, instead reading stories to him through a glass storm door*. (ウ), Allison gave her son a high five and a kiss. "My son was so resilient* and adapted to the change very well, and for that I am super thankful," she says.

To sing a lullaby to someone is to make a connection. The songs connect caregiver to child, but perhaps less noticeably, they also tell stories that connect us to our past, and to each other. Bayartai Genden describes the lullaby as "an exchange of two souls." Lullabies are part of the fabric from which caregivers create safe spaces that are necessary for dreams to unfold. These songs remind us that we are not (エ), and in the dark of night, they seem to hold a promise that on the other side waits the light of morning.

出典：Hannah Reyes Morales (2020, December) "Songs to Soothe," *National Geographic* より抜粋，一部改変

（注）　nomads　遊牧民

　　　　pneumonia　肺炎

　　　　storm door　防風用補助ドア

　　　　resilient　立ち直りが早い

（注意）　解答する際，句読点は１マスに１つ，英数文字は（大文字小文字ともに）
　　　　　１マスに２文字記入すること。

1. 下線部(1)について，子守唄がどのような意味で multimodal な経験になると述

べられているのか，本文に即して 50 字以内の日本語で答えなさい。

2. 下線部(2)の the lab's project によって子守唄について明らかになったことを 30
   字以内の日本語で答えなさい。

3. 空欄（　ア　）と（　イ　）に入る単語の組み合わせとして，文脈上最も適切なも
   のを次の中から選び，記号で答えなさい。
   (A)　(ア)　especially　　　(イ)　already
   (B)　(ア)　especially　　　(イ)　never
   (C)　(ア)　even　　　　　(イ)　less
   (D)　(ア)　even　　　　　(イ)　still

4. 本文の空欄（　①　）～（　④　）に入る単語を下の語群から選び，適切な形に変
   えて答えなさい。1 つの単語は 1 回のみ使用すること。
   語群：　give　　　　lead　　　　mean　　　　root

5. 下線部(3)について，reshaping が意味するところを 40 字以内の日本語で説明
   しなさい。

6. 下線部(4)の that has shifted とはどのようなことを意味しているのか，that の
   内容を明らかにしながら 60 字以内の日本語で説明しなさい。

7. 空欄（　ウ　）に入る語句として，文脈上最も適切なものを次の中から選び，記
   号で答えなさい。
   (A)　Breaking through the door
   (B)　By his bedside
   (C)　From her side of the glass
   (D)　On the same side of the storm door

8. 空欄（　エ　）に入る語として，文脈上最も適切なものを次の中から選び，記号
   で答えなさい。

(A) aged

(B) alike

(C) alone

(D) awake

Ⅲ 次の[A]，[B]に答えなさい。

[A] 次の英文の文脈に適合するように，(1)から(3)の(　　　)内の語または句を並べ替えるとき，それぞれ 3 番目と 5 番目にくるものを選び，記号で答えなさい。

Researchers in Japan have created a new technology that uses food waste in a surprising way. The operation can turn food waste into a strong but bendable material like cement. It is four times stronger than regular concrete, and is sustainable. And, you can eat it, the researchers found.

Food waste is a big problem in Japan and the world. In 2019, Japan produced 5.7 million tons of food waste. The government is working on reducing this to 2.7 million by 2030. The food waste that would typically end up in landfills, rotting, and releasing methane gas, can now be used to make the concrete. Moreover, the new material, if not needed, (1)(① the ground ② buried ③ be ④ without ⑤ can ⑥ in) affecting the environment.

The team has used different types of food waste to make the cement, including tea leaves, orange peels, coffee grounds, and leftover lunch materials. Since the cement can be eaten, the researchers have changed the flavors with different spices and enjoyed the different colors, smell, and even the taste of the cement. They said that in order to eat it (2)(① needs ② a person ③ break ④ apart ⑤ to ⑥ it) and boil it.

The researchers are working with other companies to use the material to make products for the home. The process of creating the cement could be used to make temporary housing ⑶(① a disaster ② eaten ③ if ④ be ⑤ that ⑥ can) happens. For example, if food cannot be delivered to evacuees, they could eat temporary beds made out of food cement.

出典："Japan's New Edible Cement," *VOA Learning English*, June 4, 2022 より抜粋，一部改変(https://learningenglish.voanews.com/a/japan-s-new-edible-cement/6600962.html)

⑴　3番目＿＿＿＿＿　　5番目＿＿＿＿＿
⑵　3番目＿＿＿＿＿　　5番目＿＿＿＿＿
⑶　3番目＿＿＿＿＿　　5番目＿＿＿＿＿

[B]　次の英文を読んで，下の問いに80語程度の英語で答えなさい。ただし，句読点は語数に含めません。

In a 2008 article for *The Atlantic*, Nicholas Carr asked, "Is Google Making Us Stupid?" Carr argued that the internet as a whole, not just Google, has been weakening his capacity for concentration and reflection. He was concerned that the internet was "reprogramming us." However, Carr also noted that we should "be skeptical of his skepticism," because maybe he is just worrying too much. He explained, "Just as there's a tendency to glorify technological progress, there's a counter-tendency to expect the worst of every new tool or machine." Carr raised a continuing debate on and off the internet about how the medium is changing the ways we think, how we interact with text and each other, and the very fabric of society as a whole.

出典："Is the Internet Making Us Stupid?," *ProCon/Encyclopaedia Britannica*, April 5, 2022 より抜粋，一部改変(https://www.procon.org/headlines/is-the-internet-making-us-stupid-top-3-pros-and-cons/)

Question:

How is the internet influencing your life?　Following the discussion above, write your opinion from your own experience.

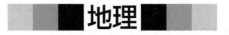

（2 科目　120 分）

次の設問Ⅰ～Ⅲについて解答せよ。

Ⅰ　図 1 は，国土地理院発行 2 万 5 千分の 1 地形図「八日市」(2016 年調製，一部改変)の一部(原寸)である。ただし原図は多色刷りである。また，図 2 は国土地理院が作成したこの地域の地理院タイル「陰影起伏図」である。2 つの図を用いて，この地域の集落や土地利用の特徴について，地形との関係に着目しながら 300 字以内で説明せよ。

Ⅱ　図 3 はある月の海面水温の平年差(1991～2020 年同月の平均からの差)を，図 4 は太平洋赤道域における平年の海水温と海上風の東西断面を模式的に示したものである。図 3 に見られる海洋の現象について，その名称を答えよ。また，この現象が発生しているときの海水温と海上風の東西断面を平年(図 4)との違いが分かるように解答用紙の所定の図に記入したうえで，この現象の特徴をその発生要因も含めて 200 字程度で説明せよ。

〔解答欄〕

Ⅲ　表 1 は，2000 年，2008 年，2016 年における OECD のいくつかの加盟国について，外国人の流入および流出人数をその国の総人口に占める割合で示したものである。表中の A〜C はオーストラリア，韓国，ドイツのいずれかである。A〜C に対応する国名を指摘したうえで，それぞれの国の国際人口移動にみられる特色，およびその要因について 300 字以内で説明せよ。

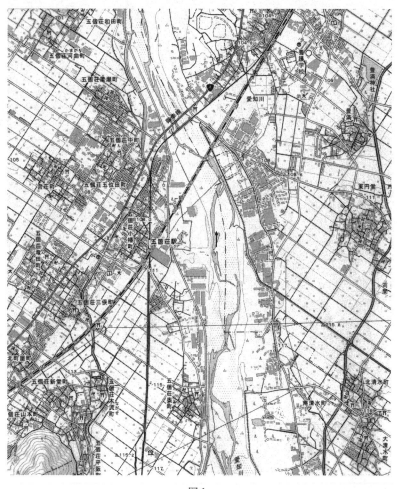

図1

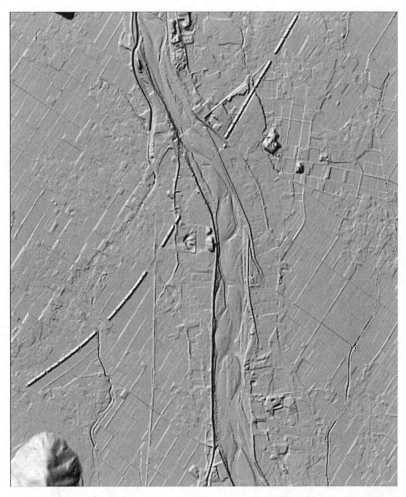

図 2

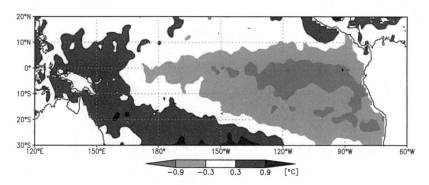

（英国気象局作成 HadISST データによる）

図 3

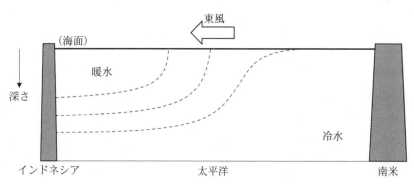

点線は等水温線，白矢印の向きは風向，白矢印の長さは風速，灰色の台形はイン
ドネシアと南米をそれぞれ表している。なお，図上部の黒太線は海面を表している
が，下部の黒細線は海底を表しているわけではない。

図 4

表 1

国	2000 年		2008 年		2016 年	
	外国人の流入 (‰)	外国人の流出 (‰)	外国人の流入 (‰)	外国人の流出 (‰)	外国人の流入 (‰)	外国人の流出 (‰)
ニュージーランド	9.71	4.05	21.14	9.28	22.40	8.79
A	7.97	6.91	6.99	6.86	20.88	13.16
B	5.64	0.48	9.59	1.45	9.03	1.37
イギリス	4.42	2.32	7.38	3.93	6.93	2.97
C	3.65	1.87	6.16	4.28	7.85	6.34
日　本	2.71	1.65	2.69	1.83	3.37	1.84

(OECD データによる)

数学

（120 分）

(注)　学類・専門学群選抜のうち，社会・国際（国際総合）および人間（障害科）学群の「数学Ⅰ・Ⅱ・Ａ・Ｂ」選択者は〔1〕～〔3〕から2題を選択し解答すること。

　　　その他は〔1〕～〔3〕から2題を選択，〔4〕～〔6〕から2題を選択，計4題を解答すること。

〔1〕　曲線 $C:y＝x－x^3$ 上の点 $A(1,0)$ における接線を ℓ とし，C と ℓ の共有点のうち A とは異なる点を B とする。また，$-2＜t＜1$ とし，C 上の点 $P(t,t-t^3)$ をとる。さらに，三角形 ABP の面積を $S(t)$ とする。

(1)　点 B の座標を求めよ。

(2)　$S(t)$ を求めよ。

(3)　t が $-2＜t＜1$ の範囲を動くとき，$S(t)$ の最大値を求めよ。

〔2〕　α, β を実数とし，$\alpha > 1$ とする。曲線 $C_1 : y = |x^2 - 1|$ と曲線 $C_2 : y = -(x - \alpha)^2 + \beta$ が，点 (α, β) と点 (p, q) の 2 点で交わるとする。また，C_1 と C_2 で囲まれた図形の面積を S_1 とし，x 軸，直線 $x = \alpha$，および C_1 の $x \geqq 1$ を満たす部分で囲まれた図形の面積を S_2 とする。

⑴　p を α を用いて表し，$0 < p < 1$ であることを示せ。

⑵　S_1 を α を用いて表せ。

⑶　$S_1 > S_2$ であることを示せ。

〔3〕　座標空間内の原点 O を中心とする半径 r の球面 S 上に 4 つの頂点がある四面体 ABCD が，

$$\overrightarrow{OA} + \overrightarrow{OB} + \overrightarrow{OC} + \overrightarrow{OD} = \vec{0}$$

を満たしているとする。また三角形 ABC の重心を G とする。

⑴　$\overrightarrow{OG}$ を $\overrightarrow{OD}$ を用いて表せ。

⑵　$\overrightarrow{OA} \cdot \overrightarrow{OB} + \overrightarrow{OB} \cdot \overrightarrow{OC} + \overrightarrow{OC} \cdot \overrightarrow{OA}$ を r を用いて表せ。

⑶　点 P が球面 S 上を動くとき，$\overrightarrow{PA} \cdot \overrightarrow{PB} + \overrightarrow{PB} \cdot \overrightarrow{PC} + \overrightarrow{PC} \cdot \overrightarrow{PA}$ の最大値を r を用いて表せ。さらに，最大値をとるときの点 P に対して，$|\overrightarrow{PG}|$ を r を用いて表せ。

〔**4**〕 a, b を実数とし，$f(x) = x + a\sin x$, $g(x) = b\cos x$ とする。

(1) 定積分 $\displaystyle\int_{-\pi}^{\pi} f(x)g(x)\,dx$ を求めよ。

(2) 不等式
$$\int_{-\pi}^{\pi} \{f(x) + g(x)\}^2\,dx \geqq \int_{-\pi}^{\pi} \{f(x)\}^2\,dx$$
が成り立つことを示せ。

(3) 曲線 $y = |f(x) + g(x)|$，2 直線 $x = -\pi$, $x = \pi$，および x 軸で囲まれた図形を x 軸の周りに 1 回転させてできる回転体の体積を V とする。このとき不等式
$$V \geqq \frac{2}{3}\pi^2(\pi^2 - 6)$$
が成り立つことを示せ。さらに，等号が成立するときの a, b を求めよ。

〔**5**〕 $f(x) = x^{-2}e^x$ $(x > 0)$ とし，曲線 $y = f(x)$ を C とする。また h を正の実数とする。さらに，正の実数 t に対して，曲線 C，2 直線 $x = t$, $x = t + h$，および x 軸で囲まれた図形の面積を $g(t)$ とする。

(1) $g'(t)$ を求めよ。

(2) $g(t)$ を最小にする t がただ 1 つ存在することを示し，その t を h を用いて表せ。

(3) (2)で得られた t を $t(h)$ とする。このとき極限値 $\displaystyle\lim_{h \to +0} t(h)$ を求めよ。

〔6〕 i を虚数単位とする。複素数平面に関する以下の問いに答えよ。

(1) 等式 $|z+2| = 2|z-1|$ を満たす点 z の全体が表す図形は円であることを示し，その円の中心と半径を求めよ。

(2) 等式
$$\{|z+2| - 2|z-1|\}\,|z+6i| = 3\{|z+2| - 2|z-1|\}\,|z-2i|$$
を満たす点 z の全体が表す図形を S とする。このとき S を複素数平面上に図示せよ。

(3) 点 z が(2)における図形 S 上を動くとき，$w = \dfrac{1}{z}$ で定義される点 w が描く図形を複素数平面上に図示せよ。

物理

（1科目 60 分　2科目 120 分）

Ⅰ　図のように，点Pと点Pから水平に距離 a 離れた位置の点Qに釘が固定されている。点Pの釘に一端を固定された長さ $l(a < l < 2a)$ のひもに，大きさの無視できる質量 M の物体が鉛直方向につり下げられ，点Aで静止している。この物体に，点Aの左から大きさの無視できる質量 m の物体が速さ v で水平に衝突し，一体化して点P，Q，Aを通る平面上を運動する。以後，この一体化した物体をXと呼ぶ。重力加速度の大きさを g とし，ひもの質量と太さ，釘の太さ，摩擦や空気抵抗はすべて無視できるものとする。また，ひもは伸びたり切れたりしない。以下の問いに答えよ。解答はすべて解答用紙の所定の欄に記入し，考え方や計算の要点も記入せよ。

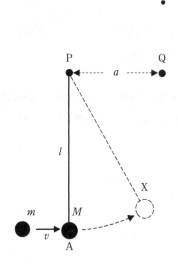

まず，物体Xが点Pの高さをこえずに運動する場合について考える。

問 1　衝突直後の物体 X の速さ V_A を M, m, v, g, l のうち必要なものを用いて表せ。

問 2　この衝突によって失われる力学的エネルギー ΔE を M, m, v, g, l のうち必要なものを用いて表せ。

問 3　物体 X が点 P の高さに到達しない条件を $v < v_1$ とする時，v_1 を M, m, v, g, l のうち必要なものを用いて表せ。

　次に，物体 X が点 P の高さをこえて運動する場合について考える。物体 X は，ひもが点 Q の釘に接触し，ひもがたるむことなく点 Q を中心に振り上がって，点 Q の鉛直上方 $l - a$ の距離にある点 B を速さ V_B で水平に通過した。その後，物体 X は点 Q を中心に円運動をするようになった。

問 4　V_B が次の式で表せることを示せ。

$$V_B = \sqrt{\left(\frac{m}{m+M}\right)^2 v^2 - 2g(2l - a)}$$

問 5　物体 X が点 B を通過する瞬間，ひもに働く張力 T を M, m, v, g, l, a のうち必要なものを用いて表せ。

問 6　物体 X が点 Q の周りにこのような円運動をするための条件を $v \geqq v_2$ とする時，v_2 を M, m, v, g, l, a のうち必要なものを用いて表せ。

Ⅱ　図1に示すように，xy 平面上に存在する一辺 a の正方形の1回巻きコイルを，下辺を x 軸に重ねたまま x 軸の正の向きに一定の速さ v で動かす。灰色で示した $x \geqq 0$ の領域には紙面に垂直な，紙面奥から手前に向く磁束密度 B の一様な磁場が存在し，$x < 0$ の領域には磁場は存在しない。コイルの抵抗値を R とし，自己インダクタンスは無視できるとする。また，コイルの右辺が y 軸と重なる時刻を $t = 0$ とし，コイルの速さを v に保つためにコイルに加える外力を F として以下の問いに答えよ。解答はすべて解答用紙の所定の欄に記入し，問4については考え方や計算の要点も記入すること。

問 1　$0 < t < \dfrac{a}{v}$ の範囲で，時刻 t におけるコイルを貫く磁束の大きさ $|\phi|$，磁場によりコイルに誘導される起電力の大きさ $|V|$，コイルを流れる電流の大きさ $|I|$ を B, a, v, R, t のうち必要なものを用いて表せ。また，コイルを流れる電流の向きは時計回りか，反時計回りか答えよ。

問 2　問1においてコイルが磁場から受ける力の大きさ $|f|$ を B, a, v, R, t のうち必要なものを用いて表すとともに，力の向きが x 軸の正の向きか負の向きか答えよ。

問 3　$-\dfrac{a}{v} < t < 2\dfrac{a}{v}$ の範囲で，コイルに加える外力 F と時刻 t との関係を図に示せ。ただし，外力は x 軸の正の向きを正とせよ。

問 4　$t = 0$ から $t = \dfrac{a}{v}$ の間に外力 F が行う仕事 W と，この間にコイルの抵抗 R で発生するジュール熱 J を B, a, v, R のうち必要なものを用いて表わし，これらが等しくなることを示せ。

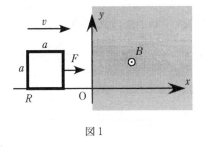

図1

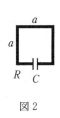

図2

次に図2に示すように，図1のコイルの下辺に静電容量 C のコンデンサーを挿入し，同じ条件で動かす場合について考える。ただし，$t < 0$ においてコンデンサーに電荷は蓄えられていないものとする。また，コンデンサーは小さく，コンデンサーを挿入した部分の抵抗，磁場から受ける力や誘導起電力は無視できるとする。コンデンサーの特性が磁場から受ける影響も無視できるとする。

問 5 コイルの右辺が磁場領域に侵入した直後にコイルに流れる電流の大きさ $|I|$ を B, a, v, R, t, C のうち必要なものを用いて表せ。

問 6 コイルの左辺が磁場領域に侵入し，十分に時間がたった後，コイルに流れる電流の大きさ $|I|$ およびコンデンサーに蓄えられた電荷 Q を答えよ。

問 7 コイルに生じる誘導起電力 V，コンデンサーに蓄えられた電荷 Q，コイルに流れる電流 I，コイルに加える外力 F のグラフの概形を下記(ア)～(ケ)からそれぞれ選択し，適切な組み合わせとなるようにせよ。

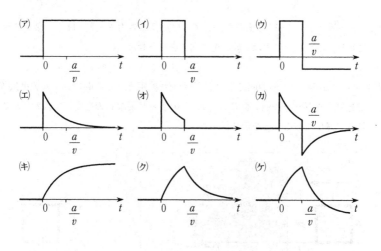

Ⅲ　電磁波による水素原子や電子の反応に関する以下の問いに答えよ。光速を c, プランク定数を h とすると，波長 λ の電磁波のエネルギーは $\dfrac{hc}{\lambda}$ で与えられる。水素原子核から無限に離れた電子の静電気力の位置エネルギーを基準とすると，水素原子の基底状態のエネルギーは $E_1 = -13.6\,\mathrm{eV}$ である。解答はすべて解答用紙の所定の欄に記入し，問 1，問 3，問 6 (b)，問 7 では考え方や計算の要点も記入せよ。

　電磁波を基底状態の水素原子に当てたとき，特定の波長で電磁波の吸収が起きた。吸収された電磁波により，水素原子は基底状態から量子数 $n\,(n > 1)$ の状態へ遷移した。量子数 n の状態のエネルギーを E_n とする。

問 1　電磁波の吸収が起きたときの電磁波のエネルギー E を，E_1, h, c, n の中から必要なものを用いて表せ。

　次に，電磁波の波長を短くし，基底状態の水素原子に電磁波を当てたところ，ある波長以下で水素原子はイオン化された。基底状態の水素原子のイオン化が起こる，電磁波の最低エネルギーを電離エネルギー $E_D\,(E_D > 0)$ とする。

問 2　E_D を，E_1, h, c, n の中から必要なものを用いて表せ。

問 3　基底状態の水素原子をイオン化するために電磁波の波長 λ が満たすべき条件を E_D, h, c を用いて表せ。

　次に，X 線光子と電子の衝突を弾性衝突として考える。以下では，X 線と電子は真空中にあるとし，x 軸と y 軸を図のように取る。衝突前の X 線は波長 λ で x 軸上を進み，原点 O に静止していた質量 m の電子に衝突した。衝突後の X 線と電子の散乱方向と x 軸がなす角を θ, $\phi\,(\theta > 0°, \phi > 0°)$ とし，電子の速さを v, X 線の波長を λ' とする。X 線と電子は xy 平面内のみを運動するとして，以下の問いに答えよ。

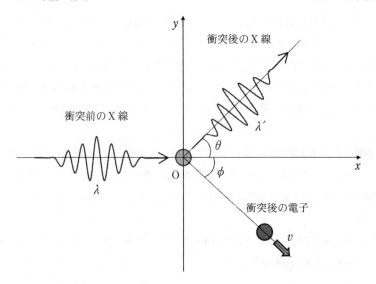

問 4　この衝突に関する以下の文章の（　ア　）から（　エ　）に入る語句を答えよ。

　　　この衝突により衝突前の（　ア　）のエネルギーの一部が（　イ　）に与えられ，（　ア　）のエネルギーは小さくなるため，衝突前よりX線の波長は（　ウ　）くなる。この効果のことを（　エ　）効果と呼ぶ。

問 5　この衝突の前後でのエネルギー保存の法則の関係式を，h, m, v, c, λ, λ' を用いて表せ。

問 6　この衝突の前後での運動量保存の法則に関する以下の問いに答えよ。
　(a)　x, y 方向の運動量保存の法則の関係式を，h, m, v, λ, λ', θ, ϕ の中から必要なものを用いて表せ。
　(b)　問 6 (a) の解答を用いて $(mv)^2$ を，h, λ, λ', θ を用いて表せ。

問 7　問 5 と問 6 (b) の解答を用いてX線の波長の変化 $\lambda' - \lambda$ を，h, m, c, θ を用いて表せ。その際，X線の波長の変化は λ に比べ十分小さいと仮定し，このときに使える近似式

$$\frac{\lambda}{\lambda'} + \frac{\lambda'}{\lambda} \approx 2$$

を用いてよい。

化学

（1科目 60分　2科目 120分）

問題 I ～ III について解答せよ。なお，計算に必要ならば，次の数値を用いよ。

原子量：H = 1.00，C = 12.0，N = 14.0，O = 16.0，Na = 23.0，S = 32.0，
Cl = 35.5，K = 39.0，Mn = 55.0

有機化合物の構造式は，下に示す例にならって記せ。なお，構造式の記入に際し，不斉炭素原子の存在により生じる異性体は区別しないものとする。

Ⅰ　以下の文章を読み，次の問1～問5に答えよ。

0.10 g の酸化マンガン(Ⅳ)と 0.10 g の硝酸カリウム，0.30 g の水酸化カリウムを，試験管の中でよく振り混ぜた。その試験管をガスバーナーの弱火でおだやかに加熱し，全体が融解したところで加熱を止め空冷した。その試験管に，蒸留水 10.0 mL を加えて振り混ぜた。静置して得られた緑色の上澄み液 1.0 mL を，別の試験管に加え，1.0 mol/L の硫酸を 1.0 mL 加えて十分に反応させたところ，水溶液は赤紫色を示した。この赤紫色を示すマンガンを含むイオンのカリウム塩を化合物Aとする。その後，Aを含むこの試験管に(a)1％の過酸化水素水 1.0 mL を加え十分に反応させたところ，水溶液はほぼ無色になった。化合物Aと過酸化水素との反応により生じたマンガンを含む化合物をBとする。

問1　化合物Aの化合物名を記せ。

問2　下線部(a)に関して，化合物Aと過酸化水素の反応を化学反応式で記せ。

問3　水溶液中の化合物Bの濃度を求めるために，EDTAという試薬が用いられる。図1には，EDTAの電離した構造を示す。化合物B中のマンガンイオンとEDTAは，ある適切なpH（Xとする）において1：1の比で錯イオンを生成する。その生成に関する平衡定数 K は，以下の式で表される。

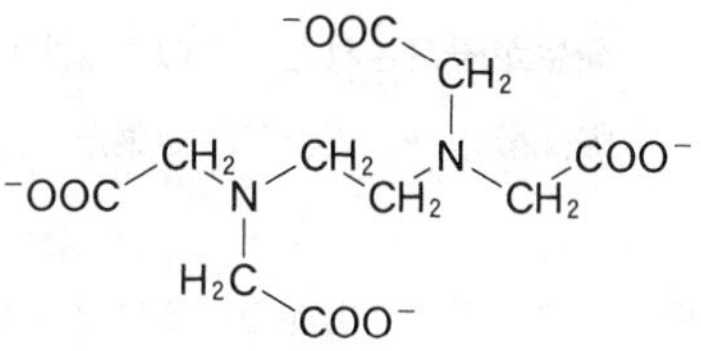
⁻OOC
CH₂
N
CH₂
COO⁻
⁻OOC
CH₂
N
CH₂
CH₂
CH₂
H₂C
COO⁻

図1

$$K = \frac{[\mathrm{Mn(EDTA)}]}{[\mathrm{Mn}][\mathrm{EDTA}]}$$

式中の[Mn(EDTA)]，[Mn]，[EDTA]はそれぞれ，マンガンイオンとEDTAの錯イオン，化合物B中のマンガンイオン，および錯イオンを形成していないEDTAの溶液中のモル濃度を表す。pH＝Xにおいて $K = 2.0 \times 10^{13}$ L/mol である。ただし，EDTAが水溶液中で示す酸・塩基の電離平衡は，ここでは無視してよい。

また化合物B中のマンガンイオンの酸化数が，空気中の酸素などの影響で

変化しないように，水溶液中には適切な還元剤を共存させている。以下の(i)，(ii)に答えよ。

(i)　化合物 B が，濃度 c〔mol/L〕で溶けた pH＝X の水溶液と，同じ濃度 c〔mol/L〕で EDTA が溶けた pH＝X の水溶液を，1：1 の体積比で混ぜた時に，化合物 B 中のマンガンイオンの 90 ％ が，EDTA と錯イオンを形成していた。濃度 c〔mol/L〕を有効数字 2 桁で求めよ。

(ii)　5.0 mg の化合物 A を 5.0 mL の水に完全に溶解させ，1.0 mol/L の硫酸を 5.0 mL 加えてから，十分な量の過酸化水素水を加えて反応させた。その後，水溶液の pH を X に調整した。この水溶液中の化合物 B の濃度を求めるために，適切な指示薬を用いて，pH＝X に調整した 0.010 mol/L の EDTA 水溶液で滴定した。この際に，滴定の終点までに加える必要がある EDTA 水溶液の体積を有効数字 2 桁で求めよ。ただし，最初に加えた化合物 A はすべて過酸化水素と反応し，化合物 B になったものとする。

問 4　酸化マンガン(IV)を含む水に 1 ％ の過酸化水素水を加えたところ，気体の発生が観察された。このとき生じている反応を化学反応式で記せ。また，その際，酸化マンガン(IV)の果たしている役割を簡潔に説明せよ。

問 5　マンガンの用途の一つにマンガン乾電池がある。次の問に答えよ。

(i)　マンガン乾電池の正極および負極の活物質をそれぞれ化学式で答えよ。

(ii)　一般に電池の起電力とは何か，簡潔に説明せよ。

(iii)　次の電池(ア)～(エ)を一次電池と二次電池に分類し，それぞれに該当するものすべてを解答欄に記号で答えよ。

(ア)　空気電池　　　　　　　　　(イ)　酸化銀電池
(ウ)　ニッケル・水素電池　　　　(エ)　鉛蓄電池

Ⅱ　以下の文章を読み，問 1 〜問 7 に答えよ。

　　図 2 に示すような絶対温度 T〔K〕に維持された実験系があり，電解槽Ⅰ，Ⅱには 0.1 mol/L 塩化ナトリウム水溶液が，電解槽Ⅲには 0.1 mol/L 硫酸銅(Ⅱ)水溶液が満たされている。電解槽Ⅰ，Ⅱの塩化ナトリウム水溶液は，塩橋で接続されている。電解槽Ⅰ，Ⅱの塩化ナトリウム水溶液中には，それぞれ白金板 1，鉄板が，電解槽Ⅲの硫酸銅(Ⅱ)水溶液中には銅板，白金板 2 が浸されている。白金板 1，2 は電源に接続され，鉄板と銅板は導線で接続されている。また，白金板 1，2 の上には，底が開き，上部が密閉された容器 1，2 が置かれている。容器 1，2 は，内部の体積が無視できる柔軟なチューブで接続され，上下方向に自由に動かすことができる。また，チューブには閉じたバルブがつながれている。

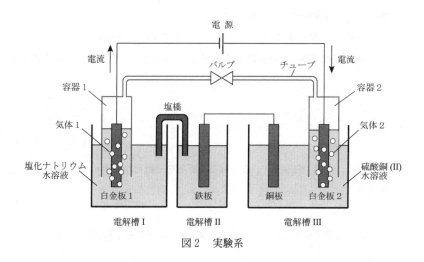

図 2　実験系

　　この実験系で以下の操作 1 〜 4 を順次行った。

【操作 1】　容器 1 および 2 を，それぞれの電解槽中の溶液で満たした。白金板 1，2 間に図に示す向きで一定の電流 i_A〔A〕を時間 t_A〔s〕だけ流したところ，白金板 1，2 からそれぞれ気体 1，2 が発生した。この際，流れた電気量を Q_A〔C〕とする。発生した気体 1，2 を水上置換法によりそれぞれ容器 1，2 中に集め，容器の内部と外部の水面の高さが同じになるように容器の上下方向の位置を調節した。

【操作2】 容器1，2が上下方向に動かないように固定した状態でバルブを開き，容器1，2内の気体を完全に混合した。

【操作3】 バルブを再び閉め，操作1と同様に一定の電流 i_B〔A〕を時間 t_B〔s〕だけ流したところ，白金板1，2からそれぞれ気体1，2が発生した。この際，流れた電気量を Q_B〔C〕とする。その後，内部の水面の高さが容器外部の水面の高さと同じになるように容器2の上下方向の位置を調節した。

【操作4】 銅板を装置から取り外し，水で洗ってから乾燥させ，質量を測定した。

ただし，操作1～3の後においても，電解槽Ⅰ～Ⅲ内の電解質濃度には，大きな変化はないものとする。また，気体1，2は理想気体であるとし，これらおよび空気の溶液中への溶解は無視できるものとする。

ファラデー定数を F〔C/mol〕，気体定数を R〔Pa·L/(K·mol)〕，大気圧を p_0〔Pa〕，絶対温度 T〔K〕での飽和水蒸気圧を p_{H_2O}〔Pa〕として，以下の問に答えよ。

問1 Q_A を i_A を含む式で表せ。

問2 操作1，3で，白金板1，2で起こる反応をそれぞれ電子 e^- を含む反応式で表せ。

問3 操作1で発生した気体1，2の物質量 n_1，n_2〔mol〕をそれぞれ Q_A を含む式で表せ。

問4 操作1の結果，容器1，2に集められた気体の体積 V_1，V_2〔L〕を，それぞれ Q_A を含む式で表せ。

問5 操作2の後の接続された容器1，2における気体1，2の分圧 p_1，p_2〔Pa〕をそれぞれ p_0 を含む式で表せ。

問6 操作3の後の容器2内の気体1，2の物質量を n_1'，n_2'〔mol〕とする。以下

の問に答えよ。

（i）n_1' を Q_A を含む式で表せ。

（ii）n_2' を Q_A, Q_B を含む式で表せ。

問 7　操作 4 の質量測定の結果，銅板の質量は操作 1 の前と比べて Δm_{Cu}〔g〕だけ増加した。以下の問に答えよ。必要であれば，銅のモル質量 M_{Cu}〔g/mol〕を用いよ。

（i）銅板上で起こる反応を電子 e^- を含む反応式で表せ。

（ii）Δm_{Cu} を Q_A, Q_B を含む式で表せ。

Ⅲ　以下の文章を読み，問 1～問 10 に答えよ。

　　環状構造を含まない分子式 $C_4H_6O_2$ で表される化合物 A に，適切な量の臭素を加えたところ，速やかに臭素の色が消え，不斉炭素原子を 1 つもつ化合物 B が生成した。また，化合物 A を，少量の酸を用いて加水分解したところ，化合物 C と化合物 D が生成した。この化合物 C に　あ　色のフェーリング液を加えて加熱したところ，　い　色の沈殿 X が生じた。一方，化合物 D に炭酸水素ナトリウム水溶液を加えたところ，二酸化炭素が発生した。
(a)

　　化合物 A を付加重合したところ，平均分子量 5.16×10^4 の高分子化合物 E が生成した。また，高分子化合物 E を，水酸化ナトリウム水溶液を用いて完全に加水分解（けん化）した後，塩酸を加えて酸性にしたところ，高分子化合物 F が生成した。さらに，高分子化合物 F にホルムアルデヒド水溶液を加えたところ，平均分子量 2.76×10^4 の高分子化合物 G が生成した。この高分子化合物 G からなる合成繊維は，ビニロンと呼ばれている。
(b)　　　　　　　　　　　　　　　　　　　　　　　　　　　　　　　　(c)

問 1　　あ　および　い　に当てはまる適切な色を，次の①～⑤から 1 つずつ選び，番号で答えよ。

　　①　黄　　　②　青　　　③　緑　　　④　赤　　　⑤　黒

問 2　下線部(a)に関して，フェーリング液を調製する際に必要な試薬を，次の①～

⑧からすべて選び，番号で答えよ。

①	濃硝酸	②	ヨウ素ヨウ化カリウム水溶液
③	塩化鉄(Ⅲ)水溶液	④	硝酸銀水溶液
⑤	水酸化ナトリウム水溶液	⑥	硫酸銅(Ⅱ)水溶液
⑦	アンモニア水	⑧	酒石酸ナトリウムカリウム水溶液

問 3　沈殿 X を化学式で答えよ。

問 4　化合物 A を構造式で示せ。

問 5　化合物 B を構造式で示せ。また，構造式中の不斉炭素原子を○で囲め。

問 6　化合物 C および D の化合物名をそれぞれ答えよ。

問 7　高分子化合物 E の名称を答えよ。

問 8　下線部(b)に関して，高分子化合物 F の重合度の平均値を，有効数字 2 桁で答えよ。

問 9　下線部(c)に関して，高分子化合物 F の官能基のうち，ホルムアルデヒドと反応した割合(%)を，有効数字 2 桁で答えよ。

問10　ビニロンの特徴として最も適切なものを，次の①～④から 1 つ選び，番号で答えよ。

① 日本初の合成繊維であり，適度な吸湿性をもち，綿とよく似た性質を示す。また，ロープ，漁網などに用いられている。

② 柔軟で軽く，羊毛に似た肌触りをもち，保温性に優れている。

③ 日本で開発された合成繊維であり，絹のような感触と光沢をもつ。

④ 強度，耐熱性，耐薬品性に優れており，航空機の複合材料，防弾チョッキ，安全手袋，タイヤの補強材などに用いられている。

生物

（1科目60分　2科目120分）

　問題Ⅰ～Ⅳについて解答せよ。解答はすべて解答用紙の所定欄に記入すること。解答文字数を指定している設問については，数字，アルファベット，句読点，括弧，その他の記号とも，すべて1字として記入せよ。ただし，濁点および半濁点は1字とはしないこと（たとえば，「が」を「か゛」とはしない）。

Ⅰ　次の会話文を読み，以下の問に答えよ。

生徒：「先生，この間，社会科の調べ学習で，クワシオルコルという言葉を知りました。これは，飢えなどで極度の低栄養状態に陥ったことで身体はやせ細るのに，腹部が膨らむ症状のことを指すそうです。低栄養であるにもかかわらず，どうしてお腹（なか）が膨らむのでしょうか？」

教師：「それを理解するためには，体液循環のしくみを知る必要があるね。循環するヒトの体液には，大きく分けて血液(a)，　1　，リンパ液の3種類があることは知っているよね？」

生徒：「はい，　2　が心臓のはたらきによって毛細血管からしみ出ると　1　になるんですよね？」

教師：「そうだね。　1　はやがて毛細血管やリンパ管に戻るわけだけど，出るときは心臓のポンプ圧があるからよいとして，戻るときにはどうやって戻ると思う？」

生徒：「え－と…，筋肉の動きによってかかる圧力とかかなぁ…？」

教師：「それも一つなんだけど，実は　2　に最も多く含まれているアルブミンというタンパク質が大きく関係しているんだ。毛細血管の血管壁には小さな隙間があるけれど，アルブミンは大きな分子だから血管壁を通過できず，大部分は血管内に残る。つまり，血管壁を隔ててアルブミンの濃度差が生じ(b)るんだよ。」

生徒：「あっ，この濃度差が原因となって　A　から　B　へ，という流れが生じるんですね？」

教師：「その通り。つまり，アルブミンのおかげで血液と　1　の水分のバランスが保たれているんだ。飢餓でお腹が膨らむのは，この水分のバランスが崩れて大量の水分が腹水として溜まっているからなんだよ。」

生徒：「なるほど。極度の低栄養状態になって　3　ことで水分バランスが崩れてしまうんですね。」

問1　会話文中の空欄　1　と　2　に当てはまる適切な語を記せ。

問2　会話文中の空欄　A　と　B　には，それぞれ　1　と　2　のいずれかの内容が当てはまる。それぞれ適切な番号を記せ。

問3　下線部(a)に関連して，以下の設問(1)，(2)に答えよ。

(1)　血液中のさまざまな成分の濃度は，腎臓などによって適切に調節されている。図は，健康な成人の腎臓のはたらきを模式的に示している。腎動脈を流れる血液の主な成分（図中のア～カ）のうち，原尿，尿，腎静脈の血液のそれぞれに確実に含まれる成分をすべて選び，記号で記せ。ただし，図中の数字は，それぞれの部位を単位時間に通過する相対的な液量を表している。

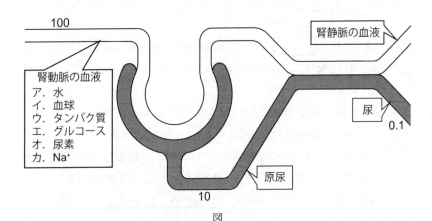

100

腎静脈の血液

腎動脈の血液
ア．水
イ．血球
ウ．タンパク質
エ．グルコース
オ．尿素
カ．Na$^+$

尿
0.1

原尿

10

図

⑵　ヒトの血液に含まれる各種イオンのうち，最も量が多いのは Na^+ である。その大部分は食物に由来するが，日々の食事に含まれる Na^+ の量が異なっていても，血液中の Na^+ 濃度は一定の範囲に収まるよう厳密に制御されている。これをふまえて，一般的に Na^+ を過剰に摂取すると血圧（血管の内壁にかかる血液の圧力）が高くなりやすいと言われている主な理由を，40字以内で記せ。

問 4　下線部(b)に関連して，血管壁や生体膜などの構造で隔てられた 2 つの区画における物質の濃度差を利用した生命現象は広く存在する。会話文中に示した例以外の具体的な例を 1 つ挙げ，以下の記載例にならって，何を隔てた何の濃度差が何に利用されているかがわかるように，空欄 I ～ III に適切な語句を記せ。

　　　　　　　　空欄 I　　　　　　　　空欄 II

記載例)　　　 血管壁 　を隔てた　 アルブミン 　の濃度差が

　　　　空欄 III

　　　 体液水分量のバランスの維持 　に利用されている。

問 5　会話文中の空欄　 3 　に当てはまるクワシオルコルのしくみを説明する句を，空欄の前後とつながる形で，20 字以内で記せ。

Ⅱ　次の文章を読み，以下の問に答えよ。

　多くの植物や細菌は，タンパク質を構成するアミノ酸をすべて合成することができる。アミノ酸合成が阻害されると，生存や成長に重大な影響を受ける。5-エノールピルビルシキミ酸-3-リン酸(EPSP)は，植物や細菌がトリプトファン，チロシン，フェニルアラニンの合成過程で必要とする前駆体である。EPSP は，ホスホエノールピルビン酸(PEP)とシキミ酸-3-リン酸(S3P)から，EPSP 合成酵素により合成される。PEP と似た構造の物質であるグリホサートは，この酵素反応を特異的に阻害する阻害剤であり，多くの種類の雑草に有効な除草剤として利用される。しかし，グリホサートは，一般の作物も枯らしてしまうため，作物の栽培期間中は使用されていなかった。その後，グリホサートに感受性を示さない細菌が発見され，その変異型 EPSP 合成酵素をコードする遺伝子(遺伝子 T)を植物に導入することで，植物にグリホサートに対する耐性を与えることができるようになった。このようにして開発されたグリホサート耐性遺伝子組換えトウモロコシやダイズの栽培では，グリホサートを利用することで効率的な雑草防除が可能となった。

問 1　下線部(a)に関する次の文章A・Bを読み，設問(1)～(4)に答えよ。

　　A　基質と基質に似た構造をもつ物質が共存すると酵素のはたらきが阻害されることがある。この作用を　　1　　阻害という。　　1　　阻害は，基質濃度を高くすることで打ち消される。一方，酵素の活性部位以外の部位に別の物質が結合することで引き起こされる　　2　　阻害では，基質濃度をいくら高くしてもその阻害が打ち消されることはない。

　　(1)　空欄　　1　　と　　2　　に当てはまる適切な語句を記せ。

　　(2)　下線部(c)に関して，基質に似た構造をもつ物質の共存によって，　　1　　阻害が引き起こされるのはなぜか，考えられる理由を 20 字以内で記せ。

B　次の式は，酵素反応の反応速度(v)と基質濃度(s)の関係を示している。V_{max} は，酵素反応の最大反応速度で，基質濃度を変えても，それ以外の反応条件を変えなければ，決まった値となる。また，K_m は反応速度が V_{max} の半分のときの基質濃度である。

$$\frac{1}{v} = \frac{K_m}{V_{max}} \times \frac{1}{s} + \frac{1}{V_{max}}$$

　グリホサートによる EPSP 合成酵素の阻害について調べるため，精製した EPSP 合成酵素を用い，基質濃度とグリホサート濃度のみを変えて，次の実験 1 と実験 2 を行った。

実験 1

　グリホサートあり(50 µmol/L)となしの 2 通りの条件で，PEP 濃度を一定(1 mmol/L)にして，S3P 濃度を 50〜500 µmol/L の範囲で変えて反応速度を測定した。グリホサートあり(●)となし(○)の測定値を，横軸を S3P 濃度の逆数，縦軸を反応速度の逆数としてグラフ上にそれぞれプロットし，直線で結んだ(図 1)。

実験 2

　グリホサートあり(3 µmol/L)となしの 2 通りの条件で，S3P 濃度を一定(1 mmol/L)にして，PEP 濃度を 10〜100 µmol/L の範囲で変えて反応速度を測定した。グリホサートなし(○)の測定値を，横軸を PEP 濃度の逆数，縦軸を反応速度の逆数としてグラフ上にプロットし，直線で結んだ(図 2)。

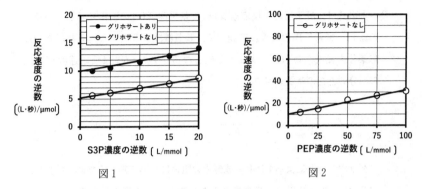

図1　　　　　　　　　　　　　　　　　　　　図2

(3) 実験1のグリホサートなしの結果を，横軸をS3P濃度，縦軸を反応速度としてグラフを描くと，図3のように示される。**グリホサートあり**の結果はどのように示されるか。解答欄の図中に描き加えよ。

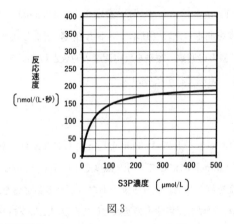

図3

〔解答欄〕図3に同じ。

(4) 実験2のグリホサートありの結果のうち，PEP濃度が10.0 μmol/Lのときの反応速度は11.1 nmol/(L・秒)であった。これをもとに，**グリホサートあり**の場合のPEP濃度の逆数と反応速度の逆数の関係を示すグラフを，解答欄の図中に描き加えよ。

〔解答欄〕図2に同じ。

問 2 下線部(b)に関して，種苗会社が農家に栽培用として販売するトウモロコシの種子（栽培用種子）は，雄花を除去した純系トウモロコシの雌花が，別系統の純系トウモロコシの花粉を受粉して生じた種子（雑種第一代）である。農家はこの種子を農地に播いて栽培し，自家受粉によって得た種子を食料・飼料用トウモロコシの種子として出荷する。遺伝子組換えトウモロコシでも同様に，栽培用種子は，ある遺伝子組換えトウモロコシの純系の雌花が，別の純系の非組換えトウモロコシの花粉を受粉して生じた種子である。これをふまえ，ゲノム中のただ 1 か所に遺伝子 T が組み込まれた<u>グリホサート耐性遺伝子組換えトウモロコシの栽培用種子</u>に関して，以下の設問(1)と(2)に答えよ。ただし，トウモロコシは二倍体（$2n$）である。

     *純系：自家受粉を繰り返し，多くの遺伝子型の組成をホモ接合に近づけた個体群

(1) この栽培用種子の胚，胚乳，種皮の細胞について，遺伝子 T の n あたりの数はそれぞれいくつか。整数または最も簡単な分数で記せ。

(2) この栽培用種子を播いて栽培し，自家受粉によって種子（雑種第二代）を得た。この種子から発芽したトウモロコシにグリホサートを散布したとき，生き残る個体と枯死する個体の比率はいくらであると考えられるか，最も簡単な整数比で記せ。ただし，グリホサートを散布したとき，純系の非組換えトウモロコシの自家受粉によって生じた種子では，発芽したすべての個体が枯死し，遺伝子組換えトウモロコシの栽培用種子では，発芽したすべての個体が生き残るものとする。

Ⅲ 次の文章を読み，以下の問に答えよ。

　生体膜は，膜による物質の拡散防止，膜を介した物質の輸送，外部からの情報の受容や情報伝達などのはたらきをもち，細胞が機能を発揮する上で重要である。生体膜には複数のタンパク質が存在し，これらが機能するためには，生体膜を構成する脂質やそれらの膜タンパク質が，膜内および膜上を自由に動ける状態であることが不可欠である。

　生体膜の流動性や柔軟性は，それを構成するリン脂質に含まれる脂肪酸の性質と密接な関連がある。脂肪酸は，炭素が 16〜20 個程度の炭化水素基の末端にカルボキシル基が付いた分子であり，膜脂質では二分子の脂肪酸がカルボキシル基でグリセリンとエステル結合している。一般に脂肪酸の融点は，炭化水素基に二重結合を含まない飽和脂肪酸の方が高く，炭化水素基にシス型の二重結合を含む不飽和脂肪酸では低くなる。例えば，炭素数 16 の飽和脂肪酸であるパルミチン酸の融点は 62.9℃ であり，シス型の二重結合を 1 つもつ不飽和脂肪酸であるパルミトレイン酸の融点は −0.1℃ である。したがって，不飽和脂肪酸を多く含む生体膜の方が，流動性に富んでいる。生体内で脂肪酸は，飽和脂肪酸として合成された後，脂肪酸の決まった位置に二重結合を導入する酵素（脂肪酸不飽和化酵素）によって不飽和化される。

　脂肪酸の融点の違いが生体膜の流動性や柔軟性にあたえる影響は，身近な食用油脂の性質の違いからも推測される。油脂は，グリセリンの 3 つの水酸基にそれぞれ脂肪酸がエステル結合したもので，リン脂質と構造が似ている。動物性の牛脂やラード，バターは飽和脂肪酸を多く含み，常温で固体である。一方，オリーブ油やコーン油のような植物性の油脂は，不飽和脂肪酸の割合が高く，常温で液体である。植物性油脂の不飽和脂肪酸を飽和化することで，マーガリン様の常温で固体の油脂を作ることができる。ある種の金属化合物の存在下で水素を吹き込むことは，油脂の脂肪酸を飽和化する手法である。この手法は細胞にも直接ほどこすことができる。

問 1　下線部(a)に関連して，脂質とタンパク質からなる生体膜の二次元的に柔軟な性質を説明するモデルを何と呼ぶか，名称を記せ。

問 2 下線部(b)に関連して，図1は，36 ℃で培養したシアノバクテリアを様々な温度で 30 分間処理し，それらの細胞の脂肪酸不飽和化酵素遺伝子(*desA*)の mRNA 量を調べたものである。mRNA の存在量は，その遺伝子の転写と mRNA の分解のバランスによって決まる。

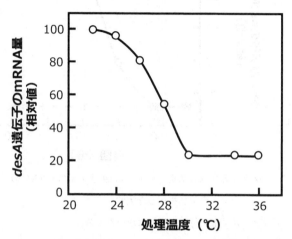

図1 様々な温度条件での *desA* 遺伝子の mRNA の量

図1の実験結果だけでは言えないことを，以下のア～オから**すべて**選び，記号で記せ。

ア．*desA* 遺伝子の転写は処理温度の低下によって促進される。

イ．*desA* 遺伝子の mRNA 量は処理温度がある温度より低いと増加する。

ウ．*desA* 遺伝子の mRNA は処理温度がある温度より高いと不安定になる。

エ．低温条件での生育には *desA* 遺伝子の発現が必要である。

オ．このシアノバクテリアは 36 ℃以上の温度では生育できない。

問 3 下線部(c)に関連して，図2はシアノバクテリアの培養温度を 36 ℃に保ったまま，細胞に水素付加処理を 5 分間ほどこし，膜脂質の脂肪酸の不飽和度を低下させた際の，*desA* 遺伝子の mRNA 量の経時変化を示したものである。図1と図2の実験結果をふまえると，*desA* 遺伝子の mRNA 量の増加を引き起こす

要因は，何のどのような変化だと考えられるか，15字以内で記せ。

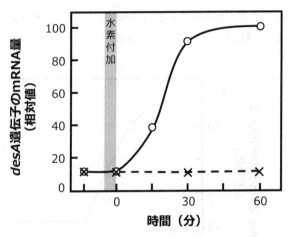

図2 細胞への水素付加後の *desA* 遺伝子の mRNA の量

○：水素付加を行った実験

×：水素付加を行わなかった実験

水素付加は，−5分から0分まで5分間行った。

問 4 *desA* 遺伝子をもたない別の種のシアノバクテリアの細胞に，*desA* 遺伝子を導入し発現させた（これを *desA* 遺伝子導入株とする）。*desA* 遺伝子を導入していない野生株と *desA* 遺伝子導入株を，それぞれ 22℃ と 34℃ で培養し，様々な温度条件で 60 分間処理した後，もとの培養温度に戻し，10 分後に光合成活性を測定した。図3は各温度で処理した後の光合成活性を相対値で示したものである。

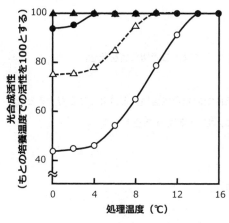

図3　低温処理による光合成活性の変化

　図3の実験結果からわかることを，以下のア～オから**すべて**選び，記号で記せ。

ア．このシアノバクテリアの野生株の光合成活性は低温処理により低下する。

イ．あらかじめ低い温度で培養すると，低温処理による光合成活性の低下は抑えられる。

ウ．*desA* 遺伝子が発現すると，低温処理による光合成活性の低下が抑制される。

エ．シアノバクテリアは，低温でも生育できるように *desA* 遺伝子を獲得した。

オ．*desA* 遺伝子の有無は，低温処理前の光合成活性に影響しない。

問 5　以下の文章を読み，設問(1)と(2)に答えよ。

　光合成では，　　1　　膜に存在する　　2　　Ⅱと　　2　　Ⅰの間で，光合成色素によって捕集された光のエネルギーを用いた電子伝達を行う。こういった電子伝達系では，膜内に存在する　　2　　のようなタンパク質複合体や電子を受け渡す物質の間で，順序よく電子が受け渡されることが必要である。その結果，　　3　　や NADPH が生産され，　　4　　回路によって

CO_2 の固定に利用される。

(1) 空欄 ┃ 1 ┃ ～ ┃ 4 ┃ に当てはまる適切な語を記せ。

(2) 膜脂質の不飽和化が，低温条件での光合成活性にどのように影響すると考えられるか，上記の文章をふまえて 70 字以内で記せ。

Ⅳ　次の文章を読み，以下の問に答えよ。

　海洋の主な生産者は植物プランクトンであり，植物プランクトンによって生産される有機物が海洋生態系を支えている。この有機物の生産に影響する光や水温，無機栄養塩類といった非生物的環境要因は，季節や海域によって変動するため，植物プランクトンとその消費者の現存量や生産量もそれにともなって変動する。
(a)

　北緯 50 度の沿岸域における，植物プランクトンの珪藻と環境要因の季節変動を見てみよう。図1は，海洋表層における珪藻の現存量と動物プランクトン数の1年間の変化を示している。図2は，海表面の水温，日射量および無機栄養塩濃度の1年間の変化を示している。珪藻の現存量は，冬の間は低く維持されていたが，3月
(b)
から5月にかけて増加し，5月中旬以降に減少し始めた。この海域では，春に増殖する珪藻が，それを捕食する節足動物のカイアシ類，そして魚類などの消費者を支える重要な役割を担っている。
(c)

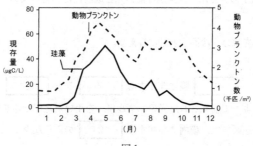

図1

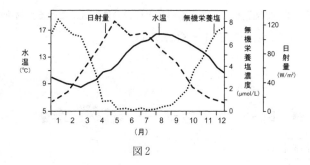

図 2

問 1　下線部(a)に関して，図 3 は生産者と一次消費者の物質収支を表している。図
　　　3 の A〜D に当てはまる適切な語を記せ。

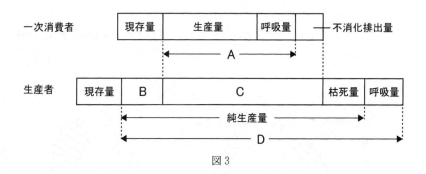

図 3

問 2　下線部(b)に関して，珪藻の現存量の 3 〜 5 月における増加と 5 月中旬に見ら
　　　れた減少は，複数の環境要因の変化によって引き起こされたと考えられる。こ
　　　の珪藻の増減を引き起こした環境要因の変化として考えられるものを，以下の
　　　ア〜オからそれぞれ 1 つずつ選び，記号で記せ。

　　　ア．動物プランクトン数の増加と無機栄養塩濃度の減少
　　　イ．水温の下降と無機栄養塩濃度の減少
　　　ウ．水温の上昇と日射量の増加
　　　エ．日射量の増加と無機栄養塩濃度の減少
　　　オ．日射量の減少と動物プランクトン数の減少

問 3 下線部(C)に関連して，この沿岸域と温帯の外洋域における食物連鎖の例を
図 4 に示す。以下の設問(1)〜(3)に答えよ。

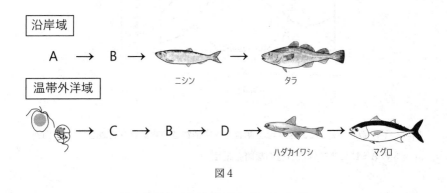

図 4

(1) 図 4 の A〜D に当てはまるプランクトンを以下のア〜エから選び，記号
で記せ。

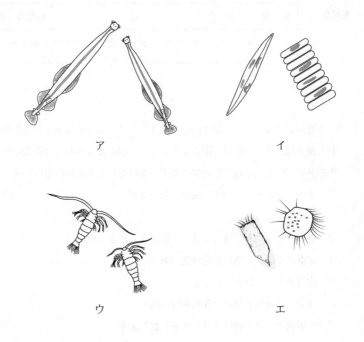

(2) この沿岸域にある実験区を設けた。この実験区では，図4に示す食物連鎖が形成されていた。ある年の秋に，この実験区内に，ある海洋生物Qを新規に投入したところ，翌年3月頃には，Qの被食者の個体数が図1を観測した年よりも大きく減少した。食物連鎖の観点から，その年の3〜4月のプランクトンAは，前年よりも減少すると予想された。このとき，海洋生物Qとして最も適切だと考えられる生物を以下のア〜ウから選び，記号で記せ。また，プランクトンAが減少すると予想された理由を60字以内で記せ。

ア．タラを捕食するサメ　　　イ．プランクトンBを捕食するイワシ
ウ．ニシンを捕食するサケ

(3) 表1は，沿岸域と温帯外洋域それぞれの1年間の植物プランクトンの純生産量と魚食性魚類の生産量を示している。図4に示した食物連鎖において，沿岸域の生態効率が，温帯外洋域の1.5倍であるとき，表1のXに当てはまる数値はいくらになるか，解答欄に記せ。ただし，ここでは，ある栄養段階における生態効率を，一つ前の栄養段階の純生産量もしくは生産量に対する，ある栄養段階の生産量の割合として計算した。また，各栄養段階の生態効率は各海域内で一定とする。

表1

	沿岸域	温帯外洋域
植物プランクトンの年間純生産量(gC/m²)	300	75
魚食性魚類の年間生産量(mgC/m²)	X	0.75

■地学■

（1 科目 60 分　2 科目 120 分）

　問題Ⅰ～Ⅳについて解答せよ。字数を指定している設問の解答では，数字，アルファベット，句読点，括弧，元素記号を 1 字として記述せよ。ただし，化学式を記述する場合は，元素記号とその添え字を含めて 1 字とする。途中の計算過程を記述する設問の解答では，答えとなる値がどのように得られたのかを理解できるように記述せよ。

Ⅰ　次の文章を読み，以下の問いに答えよ。

　図 1 は，ある日の日本付近の天気図を示している。この図を見ると，500 hPa 面では，朝鮮半島の北側の気温が周囲より低くなっており，寒気が存在していることがわかる。この寒気は，上空を流れる　ア　が赤道方向へ蛇行し，やがて千切れたことで生成されたと考えられる。一方で，地上の気圧配置から，日本列島は北
(a)
太平洋上の　イ　と，ユーラシア大陸上の　ウ　との間に挟まれていることがわかる。日本列島には暖かく湿った空気が流れ込み，上空には寒気が存在しているため，大気は不安定となる。
(b)

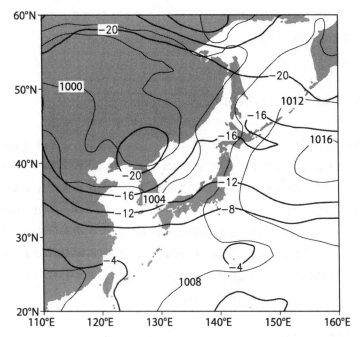

図1　ある日の日本付近の天気図。細い等値線は海面気圧(hPa)，太い
等値線は上空 500 hPa 面における気温(℃)を表す。

問 1　文章中の空欄　ア　～　ウ　に適切な用語を入れよ。

問 2　図1から読み取れることとして，最も適切な記述を以下の選択肢から1つ選べ。

① 台湾から日本列島にかけて，梅雨前線が停滞している。

② 上空 500 hPa 面の気温は低緯度ほど低く，高緯度ほど高い。

③ 発達した台風が北西太平洋上を東進している。

④ 東日本の主な風向は南～南西である。

問 3　下線部(a)について，梅雨の時期と梅雨明け後の盛夏期とで，日本付近で卓越する気圧配置の主な違いを，「亜熱帯高圧帯」という用語を使って，100字以内で説明せよ。

問 4 下線部(b)のような状態のとき，どのような現象が発生すると考えられるか，
80 字以内で説明せよ。

Ⅱ 次の文章を読み，以下の問いに答えよ。

　多くの銀河団のスペクトルを観察すると，そのスペクトルのほぼ全てが本来の波
長よりも波長の長い方へずれている（赤方偏移）。この波長のずれはドップラー効果
によるもので，赤方偏移しているということは，全ての銀河が私達の銀河系から遠
ざかっていることを示している。アメリカの天文学者ハッブルは，その赤方偏移の
大きさから，遠い銀河団ほど遠ざかる速度（後退速度）が速く，後退速度は距離にほ
ぼ比例していることを発見した（図 1）。直線 A は最近の銀河団の観測によって得
られた比例関係で，各点は観測された銀河団の値を示す。直線 B は，ハッブルに
よって 1929 年に提案された比例関係を示している。

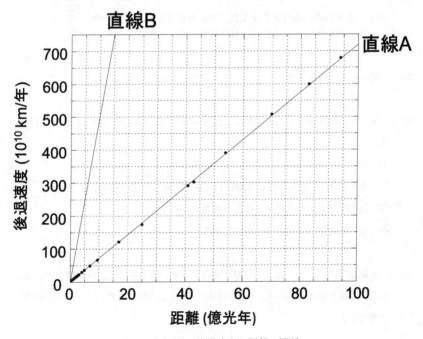

図 1 　銀河団の後退速度と距離の関係

問 1　直線 **A** の比例関係を用いて，宇宙がどのように形成されたか，100 字以内で説明せよ。

問 2　直線 **A** の比例関係を用いて，宇宙の年齢(ハッブル年齢)を億年の単位で答えよ。ただし，1 億光年を 1.0×10^{21} km とし，途中の計算過程も示すこと。

問 3　仮に図 1 の直線 **B** で示された比例関係で宇宙が形成されたとすると，現在知られている太陽系や地球の歴史と，どのような矛盾が生じるのかを 100 字以内で説明せよ。

Ⅲ　次の文章を読み，以下の問いに答えよ。

　　固着性の底生生物によって形成される生物起源の構造物の一部は生物礁と呼ばれている。礁を形作る造礁生物は時代と共に変化してきた。

　　先カンブリア時代の生物起源の構造物は，ほとんどがシアノバクテリアによって作られており，その構造物は　ア　と呼ばれる。その後，古生代に入ると多細胞動物がつくる堅固な生物礁が出現，繁栄した。古生代の主要な造礁生物には　イ　があり，中生代以降は別の生物が礁の主役となった。現在の主要な造礁生物であるサンゴは示相化石としても重要である。石灰岩の一部はこのような生物礁とその周辺の堆積物から形成される。
(a)

問 1　ア　に適当な語句を入れよ。

問 2　イ　に当てはまる主要な造礁生物を以下の語群から 2 つ選べ。
【語群：ウミユリ，三葉虫，クサリサンゴ，直角貝，二枚貝，六放サンゴ】

問 3　下線部(a)の示相化石と，示相化石に適する生物の条件とを 80 字以内で説明せよ。

問 4 日本列島に分布する古生代の石灰岩体のうち，秋吉帯のペルム紀石灰岩体と南部北上帯のペルム紀石灰岩体を比較したとき，前者は石灰質の純度が高く，後者は混在物が多い。この理由を 100 字以内で説明せよ。

Ⅳ 次の文章を読み，以下の問いに答えよ。

　地球の表面は，地殻と呼ばれる岩石によっておおわれている。一般的に地殻は大陸地殻と海洋地殻に分けられ，大陸地殻の上部は主に花こう岩，下部は主にはんれい岩からできている。はんれい岩の主な構成鉱物である輝石は固溶体を形成する鉱物であり，Fe^{2+} と Mg^{2+} が様々な割合で含まれている。また，無色鉱物として斜長石を含む。斜長石は，はんれい岩だけでなく花こう岩にもみられる鉱物である。
(a)
(b)
　地殻内部では一般的に深くなるほど温度が上昇するが，これは地球内部から地表へ向かってたえず熱が移動しているためである。地殻中に単位断面積をもつ鉛直な岩石の柱を考えた場合，単位断面積を一定時間に通過する熱エネルギーの量を ア という。その値の地球全体の平均値は約 $0.085\ \mathrm{W/m^2}$ であるが，大陸地域の平均値は約 $0.066\ \mathrm{W/m^2}$ であり，海洋地域の平均値は約 $0.1\ \mathrm{W/m^2}$ である。また，海洋地域の中でも ア の値にはばらつきがあり，一般的に中央海嶺付近で最も高く，海溝付近で最も低い。
(c)
　地球内部の熱源の 1 つとして，ウラン，トリウムなどの イ の存在が考えられる。花こう岩，はんれい岩，かんらん岩を比較すると，これらの含有量が最も多い岩石は ウ である。また別の熱源として，地球形成時の微惑星集積によって地球内部に蓄えられた熱がある。地球は今も少しずつ冷えているといえる。
(d)

問 1 文章中の ア ～ ウ に最も適当な語句を入れよ。

問 2 下線部(a)のように Fe^{2+} と Mg^{2+} が混ざることができる理由を 30 字以内で説明せよ。

問 3 下線部(b)について，はんれい岩にみられる斜長石と花こう岩にみられる斜長

石の化学組成の違いについて，最も適切な記述を以下の選択肢から 1 つ選べ。

① 花こう岩中の斜長石の方が，はんれい岩中のものにくらべて Na，Si に乏しく，Ca，Al に富む。

② 花こう岩中の斜長石の方が，はんれい岩中のものにくらべて Ca，Si に乏しく，Na，Al に富む。

③ 花こう岩中の斜長石の方が，はんれい岩中のものにくらべて Na，Al に乏しく，Ca，Si に富む。

④ 花こう岩中の斜長石の方が，はんれい岩中のものにくらべて Ca，Al に乏しく，Na，Si に富む。

問 4　下線部(c)で述べてあることが起こる理由を 40 字以内で説明せよ。

問 5　下線部(d)に関連して，先カンブリア時代の変成岩を調べると，その多くは高温低圧型あるいは中温中圧型変成岩であり，低温高圧型変成岩はまれである。このような変成作用の特徴がみられる理由を 80 字以内で説明せよ。

解答編

英語

I **解答**
1 ―(A)・(C)
2．ア―(D) イ―(B) ウ―(C) エ―(E)

3．被験者に bouba と kiki という無意味語を聞かせ，丸い形ととがった形のどちらを連想するかを答えさせる。(50 字以内)

4．単語を構成する音と意味は無関係だという古い定説を覆す証拠。(30 字以内)

〔別解〕単語を構成する音と意味が結びついていることを示す証拠。(30 字以内)

5．ルーマニア語には，無意味語 bouba と近い音の buba という語があり，その語が小さな子供の怪我を意味するために，とがった形の方が強く想起されたから。(70 字以内)

6．各言語には，語らしく聞こえるための音と音節の組み合わせに関する規則があるから。(40 字以内)

7 ―(C)

━━━━━◆全　訳◆━━━━━

≪言語音がイメージに与える影響≫

"circle"（円）という単語を耳にすると，おそらく何か丸いものを思い浮かべるだろう。"razor"（かみそり）という単語だと，何か鋭利なものを思い浮かべるだろう。だが，"bouba"や"kiki"のような，一見意味のなさそうな単語の場合はどうだろうか。

ある有名な言語学研究では，英語を話す人々がこれらの語を聞くと，それぞれ丸っぽい形と，とがった形を思い浮かべるということが示された。現在，この発見をした，これまでで最も広範囲の研究――10 個の異なる文字体系を用いる 25 言語にわたる 917 人の話者を調べた――で，これらの言語全体で 72 ％の人が，"bouba"という語では丸っぽい形を，"kiki"

という語ではとがった形を連想するということがわかっている。

　このような「感覚をまたぐ」つながり——ここでは言葉と視覚とのつながり——で示されているのは，実在の言語を使わなくても，意味のない単語と他の音声を使って概念を喚起できるということである。そのことは，そもそも言語がどのように進化したのかを説明するのに役立つであろう。こう語るのは，ライプニッツ総合言語学センターの言語学博士研究員のアレクサンドラ=チュイックで，彼女はこの新しい研究を指揮した。

　「より多様な言語について，この現象の研究をもっと見ていくと，胸がわくわくします」　この研究に関わっていないラ・トローブ大学の言語学者ローレン=ガウンはこう述べる。彼女の言によると，様々な文字体系出身の話者を調べることは特に有益である。発見の背後にあるものを正確に理解するのに役立つからだ。

　過去の研究では，"kiki" と "bouba" が英語を話す人に影響を与える主な理由として，Kの文字のとがったイメージとBの文字の丸いイメージが示されている。しかし，他の研究では，まだ字を読めるようになっていない子供たちでも，同じような連想をすることがわかった。これはナミビアのヒンバ族も同様であった。彼らは西洋人との接触が限られていて，しかも書き言葉を使用しないのである。

　発見の中で，文字がどの程度の役割を果たしているのかを理解するために，チュイックたちはもっと広範な言語サンプル——そしてこれは重大なことだが，広範な文字体系——の話者を調べたいと考えた。彼女らはすでに，多数の国にわたる国際的で大規模な実験を取り仕切っていたので，作業の最後に bouba-kiki テストを加えるのは容易だった。彼女らは世界中の言語——アルバニア語から南アフリカのズールー語まで——とタイ語，グルジア語，韓国語など，さまざまな文字体系の話者を被験者に含めた。研究者たちはチュイックが２つの単語を音読するのを録音し，参加者には，それぞれの録音に最も合致するのが星のようなとがった形なのか，雲のような丸っぽい形なのかを選ぶように求めた。

　ボランティアの被験者たちは，圧倒的に，"bouba" を丸い形と，"kiki" をとがった形と一致させたと，現在，『フィロソフィカル・トランザクションズB』の中で筆者たちは報告している。この発見が示唆しているのは，人間は音声と形とを間違いなく関連させているということである。加えて，

言語学上の古い定説に挑戦する証拠は増加しているが，その１つともなっている。その定説とは，単語を構成する音はその意味とは何の関係もないとする考えである。

とはいえ，言語によって重大な差異も存在した。アルファベットを使う言語——英語や他のヨーロッパ系言語——を話す人の75％が関連づけたのに対して，グルジア語や日本語のような他の言語を話す人は，63％しか関連づけなかった。そして，３つの言語——ルーマニア語，トルコ語，北京官話——では，その影響がまったく示されなかった。

ナンヤン工科大学の言語学者スージー＝スタイルズによると，発見の様子が言語によって異なるのには，ちゃんとした理由がある。どの音とどの音節が結合するかについては，さまざまな言語ごとに独自の規則がある。たとえば，英語では，"ng" という音で単語が始まることはあり得ないが，ズールー語ではまったく問題ない。実験で使われる単語がこれらの規則に合致しない場合，話者は感覚をまたぐ連想を強く抱くことがないのだとスタイルズは述べている。「英語を話す人は 'srpski' がとがっているのか丸いのか決めづらくなります。自分の言語では『単語的』でないように聞こえるからです」

特定の言語では，作った語が実際に意味を持つせいかもしれない，とチュイックは言う。彼女によると，buba は——"ouchy" のように——小さな子供の怪我に対して用いられるルーマニア語の単語であり，ルーマニア語を話す人にとっては，「とがった」への連想が強くなる可能性がある。また，cici は，"gee-gee"（ギーギー）という発音で，トルコ語で "cute"（かわいい）という意味である。この単語のために，"kiki" は，頭が丸い，まるまると太った赤ちゃんを連想させるかもしれない，とチュイックは述べている。

チュイックによると，木の形を身振りで表すように，イメージを手で表す方がはるかに簡単なので，言語は話し言葉からではなく身振りから始まったのかもしれないと主張している進化言語学者もいる。しかし，この説明はある新しい疑問を引き起こす。それは，そもそも話し言葉はなぜ出現したのかということだ。音声が，形や大きさのようなイメージを喚起することもできるという証拠が増すことは，その隔たりを埋めるのに役立つのだと，彼女は身振りと話し言葉の両方が「言語のまさに核の部分で重大な

役割を果たしてきた」と暗示しながら述べている。

　その研究はしっかりとしたもので，研究が文字体系を統制することは「有益で重要である」と，ラドバウド大学の言語学者マーク=ディンゲマンスは話す。しかし，言語学者たちは，このような感覚をまたぐ連想が，現実世界の言語の中でどのように役割を果たしているかをもっと理解する必要もあると彼は語る。「そのために，私たちは bouba と kiki の向こう側へ行く必要があります」

■■■■■　◀解　説▶　■■■■■

１．下線部(1)の意味は「このような『感覚をまたぐ』つながり」となり，五感のうちの２つの感覚につながりが生じるという意味である。本文の場合，直後で―here, between speech and vision―「ここでは言葉と視覚とのつながり」と説明が加えられている。vision は当然 sight「見ること」であり，第２段（In a famous …）で紹介されている研究によると，ある言葉を聞いて形を想像するという内容であることから，speech は sound「音声」のことだと予想される。よって(A)と(C)を選択する。

２．ア．主語が Past research「過去の研究」となっているので，これに対応する動詞は「見つける」「示す」「明らかにする」などになると予想される。また，直後に前置詞 to が続いていることもあわせて考えると，正解は(D)の pointed である。point to 〜「〜を指摘する，示唆する」

イ．直前の表現が haven't yet 〜 となっているので，「まだ〜していない」，直後が to read「読むこと」という意味であることを考えると，(B)の learned が最も適切である。learn to 〜「〜できるようになる」

ウ．当該部分の意味は「彼らは西洋人と…な接触がある」である。また，ここで言及されているのはナミビアのヒンバ族で，当然西洋人との接触は少なかったと予想される。よって正解は(C)の limited「限られた」である。

エ．直後の language を修飾する形容詞的用法であると考えられる。前述部分で，まだ字を読めない子供たちの例が挙げられていることから，「書かれた言語」のことであると予想できる。よって(E)の written が正解である。

３．the bouba-kiki test の内容については，下線部(2)を含む文のある第６段の最終文（The researchers recorded …）と，第１段最終文（But what about …）から第２段にかけて説明されている。解答の骨子となる

のは，「意味のない語から，どのような形を連想するかを調べること」である。

4．evidence がどのような証拠であるかについては，直後の that 以下で言及されている。つまり，これまでの定説——単語を構成する音はその意味とは何の関係もない——に挑戦する証拠のことである。この主旨を30 字以内でまとめたのが〔解答〕である。また，bouba-kiki テストの文脈を踏まえた上で説明すると，〔別解〕のようになる。

5．当該段（第 8 段）では，言語によって bouba-kiki テストの結果に違いが生じたことが述べられているが，ルーマニア語についての理由は，第10 段第 1・2 文（It could also …）で例を挙げて述べられている。設問では「具体例を挙げて」という指示があるので，ここで挙げられているルーマニア語の buba の例に言及する必要がある。

6．下線部(5)は「自分の言語では『単語的』でないように聞こえる」という意味になる。この理由については，当該段（第 9 段）の第 2 文（Different languages have …）で説明されている。単語らしく聞こえない理由は，音と音節の組み合わせには，言語ごとに独自の規則があり，srpski は英語の規則に合致しないからである。この点を 40 字以内でまとめる。〔解答〕の他にも「…規則に沿っていないから」など，色々なまとめ方が考えられるが，参照箇所が合っていればよいと考えられる。「"wordy" の意味するところが明らかになるように」という指示が難しいが，〔解答〕では wordy の意味を書くことだと考えた。

7．下線部(6)の意味は「その隔たりを埋める」となるが，何と何との隔たりなのかについては，当該段（第 11 段）第 1・2 文（Some evolutionary linguists …）より，「身振り」と「話し言葉」との隔たりのことであると考えられる。身振りから始まったと思われる言語に，話し言葉がなぜ出現したのかを説明することが，この隔たりを埋めることになると考えられる。よって正解は(C)の「話し言葉が出現した理由を説明する」である。(A)「言語がどのように生き延びたかという疑問に答える」(B)「身振りの起源を発見する」(D)「新しい疑問を提起する」

Ⅱ 解答

1. 歌を聞きながら，母親に抱かれて近くに顔を見ることができ，暖かく優しい揺さぶりも感じられるという意味。(50 字以内)

2. 異文化の歌にも，人は子守唄の普遍的特徴を聞き取れること。(30 字以内)

3 ―(D)

4. ① rooted　② means　③ giving　④ leading

5. 伝統的な子守唄の繰り返しの間に癒しの言葉をはさんで，今の状況に沿わせること。(40 字以内)

6. 安全とは母親が子供のそばにいることだったが，新型コロナウィルス感染症のため，安全とは離れて暮らすことになったこと。(60 字以内)

7 ―(C)　　8 ―(C)

◆━━━━◆全　訳◆━━━━◆

≪子守唄の科学分析≫

　子守唄が保護者と子供の両方をどれくらい落ち着かせてくれるかについては，研究量が増えつつある。トロント大学の発達心理学教授のローラ=シレリーは，母親が歌う歌の科学を研究している。彼女は，母親が子守唄を歌うと，赤ちゃんだけでなく母親もストレスレベルが下がるということを発見した。彼女の最新の研究では，聞き覚えのある歌が――話しかけることや，なじみの薄い歌を聞いたりする以上に――最も赤ちゃんを落ち着かせるということを見つけた。

　自身が母親になったばかりでもあるシレリーは，子守唄を歌うことを母親と子供が共有する「複数感覚にわたる経験」だと考えている。「それは赤ちゃんが音楽を聞いているということだけに関するのではありません」と彼女は言う。「母親に抱かれ，母親の顔が至近距離にあり，母親の暖かく優しい揺さぶりを感じていることにも関係しています」

　どの文化においても，子守唄は「落ち着かせたり静めたりする特徴の集積となる傾向がある」と，ハーバード大学音楽研究所の所長のサミュエル=メヘルは述べる。この研究所では，音楽がどのように作用し，なぜ存在するのかを研究している。研究所の研究事業である『歌の自然史』で，人は音楽の中に――違う文化の歌を聞いているときでさえも――普遍的な特徴を聞き取ることができるとわかった。この事業では，29,000 人の被

験者に，118 曲の歌を聞いて，それが癒しの歌なのか，ダンス曲なのか，ラブソングなのか，子守唄なのか特定するよう求めた。「統計的に言って，人々は子守唄の特定で最も一致しています」と彼は述べている。

別の研究で，メヘルの研究所は，自分自身の保護者が歌っていないし，自身の文化でもない子守唄を子供が聞いているときでさえ，彼らはやはり落ち着くのだということを発見した。「子育ての音楽には，世界中で普遍的なだけでなく，古くて，ある種古代的でもあるつながりが存在するようです。これは私たちが本当に長い間ずっと行ってきたことです」

子守唄は現在を反映しているが，しばしば過去にも根差している。モンゴルでは，buuvei という子守唄が，遊牧民たちによって何世代にもわたって歌われている。その中の "buuvei" という繰り返しは，「怖がらなくていいよ」という意味である。「愛は——遺産のように受け継がれている——最も大切な物です」と，モンゴルの伝統的な歌手・ダンサーで，13人の孫を持つバヤルタイ゠ゲンデンは，「メロディーを通じて子供に愛情を与えるという魔法」を説明しながら私たちに話してくれる。モンゴル人の子供の半数以上がウランバートル——そこでは 5 歳未満の子供の死の要因の第 2 位が肺炎である——に居住しているのだが，ユニセフはその市の大気汚染が子供の健康の危機となっていると宣言した。

「私はこれらの言葉を，子供たちを守るために使います。それは子供たちが治るのに一役買ってくれるのです」と，オユンチメグ゠ブヤンクーは，自身の 2 人の娘がしばしば汚染で体調不良になったときに歌っていた子守唄について語っている。彼女の一家は市外に転居したので，子供たちはより新鮮な空気を呼吸することができるようになった。オユンチメグは伝統的な buuvei の子守唄を歌うのだが，繰り返しの間に彼女は，昔に出来上がった歌を現在向きに作り変えて，癒しの言葉をささやく。

新型コロナウィルスの流行が世界規模で生活を変え始めると，物理的な距離が，私たちのつながり方を徹底的に変えた。マサチューセッツの看護師のエリザベス゠ストリーターは，病院のコロナウィルス棟に勤務している。流行が激化したので，彼女は 4 月初めに，4 人の息子から自分を隔離するという難しい決断をした。それは彼らがウィルスにさらされるのを避けるためであった。彼女は両親の家の外のキャンピングカーで，1 カ月間寝泊まりし，一方，夫は家にいて子供たちの世話をしていた。晩の間に，

エリザベスは電話を通じて家族と連絡を取った。彼女は，いつになったら再び抱きしめてやることができるのかわからず，涙をこぼしながら，3歳の息子のお気に入りの子守唄を歌ったものだった。

「母親と子供の間のそのような神聖な絆を切り離せるような言葉はありません」と，彼女はフェイスブック上の日々の投稿で述べている。エリザベスにとっては，子供たちを安全でいさせることは物理的に一緒にいることを意味していた。しかし，感染爆発中は地域社会に役立つために，そのことは変わった。現在では，子供たちから離れて暮らすことが彼らを安全でいさせる方法になっている。「保護がどういうものか，私がいつも思っていたこととまったく違っているようです」

マサチューセッツ州ブリッジウォーターの看護師アリソン=コンロンは，病院の集中治療室で働いているが，彼女も家族と離れて暮らしている。夜になると，彼女は2歳のルーカスに電話して，彼が寝る前に朗読してあげ，『バスの車輪』と『ちっちゃいクモ』を歌ってあげた。日曜日には，家族の家を訪ねるのだが，中には入らないで，ガラスの防風ドアの自分側から彼にお話を読んであげた。ガラスのドアのこちら側から，アリソンは息子にハイタッチとキスをした。「私の息子はとても立ち直りが早く，変化にとてもうまく対応しました。そのことに対して私はとても感謝しています」と彼女は述べている。

誰かに子守唄を歌うことは，つながりを作ることである。子守唄は保護者を子供とつないでいるが，あまり気づかれないところで，私たちと過去を，そしてお互いをつなぐ物語を語ってもくれる。バヤルタイ=ゲンデンは，子守唄を「2つの魂の交換」と称する。子守唄は織物の一部で，保護者は夢が展開するのに必要な安全な空間をそこから創り出す。これらの歌は私たちに，自分たちは一人じゃないということを思い出させてくれ，夜の暗闇の中で，それらは反対側で朝の光が待っているということを約束してくれているように思えるのである。

■■■■■■　◀解　説▶　■■■■■■

1．下線部(1)の意味は「多くの様態を持つ経験」となり，後続の2文でその趣旨が説明されている。つまり，母親が子守唄を歌うと，子供はいくつもの感覚にわたる経験ができるということである。具体的には，being held by the mom, having her face very close, feeling her warm, gentle rocking の 3 つである。これらを 50 字以内でまとめる。

2．下線部(2)は当該文の主語であり，後続が found that … で「研究所の
プロジェクトが…であることを見つけた」という意味になるので，that
以下のことが明らかになったのだと考えられる。この部分は「音楽」につ
いて述べられたものなので，同じ段の最終文（"Statistically, people are
…"）にある子守唄についての記述とあわせて 30 字以内でまとめる。

3．この文を読むときに前提として頭に置いておかなければならないのは，
「母親〔保護者〕がその文化の言葉で子守唄を歌うと，それを聞いた子供
は落ち着く」ということである。これに対して，歌い手が母親〔保護者〕
でなかったり，異なる文化の歌であったりした場合がどうであったかを述
べているのが当該文である。空欄(イ)のすぐ後の文に universal around the
world とあり，前段の内容とあわせて考えると，子守唄には，文化を問わ
ず普遍的な落ち着かせる性質があると考えられる。したがって「そのよう
な条件であっても，子供はやはり落ち着いた」という趣旨になると考えら
れる。正解は(D)（(ア)「～でさえ」，(イ)「やはり」）である。

4．①述語動詞の部分が are often … なので，受動態になっていると考え
られ，過去分詞の形が入ることになる。意味の上で考えると，現在時制で
ありながら直後に in the past「過去に」とあるので，「根付かせる」の意
味を持つ root を選択して rooted の形で補う。なお，rooted はこれ自身が
形容詞で，「（～に）根ざしている」という意味になる。

②当該部分をよく見ると，直前の "buuvei" はモンゴル語で，直後の
"don't fear" は "buuvei" の英語の意味であると考えられる。よって選
択する動詞は mean で，主語の "buuvei" は 1 つの単語なので三単現の s
を補う。

③直後に名詞と思われる love があり，さらに後続の to your child から，
give A to B の形で「子供に愛を与える」となると考えられる。前置詞 of
の後には名詞が入るため，正解は動名詞の giving となる。

④直後に名詞の cause があることから，分詞が入って形容詞的に働くと考
えられる。さらに，後続が of death of children「子供たちの死の」とな
っており，直前に second「第二の」があることから，「主要な，大きな」
といった意味になっていると想像できる。よって lead を選択し，形は
leading とする。

5．動詞 reshape は「〜を作り変える」という意味である。ここでは，当該文の前半部分で述べられているように，昔から変わらない伝統的な子守唄の繰り返しと繰り返しの間に，癒しの言葉を語って現代向きにすることを指している。この部分を 40 字以内でまとめる。

6．下線部⑷の意味は「それは変わってしまった」となるが，that が指しているのは直前の文（For Elizabeth, making …）の内容，つまり「子供の安全とは母親がそばにいることだった」である。さらに，これが今ではどのように変わったのかは，直後の文（These days, living …）で「子供たちから離れて暮らすのが安全のための手段」と説明されている。この 2 つを 60 字以内でまとめる。

7．直前の文（On Sundays she …）によると，アリソンは家族がいる家を訪ねるが中には入らない。つまり，ガラスの防風ドアの両側から，ドア越しにハイタッチやキスをしているのである。この光景を描写しているのは(C)の「ガラスの自分側から」である。(A)「ドアを打ち砕いて」　(B)「息子のベッド際で」　(D)「防風ドアの同じ側で」

8．用いられている動詞が remind「〜を思い出させる，気づかせる」であることから，すでにわかっていることを念押ししている表現であると推測できる。本文の主題が子守唄である点や，新型コロナウィルスの流行で家族が離ればなれで暮らしている様子を述べている点などから，ここでの既定の事実は「私たちが一人ではない」ということだと考えられる。よって(C)の alone「ただ一人」が最も適切である。(A)「年とった」　(B)「似ている」　(D)「目が覚めている」

III　解答

[A] (1)3 番目：②　5 番目：①

(2)3 番目：⑤　5 番目：⑥

(3)3 番目：④　5 番目：③

[B] ＜解答例＞ I think the Internet is a convenient tool, so it is basically changing my life in a positive way. By using the Internet, I can get useful information or communicate with friends easily. But convenience isn't always perfect. For instance, I can get various types of information through the Internet so easily, which sometimes leads me to believe the information without considering whether it is true or not. We should be careful when using the Internet because it offers not only advantages but also disadvantages.（80 語程度）

━━━━━━━◆全　訳◆━━━━━━━

［A］《食べられるセメント》

　日本の研究者たちは，食品廃棄物を驚くべき方法で利用する新しいテクノロジーを生み出した。その作業は，食品廃棄物をセメントのような頑丈で曲げることのできる材料に変えることができる。それは通常のコンクリートの4倍も頑丈で，環境を破壊しない。さらに，それを食べられるということも研究者たちは発見した。

　食品廃棄物は，日本でも世界でも重大な問題である。2019 年，日本では 570 万トンの食品廃棄物が生じた。政府は 2030 年までにこれを 270 万トンに減らすべく取り組んでいる。食品廃棄物は，一般的には埋め立てゴミとなり，腐敗し，メタンガスを放出することになるのだが，今やコンクリートを作るために利用することができるのである。さらに，その新しい材料は，必要がなくなれば，環境に影響を与えることなく地中に埋めることが可能である。

　研究チームは，そのセメントを作るために，茶葉，オレンジの皮，コーヒーの粉，昼食の食材の残り物など，いろいろな種類の食品廃棄物を利用してきた。このセメントは食べられるので，研究者たちはいろいろなスパイスで風味を変え，セメントの色，香り，そして味でさえもいろいろと楽しんだ。彼らの言によると，それを食べるためには，砕いてばらばらにし，茹でる必要がある。

　研究者たちは，その材料を利用して家庭用の製品を作るために，他の企業と協働している。セメントの製造過程は，災害が起これば食べることができる仮設住宅を作るのに利用することができるだろう。たとえば，食料を避難者のもとへ届けられない場合には，彼らは食用セメントでできた仮設ベッドを食べることができるのだ。

［B］《インターネットが及ぼす影響》

　『アトランティック』の 2008 年の論説の中で，ニコラス=カーはこう尋ねた。「グーグルは私たちを愚かにしつつあるのか？」　カーは，グーグルだけでなくインターネット全般が，自分の集中や熟考の能力を弱め続けていると主張した。彼はインターネットが『私たちを再プログラミング』し

ているのではないかと不安に感じたのだ。しかし，カーは「自分（＝カー）の懐疑的な態度についても疑う」必要があるとも述べた。なぜならただ心配し過ぎているだけかもしれないからだ。「テクノロジーの進歩を美化しようとする傾向があるのと同じように，新しい道具や機械はどれも最悪だと予想しようとする反対の傾向も存在するのです」と彼は説明した。カーは，その媒体が私たちの考え方をどのように変えているか，テキストや人間との関わり方をどのように変えているか，そして社会全体の構造そのものをどのように変えているかについて，オンラインでもオフラインでも継続的な論争を引き起こした。

■■■■■■■　◀解　説▶　■■■■■■■

[A] (1)直前の if not needed は挿入句なので，the new material が主語となって動詞以下が続いていると考えられる。したがって助動詞 can が直後に来て，動詞の原形 be がそれに続く。can be となるので，buried は過去形ではなく過去分詞であり，be とともに受動態を作って can be buried となることがわかる。動詞の意味は「埋められることが可能である」となるので，これに続くのは in the ground となり，最後に前置詞 without が動名詞 affecting の前に来て「～に影響を与えずに」という意味になる。完成文は (if not needed,) can be buried in the ground without (affecting the environment.) となる。

(2)直前の in order to ～ は，「～するためには」という意味の副詞句であると考えられるので，並べ替えは主語からスタートする。この主語は，直後の boil it の主語にもなっているので，a person である。これに続く動詞は三単現の s がついている needs，さらに to 不定詞の to break が続く。break apart ～ で「～をばらばらに壊す」という意味になるが，目的語が it で人称代名詞なので break it apart の語順になる。完成文は (in order to eat it) a person needs to break it apart (and boil it.) となる。

(3)文全体の主語と述語動詞は the process could be used で，受動態が成立しているので，接続詞の that が続くとは考えにくい。よって選択肢⑤ that は，直前の temporary housing を先行詞とする主格の関係代名詞であると推測でき，その動詞が can be eaten となる。さらに，if は条件節を導く接続詞で，その主語が a disaster，動詞が直後の happens であると考えると文が完結する。完成文は (to make temporary housing) that can <u>be</u> eaten <u>if</u> a disaster（happens.）となる。

[B]「インターネットはあなたの生活にどのような影響を与えているか。上の議論を踏まえて，自分自身の経験を元に意見を述べなさい」

　本文の主旨は，「（大げさに考え過ぎているだけかもしれないが，）インターネットの影響で私たちの思考力や集中力が損なわれている」というものなので，基本的には，この点を軸に自身の経験を踏まえて英文を作っていくことになるだろう。ただし，カーの意見として「インターネットが悪い影響を与えている」とある一方で，そのカー自身の意見も疑うべきだとなっているので，論述の方向としては，インターネットの影響について良い面と悪い面のどちらを書いてもよいと考えられる。「80 語程度」という指示があるので，75〜85 語くらいになるようにしたい。

❖講　評

　2023 年度も例年とほぼ同様の出題内容で，ⅠとⅡは長文読解問題，Ⅲは語句整序問題と英作文問題という構成であった。なお，Ⅲの英作文問題は，2022 年度には要約問題も出題されたが，2023 年度は意見論述のみとなっている。

　Ⅰ　単語の音声からの形の連想を扱った言語学の論文である。動詞の過去分詞を補う空所補充問題が 1 問，言い換え問題が 1 問，内容説明問題 5 問（うち 4 問は日本語による論述）となっている。日本語の論述問題は，いずれも下線を施された部分について説明するもので，字数制限がある。正解となる箇所を本文中から見つけるのはさほど困難ではないが，字数が超過しないように自分なりの表現に変える必要がある。

　Ⅱ　子守唄の効果を科学的に分析している英文。空所補充問題が 4 問（うち 1 問は語形変化を含む），内容説明が 4 問（いずれも日本語による論述で字数制限あり）となっている。Ⅰ，Ⅱともに英文の分量が多いので，何度も読み返す時間はない。先に設問に目を通しておくと，英文を読むときの指標になりやすい。

　Ⅲ　[A] の語句整序問題は，並べ替えたときに 3 番目と 5 番目にくるものを選ぶ形式である。日本語が与えられていないので，文法や構文の知識で対応することになる。述語動詞になる部分から組み立てていくと間違えにくいであろう。[B] の英作文問題は，2022 年度に続いてイ

ンターネットを取り上げた英文が出題されているが，内容の要約はなく，意見の論述のみである。「自分の経験を踏まえて」という条件があるので，この部分が欠けることがないようにしたい。

地理

I **解答** 　南から北に向かって流れる愛知川が，土砂の堆積と流路の変更を繰り返しながら形成した扇状地が広がっている。土砂の堆積量が比較的多く，周囲より高くなっているため水害を受けにくい土地には，「五個荘奥町」や「東円堂」のように家屋が集まり，畑も営まれる集落が立地しているほか，下流側の氾濫原より一段高くなっている扇端にも建物が帯状に集まっており，国道 8 号も通過して市街地化が進んでいる。氾濫原にみられる後背湿地のほか，南部や東部に広がる扇央も勾配がきわめて緩いため，水路網が整備されて大部分が水田として利用されている。さらに，現在は堤防で流路が固定された愛知川の沿岸には，工場らしき大型の施設が建ち並んでいる。(300 字以内)

◀**解　説**▶

≪滋賀県東近江市付近の地形図読図≫

　本問は，北に向かって流れる愛知川両岸地域の集落立地や土地利用の特徴を，地形との関係に着目して説明することを求めている。河川の周辺に広がり，主に田として利用されている平野を氾濫原と早合点しないよう注意したい。ポイントは，建物密度の高い市街地が JR 線（新幹線）に沿うように北部から西部にかけて，愛知川を横切って延びていることを，どう解釈するかである。図 2 の陰影起伏図からは，この市街地が北西側の低地と段差のある微高地上に広がっていることが窺える。図 1 からも，南部に 119 m や 117 m の標高点，中部に 111 m の標高点や 108.8 m の三角点，北部に 104.7 m の水準点や 101 m の標高点を確認できるため，一帯には南から北に向かって緩やかに傾斜した扇状地が広がっており，扇端に沿って市街地が分布していると判断することができる。

　扇状地は，山間部を流下した河川が谷口より下流側で氾濫と流路の変更を繰り返しながら形成した堆積平野で，一般に粒径の大きな土砂が厚く堆積した小規模な扇状地では，用水を得にくいために土地利用が遅れてきた。しかし勾配の緩やかな当地域の扇状地では，古くから水路網の整備とともに水田が造成されてきたと考えられる。扇央にも「五個荘奥町」「東円堂」

などの集落が立地しているが，水害を受けにくい微高地が選ばれたと推察できる。さらに愛知川の両岸に工場らしき大型建物が連続的に建ち並んでいる点に言及する際には，図2から河岸に堤防が整備されていることを読み取って，関連づけて説明するとよい。

II　解答

現象名：ラニーニャ現象
図：下図。

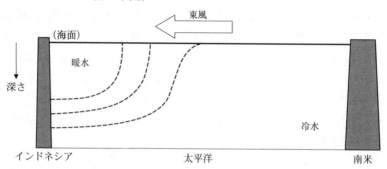

特徴：ラニーニャ現象は，東風の貿易風が強まり，太平洋赤道海域の表層の海水が平年以上に西側に吹き寄せられて発生する。南米の沖合では運搬された表層水を補うように深海から湧昇する冷水量が増加するため，低層の大気が平年以上に冷却されて安定し，沿岸は干ばつや山火事に見舞われやすくなる。他方，インドネシア近海では赤道海域を移動しながら暖まった海水が蓄積されて水蒸気の供給量が増加するため，沿岸では大雨や洪水が多発する。（200 字程度）

◀解　説▶

≪太平洋赤道域における海水温の変化≫

　元来，太平洋赤道域では，図4に示されたように，東風の貿易風によって表層の海水が西方へ吹き寄せられるため，南米沖合では深海からの湧昇流が発生し，海面水温は低くなる傾向がみられる。太平洋赤道域の中央部以東における海面水温が平年よりさらに低くなっている様子を示した図3は，ラニーニャ現象が発生した状態を示している。その直接的な発生要因は，貿易風の勢いが強まることで湧昇流がさらに活発化するためだと考えられており，太平洋西部のインドネシア近海には，赤道海域で暖められた海水が運び込まれる。

　ラニーニャ現象の特徴としては，冷水による冷却効果で大気が安定する太平洋東部の沿岸地域で，平年以上に降水量が減少し，干ばつや山火事の可能性が高まることなどに触れたい。他方，暖水が蓄積し，水蒸気の供給量が増加するインドネシア付近では，積乱雲が発生しやすくなるため，大雨や洪水が懸念される。なお，貿易風が弱まってエルニーニョ現象が引き起こされると，反対に南米の太平洋沿岸で大雨や洪水，インドネシア付近で干ばつや山火事が発生しやすくなる。

　東西断面については，まず「海水温」については海面付近で冷水の範囲が西側に広がっていることが読み取れるように描く。また，暖水が蓄積するインドネシア近海では，等水温線を図4よりもやや深めに描くとよい。「海上風」については，東風が強まっていることを示すために，白矢印の長さを図4よりも伸ばして描く。南米沖の海水温が平年より低く，インドネシア付近の海水温が平年より高いことを示すために，それぞれ1本ずつ等水温線を加えてもよいだろう。

Ⅲ　解答

　Aはドイツ，Bはオーストラリア，Cは韓国である。域内での労働力の移動が自由化されているEUに加盟し，経済水準の高いドイツは，ポーランドやルーマニアなどヨーロッパ東部からの出稼ぎ外国人労働者の流出入が多くなっているが，2010年代以降はシリアからの難民も大量に流入している。多文化主義を掲げて移民を積極的に受け入れているオーストラリアは，インド，中国，フィリピンなどのアジア諸国やオセアニア諸国から永住を目的とする外国人が多く流入してきたため，流出率は低くなっている。近年の経済発展が顕著な韓国では，中国やベトナムなど近隣のアジア諸国を中心に，出稼ぎを目的とする外国人の流出入が日本と比べて活発化している。（300字以内）

◀解　説▶

≪OECD加盟国における国際人口移動の特色と要因≫

　本問は，オーストラリア，韓国，ドイツのいずれかの国における外国人の流出入の変化を読み取り，その特色と要因について説明することを求めている。A国は，外国人の流入割合，流出割合ともに高い状態が続いている点が特徴的で，労働力の域内移動が活発なEU（ヨーロッパ連合）に加盟しているドイツが該当する。経済水準が高いドイツには，ポーランドや

ルーマニアなどの中・東欧諸国から雇用を求めて多くの出稼ぎ労働者が流入している。また，2016 年の流入割合が特に高くなった背景としては，2010 年以降，シリアで激化した内戦によって発生した多くの難民が流れ込んだことに気づきたい。B 国は，外国人の流入割合が高い一方で，流出割合は低くなっている点が特徴で，永住を目的に流入する外国人が多くを占めるオーストラリアが該当する。オーストラリアは，生活水準が高く，治安も比較的良好な上，1970 年代以降は多文化主義を掲げて積極的に移民を受け入れてきたため，アジア・太平洋地域からの移住者が多くなっている。2000 年の外国人の流入・流出割合が，日本と同様に低かった C 国は，韓国である。ただし，近年は流入割合と流出割合がともに上昇している点が特徴的で，その要因としては，経済成長が顕著な韓国に，中国，ベトナムなどアジアの近隣国から出稼ぎ労働者の流入が増加したことが考えられる。

❖講 評

　例年は 300 字の論述法 3 題であるが，2023 年度は若干異なる出題となった。2 題は 300 字の論述法であったが，1 題で 200 字の論述法と描図法が出題されたことが注目される。

　出題内容としては，頻出の地形図読図が求められたほか，自然環境や社会・経済をテーマとするいずれの設問でも資料が用いられ，その背景についての理解が問われた。

　Ⅰ　地形図と陰影起伏図を用いて，地形と集落立地や土地利用の関係を説明することが求められた。陰影起伏図に注意して，一帯に緩やかな扇状地が広がっていることを読み取れたかがポイントとなった。

　Ⅱ　太平洋赤道域にみられる海水温の変化を正しく読み取り，エルニーニョ現象と誤認しないように注意する。描図の内容も難しくはないので，「半年（図 4）との違いが分かるよう」に丁寧に取り組みたい。

　Ⅲ　外国人の流出入割合から 3 カ国を判別した上で，それぞれの特色と要因について説明することが求められた。最初の国名判別を間違えると，論述内容に整合性がなくなってしまうので，慎重に判断する必要がある。

数学

1 **解答**　(1)　$y=x-x^3$ の両辺を x で微分すると $y'=1-3x^2$ なので，$x=1$ における微分係数は，$1-3\cdot1^2=-2$ であり，これが曲線 C の点 $A(1, 0)$ における接線 l の傾きである。よって，接線 l の方程式は

$$y-0=-2(x-1)$$

つまり

$$y=-2x+2$$

となる。

曲線 C と接線 l の共有点の座標を求めるために

$$\begin{cases} y=x-x^3 \\ y=-2x+2 \end{cases}$$

を解く。y を消去して

$$-2x+2=x-x^3$$
$$x^3-3x+2=0$$

点 $A(1, 0)$ が接点であることから，$x=1$ が 2 重解であることはわかっているので，左辺は

$$(x-1)^2(x+2)=0$$

と因数分解でき

$$x=-2, 1$$

1 は点 A の x 座標で，-2 が点 B の x 座標であり

$x=-2$ のとき　　$y=-2(-2)+2=6$

よって，点 B の座標は　　$(-2, 6)$　……(答)

参考　$\begin{cases} y=x-x^3 \\ y=-2x+2 \end{cases}$ より y を消去して $x^3-3x+2=0$ を得る。この 3 次方程式の解は曲線 C と接線 l の共有点の x 座標である。これらは $A(1, 0)$ で接しているので，2 重解として，$x=1$ を解にもち，x^3-3x+2 は $(x-1)^2$ を因数にもつことになるので，$(x-1)^2(x+2)=0$ となることに注意しよう。因数定理を利用して解いているわけではない。

(2)　$y=x-x^3=x(1-x)(1+x)$ のグラフは
x 軸と点 $(-1,\ 0)$, $(0,\ 0)$, $(1,\ 0)$ で交
わることと，微分した $y'=1-3x^2$ のグラ
フが上に凸の放物線であることから増減も
考えて概形を描き，点 A，B，P も描き込
むと右のようになる。

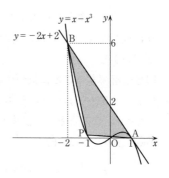

三角形 ABP の面積 $S(t)$ を求める。

辺 AB を底辺とみなす。線分 AB の長さは
$$\sqrt{\{1-(-2)\}^2+(0-6)^2}=\sqrt{45}=3\sqrt{5}$$

点 P$(t,\ t-t^3)$ と直線 $l:y=-2x+2\ (2x+y-2=0)$ の距離は
$$\frac{|2t+(t-t^3)-2|}{\sqrt{2^2+1^2}}=\frac{|-t^3+3t-2|}{\sqrt{5}}$$

ここで，絶対値の中の
$$-t^3+3t-2=-(t-1)^2(t+2)$$

は，$-2<t<1$ においては
$$-(t-1)^2(t+2)<0$$

であるから
$$|-t^3+3t-2|=t^3-3t+2$$

よって，三角形 ABP の面積 $S(t)$ は
$$S(t)=\frac{1}{2}\cdot\text{AB}\cdot[\text{点 P と直線 }l\text{ の距離}]$$
$$=\frac{1}{2}\cdot3\sqrt{5}\cdot\frac{t^3-3t+2}{\sqrt{5}}$$
$$=\frac{3}{2}(t^3-3t+2)\quad\cdots\cdots(\text{答})$$

参考　点 P$(t,\ t-t^3)$ と直線 $l:2x+y-2=0$ の距離を求めると
$\dfrac{|-t^3+3t-2|}{\sqrt{5}}$ となり，絶対値の中が $-(t-1)^2(t+2)$ と因数分解できる。

直線 $l:2x+y-2=0$ に曲線 C の媒介変数表示にあたる $\begin{cases}x=t\\y=t-t^3\end{cases}$ を代入
すると，結果として，C と l の方程式を連立することになるので，共有点
の x 座標が得られる形で $-(t-1)^2(t+2)=0$ と同じく因数分解できる。

この左辺が絶対値の中と等しいので，因数分解できると気づける。このように因数分解できれば，$-2<t<1$ において $-(t-1)^2(t+2)<0$ となることがわかる。

因数分解できることに気づかなければ，$f(t)=-t^3+3t-2$ とでもおいて，$f'(t)=-3(t+1)(t-1)$ をもとに $f(t)$ の増減を調べて，$-2<t<1$ で $f(t)<0$ となることを確認すればよい。

別解　$\overrightarrow{AB}=(-3,\ 6)$，$\overrightarrow{AP}=(t-1,\ t-t^3)$ であるから

$$S(t)=\frac{1}{2}\left|-3(t-t^3)-6(t-1)\right|$$

$$=\frac{1}{2}\left|3t^3-9t+6\right|$$

$$=\frac{3}{2}\left|t^3-3t+2\right|$$

$$=\frac{3}{2}(t^3-3t+2)$$

(3)　$S(t)=\dfrac{3}{2}(t^3-3t+2)$ の両辺を t で微分すると

$$S'(t)=\frac{3}{2}(3t^2-3)=\frac{9}{2}(t+1)(t-1)$$

$-2<t<1$ において $S'(t)=0$ のとき，$t=-1$ である。よって，$-2<t<1$ における $S(t)$ の増減は右のようになる。

t	(-2)	$\cdots$	-1	$\cdots$	(1)
$S'(t)$		$+$	0	$-$	
$S(t)$	(0)	↗	6	↘	(0)

よって，t が $-2<t<1$ の範囲を動くとき，$S(t)$ の最大値は 6 である。　……(答)

別解　三角形 ABP の面積が最大となるのは，底辺を辺 AB とみなしたときに，高さが最大となるときである。高さが最大となるのは，曲線 C の接線の傾きが -2 になる点 A 以外の接点を頂点 P とするときである。

直線 AB の傾きが -2 であることから

$$f'(x)=-2$$

として

$$1-3x^2=-2$$

$$x^2=1$$

$$x=\pm1$$

1 は点 A の x 座標で, -1 が点 P の x 座標であり, 点 P が点 $(-1, 0)$ のときに $S(t)$ が最大となる。

よって, 三角形 ABP の面積 $S(t)$ の最大値は

$$S(-1) = \frac{1}{2} \cdot AB \cdot [\text{点 P と直線 } l \text{ の距離}]$$
$$= \frac{1}{2} \cdot 3\sqrt{5} \cdot \frac{|-(-1)^3 + 3(-1) - 2|}{\sqrt{5}}$$
$$= 6$$

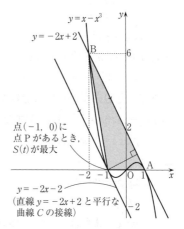

点 $(-1, 0)$ に
点 P があるとき,
$S(t)$ が最大

$y = -2x - 2$
(直線 $y = -2x + 2$ と平行な
曲線 C の接線)

━━━━━━ ◀解　説▶ ━━━━━━

≪三角形の面積の最大値≫

(1) $\begin{cases} y = x - x^3 \\ y = -2x + 2 \end{cases}$ を連立して, 得られる解が, 曲線 C と接線 l の共有点の x 座標である。〔参考〕をよく理解し, 要領よく計算すること。

(2) 三角形 ABP の図を描き考察し, 固定されている辺が辺 AB であることに注目する。これを底辺とみなすことにする。高さは点 P と直線 AB の距離になる。点と直線の距離を求める公式では絶対値が出てくるので, それを外さなければならない。〔参考〕のように考えて絶対値を外せばよい。〔別解〕のように, ベクトルを用いて求めることもできる。

(3) 三角形 ABP の面積 $S(t)$ の最大値を求めるので, $S(t)$ が t の 3 次関数であることから, 〔解答〕のように t で微分して増減を調べる解法が考えられる。また, どのようなときに三角形 ABP の面積が最大となるのかに気づけば, 〔別解〕のような解法をとることもできる。その場合, (2)で求めたものが流用でき, 要領のよい解答が作れる。

2 　解答

(1) $\alpha > 1$ なので, 曲線 $C_1 : y = |x^2 - 1|$ つまり $y = x^2 - 1$ 上に曲線 $C_2 : y = -(x - \alpha)^2 + \beta$ の頂点 (α, β) が存在し, $\beta = \alpha^2 - 1$ が成り立つ。よって, 曲線 C_2 の方程式は $y = -(x - \alpha)^2 + \alpha^2 - 1$ つまり $y = -x^2 + 2\alpha x - 1$ と表せる。これは定点 $(0, -1)$ を通る。

点 (p, q) は C_1, C_2 上の点なので

$$\begin{cases} q = |p^2 - 1| \\ q = -p^2 + 2\alpha p - 1 \end{cases}$$

が成り立つ。q を消去すると

$$|p^2 - 1| = -p^2 + 2\alpha p - 1$$

となる。左辺について場合分けをする。

(ア) $p^2 - 1 \geqq 0$ つまり $p \leqq -1$ または $1 \leqq p$ のとき

$$p^2 - 1 = -p^2 + 2\alpha p - 1$$

となり

$$2p^2 - 2\alpha p = 0$$

$$2p(p - \alpha) = 0$$

$$p = 0 \quad \text{または} \quad p = \alpha \quad (\alpha > 1)$$

$p = 0$ は $p \leqq -1$ または $1 \leqq p$ の範囲にはない。また，$p = \alpha$ のとき，曲線 C_1 と C_2 の 2 つの交点が一致し，2 点で交わることにはならない。よって，条件を満たさない。

(イ) $p^2 - 1 < 0$ つまり $-1 < p < 1$ のとき

$$-p^2 + 1 = -p^2 + 2\alpha p - 1$$

となり

$$p = \frac{1}{\alpha}$$

ここで，$\alpha > 1$ なので，$0 < \dfrac{1}{\alpha} < 1$ となり，$-1 < p < 1$ のうち，特に $0 < p < 1$ を満たす。

よって　$p = \dfrac{1}{\alpha}$ ……(答)

であり，$0 < p < 1$ である。

(証明終)

参考

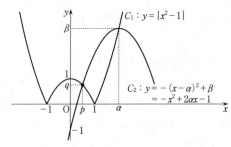

曲線 C_2 は，$0<x<1$ において曲線 C_1 の $y=-x^2+1$ の部分と点 $(p,\ q)$ で交わることを証明する問題である。

(2)　面積 S_1 は下図の網かけ部分の面積である。

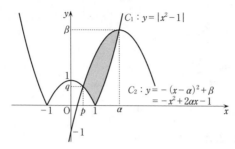

$$S_1=\int_{\frac{1}{\alpha}}^{1}\{(-x^2+2\alpha x-1)-(-x^2+1)\}\,dx$$

$$+\int_{1}^{\alpha}\{(-x^2+2\alpha x-1)-(x^2-1)\}\,dx$$

$$=\int_{\frac{1}{\alpha}}^{1}(2\alpha x-2)\,dx+\int_{1}^{\alpha}(-2x^2+2\alpha x)\,dx$$

$$=\Big[\alpha x^2-2x\Big]_{\frac{1}{\alpha}}^{1}+\Big[-\frac{2}{3}x^3+\alpha x^2\Big]_{1}^{\alpha}$$

$$=(\alpha-2)-\Big(\frac{1}{\alpha}-\frac{2}{\alpha}\Big)+\Big(-\frac{2}{3}\alpha^3+\alpha^3\Big)-\Big(-\frac{2}{3}+\alpha\Big)$$

$$=\frac{1}{3}\alpha^3+\frac{1}{\alpha}-\frac{4}{3}\quad\cdots\cdots(\text{答})$$

(3)　面積 S_2 は下図の網かけ部分の面積である。

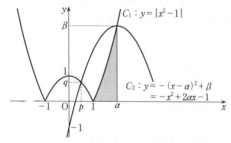

$$S_2=\int_{1}^{\alpha}(x^2-1)\,dx=\Big[\frac{1}{3}x^3-x\Big]_{1}^{\alpha}=\frac{1}{3}\alpha^3-\alpha+\frac{2}{3}$$

であるから

$$S_1 - S_2 = \left(\frac{1}{3}\alpha^3 + \frac{1}{\alpha} - \frac{4}{3}\right) - \left(\frac{1}{3}\alpha^3 - \alpha + \frac{2}{3}\right)$$

$$= \left(\alpha + \frac{1}{\alpha} - 2\right)$$

$$= \frac{\alpha^2 - 2\alpha + 1}{\alpha}$$

$$= \frac{(\alpha - 1)^2}{\alpha}$$

ここで, $\alpha > 1$ より $\dfrac{(\alpha-1)^2}{\alpha} > 0$

よって, $S_1 - S_2 > 0$ ゆえに $S_1 > S_2$ （証明終）

━━━━◀解　説▶━━━━

≪曲線で囲まれた図形の面積≫

(1) $\alpha > 1$ なので, 曲線 $C_2 : y = -(x-\alpha)^2 + \beta$ の頂点 (α, β) が曲線 C_1 : $y = |x^2 - 1|$ つまり $y = x^2 - 1$ 上に存在する。よって, $\beta = \alpha^2 - 1$ となるので, 曲線 C_2 の方程式は $y = -(x-\alpha)^2 + \alpha^2 - 1$ つまり $y = -x^2 + 2\alpha x - 1$ と表せ, これは y 軸と点 $(0, -1)$ で交わるので, 2 つの交点のうち, 点 (p, q) の x 座標について, $0 < p < 1$ であることは, 〔参考〕のように図を描けばある程度明らかである。問題用紙などに図を描いておき, それをもとにしてきちんとした証明を組み立てていこう。曲線 C_1 上に曲線 C_2 の頂点があるということで, もう 1 つの交点が曲線 $y = -x^2 + 1$ の $0 < x < 1$ の部分にあることを示せばよい。

(2)・(3) S_1 と S_2 がどの部分の面積なのか図で確認し定積分で求めよう。 $S_1 > S_2$ を示すためには $S_1 - S_2 > 0$ を証明しよう。

3 **解答** (1) 点 G は三角形 ABC の重心なので

$$\overrightarrow{OG} = \frac{\overrightarrow{OA} + \overrightarrow{OB} + \overrightarrow{OC}}{3}$$

と表せて, 四面体 ABCD が $\overrightarrow{OA} + \overrightarrow{OB} + \overrightarrow{OC} + \overrightarrow{OD} = \vec{0}$ を満たしていることから

$$\overrightarrow{OA} + \overrightarrow{OB} + \overrightarrow{OC} = -\overrightarrow{OD} \quad \cdots\cdots①$$

よって

$$\overrightarrow{\text{OG}} = -\frac{\overrightarrow{\text{OD}}}{3} \quad \cdots\cdots(\text{答}) \quad \cdots\cdots ②$$

(2)　①より
$$|\overrightarrow{\text{OA}} + \overrightarrow{\text{OB}} + \overrightarrow{\text{OC}}| = |-\overrightarrow{\text{OD}}|$$

が成り立ち，両辺を 2 乗すると
$$|\overrightarrow{\text{OA}} + \overrightarrow{\text{OB}} + \overrightarrow{\text{OC}}|^2 = |-\overrightarrow{\text{OD}}|^2$$
$$|\overrightarrow{\text{OA}}|^2 + |\overrightarrow{\text{OB}}|^2 + |\overrightarrow{\text{OC}}|^2 + 2\overrightarrow{\text{OA}}\cdot\overrightarrow{\text{OB}} + 2\overrightarrow{\text{OB}}\cdot\overrightarrow{\text{OC}} + 2\overrightarrow{\text{OC}}\cdot\overrightarrow{\text{OA}} = |\overrightarrow{\text{OD}}|^2$$

ここで，$|\overrightarrow{\text{OA}}| = |\overrightarrow{\text{OB}}| = |\overrightarrow{\text{OC}}| = |\overrightarrow{\text{OD}}| = r$ であるから
$$r^2 + r^2 + r^2 + 2(\overrightarrow{\text{OA}}\cdot\overrightarrow{\text{OB}} + \overrightarrow{\text{OB}}\cdot\overrightarrow{\text{OC}} + \overrightarrow{\text{OC}}\cdot\overrightarrow{\text{OA}}) = r^2$$
$$\overrightarrow{\text{OA}}\cdot\overrightarrow{\text{OB}} + \overrightarrow{\text{OB}}\cdot\overrightarrow{\text{OC}} + \overrightarrow{\text{OC}}\cdot\overrightarrow{\text{OA}} = -r^2 \quad \cdots\cdots(\text{答}) \quad \cdots\cdots ③$$

(3)　$\overrightarrow{\text{PA}}\cdot\overrightarrow{\text{PB}} + \overrightarrow{\text{PB}}\cdot\overrightarrow{\text{PC}} + \overrightarrow{\text{PC}}\cdot\overrightarrow{\text{PA}}$
$$= (\overrightarrow{\text{OA}} - \overrightarrow{\text{OP}})\cdot(\overrightarrow{\text{OB}} - \overrightarrow{\text{OP}}) + (\overrightarrow{\text{OB}} - \overrightarrow{\text{OP}})\cdot(\overrightarrow{\text{OC}} - \overrightarrow{\text{OP}})$$
$$+ (\overrightarrow{\text{OC}} - \overrightarrow{\text{OP}})\cdot(\overrightarrow{\text{OA}} - \overrightarrow{\text{OP}})$$
$$= \overrightarrow{\text{OA}}\cdot\overrightarrow{\text{OB}} + \overrightarrow{\text{OB}}\cdot\overrightarrow{\text{OC}} + \overrightarrow{\text{OC}}\cdot\overrightarrow{\text{OA}} - 2(\overrightarrow{\text{OA}} + \overrightarrow{\text{OB}} + \overrightarrow{\text{OC}})\cdot\overrightarrow{\text{OP}} + 3|\overrightarrow{\text{OP}}|^2$$
$$= -r^2 + 2\overrightarrow{\text{OD}}\cdot\overrightarrow{\text{OP}} + 3r^2 \quad (\because \text{①，③，} |\overrightarrow{\text{OP}}| = r \text{ より})$$
$$= 2r^2 + 2|\overrightarrow{\text{OD}}||\overrightarrow{\text{OP}}|\cos\angle\text{POD}$$
$$= 2r^2(1 + \cos\angle\text{POD}) \quad (\because |\overrightarrow{\text{OD}}| = |\overrightarrow{\text{OP}}| = r \text{ より})$$

$\overrightarrow{\text{OD}}$ と $\overrightarrow{\text{OP}}$ のなす角が 0 つまり点 P が点 D に一致するときに，$\cos\angle\text{POD}$
は最大値 1 をとるから
$\overrightarrow{\text{PA}}\cdot\overrightarrow{\text{PB}} + \overrightarrow{\text{PB}}\cdot\overrightarrow{\text{PC}} + \overrightarrow{\text{PC}}\cdot\overrightarrow{\text{PA}}$ の最大値は　$2r^2(1+1) = 4r^2 \quad \cdots\cdots(\text{答})$

この点 D に一致する点 P に対して
$$|\overrightarrow{\text{PG}}| = |\overrightarrow{\text{OG}} - \overrightarrow{\text{OP}}|$$
$$= \left| -\frac{1}{3}\overrightarrow{\text{OD}} - \overrightarrow{\text{OD}} \right| \quad (\because ②より)$$
$$= \left| -\frac{4}{3}\overrightarrow{\text{OD}} \right|$$
$$= \frac{4}{3}|\overrightarrow{\text{OD}}|$$
$$= \frac{4}{3}r \quad \cdots\cdots(\text{答})$$

参考　各点は右図のような位置関係にある。
$$|\overrightarrow{\text{OA}}| = |\overrightarrow{\text{OB}}| = |\overrightarrow{\text{OC}}| = |\overrightarrow{\text{OD}}| = |\overrightarrow{\text{OP}}| = r$$

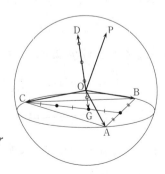

━━━━━◀解　説▶━━━━━

≪内積の値の最大値≫

(1) 点 G は三角形 ABC の重心なので $\overrightarrow{\mathrm{OG}}=\dfrac{1}{3}(\overrightarrow{\mathrm{OA}}+\overrightarrow{\mathrm{OB}}+\overrightarrow{\mathrm{OC}})$ と表せる。
$\overrightarrow{\mathrm{OA}}+\overrightarrow{\mathrm{OB}}+\overrightarrow{\mathrm{OC}}+\overrightarrow{\mathrm{OD}}=\vec{0}$ であることも繋げて利用しよう。

(2) 手持ちの条件で，$\overrightarrow{\mathrm{OA}}$, $\overrightarrow{\mathrm{OB}}$, $\overrightarrow{\mathrm{OC}}$ を互いに組み合わせた内積の和が出てくる式を表すのにどのようにすればよいのかを考えてみると，(1)でも利用した $\overrightarrow{\mathrm{OA}}+\overrightarrow{\mathrm{OB}}+\overrightarrow{\mathrm{OC}}+\overrightarrow{\mathrm{OD}}=\vec{0}$ より得られる $\overrightarrow{\mathrm{OA}}+\overrightarrow{\mathrm{OB}}+\overrightarrow{\mathrm{OC}}=-\overrightarrow{\mathrm{OD}}$ の大きさをとり，2乗し内積の計算に持ち込むことが考えられる。

(3) 点 P は球面 S 上を動く。球面 S の中心は点 O である。$\overrightarrow{\mathrm{PA}}\cdot\overrightarrow{\mathrm{PB}}+\overrightarrow{\mathrm{PB}}\cdot\overrightarrow{\mathrm{PC}}+\overrightarrow{\mathrm{PC}}\cdot\overrightarrow{\mathrm{PA}}$ と始点が点 P で表されているが，これを点 O に変換してみることで，ここまでで求めたものが利用できることに気づこう。

4 **解答** (1) $f(x)=x+a\sin x$ より
$$f(-x)=(-x)+a\sin(-x)=-x+a(-\sin x)$$
$$=-(x+a\sin x)=-f(x)$$

$g(x)=b\cos x$ より
$$g(-x)=b\cos(-x)=b\cos x=g(x)$$
である。よって
$$f(-x)g(-x)=-f(x)g(x)$$
となるので，$f(x)g(x)$ は奇関数である。
以上より
$$\int_{-\pi}^{\pi}f(x)g(x)\,dx=0 \quad\cdots\cdots(答)$$

参考 ＜その1＞ $f(x)g(x)$ が奇関数のとき
$$\int_{-\pi}^{\pi}f(x)g(x)\,dx=0$$
となることは次のように証明できる。
$$\int_{-\pi}^{\pi}f(x)g(x)\,dx=\int_{-\pi}^{0}f(x)g(x)\,dx+\int_{0}^{\pi}f(x)g(x)\,dx$$
ここで，$\int_{-\pi}^{0}f(x)g(x)\,dx$ について考える。

$t=-x$ とおき，両辺を x で微分すると，$\dfrac{dt}{dx}=-1$ となるので

$$dx = -dt$$

積分区間の対応は

x	$-\pi \to 0$
t	$\pi \to 0$

よって

$$\int_{-\pi}^{0} f(x) g(x)\, dx = \int_{\pi}^{0} f(-t)\, g(-t)\,(-dt)$$

$$= \int_{\pi}^{0} -f(t)\, g(t)\,(-dt)$$

$$= \int_{\pi}^{0} f(t)\, g(t)\, dt$$

$$= -\int_{0}^{\pi} f(t)\, g(t)\, dt$$

$$= -\int_{0}^{\pi} f(x)\, g(x)\, dx$$

したがって

$$\int_{-\pi}^{\pi} f(x)\, g(x)\, dx = -\int_{0}^{\pi} f(x)\, g(x)\, dx + \int_{0}^{\pi} f(x)\, g(x)\, dx = 0$$

が成り立つ。

＜その 2 ＞　$f(x)\, g(x)$ が奇関数であることに気づかなければ，次のように直接計算することになる。

$$\int_{-\pi}^{\pi} (x + a\sin x)\, b\cos x\, dx$$

$$= \int_{-\pi}^{\pi} (bx\cos x + ab\sin x\cos x)\, dx$$

$$= b\int_{-\pi}^{\pi} x\cos x\, dx + ab\int_{-\pi}^{\pi} \sin x\cos x\, dx$$

ここで

$$\int_{-\pi}^{\pi} x\cos x\, dx = \int_{-\pi}^{\pi} x\, (\sin x)'\, dx$$

$$= \Big[x\sin x\Big]_{-\pi}^{\pi} - \int_{-\pi}^{\pi} \sin x\, dx$$

$$= \Big[\cos x\Big]_{-\pi}^{\pi}$$

$$= (-1) - (-1)$$

$$= 0$$

$$\int_{-\pi}^{\pi} \sin x \cos x \, dx = \int_{-\pi}^{\pi} \frac{\sin 2x}{2} \, dx$$

$$= \left[-\frac{1}{4} \cos 2x \right]_{-\pi}^{\pi}$$

$$= 0$$

よって

$$\int_{-\pi}^{\pi} (x + a \sin x) \, b \cos x \, dx = b \cdot 0 + ab \cdot 0 = 0$$

(2)　$\displaystyle \int_{-\pi}^{\pi} \{ f(x) + g(x) \}^2 dx$

$$= \int_{-\pi}^{\pi} \{ f(x) \}^2 dx + 2 \int_{-\pi}^{\pi} f(x) g(x) \, dx + \int_{-\pi}^{\pi} \{ g(x) \}^2 dx$$

ここで，(1)より $\displaystyle \int_{-\pi}^{\pi} f(x) g(x) \, dx = 0$ であり，また，$\displaystyle \int_{-\pi}^{\pi} \{ g(x) \}^2 dx \geqq 0$ であるから

$$\int_{-\pi}^{\pi} \{ f(x) + g(x) \}^2 dx \geqq \int_{-\pi}^{\pi} \{ f(x) \}^2 dx \qquad \text{(証明終)}$$

参考　$\displaystyle \int_{-\pi}^{\pi} \{ f(x) + g(x) \}^2 dx \geqq \int_{-\pi}^{\pi} \{ f(x) \}^2 dx$ の 等 号 が 成 り 立 つ の は，

$\displaystyle \int_{-\pi}^{\pi} \{ g(x) \}^2 dx = 0$ のときである。これは $\{ g(x) \}^2 \geqq 0$ であることから，x の

値にかかわらず常に $\{ g(x) \}^2 = 0$ つまり $b^2 \cos^2 x = 0$ が成り立つときである。

よって $b = 0$ のとき。

　(2)では不等式を証明するだけなので，等号が成り立つ条件を求めること

は不要である。求める場合は，〔解答〕のように(3)で等号が成り立つ条件

を求めることになる。(3)の展開が読めれば，(2)で等号が成り立つ条件を求

めておくのも手ではある。

(3)　$\displaystyle V = \pi \int_{-\pi}^{\pi} |f(x) + g(x)|^2 dx$

$$= \pi \int_{-\pi}^{\pi} \{ f(x) + g(x) \}^2 dx$$

$$\geqq \pi \int_{-\pi}^{\pi} \{ f(x) \}^2 dx \quad (\because \text{ (2)より)}$$

$\{ f(x) \}^2$ について，$\{ f(-x) \}^2 = \{ -f(x) \}^2 = \{ f(x) \}^2$ となるので，$\{ f(x) \}^2$ は

偶関数である。

よって

$$\pi \int_{-\pi}^{\pi} \{f(x)\}^2 dx = 2\pi \int_0^{\pi} \{f(x)\}^2 dx$$

となる。よって

$$V \geqq 2\pi \int_0^{\pi} \{f(x)\}^2 dx$$

$$= 2\pi \int_0^{\pi} (x + a\sin x)^2 dx$$

$$= 2\pi \int_0^{\pi} x^2 dx + 4a\pi \int_0^{\pi} x\sin x\, dx + 2a^2\pi \int_0^{\pi} \sin^2 x\, dx$$

ここで

$$\int_0^{\pi} x^2 dx = \left[\frac{1}{3}x^3\right]_0^{\pi} = \frac{\pi^3}{3}$$

$$\int_0^{\pi} x\sin x\, dx = \int_0^{\pi} x(-\cos x)' dx$$

$$= \left[x(-\cos x)\right]_0^{\pi} - \int_0^{\pi} x'(-\cos x)\, dx$$

$$= \pi + \int_0^{\pi} \cos x\, dx$$

$$= \pi + \left[\sin x\right]_0^{\pi}$$

$$= \pi$$

$$\int_0^{\pi} \sin^2 x\, dx = \int_0^{\pi} \frac{1 - \cos 2x}{2} dx$$

$$= \frac{1}{2}\left[x - \frac{1}{2}\sin 2x\right]_0^{\pi}$$

$$= \frac{\pi}{2}$$

よって

$$V \geqq 2\pi \cdot \frac{\pi^3}{3} + 4a\pi \cdot \pi + 2a^2\pi \cdot \frac{\pi}{2} \quad \cdots\cdots ①$$

$$= \frac{2}{3}\pi^2\left(\pi^2 + 6a + \frac{3}{2}a^2\right)$$

$$= \frac{2}{3}\pi^2\left\{\frac{3}{2}(a^2 + 4a) + \pi^2\right\}$$

$$= \frac{2}{3}\pi^2\left\{\frac{3}{2}(a+2)^2 - 6 + \pi^2\right\}$$

$$\geqq \frac{2}{3}\pi^2(\pi^2-6) \quad \cdots\cdots ②$$

（証明終）

$V=\dfrac{2}{3}\pi^2(\pi^2-6)$ となるのは，①，②において等号が成り立つときである。

①の等号が成り立つのは，$\displaystyle\int_{-\pi}^{\pi}\{f(x)+g(x)\}^2dx \geqq \int_{-\pi}^{\pi}\{f(x)\}^2dx$ の等号が

成り立つ $\displaystyle\int_{-\pi}^{\pi}\{g(x)\}^2dx=0$ のときである。これは $\{g(x)\}^2 \geqq 0$ であること

から，x の値にかかわらず常に $\{g(x)\}^2=0$ つまり $b^2\cos^2 x=0$ が成り立つ

ときである。よって $b=0$ のときである。

②の等号が成り立つのは，$a=-2$ のときである。

以上より，求める a,b の条件は　　$a=-2$　かつ　$b=0$　……(答)

参考　＜その1＞　$\{f(x)\}^2$ は偶関数である。

$\{f(x)\}^2$ が偶関数のとき

$$\int_{-\pi}^{\pi}\{f(x)\}^2dx=2\int_{0}^{\pi}\{f(x)\}^2dx$$

となることは次のように証明できる。

$$\int_{-\pi}^{\pi}\{f(x)\}^2dx=\int_{-\pi}^{0}\{f(x)\}^2dx+\int_{0}^{\pi}\{f(x)\}^2dx$$

ここで，$\displaystyle\int_{-\pi}^{0}\{f(x)\}^2dx$ について考える。

$t=-x$ とおき，両辺を x で微分すると，$\dfrac{dt}{dx}=-1$ となるので　　$dx=-dt$

積分区間の対応は

x	$-\pi \to 0$
t	$\pi \to 0$

よって

$$\int_{-\pi}^{0}\{f(x)\}^2dx=\int_{\pi}^{0}\{f(-t)\}^2(-dt)$$
$$=\int_{\pi}^{0}\{-f(t)\}^2(-dt)$$
$$=\int_{\pi}^{0}\{f(t)\}^2(-dt)$$
$$=-\int_{\pi}^{0}\{f(t)\}^2dt$$
$$=\int_{0}^{\pi}\{f(t)\}^2dt$$

$$= \int_0^\pi \{f(x)\}^2 dx$$

したがって

$$\int_{-\pi}^\pi \{f(x)\}^2 dx = \int_0^\pi \{f(x)\}^2 dx + \int_0^\pi \{f(x)\}^2 dx = 2\int_0^\pi \{f(x)\}^2 dx$$

が成り立つ。

＜その２＞　参考に描いてみると，

$y = x + a\sin x,$　$y = b\cos x,$

$y = |f(x) + g(x)|$ のグラフは右のように

なる。

面積を求めるときは，右のグラフを見て

x 軸との関係を読み取る必要があるが，

x 軸を回転軸とする回転体の体積のとき

には，右のようなグラフになっているこ

とを意識することなく，

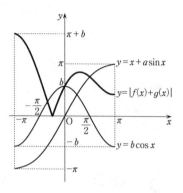

$\displaystyle\int_{-\pi}^\pi \pi |f(x) + g(x)|^2 dx$ を計算していくだけで求めることができる。

━━━━━ ◀解　説▶ ━━━━━

≪回転体の体積≫

(1)　$\displaystyle\int_{-\pi}^\pi f(x)\,g(x)\,dx$ の積分区間が $-\pi \leqq x \leqq \pi$ であることと，$f(x)\,g(x)$ を

構成する $f(x)$ と $g(x)$ の性質に注目する。$f(x)\,g(x)$ は奇関数である。

奇関数，偶関数の性質に注目すると実際に計算することなく簡単に求める

ことができる。〔参考〕＜その１＞にその証明をしておいた。奇関数である

ことに気づかなければ，〔参考〕＜その２＞のように計算することになる。

積分区間が原点に関して対称な定積分の計算をする際には，奇関数，偶関

数について意識することが肝心である。

(2)　$\displaystyle\int_{-\pi}^\pi \{f(x) + g(x)\}^2 dx = \int_{-\pi}^\pi \{f(x)\}^2 dx + 2\int_{-\pi}^\pi f(x)\,g(x)\,dx + \int_{-\pi}^\pi \{g(x)\}^2 dx$

となり，(1)の結果を利用する。また，$\displaystyle\int_{-\pi}^\pi \{g(x)\}^2 dx$ について，$\{g(x)\}^2$ は

0 以上の値をとり，その定積分の結果は $\displaystyle\int_{-\pi}^\pi \{g(x)\}^2 dx \geqq 0$ となる。

ここでは，あえて等号が成り立つときの条件を求める必要はない。

(3)　$V = \pi \displaystyle\int_{-\pi}^{\pi} |f(x) + g(x)|^2 dx = \pi \int_{-\pi}^{\pi} \{f(x) + g(x)\}^2 dx$

$\geqq \pi \displaystyle\int_{-\pi}^{\pi} \{f(x)\}^2 dx = 2\pi \int_0^{\pi} \{f(x)\}^2 dx$

なので，$\displaystyle\int_0^{\pi} \{f(x)\}^2 dx$ の計算をし，最小値を求めればよい。$\{f(x)\}^2$ が偶

関数であることから，偶関数の定積分の性質を利用している。〔参考〕＜そ

の 1 ＞でその証明を示している。$V \geqq \dfrac{2}{3}\pi^2(\pi^2-6)$ が成り立つことの証明

をするので，その値が出てくるように意識しながら計算しよう。

　面積を求めるよりもある意味，回転体の体積を求める方が簡単ともいえ

る。〔参考〕＜その 2 ＞でグラフの概形を示したが，それを考えなくても，

体積を求められる。

5　解答

(1)　$x > 0$ において $f(x) = x^{-2}e^x > 0$ である。

$g(t) = \displaystyle\int_t^{t+h} f(x)\, dx$

$\quad\quad = \displaystyle\int_t^{t+h} x^{-2} e^x dx$

両辺を t で微分すると

$g'(t) = (t+h)^{-2} e^{t+h} (t+h)' - t^{-2} e^t$

$\quad\quad = (t+h)^{-2} e^{t+h} - t^{-2} e^t$　……(答)

参考　＜その 1 ＞　$f(x) < 0$ となる部分があると，面積 $g(t)$ を $g(t)$

$= \displaystyle\int_t^{t+h} f(x)\, dx$ と表すことができないので，$x > 0$ において $f(x) > 0$ である

ことを記しておくこと。

＜その 2 ＞　$f(x) = x^{-2} e^x$ の両辺を x で微分すると

$f'(x) = (x^{-2})' e^x + (x^{-2})(e^x)'$

$\quad\quad = -2x^{-3} e^x + x^{-2} e^x$

$\quad\quad = e^x x^{-3} (x-2)$

$x > 0$ における $f(x)$ の増減は右のようになる。

$\displaystyle\lim_{x \to +0} x^{-2} e^x = \lim_{x \to +0} \dfrac{e^x}{x^2}$ において分母は 0 の正の方か

x	(0)	$\cdots$	2	$\cdots$
$f'(x)$		$-$	0	$+$
$f(x)$		$\searrow$	$\dfrac{e^2}{4}$	$\nearrow$

ら 0 に近づき，分子は 1 に近づくので，

$\lim\limits_{x \to +0} \dfrac{e^x}{x^2} = +\infty$ と な る。 ま た， $\lim\limits_{x \to +\infty} \dfrac{e^x}{x^2}$

$= +\infty$ と な る の で，$C : y = f(x)$ $(x > 0)$
のグラフの概形は右のようになる。

＜その 3 ＞　$f(x) = x^{-2} e^x$ の不定積分を
$F(x)$ とおく。

$$\int_t^{t+h} x^{-2} e^x dx = \Big[F(x) \Big]_t^{t+h}$$
$$= F(t+h) - F(t)$$

t で微分すると

$$\{ F(t+h) - F(t) \}' = F'(t+h) - F'(t)$$
$$= f(t+h)(t+h)' - f(t)$$
（$F'(t+h)$ は合成関数 $F(t+h)$ の t での微分である）
$$= f(t+h) - f(t)$$
$$= (t+h)^{-2} e^{t+h} - t^{-2} e^t$$

となる。

(2)　$g'(t) = \dfrac{e^{t+h}}{(t+h)^2} - \dfrac{e^t}{t^2}$

$$= \dfrac{e^{t+h} t^2 - e^t (t+h)^2}{(t+h)^2 t^2}$$

$$= \dfrac{e^t \{ e^h t^2 - (t+h)^2 \}}{(t+h)^2 t^2}$$

$$= \dfrac{e^t \{ e^h t^2 - (t^2 + 2th + h^2) \}}{(t+h)^2 t^2}$$

$$= \dfrac{e^t \{ (e^h - 1) t^2 - 2ht - h^2 \}}{(t+h)^2 t^2}$$

$t > 0$ のとき $(t+h)^2 t^2 > 0$，$e^t > e^0 - 1 > 0$ である。

$e^h - 1 > e^0 - 1 = 1 - 1 = 0$ であり

$$(e^h - 1) t^2 - 2ht - h^2 = 0$$

は t の 2 次方程式である。これを解くと

$$t = \dfrac{-(-h) \pm \sqrt{(-h)^2 - (e^h - 1)(-h^2)}}{e^h - 1}$$

$$= \frac{h \pm \sqrt{e^h h^2}}{e^h - 1}$$

$$= \frac{h \pm e^{\frac{h}{2}} h}{e^h - 1} \quad (\because \ h > 0 \text{ より})$$

$$= \frac{h\left(1 - e^{\frac{h}{2}}\right)}{e^h - 1}, \ \frac{h\left(1 + e^{\frac{h}{2}}\right)}{e^h - 1}$$

$$= \frac{h\left(1 - e^{\frac{h}{2}}\right)}{\left(e^{\frac{h}{2}} - 1\right)\left(e^{\frac{h}{2}} + 1\right)}, \ \frac{h\left(1 + e^{\frac{h}{2}}\right)}{\left(e^{\frac{h}{2}} - 1\right)\left(e^{\frac{h}{2}} + 1\right)}$$

$$= -\frac{h}{e^{\frac{h}{2}} + 1}, \ \frac{h}{e^{\frac{h}{2}} - 1}$$

このうち, $t > 0$ を満たすものは $t = \dfrac{h}{e^{\frac{h}{2}} - 1}$ である。

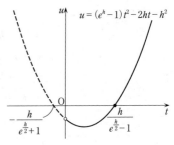

$u = (e^h - 1)t^2 - 2ht - h^2$

t	(0)	$\cdots$	$\dfrac{h}{e^{\frac{h}{2}} - 1}$	$\cdots$
$g'(t)$		$-$	0	$+$
$g(t)$		$\searrow$	極小・最小	$\nearrow$

よって, $g(t)$ を最小にする t がただ 1 つ存在する。　　　　（証明終）

その t の値は $\dfrac{h}{e^{\frac{h}{2}} - 1}$ である。　……(答)

(3)　(2)より $t(h) = \dfrac{h}{e^{\frac{h}{2}} - 1}$ である。

$$\lim_{h \to +0} t(h) = \lim_{h \to +0} \frac{h}{e^{\frac{h}{2}} - 1}$$

$$= \lim_{h \to +0} \frac{1}{\dfrac{e^{\frac{h}{2}} - 1}{h}}$$

$$= \lim_{h \to +0} \frac{1}{\dfrac{e^{\frac{h}{2}} - 1}{\dfrac{h}{2}} \cdot \dfrac{1}{2}}$$

ここで, $l = e^{\frac{h}{2}} - 1$ とおくと, $h \to +0$ のとき $l \to +0$ であり, $e^{\frac{h}{2}} = l + 1$ の両

辺の自然対数をとると $\dfrac{h}{2}=\log(l+1)$ となるので

$$\lim_{h\to+0}\dfrac{e^{\frac{h}{2}}-1}{\dfrac{h}{2}}=\lim_{l\to+0}\dfrac{l}{\log(l+1)}=\lim_{l\to+0}\dfrac{1}{\dfrac{1}{l}\log(l+1)}=\lim_{l\to+0}\dfrac{1}{\log(l+1)^{\frac{1}{l}}}$$

$$=\dfrac{1}{\log e}=1$$

であるから

$$\lim_{h\to+0}t(h)=\dfrac{1}{1\cdot\dfrac{1}{2}}=2\quad\cdots\cdots(答)$$

━━━━◀解　説▶━━━━

≪曲線で囲まれた図形の面積に関わる極限値≫

(1) 〔解答〕のように計算すると要領がよいが，それは，〔参考〕＜その 3 ＞のような仕組みからきていることを知っておこう。合成関数の微分をしていることを意識しておこう。本問では $(t+h)'=1$ なので，合成関数であることに気づいていなくても，偶然に正しい結果が得られるが，t の係数が 1 でなければ正しい結果は得られない。〔参考〕＜その 1 ＞でも述べたが，$x>0$ において $f(x)>0$ であることを記しておくこと。

(2) $g(t)$ の最小を考えるというように $g(t)$ の増減についての考察なので，$g'(t)$ の符号について調べることになる。

$g'(t)=\dfrac{e^{t}\{(e^{h}-1)t^{2}-2ht-h^{2}\}}{(t+h)^{2}t^{2}}$ を構成する式について，符号を確認していこう。$g'(t)$ は t の 2 次式 $(e^{h}-1)t^{2}-2ht-h^{2}$ の符号に依ることがわかればよい。

(3) e に関わる極限値を求める問題である。本問を解答する際にグラフを意識する必要はないが，(1)の〔参考〕＜その 2 ＞のグラフより，$t(h)$ について $\lim_{h\to+0}t(h)=2$ となることは次図を考察すると明らかである。

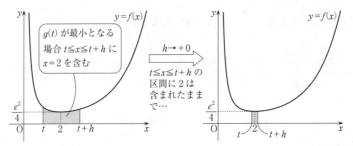

〔解答〕では計算の過程も含めて解答を作成したが，e に関する極限の公式として扱えるものは利用して構わない。

6 解答

(1)　　$|z+2|=2|z-1|$

両辺を 2 乗すると

$$|z+2|^2=4|z-1|^2$$
$$(z+2)\overline{(z+2)}=4(z-1)\overline{(z-1)}$$
$$(z+2)(\bar{z}+\bar{2})=4(z-1)(\bar{z}-\bar{1})$$
$$(z+2)(\bar{z}+2)=4(z-1)(\bar{z}-1)$$
$$z\bar{z}+2(z+\bar{z})+4=4\{z\bar{z}-(z+\bar{z})+1\}$$
$$3z\bar{z}-6(z+\bar{z})=0$$
$$z\bar{z}-2(z+\bar{z})=0$$
$$(z-2)(\bar{z}-2)=4$$
$$(z-2)(\bar{z}-\bar{2})=4$$
$$(z-2)\overline{(z-2)}=4$$
$$|z-2|^2=4$$
$$|z-2|=2$$

したがって，等式 $|z+2|=2|z-1|$ を満たす点 z の全体が表す図形は円である。　　　　　　　　　　　　　　　　　　　　　　　　　　　　（証明終）

その円の中心は点 2 であり，半径は 2 である。……（答）

別解　点 z を $z=x+yi$（x, y は実数）と表し，$|z+2|=2|z-1|$ に代入すると

$$|(x+yi)+2|=2|(x+yi)-1|$$
$$|(x+2)+yi|=2|(x-1)+yi|$$
$$|(x+2)+yi|^2=4|(x-1)+yi|^2$$

$$(x+2)^2 + y^2 = 4\{(x-1)^2 + y^2\}$$
$$x^2 + 4x + 4 + y^2 = 4(x^2 - 2x + 1 + y^2)$$
$$3x^2 - 12x + 3y^2 = 0$$
$$x^2 - 4x + y^2 = 0$$
$$(x-2)^2 + y^2 = 4$$

したがって,等式 $|z+2|=2|z-1|$ を満たす点 z の全体が表す図形は円であり,その円の中心は点 2 であり,半径は 2 である。

(2)　$\{|z+2|-2|z-1|\}|z+6i|=3\{|z+2|-2|z-1|\}|z-2i|$

$\{|z+2|-2|z-1|\}\{3|z-2i|-|z+6i|\}=0$

$|z+2|-2|z-1|=0$　または　$3|z-2i|-|z+6i|=0$

$|z+2|-2|z-1|=0$ のときは(1)より中心が点 2 であり,半径が 2 の円を表す。

$3|z-2i|-|z+6i|=0$ のときは

$$3|z-2i|=|z+6i|$$
$$9|z-2i|^2 = |z+6i|^2$$
$$9(z-2i)(\overline{z-2i}) = (z+6i)(\overline{z+6i})$$
$$9(z-2i)(\bar{z}-\overline{2i}) = (z+6i)(\bar{z}+\overline{6i})$$
$$9(z-2i)(\bar{z}+2i) = (z+6i)(\bar{z}-6i)$$
$$9\{z\bar{z}+2(z-\bar{z})i+4\} = z\bar{z}-6(z-\bar{z})i+36$$
$$8z\bar{z}+24(z-\bar{z})i=0$$
$$z\bar{z}+3(z-\bar{z})i=0$$
$$(z-3i)(\bar{z}+3i)=9$$
$$(z-3i)(\bar{z}-\overline{3i})=9$$
$$(z-3i)(\overline{z-3i})=9$$
$$|z-3i|^2=9$$
$$|z-3i|=3$$

したがって,$3|z-2i|-|z+6i|=0$ のときは中心が点 $3i$ であり,半径が 3 の円を表す。

よって,S を複素数平面上に図示すると右のようになる。

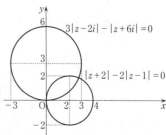

(3) $w = \dfrac{1}{z}$ において，分母の z について $z \neq 0$ である。z が 0 以外の値をとるときに w について $w \neq 0$ であるから，$z = \dfrac{1}{w}$ と表すことができる。この点 z が図形 S 上を動く。

(ア)　円 $|z - 2| = 2$ 上にあるとき

$$\left| \dfrac{1}{w} - 2 \right| = 2$$

が成り立ち

$$\left| -\dfrac{2}{w} \right| \left| w - \dfrac{1}{2} \right| = 2$$

$$\left| \dfrac{2}{w} \right| \left| w - \dfrac{1}{2} \right| = 2$$

両辺に $\left| \dfrac{w}{2} \right|$ をかけると

$$\left| w - \dfrac{1}{2} \right| = |w|$$

点 w の全体が表す図形は点 0 と $\dfrac{1}{2}$ を結ぶ線分の垂直二等分線である。

点 w は点 0 を通らない。

(イ)　円 $|z - 3i| = 3$ 上にあるとき

$$\left| \dfrac{1}{w} - 3i \right| = 3$$

が成り立ち

$$\left| -\dfrac{3i}{w} \right| \left| w - \dfrac{1}{3i} \right| = 3$$

$$\left| \dfrac{3}{w} \right| \left| w - \dfrac{1}{3i} \right| = 3$$

両辺に $\left| \dfrac{w}{3} \right|$ をかけると

$$\left| w - \dfrac{1}{3i} \right| = |w|$$

$$\left| w + \dfrac{1}{3}i \right| = |w| \quad \left(\because \quad \dfrac{1}{3i} = \dfrac{i}{3i^2} = \dfrac{i}{-3} = -\dfrac{i}{3} \text{ より} \right)$$

点 w の全体が表す図形は点 0 と $-\dfrac{1}{3}i$ を結ぶ線分の垂直二等分線である。

点 w は点 0 を通らない。

(ア)・(イ)より，点 z が(2)における図形 S

上を動くとき，$w = \dfrac{1}{z}$ で定義される点 w

が描く図形は右図の太線部分である。

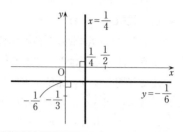

■■■■■■■ ◀解　説▶ ■■■■■■■

≪複素数平面における点の軌跡≫

(1)　複素数平面における軌跡の問題としては基本的な問題なので，円の中心と半径を求めることができるようにしておこう。複素数平面の問題は，〔別解〕のように，$z = x + yi$（x, y は実数）とおくと，複素数平面の問題を解いているようで実際は xy 平面の問題に置き換わっているので，敷居は低くなり，複素数平面の問題が苦手な人でも対応ができると思われるが，直接，複素数の計算をするよりも，計算が面倒になる傾向があるので，〔解答〕のように対応できるようにしておきたい。

(2)　$\{|z+2|-2|z-1|\}|z+6i| = 3\{|z+2|-2|z-1|\}|z-2i|$ を
$\{|z+2|-2|z-1|\}\{3|z-2i|-|z+6i|\} = 0$ と変形するところがポイントである。一方の因数は(1)でどのような図形を表すのかがわかっているので，もう一方の $3|z-2i|-|z+6i| = 0$ についても(1)と同じように変形して軌跡を求めよう。

(3)　点 z が(2)における図形 S 上を動くとき，$\{|z+2|-2|z-1|\}|z+6i|$
$= 3\{|z+2|-2|z-1|\}|z-2i|$ が成り立つ。点 w が描く図形を求めたいので，
$z = \dfrac{1}{w}$ を代入して，w が満たす条件を求めてみよう。

$w \neq 0$ なので，求めた点 w が描く図形上に点 0 が含まれていれば除かなければならないが，本問ではもともと点 0 は含まれていない。

複素数平面の式変形が苦手な受験生をよく見かける。すべての小問で詳しく式変形の過程を示してあるので，確認に使ってほしい。実際の答案では，明らかに暗算で済ますことができる行は飛ばせばよい。

❖講 評

1 3 次関数の接線に関係する三角形の面積の最大値を求める問題である。底辺に対して高さが最大となるための条件に気づくかどうかで解法が複数考えられる。

2 2 つの図形の面積の比較をする問題である。図を描き考察してみよう。(1)の証明はグラフから明らかであるから，それを数式に落とし込んで証明しよう。面積を求める定積分の計算は基本的なものである。

3 空間ベクトルの内積の値の最大値を求める問題である。図は描かなくても，計算を進めていけばすべての問題に対処できる。内積の計算も基本的なレベルである。

4 回転体の体積についての不等式を証明する問題である。積分区間が $-\pi \leqq x \leqq \pi$ である定積分の被積分関数の性質に着目し，奇関数，偶関数であることに気づけば簡単に計算できる。

5 図形の面積に関わる極限値を求める問題である。e に関する極限値の公式を利用する。

6 典型的な複素数平面における点の軌跡の問題である。

6 題いずれの問題も方針の立て方で困るようなところはない，各分野で典型的な手法を用いる素直な問題である。

各問題レベルは，1～3 と 6 がやや易しめ，4 と 5 が標準，という印象である。

物理

I　解答　問 1．衝突の直前・直後について運動量保存則より

$$(m + M) V_A = mv$$

$$\therefore \quad V_A = \frac{m}{m + M} v \quad \cdots\cdots(答)$$

問 2．ΔE は運動エネルギーの変化量の大きさに等しいから

$$\Delta E = \frac{1}{2} mv^2 - \frac{1}{2} (m + M) V_A{}^2 = \frac{1}{2}\left(m - \frac{m^2}{m + M}\right)v^2$$

$$= \frac{mM}{2(m + M)} v^2 \quad \cdots\cdots(答)$$

問 3．この場合，途中でひもはたるまないから，点 A での物体 X の運動エネルギーが点 P の高さでの位置エネルギーより小さければ，物体 X は点 P の高さには到達しない。したがって

$$\frac{1}{2} (m + M) V_A{}^2 = \frac{1}{2} (m + M)\left(\frac{m}{m + M}\right)^2 v^2 < (m + M) gl$$

上式より　　$v^2 < \frac{2(m + M)^2 gl}{m^2}$　$\therefore$　$v_1 = \left(1 + \frac{M}{m}\right)\sqrt{2gl}$　$\cdots\cdots(答)$

問 4．点 A の高さを重力の位置エネルギーの基準とする。点 A と点 B での物体 X について，力学的エネルギー保存則より

$$\frac{1}{2} (m + M) V_B{}^2 + (m + M) g\{l + (l - a)\} = \frac{1}{2} (m + M) V_A{}^2$$

上式より

$$V_B{}^2 = \left(\frac{m}{m + M}\right)^2 v^2 - 2g(2l - a)$$

$$\therefore \quad V_B = \sqrt{\left(\frac{m}{m + M}\right)^2 v^2 - 2g(2l - a)} \qquad (証明終)$$

問 5．遠心力を用い，点 B における物体 X にはたらく力のつり合いより

$$T + (m + M) g = (m + M) \frac{V_B{}^2}{l - a}$$

上式より

$$T = (m+M)\frac{1}{l-a}\left\{\left(\frac{m}{m+M}\right)^2 v^2 - 2g(2l-a)\right\} - (m+M)g$$

$$= \frac{1}{l-a}\cdot\frac{m^2}{m+M}v^2 - (m+M)g\left\{\frac{2(2l-a)}{l-a}+1\right\}$$

$$= \frac{1}{l-a}\left\{\frac{m^2}{m+M}v^2 - (m+M)g(5l-3a)\right\} \quad \cdots\cdots\text{(答)}$$

問6．問5で求めた T について $T \geqq 0$ として

$$\frac{m^2}{m+M}v^2 \geqq (m+M)g(5l-3a)$$

上式より

$$v^2 \geqq \left(\frac{m+M}{m}\right)^2 g(5l-3a)$$

$$\therefore \quad v_2 = \left(1+\frac{M}{m}\right)\sqrt{g(5l-3a)}$$

━━━━━━━◀解　説▶━━━━━━━

≪衝突と力学的エネルギーの減少，ひもで吊るされた小球の円運動≫

問1．一般に衝突は瞬間的な現象であり，2球にはたらく外力（ひもの張力，重力）の力積「$F\Delta t$」は 0（無限小）と見なせるので2球の運動量の和は保存される。

問2．衝突時に，力学的エネルギーの一部が熱・音のエネルギーとして散逸する。

問3．物体Xが点Pの高さに達するまで（ひもと鉛直線のなす角が90°以下）は，ひもの張力は0にならない。

問4．回転半径は変化するが物体Xの運動が円運動であることには変わりはなく，物体Xにはたらくひもの張力は物体Xの進行方向に対してつねに垂直である。したがって，張力がする仕事は0で，力学的エネルギーは保存される。

問5．点Qを中心として物体Xといっしょに回転する座標系（非慣性系）を考えると，点Bにおいて半径方向での力のつり合いが成り立つ。遠心力は問4で求めた V_B を使って表すことができる。

問6．物体Xが円運動をしている場合，ひもの張力の大きさは点Bで最小になる。したがって，点Bにおいてひもに張力が生じていれば，ひもの張力はつねに生じていて，物体Xは円運動をしていることになる。

Ⅱ 解答 問1. $|\phi| = Bavt$, $|V| = Bav$, $|I| = \dfrac{Bav}{R}$

コイルを流れる電流の向き：時計回り

問2. $|f| = \dfrac{B^2a^2v}{R}$

力の向き：x 軸の負の向き

問3. 右図。

問4. この時間内では，外力 F は問3のグラフの通り一定で，x 軸の正の向きである。また，コイルの変位は a で x 軸の正の向きである。したがって

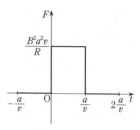

$$W = Fa = \frac{B^2a^2v}{R} \times a = \frac{B^2a^3v}{R} \quad \cdots\cdots(\text{答})$$

コイルを流れる電流は問1の結果より一定なので，抵抗 R での消費電力も一定である。したがって，時間 $\dfrac{a}{v}$ の間に抵抗 R で発生するジュール熱は

$$J = RI^2 \times \frac{a}{v} = R\left(\frac{Bav}{R}\right)^2 \times \frac{a}{v} = \frac{B^2a^3v}{R} \quad \cdots\cdots(\text{答})$$

よって，$W = J$ である。　　　　　　　　　　　　　　　　　　　（証明終）

問5. $\dfrac{Bav}{R}$

問6. $|I| = 0$, $Q = 0$

問7. V：(イ)　Q：(ク)　I：(カ)　F：(オ)

━━━━━━━━ ◀解　説▶ ━━━━━━━━

≪磁場に進入する正方形コイル，コイルがコンデンサーを含む場合≫

問1. 時刻 t におけるコイルの右辺の位置は $x = vt$ だから，コイル内側の面積 $a \times vt$ の部分が磁場中に入っている。したがって

$$|\phi| = B(a \times vt) = Bavt$$

コイルを貫く磁束の，微小時間 Δt における変化を $\Delta\phi$ とすると，ファラデーの電磁誘導の法則より

$$|V| = \frac{|\Delta\phi|}{\Delta t} = \frac{Bav\Delta t}{\Delta t} = Bav$$

（注） コイルの右辺に生じる誘導起電力として用いてもよい。

コイルに起電力 $|V|$ の電池が入ったのと同じだから，オームの法則より

$$|I| = \frac{|V|}{R} = \frac{Bav}{R}$$

レンツの法則より，誘導電流の向きは時計回りである。

問 2 ．コイルの右辺以外には電磁力ははたらかない。右辺にはたらく電磁力の大きさは，公式より

$$|f| = |I|Ba = \frac{Bav}{R} \times Ba = \frac{B^2a^2v}{R}$$

フレミングの左手の法則より，力の向きは x 軸の負の向きである。

問 3 ．コイルは等速で移動しているから，コイルにはたらく電磁力 f と外力 F は大きさが同じで向きが逆である。

$-\dfrac{a}{v} < t < 0$ では，$f=0$ だから $F=0$ である。

$0 \leq t \leq \dfrac{a}{v}$ では　　$F = -f = -\left(-\dfrac{B^2a^2v}{R}\right) = \dfrac{B^2a^2v}{R}$

$\dfrac{a}{v} < t < 2\dfrac{a}{v}$ では，コイルを貫く磁束が変化しないから，ファラデーの法則より $V=0$ で $I=0$，したがって $f=0$ だから $F=0$ である。

問 4 ．問 1 ・問 3 の〔解説〕で求めた I，F を使うことができる。

問 5 ．このときコイルに生じる誘導起電力は問 1 の V に等しい。また，コンデンサーには電荷がなく電圧は 0 なので，流れる電流は問 1 の I に等しく

$$|I| = \frac{Bav}{R}$$

なおこの場合，磁場中を移動する「コイルの右辺」に誘導起電力（公式「$V=vBl$」）が生じているととらえるとわかりやすいだろう。

問 6 ．問 3 の〔解説〕に記した通り，$t > \dfrac{a}{v}$ では，コイルに生じる誘導起電力は 0 である。したがって，十分に時間がたてば，コンデンサーの電荷はすべて放電されてしまい電圧も 0 で $|I|=0$，$Q=0$ になっている。

問 7 ．V：コイルに生じる誘導起電力は，コンデンサーが入っても影響を受けず，問 1 ・問 3 の〔解説〕に記した通りになる。時計回りの向きの起

電力を正とすると答えは(イ)である。

Q：$Q＝CV$ となるように V の変化に応じて Q も変化するが，コイルに抵抗があるため，Q は $t＝0$ から徐々に増加（充電）し，$t＝\dfrac{a}{v}$ 以降では徐々に減少（放電）して 0 に近づいていく。したがって，答えは(ク)である。

I：I の値は Q の変化率に等しいから，Q のグラフ(ク)の時刻 t における接線の傾きがその時刻の I の値になる。したがって，I は $t＝0$ において瞬時に問 5 の〔解答〕の値（正の値）になる。その後，徐々に減少し $t＝\dfrac{a}{v}$ で再び瞬時に変化して負の値になり，その後，徐々にその大きさが減少し 0 に近づいていく。したがって答えは(カ)である。

F：コイルが等速で動くことから，$0≦t≦\dfrac{a}{v}$ では $F＞0$ で，大きさは電磁力に等しく $F＝IBa$ である。したがって，F のグラフは I のグラフと同じ形になる。$t＞\dfrac{a}{v}$ ではコイルに電流は流れるが，コイルの右辺と左辺にはたらく電磁力が打ち消されるので $F＝0$ である。したがって，答えは(オ)である。

III　解答

問 1．基底状態の軌道にあった電子（力学的エネルギーが E_1）が，電磁波のエネルギー E を吸収して力学的エネルギー E_n の軌道に移った。$E_n＝\dfrac{1}{n^2}E_1$ だから，エネルギー保存則より

$$E＝E_n－E_1＝\dfrac{1}{n^2}E_1－E_1＝\left(\dfrac{1}{n^2}－1\right)E_1 \quad ……（答）$$

問 2．$E_D＝－E_1$

問 3．水素原子に当てる電磁波のエネルギーが E_D 以上であればよいから

$$\dfrac{hc}{\lambda}≧E_D \quad ∴\quad \lambda≦\dfrac{hc}{E_D} \quad ……（答）$$

問 4．ア．X 線　イ．電子　ウ．長　エ．コンプトン

問 5．$\dfrac{hc}{\lambda}＝\dfrac{hc}{\lambda'}＋\dfrac{1}{2}mv^2$

問 6．(a) x 方向：$\dfrac{h}{\lambda}＝\dfrac{h}{\lambda'}\cos\theta＋mv\cos\phi$

y 方向：$0 = \dfrac{h}{\lambda'}\sin\theta - mv\sin\phi$

(b)　(a)の 2 式からそれぞれ次の 2 式が導かれる。

$$(mv)^2\cos^2\phi = h^2\left(\frac{1}{\lambda} - \frac{1}{\lambda'}\cos\theta\right)^2$$

$$(mv)^2\sin^2\phi = h^2\cdot\frac{1}{\lambda'^2}\sin^2\theta$$

この 2 式の辺々を加え，$\sin^2\phi + \cos^2\phi = 1$ を用いることにより

$$(mv)^2 = h^2\left(\frac{1}{\lambda^2} - \frac{2}{\lambda\lambda'}\cos\theta + \frac{1}{\lambda'^2}\right)\quad\cdots\cdots(答)$$

問 7．$\Delta\lambda = \lambda' - \lambda$ として問 5 の結果より

$$(mv)^2 = 2mhc\left(\frac{1}{\lambda} - \frac{1}{\lambda'}\right) = 2mhc\cdot\frac{\Delta\lambda}{\lambda\lambda'}$$

上式を問 6(b)の結果の式に代入して整理し，近似式を用いて

$$2mc\cdot\Delta\lambda = h\left(\frac{\lambda}{\lambda'} + \frac{\lambda'}{\lambda} - 2\cos\theta\right) \fallingdotseq 2h\,(1 - \cos\theta)$$

$$\therefore\quad \Delta\lambda = \lambda' - \lambda = \frac{h}{mc}\,(1 - \cos\theta)\quad\cdots\cdots(答)$$

━━━━━◀解　説▶━━━━━

≪水素原子のイオン化，コンプトン効果と X 線の波長の変化≫

問 1．$E_n = \dfrac{1}{n^2}E_1$ を覚えていなかった場合，水素スペクトルの式の特徴から推測できたかもしれない。量子数 n の軌道にある電子の力学的エネルギーを，量子条件・等速円運動の運動方程式・静電気力の位置エネルギーを用いて導出するのが正攻法ではある。

問 2．陽子から十分に離れた電子の「静電気力の位置エネルギー」は 0 としてよいから，そのときの電子の運動エネルギーを 0 として（この状態の量子数は $n = \infty$ に相当し，$E_\infty = 0$），エネルギー保存則より

$$E_\mathrm{D} = E_\infty - E_1 = 0 - E_1 = -E_1$$

問 3．基底状態の軌道にある電子を「無限遠方で静止」の状態に移すのに必要なエネルギーを与えればよい。

問 4．電磁波と電子の衝突という意味では問 3 までと同じだが，ここでは電磁波のエネルギーの一部だけが電子に与えられている。

問5. 弾性衝突では力学的エネルギーが保存されるので，衝突前における
X線のエネルギーが，衝突後のX線および電子のエネルギーの和に等しい。

問6. (a) x, y 方向それぞれについて，衝突前における運動量成分が衝
突後の運動量成分の和に等しい。y 方向については，移項して「衝突後で
のX線と電子の運動量成分が同じ大きさ」と表現してもよいだろう。

(b) (a)で答えた2式から ϕ を消去するのだが，$\sin^2\phi + \cos^2\phi = 1$ が使える。

問7. 近似式をどのように使うかは，ある程度計算を進めてみないとわか
らないだろう。〔解答〕では，問5と問6(b)の結果の式から v（解答には
使えない文字）を消去することから始めた。$\lambda' - \lambda$ を $\Delta\lambda$ と置いたのは，
目標を定めるといったいわば心理的な意味合いからである。

❖講　評

　例年通り，大問3題の出題で問題文や小問での説明・誘導が丁寧であ
り，難問と言える問題はない。2022 年度はやや難化したが，それに比
べると 2023 年度は易化傾向と言える。

　Ⅰ　問1・問2は頻出の基本問題である。問3は「条件」という言葉
に惑わされた受験生もいたかもしれないが，内容的にはこれも基本問題
である。問4は，きわめて厳密に考えれば難しい内容を含むのだが，頻
出問題でもあって，〔解説〕でも触れたように力学的エネルギー保存に
関する基本問題である。問5は，単純な数式にまとまらず，変形のどの
段階を解答とすべきか悩んだかもしれない。問6も問3同様，難しいと
いう印象を受けてしまうかもしれないが，内容的には難しくはない。全
体的には平易と言える。

　Ⅱ　1回巻きコイルが磁場中に入っていくという頻出の題材で，問1
〜問4は基本問題だが，誘導起電力・電流・電磁力の向きは意外とケア
レスミスをしがちだろう。問5以降は，コイルにコンデンサーが入って
いてやや難易度を上げている。問1の〔解説〕にも書いたが，誘導起電
力を電池とイメージして対処するとよい。問7の V, Q, I, F のグラ
フを選ぶ設問は，Q のグラフがすぐに見つかればさほど難しくないが，
そうでないとやや難しかっただろう。全体としては標準的ないしやや平
易と言える。

　Ⅲ　前半は水素原子のイオン化が題材となっていて，問1は扱ってい

る内容は基本的なのだが,〔解説〕にも記した通り, $E_n = \dfrac{1}{n^2} E_1$ を覚え

ていないと即答ができず,その点でやや難しい。それに比べ,問2・問3は平易な内容である。後半のコンプトン効果は,問5・問6(a)がこの題材の必須事項であり基本的な出題である。問6(b)・問7は数式の変形が課題となっていて,問7は近似式の使い方でやや難易度を上げている。全体としては平易と言えるのだが,この分野が苦手あるいは不慣れという受験生は多いだろう。

　解答時間は大問1題当たり20分だが,手際よく解いていければ,全問に解答した上での見直しもある程度可能だったかもしれない。

化学

I 解答

問1．過マンガン酸カリウム

問2．$2KMnO_4 + 5H_2O_2 + 3H_2SO_4$
$$\longrightarrow 2MnSO_4 + 5O_2 + 8H_2O + K_2SO_4$$

問3．(i) $9.0 \times 10^{-12}\,mol/L$

(ii) $3.2\,mL$

問4．化学反応式：$2H_2O_2 \longrightarrow 2H_2O + O_2$

酸化マンガン(Ⅳ)の役割：触媒としてはたらく。

問5．(i) 正極活物質：MnO_2　負極活物質：Zn

(ii) 正極と負極の間に生じる電位差。

(iii) 一次電池：(ア)・(イ)　二次電池：(ウ)・(エ)

◀解　説▶

≪マンガン化合物の酸化還元反応，EDTA の平衡，電池≫

問1．酸化マンガン(Ⅳ) MnO_2 を空気中で KOH と加熱すると，緑色のマンガン酸カリウム K_2MnO_4 ができる。

$$2MnO_2 + 4KOH + O_2 \longrightarrow 2K_2MnO_4 + 2H_2O$$

この溶液を酸性にすると，次の反応で赤紫色の過マンガン酸イオン MnO_4^- に変化する。

$$3MnO_4^{2-} + 4H^+ \longrightarrow 2MnO_4^- + MnO_2 + 2H_2O$$

化合物Aは MnO_4^- のカリウム塩なので，過マンガン酸カリウム $KMnO_4$ である。

問2．酸性条件での過マンガン酸カリウムの半反応式は

$$MnO_4^- + 8H^+ + 5e^- \longrightarrow Mn^{2+} + 4H_2O \quad \cdots\cdots①$$

また，過酸化水素の半反応式は

$$H_2O_2 \longrightarrow O_2 + 2H^+ + 2e^- \quad \cdots\cdots②$$

①×2＋②×5 より

$$2MnO_4^- + 6H^+ + 5H_2O_2 \longrightarrow 2Mn^{2+} + 8H_2O + 5O_2$$

両辺に $2K^+$，$3SO_4^{2-}$ を足すと

$$2KMnO_4 + 5H_2O_2 + 3H_2SO_4 \longrightarrow 2MnSO_4 + 5O_2 + 8H_2O + K_2SO_4$$

問3．(i) 化合物Bの水溶液，EDTA の水溶液の混合前の体積を V〔L〕とすると，反応量は以下のようになる。

$$\text{Mn} + \text{EDTA} \Longleftrightarrow \text{Mn(EDTA)}$$

反応前	cV	cV	0	〔mol〕
反応量	$-0.9cV$	$-0.9cV$	$+0.9cV$	〔mol〕
平衡後	$0.1cV$	$0.1cV$	$0.9cV$	〔mol〕

混合後の体積は $2V$〔L〕なので，

$$K = \frac{[\text{Mn(EDTA)}]}{[\text{Mn}][\text{EDTA}]} = \frac{\dfrac{0.9cV}{2V}}{\dfrac{0.1cV}{2V} \times \dfrac{0.1cV}{2V}} = 2.0 \times 10^{13}$$

∴ $c = 9.0 \times 10^{-12}$〔mol/L〕

(ii) 化合物 A 1mol（$KMnO_4$）から生じる化合物 B（$MnSO_4$）の物質量は 1mol，また，1mol の化合物 B と反応する EDTA も 1mol なので，化合物 A と反応する EDTA の物質量は等しい。$KMnO_4 = 158$ より，必要な EDTA 水溶液の体積を x〔mL〕とすると

$$\frac{5.0 \times 10^{-3}}{158} = 0.010 \times \frac{x}{1000}$$

∴ $x = 3.16 \fallingdotseq 3.2$〔mL〕

問4．過酸化水素水に酸化マンガン(Ⅳ)を加えると，酸化マンガン(Ⅳ)が触媒としてはたらき，酸素が発生する。

$$2H_2O_2 \longrightarrow 2H_2O + O_2$$

問5．(i) マンガン乾電池の正極活物質は酸化マンガン(Ⅳ) MnO_2，負極活物質は亜鉛 Zn である。

(ii) 起電力とは「正極と負極の間に生じる電位差（電圧）」である。

(iii) 充電できない一次電池は(ｱ)空気電池と(ｲ)酸化銀電池，充電可能な二次電池は(ｳ)ニッケル・水素電池と(ｴ)鉛蓄電池である。

Ⅱ 解答 問1．$Q_A = i_A t_A$

問2．白金板1：$2H_2O + 2e^- \longrightarrow H_2 + 2OH^-$

白金板2：$2H_2O \longrightarrow O_2 + 4H^+ + 4e^-$

問3．$n_1 = \dfrac{Q_A}{2F}$〔mol〕，$n_2 = \dfrac{Q_A}{4F}$〔mol〕

問4．$V_1 = \dfrac{Q_A RT}{2F(p_0 - p_{H_2O})}$〔L〕, $V_2 = \dfrac{Q_A RT}{4F(p_0 - p_{H_2O})}$〔L〕

問5．$p_1 = \dfrac{2(p_0 - p_{H_2O})}{3}$〔Pa〕, $p_2 = \dfrac{p_0 - p_{H_2O}}{3}$〔Pa〕

問6．(i) $n_1' = \dfrac{Q_A}{6F}$〔mol〕

(ii) $n_2' = \dfrac{Q_A + 3Q_B}{12F}$〔mol〕

問7．(i) $Cu^{2+} + 2e^- \longrightarrow Cu$

(ii) $\Delta m_{Cu} = \dfrac{M_{Cu}(Q_A + Q_B)}{2F}$〔g〕

━━━━ ◀解　説▶ ━━━━

≪電気分解，水上置換で捕集した気体の圧力と体積≫

問1．電気量〔C〕は電流〔A〕と時間〔s〕の積で求められるので

  $Q_A = i_A t_A$〔C〕

問2．白金板1は陰極であり，H_2O が還元されて H_2 が発生する。

  $2H_2O + 2e^- \longrightarrow H_2 + 2OH^-$

白金板2は陽極であり，H_2O が酸化されて O_2 が発生する。

  $2H_2O \longrightarrow O_2 + 4H^+ + 4e^-$

問3．問2の反応式より，白金板1で発生する H_2 の物質量 n_1〔mol〕は流れた電子の物質量の $\dfrac{1}{2}$ なので

$$n_1 = \frac{Q_A}{F} \times \frac{1}{2} = \frac{Q_A}{2F} \text{〔mol〕}$$

白金板2で発生する O_2 の物質量 n_2〔mol〕は流れた電子の物質量の $\dfrac{1}{4}$ なので

$$n_2 = \frac{Q_A}{F} \times \frac{1}{4} = \frac{Q_A}{4F} \text{〔mol〕}$$

問4．容器の内外の水面の高さを同じにしているので，捕集した気体の圧力と水蒸気圧の和は大気圧と等しい。よって，捕集した水素について

$$(p_0 - p_{H_2O}) V_1 = \frac{Q_A}{2F} RT \qquad \therefore \quad V_1 = \frac{Q_A RT}{2F(p_0 - p_{H_2O})} \text{〔L〕}$$

同様に，捕集した酸素について

$$(p_0 - p_{H_2O}) V_2 = \frac{Q_A}{4F} RT \qquad \therefore \quad V_2 = \frac{Q_A RT}{4F(p_0 - p_{H_2O})} \; [L]$$

問5. バルブが開いたとき，容器1，2内に存在する H_2 と O_2 の物質量比は2：1なので，圧力比 $p_1 : p_2$ も2：1となる。容器内の全圧は p_0 [Pa] のままなので，H_2 の分圧 p_1 [Pa] は

$$p_1 = \frac{2}{3}(p_0 - p_{H_2O}) \; [Pa]$$

同様に，O_2 の分圧 p_2 [Pa] は

$$p_2 = \frac{1}{3}(p_0 - p_{H_2O}) \; [Pa]$$

問6.（i）容器1と容器2の体積比は2：1なので，バルブを開いて気体を混合した際，容器1に存在する H_2 は $\frac{2}{3} n_1$ [mol]，O_2 は $\frac{2}{3} n_2$ [mol]，容器2に存在する H_2 は $\frac{1}{3} n_1$ [mol]，O_2 は $\frac{1}{3} n_2$ [mol] になる。電気量 Q_B [C] を流したとき，容器2では $\frac{Q_B}{4F}$ [mol] の O_2 が発生するので，H_2 の物質量 $n_1{}'$ [mol] は

$$n_1{}' = \frac{1}{3} n_1 = \frac{1}{3} \times \frac{Q_A}{2F} = \frac{Q_A}{6F} \; [mol]$$

O_2 の物質量 $n_2{}'$ [mol] は

$$n_2{}' = \frac{1}{3} n_2 + \frac{Q_B}{4F} = \frac{1}{3} \times \frac{Q_A}{4F} + \frac{Q_B}{4F} = \frac{Q_A + 3Q_B}{12F} \; [mol]$$

問7.（i）銅板は陰極となり，Cu^{2+} が還元されて Cu が析出する。
$$Cu^{2+} + 2e^- \longrightarrow Cu$$

（ii）析出する Cu の物質量は電子の物質量の $\frac{1}{2}$ 倍なので

$$\frac{Q_A + Q_B}{F} \times \frac{1}{2} = \frac{\Delta m_{Cu}}{M_{Cu}} \qquad \therefore \quad \Delta m_{Cu} = \frac{M_{Cu}(Q_A + Q_B)}{2F} \; [g]$$

Ⅲ **解答** 問1．あ―② い―④
問2．⑤・⑥・⑧

問3．Cu_2O

問4．
$$CH_2=CH-O-C(=O)-CH_3$$

（H,H で CH₂=CH を表す構造式、O-C=O の C に CH₃ が結合）

問5．
$$Br-CH_2-CHBr-O-C(=O)-CH_3$$

問6．C．アセトアルデヒド　　D．酢酸

問7．ポリ酢酸ビニル

問8．6.0×10^2

問9．33 %

問10．①

━━━━━━━━━ ◀解　説▶ ━━━━━━━━━

≪$C_4H_6O_2$ の構造決定，フェーリング液の還元反応，ビニロンの合成≫

問1・問3．あ．フェーリング液中には Cu^{2+} が存在するので，青色である。

い．フェーリング液中の Cu^{2+} が還元されると赤色の Cu_2O（沈殿 X）が沈殿する。

問2．フェーリング液は硫酸銅(Ⅱ)水溶液と酒石酸ナトリウムカリウムと水酸化ナトリウムを溶かした水溶液を混合したものである。

問4〜問6．分子式 $C_4H_6O_2$ の化合物 A は加水分解するので，エステル結合をもち，臭素水を脱色するので C=C 結合をもつ。A の加水分解で生じた化合物 C はフェーリング液を還元するのでアルデヒド，化合物 D は炭酸水素ナトリウム水溶液を加えると二酸化炭素を発生するのでカルボン酸である。化合物 C と D の炭素数の合計は4なので，化合物 A・C・D は以下の2通りの可能性がある。

$$CH_2=CH-O-C(=O)-CH_3 \xrightarrow{加水分解} CH_2=CH-OH + CH_3-C(=O)-OH$$

化合物 A-1　　　　　　　　　　　　　　　　　　　　化合物 D-1

異性化 ↓

$$CH_3-C(=O)-H$$

化合物 C-1

$$CH_3-CH=CH-O-\overset{\|}{\underset{O}{C}}-H \xrightarrow{\text{加水分解}} CH_3-CH=\underset{OH}{CH} \quad + H-\overset{\|}{\underset{O}{C}}-OH$$

化合物 A-2　　　　　　　　　　　　　　　　　　　　　　化合物 D-2

異性化 ↓

$$CH_3-CH_2-\overset{\|}{\underset{O}{C}}-H$$

化合物 C-2

この化合物 A に臭素を付加して生じる化合物 B は以下の 2 通りとなり，B-1 は不斉炭素原子（＊）1 つで適当，B-2 は不斉炭素原子（＊）2 つで不適である。

$$CH_2=CH-O-\overset{\|}{\underset{O}{C}}-CH_3 \xrightarrow{Br_2} CH_2-\overset{*}{\underset{Br}{C}}H-O-\overset{\|}{\underset{O}{C}}-CH_3$$
$$\qquad\qquad\qquad Br$$

化合物 A-1　　　　　　　　　　　　　　　化合物 B-1

$$CH_3-CH=CH-O-\overset{\|}{\underset{O}{C}}-H \xrightarrow{Br_2} CH_3-\overset{*}{\underset{Br}{C}}H-\overset{*}{\underset{Br}{C}}H-O-\overset{\|}{\underset{O}{C}}-H$$

化合物 A-2　　　　　　　　　　　　　　化合物 B-2

以上より，化合物 A は酢酸ビニル，化合物 C はアセトアルデヒド，化合物 D は酢酸と決定される。

問 7．化合物 A（酢酸ビニル）を付加重合させて生じる高分子化合物 E はポリ酢酸ビニルである。

$$\underset{OCOCH_3}{CH_2=CH} \xrightarrow{\text{付加重合}} \left[\underset{OCOCH_3}{CH_2-CH}\right]_n$$

問 8．重合度 n のポリ酢酸ビニルの分子量は $86n$ なので

$$86n = 5.16 \times 10^4 \qquad n = 6.0 \times 10^2$$

問 9．ポリ酢酸ビニルを完全にけん化して生じる高分子化合物 F はポリビニルアルコールである。

$$\left[\underset{OCOCH_3}{CH_2-CH}\right]_n \xrightarrow{\text{けん化}} \left[\underset{OH}{CH_2-CH}\right]_n$$

重合度 600 のポリビニルアルコールは，以下のように繰り返し単位を 2 つ書いたものにすると重合度は 300 となる。

$$\left[CH_2-CH\atop OH\right]_{600} = \left[CH_2-CH-CH_2-CH\atop OH\quad\quad OH\right]_{300}$$

（分子量 44×600）　　　　　（分子量 88×300）

そのうち，ホルムアルデヒドと反応した繰り返し単位を x とすると，得られるビニロンの構造は以下のように表すことができる。

$$\left[CH_2-CH-CH_2-CH\atop O-CH_2-O\right]_x \quad \left[CH_2-CH-CH_2-CH\atop OH\quad\quad OH\right]_{300-x}$$

$(88+12)\times x+88(300-x)=2.76\times10^4$　　　$x=100$

よって，ホルムアルデヒドと反応したヒドロキシ基の割合は

$$\frac{100}{300}\times100=33.3\fallingdotseq33〔\%〕$$

問 10.　①はビニロン，②はアクリル繊維，③はナイロン 6，④はアラミド繊維の特徴である。

❖講　評

　試験時間は 1 科目 60 分（2 科目 120 分）。大問は例年通り 3 題で出題内容は〔1〕が無機と理論，〔2〕が理論，〔3〕が有機・理論分野であった。

　Ⅰはマンガンの化合物をテーマとした大問で，酸化還元反応，化学平衡，EDTA を用いたキレート滴定，電池などが出題された。実験の最初で酸化マンガン(Ⅳ)，硝酸カリウム，水酸化カリウムを加熱融解し，冷却後に水溶液として生じた緑色の上澄み液について問われたが，この操作や生成物はわからない受験生が多かったと思われる。〔解説〕に記した通り，ここではマンガン酸イオン $MnO_4{}^{2-}$ が生じているが，これは教科書や参考書には載っていない反応・イオンである。しかし，この部分が一切わからなくても化合物Aが過マンガン酸カリウムであることは水溶液が赤紫色であることから推察できる。戸惑わず，冷静に読み進めれば問題なかっただろう。問 3 (i)は化合物Bの水溶液と EDTA の水溶液を等体積で混ぜているので，混合後の濃度は 0.5 倍になっていることに注意したい。(ii)では Mn^{2+} と EDTA の反応の平衡定数が非常に大きいことから，Mn^{2+} と EDTA が 1：1 で反応したところが滴定の終点と考えることができたかがポイントであった。問 4・問 5 では論述問題が出題されたが，難しいものではないので短時間で簡潔に記したい。問

5㈢では空気電池，酸化銀電池，ニッケル・水素電池，鉛蓄電池の一次，二次電池の分類が問われた。鉛蓄電池以外は覚えていない受験生もいたのではないだろうか。

Ⅱでは水溶液の電気分解で発生する水素と酸素に関する計算問題が出題された。計算がすべて文字式で，また，実験がやや複雑だったので，操作にともなう状況変化を正しく把握するのに時間を要したと思われる。文字式を用いた計算に惑わされないこと，水蒸気圧の存在を忘れないこと，バルブを開いた際に水素と酸素は体積比2：1で容器1，2に入ったことに注意したい。問われていること自体は基本的に，標準レベルの内容なので，落ち着いて丁寧に考えることができれば，完答も不可能ではなかっただろう。

Ⅲは分子式$C_4H_6O_2$の構造決定とビニロンの合成に関する問題が出題された。構造決定自体は演習を積んでいる受験生にとっては難しくはなかったと思われる。エステルを加水分解してアルコールではなくアルデヒドを生じる反応は，C=C結合直結のヒドロキシ基の異性化と考えることができれば問題なく解けた。化合物Bは不斉炭素原子が1つであるということもきちんと押さえたい。問2ではフェーリング液を調製する際に必要な試薬が問われた。硫酸銅(Ⅱ)水溶液は知っていても，酒石酸ナトリウムカリウム水溶液，水酸化ナトリウム水溶液まで解答することは難しかったのではないだろうか。問8の高分子化合物の重合度，問9のビニロンのアセタール化の割合の計算問題は入試頻出である。これらの計算はミスなく短時間で解答したい。

生物

I 　**解答**　問1．1．組織液　2．血しょう
　　　　　　問2．A－1　B－2

問3．(1)　原尿：ア・エ・オ・カ

尿：ア・オ・カ

腎静脈の血液：ア・イ・ウ・エ・オ・カ

(2)　血液中の Na^+ 濃度を下げるために水の再吸収が促進され，血液中の水分が増えるから。(40字以内)

問4．Ⅰ．細胞膜　Ⅱ．K^+　Ⅲ．静止電位の維持

問5．血しょう中のアルブミン濃度が低下する (20字以内)

◀解　説▶

≪体液の恒常性，腎臓のはたらき≫

問2・問5．アルブミンは血しょう中に最も多く含まれるタンパク質で，血しょう濃度の維持などにはたらくことが知られている。会話文中にあるように，アルブミンは血管壁の小孔を通過できず血管内に残るため，血管壁を隔ててアルブミンの濃度差が生じる。この濃度差が原因となってA（組織液）からB（血しょう）へと水分の流れが生じることになる。つまり，この流れがあることで，多量の水分が組織にとどまることなく，血液と組織液のバランスが保たれる。極度の低栄養状態になると，血しょう中のアルブミン濃度が低下し，多量の水分が腹部の組織に溜まってしまう。

問3．(1)　血液成分のうち，水，グルコース，尿素，Na^+ などはボーマンのうへろ過されるが，血球やタンパク質などの大きな物質はろ過されない。ボーマンのうへろ過された物質のうち，グルコースはすべて再吸収されるが，水，尿素，Na^+ などは必要な量だけ再吸収され，残りは尿中に排出される。なお，図をよくみると，腎動脈を通過する液量を 100 とした場合，原尿の液量は 10 とある。つまり，腎動脈の血液のほとんどはそのまま腎静脈へと流れるので，腎静脈の血液にはア～カのすべての成分が含まれる。

(2)　Na^+ を過剰に摂取すると，血液中の Na^+ 濃度が上昇する。血液中の

塩分濃度が上昇すると，脳下垂体後葉からバソプレシンが分泌されて腎臓の集合管での水の再吸収が促進される。その結果，血液中の水分量が増えて血圧が高くなる。

問4．たとえば，細尿管での水の再吸収のしくみについてみてみよう。細尿管の周囲の組織は，細尿管内を流れる原尿にくらべて Na^+ 濃度が高く，この濃度差を利用して，細尿管から周囲の毛細血管へ水の再吸収が起こる。そこで，細胞膜 を隔てた K^+ の濃度差が 静止電位の維持 に利用されているといった解答が考えられる。この他にも様々な解答が考えられるので，いくつか列挙しておく。

• 細胞膜 を隔てた Na^+ の濃度差が 活動電位の発生 に利用されている。

• 細尿管壁 を隔てた Na^+ の濃度差が 水の再吸収 に利用されている。

• ミトコンドリア内膜 を隔てた H^+ の濃度差が ATP の合成 に利用されている。

• チラコイド膜 を隔てた H^+ の濃度差が ATP の合成 に利用されている。

Ⅱ 解答

問1．(1) 1．競争的　2．非競争的

(2) 基質との間で活性部位を奪い合うから。(20 字以内)

(3)

(4)

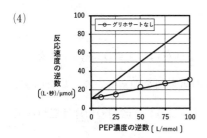

問2．(1)　胚：$\dfrac{1}{2}$　胚乳：$\dfrac{2}{3}$　種皮：1

(2)　生き残る個体：枯死する個体＝3：1

◀解　説▶

≪酵素反応，遺伝子組換え植物≫

問1．(1)・(2)　競争的阻害では，基質に似た構造をもつ阻害物質が，基質との間で酵素の活性部位を奪い合うことで酵素反応を阻害する。一方，非競争的阻害では，阻害物質が酵素の活性部位以外の部位に結合することで酵素反応を阻害する。競争的阻害では，基質濃度を高くすると阻害の影響はほとんどみられなくなるが，非競争的阻害では，基質濃度にかかわらず一定の割合で阻害の影響が現れる。

(3)　一般に酵素の反応速度 v は以下の①式で表され，グラフの形状は右図のようになる。

V_{max}：最大反応速度

s：基質濃度

K_{m}：$\dfrac{V_{\mathrm{max}}}{2}$ となる基質濃度

$$v = \frac{V_{\mathrm{max}} \times s}{s + K_{\mathrm{m}}} \quad \cdots\cdots①$$

この式の逆数をとり，変形すると②式のようになる。

$$\frac{1}{v} = \frac{K_{\mathrm{m}}}{V_{\mathrm{max}}} \times \frac{1}{s} + \frac{1}{V_{\mathrm{max}}} \quad \cdots\cdots②$$

この式で，$\dfrac{1}{s}$ を横軸に，$\dfrac{1}{v}$ を縦軸にとると右図

のようになり，縦軸の切片が $\dfrac{1}{V_{\mathrm{max}}}$，傾きが

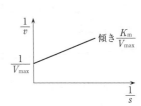

$\dfrac{K_\mathrm{m}}{V_\mathrm{max}}$ のグラフとなる。

ちなみに競争的阻害剤を加えた場合，下図左に示すように V_max は変わらず，$\dfrac{V_\mathrm{max}}{2}$ となる基質濃度 $K_\mathrm{m}{}'$ は競争的阻害剤を加えていない場合の K_m よりも大きくなる。そのため下図右に示すように，縦軸の切片は変わらず，グラフの傾きは大きくなる。

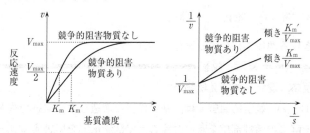

EPSP 合成酵素は，PEP と S3P から EPSP を合成する反応を触媒する。また，グリホサートは PEP と似た競争的阻害剤である。

$$\text{PEP} + \text{S3P} \xrightarrow{\text{EPSP 合成酵素}} \text{EPSP}$$

実験2のように，S3P 濃度を一定にして，PEP 濃度を大きくしていくとグリホサートによる阻害効果は次第にみられなくなる（V_max は変わらない）。一方，実験1のように，PEP 濃度を一定にして，S3P 濃度を大きくしても，グリホサートによる阻害効果は常にみられる（V_max はグリホサートなしのときよりも小さくなる）。上記の内容をもとに，実験1と図1をみてみる。まず，グリホサートなしでの最大反応速度を V_max，グリホサートありでの最大反応速度を $V_\mathrm{max}{}'$ とする。図1より，$\dfrac{1}{V_\mathrm{max}} \fallingdotseq 5$ 〔L・秒/μmol〕，$\dfrac{1}{V_\mathrm{max}{}'} = 10$〔L・秒/μmol〕より，$V_\mathrm{max}{}'$ は V_max の半分程度になる。また，上述したようにグリホサートによる阻害効果は常にみられるので，〔解答〕のようなグラフになる。念のため，具体的な計算過程を以下に示しておく。

$\dfrac{1}{V_\mathrm{max}} \fallingdotseq 5$〔L・秒/μmol〕の場合，$V_\mathrm{max} \fallingdotseq 0.2$〔μmol/（L・秒）〕となる。また，$1\,μmol = 10^3\,nmol$ なので，単位を変換すると $V_\mathrm{max} \fallingdotseq 200$〔nmol/（L・秒）〕と

なり，図 3 の最大反応速度に近い値になる。$\dfrac{1}{V_{\max}'}=10$〔L・秒/μmol〕の場合でも同様に計算すると，$V_{\max}'=100$〔nmol/(L・秒)〕となる。

⑷　実験 2 では，グリホサートの有無にかかわらず $V_{\max}$ は変わらないので，図 2 の縦軸との切片 $\left(\dfrac{1}{V_{\max}}\right)$ は同じである。一方，グラフの傾きは問題文中の数値を利用する。PEP 濃度が $10.0\,\mu\text{mol/L}=10^{-2}\,\text{mmol/L}$ なので，PEP 濃度の逆数は $\dfrac{1}{10^{-2}}\,\text{L/mmol}=100\,\text{L/mmol}$ となる。このときの反応速度が $11.1\,\text{nmol/(L・秒)}=11.1\times10^{-3}\,\mu\text{mol/(L・秒)}$ なので，反応速度の逆数は $\dfrac{1}{11.1\times10^{-3}}$ (L・秒)/μmol ≒ 90 (L・秒)/μmol となる。つまり，横軸の値が 100 のときに縦軸の値が 90 となる点を通るようにグラフを描けばよい。

問 2．⑴　グリホサート耐性遺伝子（T）遺伝子をホモにもつ雌花（遺伝子型を TT とする）と，遺伝子 T をもたない雄花（遺伝子型を tt とする）から生じた種子が栽培用種子である。この種子の場合，胚は両親からゲノムを 1 セットずつ受け継いでいるため核相は $2n$ で遺伝子型は Tt となる。胚乳は雌花からゲノムを 2 セット，雄花からゲノムを 1 セット受け継いでいるため核相は $3n$ で遺伝子型は TTt となる。一方，種皮は雌花の体細胞に由来するので核相は $2n$ で遺伝子型は TT となる。よって，n あたり（ゲノムのセット数あたり）の遺伝子 T の数は，胚が $\dfrac{1}{2}$，胚乳が $\dfrac{2}{3}$，種皮が $\dfrac{2}{2}=1$ となる。

⑵　この栽培用種子（遺伝子型は Tt）を自家受粉させて得た種子の遺伝子型とその分離比は，TT：Tt：tt ＝ 1：2：1 となる。これらの種子から発芽したトウモロコシにグリホサートを散布した場合，遺伝子 T をもつ個体はグリホサート耐性なので，（生き残る個体）：（枯死する個体）＝ 3：1 となる。

Ⅲ **解答** 問1．流動モザイクモデル
　　　　　　問2．ア・ウ・エ・オ

問3．生体膜の流動性や柔軟性の低下。(15字以内)

問4．ア・イ・ウ

問5．⑴　1．チラコイド　2．光化学系　3．ATP

4．カルビン・ベンソン

⑵　膜脂質の不飽和化によってチラコイド膜内のタンパク質複合体の流動性を維持し，円滑な電子の受け渡しを促すことで，光合成活性の低下を防いでいる。(70字以内)

━━━━━━━ ◀解　説▶ ━━━━━━━

≪生体膜の流動性に関する遺伝子のはたらき，光合成≫

問2．mRNA の存在量は，その遺伝子の転写と mRNA の分解のバランスによって決まることに注意する。

ア．低温処理による mRNA 量の増加は，mRNA の分解抑制の可能性も考えられるので，転写促進のみが原因とは言い切れない。

ウ．高温処理による mRNA 量の減少は，転写抑制の可能性も考えられるので，mRNA の不安定化（分解促進）のみが原因とは言い切れない。

エ．低温条件での生育に *desA* 遺伝子の発現が必要であるかどうかを調べるには，野生株と *desA* 遺伝子欠損株のそれぞれについて，低温条件での生存率を調べてみないとわからない。

オ．このシアノバクテリアが 36℃ 以上で生育できるかどうかは，実際に 36℃ 以上での生存率を調べてみないとわからない。

問3．水素付加を行うことで膜脂質の脂肪酸の不飽和度を低下させると，生体膜の流動性や柔軟性が低下し，これが引き金になって *desA* 遺伝子の mRNA 量が増加すると考えられる。

問4．野生株や *desA* 遺伝子導入株をあらかじめ 22℃ または 34℃ で培養しておき，これを図3の横軸に示している様々な低温条件で 60 分間処理し，その後，もとの温度（22℃ または 34℃）に戻してから 10 分経過したときの光合成活性を調べている。たとえば，あらかじめ 34℃ で培養しておいた野生株を 0℃ で 60 分間処理し，その後，34℃ に戻して 10 分経過した時の光合成活性は，もとの 34℃ のときの光合成活性の 4 割強程度に低下している。また，野生株や *desA* 遺伝子導入株のどちらでも，あらかじ

め低い温度（22℃）で培養しておくと，低温処理による光合成活性の低下は抑制されること，さらに，光合成活性の低下が抑制される度合いは野生株よりも *desA* 遺伝子導入株の方が大きいことがわかる。よって，ア・イ・ウは正しい。なお，この野生株はもともと *desA* 遺伝子をもっていないので，エは誤りである。また，それぞれの株について，低温処理前の光合成活性の大きさを比較していないので，オも誤りである。

問5. (2)　リード文や図1～図3から，低温では膜脂質の流動性が低下するが，それを防ぐために *desA* 遺伝子の mRNA 量が増加して脂肪酸の不飽和化を促し，膜脂質の流動性を維持していることがわかる。また，問題文中に「電子伝達系では，（チラコイド）膜内に存在する……タンパク質複合体や電子を受け渡す物質の間で，順序よく電子が受け渡されることが必要」とある。つまり，低温条件ではチラコイド膜の流動性が低下し，膜内に存在するタンパク質複合体間での電子の受け渡しが起こりにくくなるが，膜脂質の不飽和化によってタンパク質複合体の流動性を維持し，円滑な電子の受け渡しを促すことで，光合成活性の低下を防いでいると考えられる。

IV　解答

問1．A. 同化量　B. 成長量　C. 被食量
　　D. 総生産量

問2．3～5月の増加：ウ　5月中旬の減少：ア

問3．(1)　A－イ　B－ウ　C－エ　D－ア

(2)－ウ　理由：Qの投入によってニシンが減少すると，ニシンに捕食されるBが増加するため，Bに捕食されるAは減少すると予想される。（60字以内）

(3)　1012.5

◀解　説▶

≪海洋生態系の食物連鎖と物質収支≫

問2．珪藻の増殖には，生育に適した水温，十分な日射量と無機栄養塩類が必要である。選択肢のうち，珪藻の増加につながると考えられるのはウ，減少につながると考えられるのはア，イとなる。ただし，5月中旬に見られる減少の要因としてはイよりもアの方が適当である。

問3．(1)　リード文の中ほどに「北緯50度の沿岸域」とあり，下線部(c)

に，この海域（沿岸域）では「珪藻」→「節足動物のカイアシ類」→「魚類」という食物連鎖があることが記されている。イが珪藻で，ウが節足動物と考えられるので，Aがイ，Bがウとわかる。残ったエとアのうち，からだのつくりが複雑なアの方が食物連鎖の上位に位置すると考えられるので，Cがエ，Dがアとなる。

⑶　ある栄養段階の生態効率は次式で表される。

　　　ある栄養段階の生態効率

$$= \frac{ある栄養段階の生産量}{一つ前の栄養段階の純生産量もしくは生産量}$$

また，各栄養段階の生態効率は同じ海域内で一定とあるので，温帯外洋域での生態効率を a とすると，温帯外洋域では次式が成り立つ。

　　　（ある栄養段階の生産量）

　　　＝（生態効率 a）×（一つ前の栄養段階の純生産量もしくは生産量）

つまり，栄養段階が一段上がるごとに a 倍に変化する。図 4 によると温帯外洋域では栄養段階が 6 つあり，植物プランクトンと魚食性魚類（マグロ）の年間純生産量はそれぞれ $75\,\mathrm{gC/m^2} = 7.5 \times 10^4\,\mathrm{mgC/m^2}$，$0.75\,\mathrm{mgC/m^2}$ であるから，$(7.5 \times 10^4) \times a^5 = 0.75$ となり，$a = 0.1$ とわかる。一方，沿岸域での生態効率は温帯外洋域の 1.5 倍なので 0.15 とわかる。また，図 4 によると沿岸域では栄養段階が 4 つあり，植物プランクトンの年間純生産量は $300\,\mathrm{gC/m^2} = 3 \times 10^5\,\mathrm{mgC/m^2}$ なので，魚食性魚類（タラ）の年間純生産量は

$$(3 \times 10^5) \times 0.15^3 = 1012.5$$

となる。

❖講　評

　2023 年度も大問は 4 題で，例年通り，知識問題よりはリード文をもとに考察していく問題の割合が高かった。2022 年度と比べると，論述量は減少し，比較的書きやすい論述問題が多かったものの，やや複雑な計算問題が多く出題された。全体の難易度は 2022 年度とあまり変化ない。

　Ⅰ　体液の恒常性や腎臓のはたらきに関する問題。問 1・問 2 は基本的であり完答したい。問 3 の⑴は基本的であり，⑵の論述問題もハイソプ

レシンの働きに注目すればさほど難しくはない。問 4 は様々な解答が考えられるが，これも正解したい。問 5 は会話文の内容を丁寧に読めば正解できる。

　　Ⅱ　酵素反応と遺伝子組換え植物に関する問題。問 1 の(1)・(2)は基本的であり，完答したい。(3)と(4)は計算にかなり時間を要する。特に(4)は単位の変換を丁寧に行っていかないと正解は難しい。問 2 の(1)は胚乳や種皮の遺伝子型を考慮すれば容易に正解にたどり着く。(2)は基本的な遺伝の問題であり，これについても正解したい。

　　Ⅲ　生体膜の流動性に関する問題。問 1 は基本的。問 2 は問題の意図を正確に把握しないとケアレスミスを犯しやすい。問 3 は標準レベルの論述問題であり，正解したい。問 4 はグラフの読み取りに時間を要する。悩ましい選択肢もあり，やや難である。問 5 は問題文をしっかり読めば，書くべき内容がすぐに思いつくはずである。

　　Ⅳ　海洋生態系の物質収支に関する問題。問 1 ・問 2 は基本的。問 3 の(1)はリード文を丁寧に読んでいないとかなり迷う。はじめに沿岸域の生物が判断できないと完答は難しい。(2)は基本的であり，論述問題もさほど難しくはない。(3)は問題の設定がやや複雑であり，計算に時間を要する。やや難である。

地学

Ⅰ **解答**　問 1．ア．偏西風　イ．高気圧
　　　　　　ウ．温帯低気圧（低気圧）

問 2．④

問 3．梅雨期には日本の北東方で発達したオホーツク海高気圧と<u>亜熱帯高</u>
<u>圧帯</u>で発達した北太平洋高気圧の間に気圧の谷が形成されるが，盛夏期に
はオホーツク海高気圧が弱まり，南方の高気圧に覆われて南高北低型とな
る。（100 字以内）

問 4．大気が不安定な状態では空気塊が上昇を続けるため，上昇気流が卓
越し，上空には積雲や積乱雲が形成される。それにともない，局地的な大
雨や雷などが発生すると考えられる。（80 字以内）

◀解　説▶

≪日本の天気，大気の安定性≫

問 1．上空の偏西風の蛇行が激しくなると，やがてその北部を短絡するよ
うな（図 1 ではシベリアからオホーツク海北部を経てカムチャツカ半島に
向かう）流れが生じ，その南方（図 1 では朝鮮半島北部）には反時計回り
の渦が形成されて中心には寒気が取り残される。一般にその西方では上空
の寒気が南下し，地上に吹き降りる。逆に東方では地上から暖気が吹き上
がって北上し，地上では渦の西側に温帯低気圧，東側に高気圧が形成され
る。

問 2．①　不適。問 3 の〔解答〕で述べるようなオホーツク海高気圧や気
圧の谷が図 1 には見られないので，梅雨前線は生じていないと考えられる。

②　不適。図 1 の範囲では朝鮮半島付近の低温部を除き，低緯度で −4℃
程度，高緯度で −24 〜 −28℃ 程度となっており，高緯度ほど低い傾向が
みられる。

③　不適。北西太平洋上には高気圧が位置しており，発達した台風の同心
円状で密な等圧線は見当たらない。

④　適切。北半球では，低気圧は反時計回り，高気圧は時計回りに風が吹
くので，それらに挟まれている東日本には，等圧線の向きにほぼ沿って，

南～南西から北～北東に向かって風が吹く。風向は風上に当たる方角で表すことに注意。

問3．春から夏にかけ，ユーラシア大陸の温度上昇にともなって北太平洋との気温差が逆転することで，冬期の西高東低型から夏期の南高北低型の気圧配置へと移り変わる。その間，上空の偏西風の流路の変化に合わせてオホーツク海上にブロッキング高気圧が生じ，日本を含むアジア東岸から北西太平洋にかけての地域は，亜熱帯高圧帯に発達する北太平洋高気圧（小笠原高気圧）との狭間に入る。この気圧の谷はしばらく停滞し，南北からの暖気・寒気が衝突することで梅雨前線が生じる。

問4．空気塊の密度が周囲の大気より小さいとき，その空気塊は周囲から特に強制力を受けなくても，浮力を受けて自立的に上昇する。

【気温減率が湿潤断熱減率より小さいとき】強制力を受け持ち上げられた空気塊は周囲の大気より高温になれず，重力を上回る浮力を得られないため，強制力がなくなると元の高さに戻る。これは大気が安定な状態である。

【気温減率が湿潤断熱減率と乾燥断熱減率の間にあるとき】持ち上げられた空気塊が水蒸気で不飽和のときは周囲より低温なので，外力がなくなると元に戻る。しかし上昇中に凝結が始まると温度低下の割合が小さくなり，やがて周囲と等温になる。さらに空気塊の上昇が続くと温度が周囲より高温になり，その後は自立的に上昇する。これを条件付き不安定という。

【気温減率が乾燥断熱減率より大きいとき】空気塊は飽和・不飽和にかかわらず上昇を続ける。これを不安定または絶対不安定という。本問の状態はこれに該当する。

空気塊の急激な上昇により強い上昇気流が形成されると，上空には積雲や積乱雲ができる。これらの雲の中では氷晶や水滴が成長し，やがて大粒で激しい雨をもたらす。雷や突風をともなうこともある。

II 解答

問1．それぞれの銀河団までの距離を後退速度で割ると，どれもほぼ等しい時間を得る。このことから，宇宙は過去のあるとき1点から爆発するように膨張し始め，現在もあらゆる方向に一様に広がり続けていると考えられる。（100字以内）

問2．距離（r）と後退速度（v）が直線Aの関係にあることから，その傾きをHとすると$v=Hr$と表せる。ある点から任意の距離rだけ離れた所

を進む天体の速度が v であることから，そこに達するまでの時間 t が膨張開始からの時間すなわち宇宙の年齢であると考えられる。

$r = 100$〔億光年〕$= 1.0 \times 10^{23}$〔km〕のとき

$v = 720$〔10^{10} km/年〕$= 7.2 \times 10^{12}$〔km/年〕なので

$$t = \frac{r}{v} = \frac{1.0 \times 10^{23}}{7.2 \times 10^{12}} = 1.38 \times 10^{10} \fallingdotseq 1.4 \times 10^{10}\text{〔年〕} = 1.4 \times 10^{2}\text{〔億年〕}$$

……(答)

問 3．問 2 と同様にして直線 B の傾きから宇宙年齢を求めると，約 20 億年という値を得る。このため，現在知られている太陽系や地球の年齢である 46 億年よりも宇宙年齢の方が若いという矛盾が生じる。(100 字以内)

━━━━ ◀解　説▶ ━━━━

≪ハッブルの法則≫

問 1．宇宙がビッグバンで始まったことを説明する。距離を後退速度で割ると，その値はある点を出発して遠ざかり始めてからの時間を示す。それがどの銀河団についてもほぼ一定値になるということは，宇宙が 1 点からあらゆる方向に一様に膨張していることを意味する。

問 2．遠方にある銀河団ほど速く地球から遠ざかっていることが，スペクトルが波長の長い方へずれる赤方偏移と呼ばれる現象から推定されている。距離 r だけ離れた銀河団の後退速度が v であるとすると，$v = Hr$（H：ハッブル定数）という直線関係が成り立ち，これをハッブルの法則という。

任意の距離 r にある天体の後退速度が v であることから，$\dfrac{r}{v} = \dfrac{r}{Hr} = \dfrac{1}{H}$ はその天体がある点からそこに到達するまでの時間，言い換えるとある点で宇宙が膨張し始めてからの時間ということになる。すなわちハッブル定数 H の逆数は宇宙の年齢を表している。

問 3．直線の傾きが急であるということは，膨張の速度が速く H が大きいことになり，その分宇宙年齢は若く求められる。

III **解答** 問 1．ストロマトライト
問 2．ウミユリ，クサリサンゴ (順不同)

問 3．化石を含む地層が堆積した環境を推定できる化石のこと。生息環境が限られており，長期間にわたって繁栄したことで産出数が多く，現地性

であることが必要である。（80 字以内）

問 4．秋吉帯の石灰岩が堆積したのは大陸から遠く離れた大洋のサンゴ礁で，混入物が少なかった一方，南部北上帯の石灰岩が堆積したのは大陸に比較的近い場所で，大陸から流入し運ばれてきた泥質物が混入したため。（100 字以内）

━━━━━━　◀解　説▶　━━━━━━

≪古生物と生物礁の形成≫

問 1．シアノバクテリアは単細胞の原核生物の一種であり，エネルギー効率のよい酸素発生型の光合成を行う。分泌した粘液で泥の粒子を固定して体を支えるが，光を求めてしだいに外側へ分裂していくため，ドーム状の構造物が成長する。こうして形成された構造物をストロマトライトと呼ぶ。

問 2．サンゴ類は代表的な造礁生物である。クサリサンゴやハチノスサンゴは腔腸動物の仲間の床板サンゴ類に属し，四放サンゴ類とともに礁を形成したが，古生代末に絶滅した。六放サンゴ類は現在の造礁性のイシサンゴやイソギンチャクなどを含む刺胞動物の仲間であるが，三畳紀に出現したので本問の解答にはならない。ウミユリは，棘皮動物で現在のウニやヒトデの仲間であるが，海底に固着して生物礁を構成していた。なお三葉虫，直角貝，二枚貝も古生代の石灰岩中に化石として見つかるが，サンゴ類やフズリナ類などが作った礁の骨格の隙間を埋めるような存在であったといえる。

問 3．示相化石は，それが産出した地層の堆積当時の環境を知るのに役立つ化石である。したがって適応環境の狭い生物の化石であることが第一の条件である。さらに他の時代と比較して環境変化の有無を知るために，長期間にわたって繁栄していた生物であることも条件になる。加えて，化石となった生物が死んだ場所で堆積すること（現地性であること）も必要となる。一方，示準化石は，それが産出した地層の堆積した時代を知るのに役立つ化石である。したがって生存期間が短いが，広範囲にわたって多量に分布した生物の化石であることが条件になる。

問 4．大陸からの距離の違いに着目して述べる。ペルム紀にあった広大な大洋の中ほどにあった火山島・海山付近の浅海底で堆積する場合は，石灰質の外骨格をもった生物の遺骸が主となるため $CaCO_3$ の純度が高い。一方プレートの移動にともなって大陸に近い場所で堆積する場合は，大陸か

ら運ばれてきた泥質砕屑物の混入が多くなる。さらに沿岸に近い場所では砂礫が混ざることもある。

IV 解答

問1. ア. 地殻熱流量 イ. 放射性同位体
ウ. 花こう岩

問2. 価数がともに2価の陽イオンで，半径が近い値をもつから。(30字以内)

問3. ④

問4. 中央海嶺の地下には，浅い所まで高温のマントル物質が上昇してきているから。(40字以内)

問5. 先カンブリア時代の大陸縁辺部では海洋プレートの沈み込みにともなう造山運動がまだ十分機能しておらず，海底堆積物の地下深部への押し込みが少なかったから。(80字以内)

◀解 説▶

≪固溶体，地殻熱流量，変成岩≫

問1. 高温の地球内部から低温の地表面に向かって，単位時間に水平な単位断面積を通過する熱量を地殻熱流量という。地球内部の熱源としては，地球の形成初期に重力の位置エネルギーから変換されて内部に閉じ込められた熱と，放射性同位体の崩壊熱がある。

問2. 鉱物の結晶を構成する格子の形は鉱物の種類によって決まっているが，それに入る金属イオンは電荷と大きさとが合えば，互いに入れ替わることができる。このような現象が起こる鉱物のことを，固溶体と呼ぶ。たとえばかんらん石では Mg^{2+} と Fe^{2+} が，斜長石とカリ長石では $(Ca^{2+} + Al^{3+})$，$(Na^+ + Si^{4+})$ と $(K^+ + Si^{4+})$ が入れ替わって固溶体を形成している。

問3. 珪長質岩石と苦鉄質岩石を全体で比べると，珪長質岩石は Ca に乏しく，Si，Na，K に富み，Al は大差ない。しかし固溶体としての斜長石のみに着目すると，珪長質岩石に見られる物は苦鉄質岩石に見られる物に比べて Ca，Al に乏しく，Na，Si に富む。金属をイオンで考えたときの価数の和に注目するとよい。

問4. マントル深部から上昇してくる高温の流れは，地表付近まで来ると分かれて側方に向かっていく。表面で冷却された物質は固結してプレート

となり，両側へ移動していく。このような場所では海底が盛り上がり，中央海嶺が形成される。

問5．先カンブリア時代は，プレート移動にともなって大陸縁辺部で起こる造山運動が開始してからまだ十分な時間を経ていなかったため，海洋底堆積物や陸源性堆積物が海洋プレートの沈み込みによって地下深部に押し込まれることが少なく，それらが低温高圧型変成作用を受ける機会も少なかったと考えられる。また，地球形成時の微惑星集積によって熱を得たばかりの先カンブリア時代には，現在に比べると地表近くまで高温であり，低温高圧型変成作用は起こりにくい状況であったとも考えられる。

❖講　評

　例年通り大問4題の構成で出題分野もほぼ変わりなかったが，論述量が増えた分，2022 年度に比べやや難化したといえる。

　Ⅰ　図1に描かれた等圧線と等温線が重なって読み取りづらいため，問2は慎重に判断したい。問3・問4は頻出の内容だけに，いかに内容を絞って題意と制限字数に合わせるかがポイントとなる。

　Ⅱ　ハッブルの法則と宇宙年齢に関する内容であった。ビッグバンやハッブル定数の逆数が宇宙年齢になることは知っていても，それを筋道立てて説明するのは練習量しだいでは難しいと思われる。

　Ⅲ　古生物と生物礁の石灰岩に関する内容であった。問題中に初めて見るような用語がいくつかあり，一部その判断に迷うところもあったのではないだろうか。そういう場合は消去法で答えを見つけるのもよい。問4はⅣの問5と同様，簡潔にまとめるのは少々難しい。

　Ⅳ　3つのテーマに関する問題であった。問3は岩石全体の組成変化ではなく斜長石という固溶体の組成変化を問われており判断に迷うだろうが，慌てずイオンの価数の和に注目して考えるとよいだろう。

2022
年度

問題と解答

■前期日程

問題編

▶試験科目・配点

【総合選抜*】

選抜区分	教　科	科　　　　　目	配　点
理系Ⅰ	外国語	「コミュニケーション英語Ⅰ・Ⅱ・Ⅲ，英語表現Ⅰ・Ⅱ」，ドイツ語，フランス語，中国語から1科目選択	500 点
	数　学	数学Ⅰ・Ⅱ・Ⅲ・A・B	500 点
	理　科	「物理基礎・物理」必須。「化学基礎・化学」，「生物基礎・生物」，「地学基礎・地学」から1科目選択	500 点
理系Ⅱ	外国語	「コミュニケーション英語Ⅰ・Ⅱ・Ⅲ，英語表現Ⅰ・Ⅱ」，ドイツ語，フランス語，中国語から1科目選択	500 点
	数　学	数学Ⅰ・Ⅱ・Ⅲ・A・B	500 点
	理　科	「物理基礎・物理」，「化学基礎・化学」，「生物基礎・生物」，「地学基礎・地学」から2科目選択	500 点
理系Ⅲ	外国語	「コミュニケーション英語Ⅰ・Ⅱ・Ⅲ，英語表現Ⅰ・Ⅱ」，ドイツ語，フランス語，中国語から1科目選択	500 点
	数　学	数学Ⅰ・Ⅱ・Ⅲ・A・B	600 点
	理　科	「物理基礎・物理」，「化学基礎・化学」，「生物基礎・生物」，「地学基礎・地学」から2科目選択	400 点

【学類・専門学群選抜】

学群・学類		教　科	科　　　目		配　点
社会・国際	国際総合	外国語	「コミュニケーション英語Ⅰ・Ⅱ・Ⅲ，英語表現Ⅰ・Ⅱ」，ドイツ語，フランス語，中国語から1科目選択		400点
		地歴	日本史B，世界史B，地理Bから1科目選択　　　〈省略〉	から1科目選択	400点
		数学	数学Ⅰ・Ⅱ・A・B		
			数学Ⅰ・Ⅱ・Ⅲ・A・B		
人間	教育、心理	外国語	「コミュニケーション英語Ⅰ・Ⅱ・Ⅲ，英語表現Ⅰ・Ⅱ」，ドイツ語，フランス語，中国語から1科目選択※心理学類は英語必須で，ドイツ語，フランス語，中国語は選択できない。		250点
		地歴・公民	日本史B，世界史B，地理B，倫理から1科目選択　　　〈省略〉	から1科目選択	250点
		数学	数学Ⅰ・Ⅱ・Ⅲ・A・B		
		理科	「物理基礎・物理」，「化学基礎・化学」，「生物基礎・生物」，「地学基礎・地学」から1科目選択		
		国語	現代文B・古典B　　　〈省略〉		
	障害科	外国語	コミュニケーション英語Ⅰ・Ⅱ・Ⅲ，英語表現Ⅰ・Ⅱ		250点
		地歴・公民	日本史B，世界史B，地理B，倫理から1科目選択　　　〈省略〉	から1科目選択	250点
		数学	数学Ⅰ・Ⅱ・A・B		
			数学Ⅰ・Ⅱ・Ⅲ・A・B		
		理科	「物理基礎・物理」，「化学基礎・化学」，「生物基礎・生物」，「地学基礎・地学」から1科目選択		
		国語	現代文B・古典B　　　〈省略〉		

生命環境	生物	外国語	コミュニケーション英語Ⅰ・Ⅱ・Ⅲ，英語表現Ⅰ・Ⅱ	300 点
		数　学	数学Ⅰ・Ⅱ・Ⅲ・A・B	300 点
		理　科	「物理基礎・物理」，「化学基礎・化学」，「生物基礎・生物」，「地学基礎・地学」から2科目選択	300 点
	生物資源	外国語	コミュニケーション英語Ⅰ・Ⅱ・Ⅲ，英語表現Ⅰ・Ⅱ	300 点
		数　学	数学Ⅰ・Ⅱ・Ⅲ・A・B	300 点
		選　択	地理B，「物理基礎・物理」，「化学基礎・化学」，「生物基礎・生物」，「地学基礎・地学」から2科目選択	300 点
	地球	外国語	コミュニケーション英語Ⅰ・Ⅱ・Ⅲ，英語表現Ⅰ・Ⅱ	300 点
		数　学	数学Ⅰ・Ⅱ・Ⅲ・A・B	400 点
		選　択	地理B，「物理基礎・物理」，「化学基礎・化学」，「生物基礎・生物」，「地学基礎・地学」から2科目選択	400 点
理工	数、物理、工学システム	外国語	「コミュニケーション英語Ⅰ・Ⅱ・Ⅲ，英語表現Ⅰ・Ⅱ」，ドイツ語，フランス語，中国語から1科目選択	500 点
		数　学	数学Ⅰ・Ⅱ・Ⅲ・A・B	500 点
		理　科	「物理基礎・物理」必須。「化学基礎・化学」，「生物基礎・生物」，「地学基礎・地学」から1科目選択	500 点
	化	外国語	「コミュニケーション英語Ⅰ・Ⅱ・Ⅲ，英語表現Ⅰ・Ⅱ」，ドイツ語，フランス語，中国語から1科目選択	500 点
		数　学	数学Ⅰ・Ⅱ・Ⅲ・A・B	500 点
		理　科	「化学基礎・化学」必須。「物理基礎・物理」，「生物基礎・生物」，「地学基礎・地学」から1科目選択	500 点

理工	応用理工	外国語	「コミュニケーション英語Ⅰ・Ⅱ・Ⅲ，英語表現Ⅰ・Ⅱ」，ドイツ語，フランス語から1科目選択	500 点
		数　学	数学Ⅰ・Ⅱ・Ⅲ・A・B	500 点
		理　科	「物理基礎・物理」必須。「化学基礎・化学」，「生物基礎・生物」，「地学基礎・地学」から1科目選択	500 点
	社会工	外国語	「コミュニケーション英語Ⅰ・Ⅱ・Ⅲ，英語表現Ⅰ・Ⅱ」，ドイツ語，フランス語から1科目選択	500 点
		数　学	数学Ⅰ・Ⅱ・Ⅲ・A・B	500 点
情報	情報科	外国語	「コミュニケーション英語Ⅰ・Ⅱ・Ⅲ，英語表現Ⅰ・Ⅱ」，ドイツ語，フランス語，中国語から1科目選択	400 点
		数　学	数学Ⅰ・Ⅱ・Ⅲ・A・B	700 点
		理　科	「物理基礎・物理」，「化学基礎・化学」，「生物基礎・生物」，「地学基礎・地学」から2科目選択	500 点
	情報メディア創成	外国語	「コミュニケーション英語Ⅰ・Ⅱ・Ⅲ，英語表現Ⅰ・Ⅱ」，ドイツ語，フランス語，中国語から1科目選択	400 点
		数　学	数学Ⅰ・Ⅱ・Ⅲ・A・B	400 点
医	医	外国語	コミュニケーション英語Ⅰ・Ⅱ・Ⅲ，英語表現Ⅰ・Ⅱ	300 点
		数　学	数学Ⅰ・Ⅱ・Ⅲ・A・B	300 点
		理　科	「物理基礎・物理」，「化学基礎・化学」，「生物基礎・生物」から2科目選択	300 点
		適性試験	適性試験(1)：筆記試験により，適応力や学習意欲，人間性等を評価する　　　　　〈省略〉	300 点
			適性試験(2)：個別面接により，医学を志向する動機，修学の継続力，適性，感性，社会的適応力等総合的な人間性について評価する	200 点

医	看護	外国語	「コミュニケーション英語Ⅰ・Ⅱ・Ⅲ，英語表現 Ⅰ・Ⅱ」，ドイツ語，フランス語から1科目選択		300 点
		理 科	「物理基礎・物理」，「化学基礎・化学」，「生物基礎・生物」から1科目選択	から1科目選択	200 点
		国 語	現代文B 〈省略〉		
		個別面接	看護学を志向する動機，適性，感性，社会的適応力等について総合的に判断する		300 点
	医療科	外国語	コミュニケーション英語Ⅰ・Ⅱ・Ⅲ，英語表現Ⅰ・Ⅱ		200 点
		数 学	数学Ⅰ・Ⅱ・Ⅲ・A・B		200 点
		理 科	「物理基礎・物理」，「化学基礎・化学」，「生物基礎・生物」から2科目選択		200 点
		個別面接	医療を志向する動機，適性，感性，社会的適応力等について総合的に判断する		200 点

▶選抜方式

・「総合選抜」「学類・専門学群選抜」の2つの選抜方式により実施する。「総合選抜」と「学類・専門学群選抜」は併願できない。総合選抜の4区分から一つ，もしくは学類・専門学群選抜の21学類・2専門学群から一つの募集区分に出願することができる。

＊『総合選抜』の仕組み

①受験者は「文系」「理系Ⅰ」「理系Ⅱ」「理系Ⅲ」のいずれかの選抜区分を選択して受験する。

②1年次では総合学域群に所属し，専門分野の異なる複数の科目を履修し，自分の学びたい専門分野を探す。

③2年次以降に所属する学類・専門学群は，志望に基づき1年次の成績や適性等によって決まる。その際，志望する学類・専門学群の指定する科目を履修していることが条件となる。なお，特定の選抜区分（文系・理系Ⅰ・理系Ⅱ・理系Ⅲ）で入学した学生を優先して受け入れる学類もある。

④いずれの選抜区分で入学しても，体育専門学群を除く全ての学類・専門学群に進める。ただし，それぞれの学類・専門学群には定員がある。

▶備 考

- 学類・専門学群選抜の選択科目のうち，国際総合学類の地歴，教育・心理学類および障害科学類の地歴・公民と国語，看護学類の国語は『筑波大学（文系—前期日程)』に掲載。
- ドイツ語，フランス語，中国語は省略。
- 数学Bは「数列，ベクトル」を出題範囲とする。
- 情報（知識情報・図書館）学群では，前期日程（学類・専門学群選抜）を実施していない。

英語

（120 分）

Ⅰ　次の英文を読んで，下の問いに答えなさい。
　　（星印（＊）のついた語には本文の後に注があります。）

　　What exactly is a greeting? *The Oxford English Dictionary* gives the following definition: 'a polite word or sign of welcome or recognition; the act of giving a sign of welcome; a formal expression of goodwill, said on meeting or in a written message'.　Or there's Lucy's explanation when she finds herself in Narnia* and meets Mr Tumnus, the faun*, who gives her a confused look as she introduces herself and holds out her hand: 'People do it... when they meet each other.' (　1　), our greetings are little routines which we learn and do out of politeness or habit.　Yet, although all this might capture the spirit of greetings, something here is missing — something more fundamental that might better explain Lucy's thinking.

　　I turned, then, to what the academics had to say.　The Canadian American sociologist Erving Goffman was one of the most influential thinkers in his field. Unlike most of his peers*, who were trying to make sense of the overarching structures and socio-economic trends that shape society, Goffman turned his attention to much smaller, everyday matters.　Observing that most people spend most of their lives surrounded by other people, whether in groups and gatherings or among strangers, he set out to identify the various patterns and rules that govern our day-to-day conduct and social interactions.　To this end, he zoomed in on the sorts of behaviour that most of us tend to take for granted, such as a passing conversation, ordering in a restaurant or buying something in a shop. Whatever the grand theories, for Goffman, it was in these small-scale, face-toface interactions that society began.

　Famously, Goffman even examined the kind of half-exchanges that characterise many of our interactions with strangers, such as a fleeting glance or moving out of someone's way on the street. We may not give them much thought, but it's these small acts that signal our respect for other people's personal space and the fact that we don't mean any harm. They're what make city living and travelling on the Tube* bearable. Goffman coined the term 'civil inattention' to describe this sort of unfocused interaction. While Goffman didn't use the term himself, he's been widely regarded as the pioneer of 'microsociology'. If we imagine that society is a giant termite* mound, then the microsociologist focuses on the activity of the individual termites to understand how the overall structure holds together.

　Goffman's key insight here is on the importance of 'ritual'. While we tend to associate the term with mysterious tribal practices and religious ceremony, Goffman took a wider and more grounded view. For him, rituals were simply those routines and patterns of behaviour that bring people together, and he saw that our everyday lives are full of them. Everything from sitting down to eat to playing a game — they're all based on what Goffman called 'interaction rituals'. It's not so much that the activities are important in themselves, but that they bring about joint focus and attention. They are symbols of something bigger. At a more ordinary level, Goffman included all of the little unwritten codes and practices that govern our day-to-day encounters and make our public lives manageable, such as queuing in a shop or letting people off a train. (1), from the remotest tribes to inner cities, rituals are the key to social order.

　Goffman showed how our greetings are a vital element in all this. Essentially, these patterns of behaviour, whether an elaborate handshake or simple 'Hi', open our interactions, marking the transition* from a distant state of civil inattention to focused communication. We use them to negotiate and incorporate ourselves into a social setting. They're what he called 'access rituals' or, along with goodbyes, the 'ritual brackets' that frame our encounters. Without greetings, our interactions would become unmanageable.

Yet even though Goffman's analysis helps us to see the vital function of greetings, standing in Heathrow Airport, watching the bursts of emotion and even the more sober exchanges behind, <u>I couldn't help feel</u> that he'd missed
(7)
something.　Given how elaborate and intimate these rituals can be, surely they must have some meaning beyond managing our interactions.　Here we are helped by the American sociologist Randall Collins.　Taking Goffman's notion of interaction rituals, Collins injects them with extra life and meaning.　For him, what's most important is not so much that they maintain social order but that, by bringing about our joint focus, they create group consciousness and solidarity*. The most successful rituals trigger a heightened state of physiological arousal*. It's why so many involve a high degree of physicality, in which we try to synchronise our bodies and minds.　Think of how many rituals revolve around song and dance ― think of the conga.　It's these moments of intense energy and emotion that mark the high points in our lives, both as individuals and as social animals.

　出典：Andy Scott（2019）*One Kiss or Two?: The Art and Science of Saying Hello*, pp. 12-15, Duckworth, Richmond より抜粋，一部改変

　（注）　Narnia　C.S. ルイスによる『ナルニア国物語』における架空の国
　　　　　faun　ファウヌス（半人半獣の森や牧畜の神）
　　　　　peer　（職業や社会的地位などが）同等の人，同僚
　　　　　the Tube　ロンドンの地下鉄
　　　　　termite　シロアリ
　　　　　transition　推移，移行
　　　　　solidarity　団結（性）
　　　　　physiological arousal　生理的な興奮，高揚

　（注意）　解答する際，句読点は１マスに１文字記入すること。また，固有名詞に

限り英語を用いてもよいが，その場合，大文字小文字に関係なく，1マス
に2文字記入すること。

1. 空欄（　1　）に共通して入る語句として最も適切なものを次の中から1つ選
　び，記号で答えなさい。

(A) Above all　　　　　　　　　(B) By the way

(C) For example　　　　　　　　(D) In short

2. 下線部(2)の something の内容が本文の後半に説明されている。その内容を40
　字以内の日本語で答えなさい。

3. 下線部(3)について，this が指す中身を明らかにしつつ，どのようなことを述べ
　ているのか，40字以内の日本語で答えなさい。

4. 下線部(4)について，'civil inattention' とはどのようなことか，60字以内の日本
　語で説明しなさい。

5. 下線部(5)の 'microsociology' とはどのような学問領域か，本文を参考にしなが
　ら60字以内の日本語で説明しなさい。

6. 下線部(6)について，they が指す中身を明らかにしつつ，どのようなことを
　言っているのか，80字以内の日本語で説明しなさい。

7. 下線部(7)を別の英語表現で言い換えた時，最も近い意味になるものを次の中か
　ら1つ選び，記号で答えなさい。

(A) I was able to help myself not feel

(B) I was unable to stop myself from feeling

(C) nobody was able to help me feel

(D) somebody was able to stop me from feeling

Ⅱ　次の英文を読んで，下の問いに答えなさい。

　　（星印（＊）のついた語には本文の後に注があります。）

　　Both sound and sight are deeply familiar to us as humans, and it doesn't take much to imagine an alien-inhabited world full of vocal and visual communicators. But neither sound nor light is the oldest signalling modality on Earth. The original and most ancient communication channel is one that we find very difficult to imagine developing into a language; in fact, we often fail to notice it completely. That modality is smell. Animals smell — a lot. Even bacteria 'smell', if we widen the definition to its natural limits, that of sensing the chemicals in the environment around us. The very earliest life forms would have gained a huge advantage from being able to follow the <u>concentration</u> of food
(1)
chemicals in the water around them and so, rather than blundering around＊ blindly, evolved to 'follow their nose' (even though they didn't yet have actual noses).

　　As with vision, once organisms develop mechanisms for sensing something important in the environment (light, food), then that mechanism can be used for signalling, and this is precisely what happened, very early on indeed in the history of life on Earth. Even the interaction between different cells in an individual's body is made possible by chemical signals, and so <u>'chemical</u>
(2)
<u>communication'</u> in the broadest sense dates back at least to the origin of multicellular life. Today, chemical signalling can be observed almost everywhere across all animal life. <u>So why is there no chemical language, in the sense of a</u>
(3)
<u>true language?</u> Why can you not write a poem in smells? And is this surprising lack of sophisticated chemical communication merely an accident of Earth's environmental and developmental history, or can we expect that every planet we visit will be similarly free of flatulent＊ Shakespeares?

　　The idea of a smell-based language may sound （　4　） because you might think that there simply are not enough distinct smells — chemical compounds —

to supply the huge variety of concepts that we use in our own language — words, essentially. <u>However, this may not be true.</u> Even with a modest number of
(5)
distinct smells, the number of possible combinations is huge. We know that our own rather unimpressive noses have detectors for about 400 different chemicals, dogs have 800 and rats can detect as many as 1,200 distinct stimuli. That means we have the ability — in theory — to detect about 10^{120} different chemical combinations — many, many more than the number of atoms in the entire universe. Although this does not necessarily mean that we can consciously distinguish between any and all of those possible combinations of chemicals, at the very least we can say that a chemical modality could theoretically have the necessary complexity to transfer information on a scale we associate with language.

In addition, there is no neurological* reason to think that a smell-language should be impossible. Insects are, of course, <u>the Earth's champions of complex</u>
(6)
<u>chemical communication</u>. Smells are used to attract mates, to identify members of one's own colony, to mark the path to food, and to signal the presence of an enemy. In many cases, even when a relatively small number of active chemical compounds have been identified, perhaps twenty, we can see that closely related insect species combine those compounds slightly differently, so that the messages of one species aren't confused with those of another.

However, as with our other modalities, the chemical sense must meet certain physical conditions if it is to be a candidate for complex communication. Sight and sound are fast — chemical signals are not. A firefly's flash* reaches its recipient immediately; a cricket's chirp* perhaps with a delay of a second or two. At any scale larger than that of a few centimetres, the speed at which chemicals spread out from their source is hundreds, if not thousands of times slower. Although it is almost impossible to calculate the 'speed of smell', it is usually true that passive spread is much slower than a smell carried in the wind. So, one might consider the absolute upper limit to the speed of smell to be the speed of the wind: typically of the order of $10\,\mathrm{m/s}$ compared to sound at $340\,\mathrm{m/s}$. Suppose you are waiting for your wind-borne* message to arrive from a signaller on the other side of the road. On a very windy day, it could take a second or two. But on a still summer evening, you could be waiting a minute or more to get the message. Of course, on a planet where winds are regularly strong and reliable, perhaps chemical signalling could provide a fast communication channel. Unfortunately, it would be an exceptionally one-way channel — good luck getting (7) your reply back to the sender when your smells are fighting against a very strong wind!

出典：Arik Kershenbaum (2021) *The Zoologist's Guide to the Galaxy: What Animals on Earth Reveal About Aliens — and Ourselves*, pp. 121-124, Penguin Press, New York より抜粋, 一部改変

（注）　blunder around　うろうろする

　　　　flatulent　（においを出す）ガスをためた

　　　　neurological　神経学上の

　　　　firefly's flash　ホタルの光

　　　　cricket's chirp　コオロギの鳴き声

　　　　wind-borne　風で運ばれる

（注意）　解答する際, 句読点は 1 マスに 1 文字記入すること。

1. 下線部(1) concentration を別の語で言い換えた場合, 最も近い意味になるものを次の中から 1 つ選び, 記号で答えなさい。

(A)　attention　　　　　　　　(B)　collection

(C)　focus　　　　　　　　　　(D)　guide

2. 下線部(2) 'chemical communication' とはどのようなコミュニケーション様式を意味するのか, 50 字以内の日本語で説明しなさい。

3. 下線部(3)の問いに対して，本文に即して 50 字以内の日本語で答えなさい。

4. 空欄（ 4 ）に入る最も適切な語を次の中から 1 つ選び，記号で答えなさい。

  (A) meaningful   (B) pleasant

  (C) ridiculous   (D) completed

5. 下線部(5)のように言えるのはなぜか，90 字以内の日本語で説明しなさい。

6. 昆虫が，下線部(6)のように言われているのはなぜか。70 字以内の日本語で説明しなさい。

7. 下線部(7)について，これにより筆者はどのようなことを伝えようとしているのか。本文の内容から推測して，最も近い答えになるものを次の中から 1 つ選び，記号で答えなさい。

  (A) 強風が吹く惑星であれば，においをコミュニケーションに利用できるため，その惑星に光や音でメッセージを送ったとしても，返事は返って来ないということ。

  (B) 風は，光や音を使ったのと同じくらい有効なコミュニケーションの手段であるにもかかわらず，それが利用されていないのは，不幸な状況であるということ。

  (C) においを強風に乗せれば素早くメッセージを送れるが，風下からは返事が送れず，通常のコミュニケーションのような双方向性は期待できないということ。

  (D) においを使って素早いコミュニケーションができるのは，強風が安定して吹くような惑星など，特別な環境に限定されてしまうということ。

Ⅲ　次の［A］，［B］に答えなさい。

[A]　次の英文の文脈に適合するように，(1)から(3)の（　　　　）内の語または句を並べ替えるとき，それぞれ 3 番目と 5 番目にくるものを選び，記号で答えなさい。

Veganism is a lifestyle choice where a person avoids causing harm to or using animals. This means people who are vegan do not eat meat, eggs or fish and do not use products made from leather or other animal parts. People who are vegan often love animals in a big way. You might think being vegan is a choice about diet alone, but lots of vegans around (1)(① think　② as　③ the world　④ of　⑤ a lifestyle　⑥ it).

The word "vegetarian" has been used since the 1800s and, even before that, people in ancient India would sometimes practice vegetarianism. The word "vegan" was first used in 1944 by Donald Watson and his wife Dorothy Morgan. They were both vegetarians who decided to also cut out milk and eggs. They described this new style of vegetarianism as "veganism."

Although veganism is relatively new in Japan, there are a lot of restaurants that (2)(① the lifestyle gains　② vegan options　③ offer　④ popularity　⑤ as). But did you know that a lot of traditional Japanese food is also vegan? Natto, soba, and mochi are all vegan.

Some vegans and scientists think that veganism might be helpful for our planet. We use a lot of resources (3)(① we　② that　③ eat their meat　④ to raise animals　⑤ so　⑥ can). This includes water, land and air. Animals also produce a lot of greenhouse gases. Some scientists believe that if we move toward vegan or vegetarian diets we might be able to help cut climate change.

出典："4 interesting facts about veganism," *The Japan Times Alpha*, June 4, 2021, p. 8 より，一部改変

(1)　3 番目＿＿＿＿＿　　　5 番目＿＿＿＿＿

(2)　3 番目＿＿＿＿＿　　　5 番目＿＿＿＿＿

(3)　3 番目＿＿＿＿＿　　　5 番目＿＿＿＿＿

[B]　次の英文を読んで，下の問いに英語で答えなさい。ただし，句読点は語数に
　　含めません。

　　　Some people say that censorship of the internet is against the principles
of a free and open society, but I think that some form of internet censorship
is justified for the following reasons.

　　　Firstly, total freedom of speech does not exist in any society. There are
limits to what people can say in even the most democratic countries. If you
didn't have laws against racist hate speech or threats, citizens would not be
able to live secure lives. Why should the internet be different? Some
censorship of social media posts or sites that encourage such things as
terrorist acts is necessary.

　　　Secondly, elections in democratic countries including the USA are often
being influenced by fake news stories generated online. Online sites linked
to the information gathering agencies of non-democratic countries can use
fake news sites to spread misinformation and to influence the way people
vote in democracies. Surely, it is necessary to censor such sites to protect
the democratic process from propaganda and lies.

　　　Of course, to have as little censorship as possible of the internet should
be the goal. However, if the internet were totally free of regulation, the
security and stability of society would be seriously threatened.

　　出典："Should the internet be free from censorship?" *The Japan Times*
　　　　Alpha, May 28, 2021, p. 28.

1.　本文の内容を 50 語程度の英語でまとめなさい。

2. インターネット検閲(internet censorship)についてのあなた自身の考えを
　50 語程度の英語で述べなさい。

地理

（2 科目　120 分）

次の設問 I ～ III について，それぞれ 300 字以内で解答せよ。

I　図 1 は，国土地理院発行 2 万 5 千分の 1 地形図「津島」(2020 年調製，一部改変)・「駒野」(2015 年調製)の一部(原寸)である。ただし原図は多色刷りである。この地域の地形の特徴を述べた上で，その特徴と土地利用，集落立地，および考えられる自然災害の可能性との関係について，A 川の東岸と西岸を比較しながら説明せよ。

II　図 2 中の A～C は，ヨーロッパおよびその周辺地域における冬季の気候要素の分布を示したものである。図中の A～C は，降水量，降雪量，地上風速のいずれかである。A～C に対応する気候要素を選択したうえで，その根拠について，それぞれの分布の特徴や主な成因などの違いに着目しながら述べよ。ただし，グレーの色が濃いほどその値が大きいことを表し，白色であっても値が 0 であるとは限らない。なお，各図の枠外の数字は緯度・経度を表している。

III　表 1 は，2018 年における発電電力量の上位 10 か国について，火力，原子力，再生可能エネルギーの 3 つの発電方法別に，その国の発電電力量に占める割合の高い順に示したものである。表中の A～C は，ドイツ，日本，ブラジルのいずれかである。A～C に対応する国名を選択したうえで，それぞれの国の発電方法にみられる特色，およびその地域的背景について説明せよ。

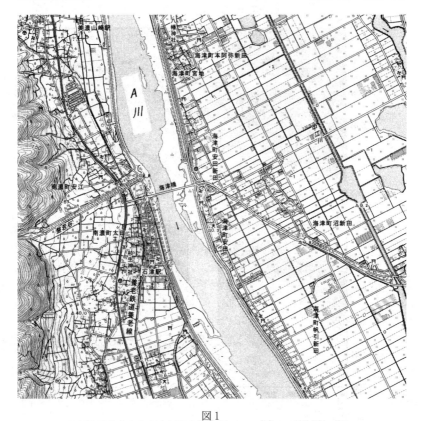

図 1

編集部注：編集の都合上，80％に縮小

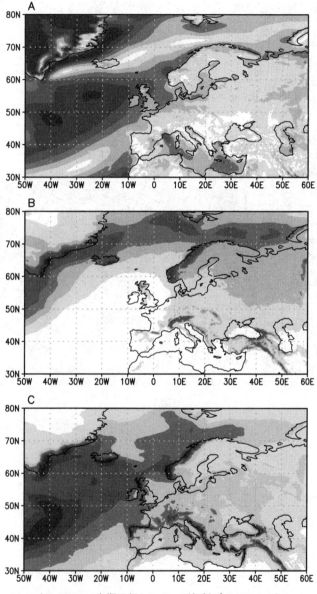

（ヨーロッパ中期予報センター再解析データによる）

図 2

表 1

火力		原子力		再生可能エネルギー*	
国名	割合(%)**	国名	割合(%)**	国名	割合(%)**
インド	78.6	フランス	71.0	C	82.4
A	72.6	韓国	22.6	カナダ	66.3
韓国	72.4	アメリカ合衆国	18.9	B	37.3
中国	69.7	ロシア	18.3	中国	26.2
ロシア	64.0	カナダ	15.4	A	21.3
アメリカ合衆国	63.7	B	11.8	フランス	20.9
B	51.0	A	6.1	インド	18.9
カナダ	18.2	中国	4.1	ロシア	17.7
C	15.1	C	2.6	アメリカ合衆国	17.5
フランス	8.1	インド	2.4	韓国	5.0

*水力(揚水水力を除く)，風力，地熱，太陽光，バイオ燃料，潮力など。

**四捨五入しているため，各国の合計値は 100 % にならない場合がある。

(JAERO 資料による)

数学

〔120 分〕

(注)　学類・専門学群選抜のうち，社会・国際（国際総合）および人間（障害
　　　科）学群の「数学 I・II・A・B」選択者は〔1〕〜〔3〕から 2 題を選択
　　　し解答すること。

　　　　その他は〔1〕〜〔3〕から 2 題を選択，〔4〕〜〔6〕から 2 題を選択，計
　　　4 題を解答すること。

〔1〕　t, p を実数とし，$t > 0$ とする。xy 平面において，原点 O を中心とし
　　　点 A$(1, t)$ を通る円を C_1 とする。また，点 A における C_1 の接線を ℓ とする。
　　　直線 $x = p$ を軸とする 2 次関数のグラフ C_2 は，x 軸と接し，点 A において直線
　　　ℓ とも接するとする。

　　(1)　直線 ℓ の方程式を t を用いて表せ。

　　(2)　p を t を用いて表せ。

　　(3)　C_2 と x 軸の接点を M とし，C_2 と y 軸の交点を N とする。t が正の実数全体
　　　を動くとき，三角形 OMN の面積の最小値を求めよ。

〔**2**〕 整数 a_1, a_2, a_3, … を，さいころをくり返し投げることにより，以下のよう
に定めていく。まず，$a_1 = 1$ とする。そして，正の整数 n に対し，a_{n+1} の値
を，n 回目に出たさいころの目に応じて，次の規則で定める。

(規則) n 回目に出た目が 1，2，3，4 なら $a_{n+1} = a_n$ とし，5，6 なら
$a_{n+1} = - a_n$ とする。

たとえば，さいころを 3 回投げ，その出た目が順に 5，3，6 であったとする
と，$a_1 = 1$，$a_2 = -1$，$a_3 = -1$，$a_4 = 1$ となる。

$a_n = 1$ となる確率を p_n とする。ただし，$p_1 = 1$ とし，さいころのどの目も，
出る確率は $\dfrac{1}{6}$ であるとする。

(1) p_2, p_3 を求めよ。

(2) p_{n+1} を p_n を用いて表せ。

(3) $p_n \leq 0.5000005$ を満たす最小の正の整数 n を求めよ。

ただし，$0.47 < \log_{10} 3 < 0.48$ であることを用いてよい。

〔**3**〕　$0 < t < 1$ とする。平行四辺形 ABCD について，線分 AB，BC，CD，DA を $t : 1 - t$ に内分する点をそれぞれ A_1，B_1，C_1，D_1 とする。さらに，点 A_2，B_2，C_2，D_2 および A_3，B_3，C_3，D_3 を次の条件を満たすように定める。

　　（条件）　$k = 1$，2 について，点 A_{k+1}，B_{k+1}，C_{k+1}，D_{k+1} は，それぞれ線分 $A_k B_k$，$B_k C_k$，$C_k D_k$，$D_k A_k$ を $t : 1 - t$ に内分する。

$\overrightarrow{AB} = \vec{a}$，$\overrightarrow{AD} = \vec{b}$ とするとき，以下の問いに答えよ。

(1)　$\overrightarrow{A_1 B_1} = p\vec{a} + q\vec{b}$，$\overrightarrow{A_1 D_1} = x\vec{a} + y\vec{b}$ を満たす実数 p，q，x，y を t を用いて表せ。

(2)　四角形 $A_1 B_1 C_1 D_1$ は平行四辺形であることを示せ。

(3)　$\overrightarrow{AD}$ と $\overrightarrow{A_3 B_3}$ が平行となるような t の値を求めよ。

〔**4**〕　$0 < a < 4$ とする。曲線
$$C_1 : y = 4\cos^2 x \qquad \left(-\frac{\pi}{2} < x < \frac{\pi}{2} \right),$$
$$C_2 : y = a - \tan^2 x \qquad \left(-\frac{\pi}{2} < x < \frac{\pi}{2} \right)$$
は，ちょうど 2 つの共有点をもつとする。

(1)　a の値を求めよ。

(2)　C_1 と C_2 で囲まれた部分の面積を求めよ。

〔**5**〕　曲線 $C : y = (x+1)e^{-x}$ $(x > -1)$ 上の点 P における法線と x 軸との交点を
　　　Q とする。点 P の x 座標を t とし，点 Q と点 R$(t, 0)$ との距離を $d(t)$ とする。

　⑴　$d(t)$ を t を用いて表せ。

　⑵　$x \geqq 0$ のとき $e^x \geqq 1 + x + \dfrac{x^2}{2}$ であることを示せ。

　⑶　点 P が曲線 C 上を動くとき，$d(t)$ の最大値を求めよ。

〔**6**〕　i は虚数単位とする。次の条件(I), (II)をどちらも満たす複素数 z 全体の集合を
　　　S とする。
　　　(I)　z の虚部は正である。
　　　(II)　複素数平面上の点 A(1)，B$(1 - iz)$，C(z^2) は一直線上にある。
　　　このとき，以下の問いに答えよ。

　⑴　1 でない複素数 α について，α の虚部が正であることは，$\dfrac{1}{\alpha - 1}$ の虚部が
　　　負であるための必要十分条件であることを示せ。

　⑵　集合 S を複素数平面上に図示せよ。

　⑶　$w = \dfrac{1}{z - 1}$ とする。z が S を動くとき，$\left| w + \dfrac{i}{\sqrt{2}} \right|$ の最小値を求めよ。

物理

（1 科目 60 分　2 科目 120 分）

I　図1のように，質量 M の台車が水平な床の上に静止している。この台車の上面は水平で，右端にはばね定数 k のばねが取り付けられ，左端には動摩擦係数 μ のあらい面（摩擦面）がある。また，質量 m の物体が台車の上面と接するように天井から長さ h のひもでつるされている。ここで，物体の大きさとひもおよびばねの質量は無視できる。

　台車上面の，物体が接している場所を点 A，自然長のばねの左端を点 B，摩擦面の右端を点 C とし，点 A と点 B，点 A と点 C は十分に離れている。点 A，B，C は同一直線上にあり，物体と台車の運動，およびばねの伸縮はこの直線を含む鉛直面内で起こるとする。摩擦面以外の台車上面と物体の間の摩擦，および台車と床の間の摩擦は無視できる。重力加速度を g とし，床に固定した水平方向右向きを正とする座標を考えて，以下の問いに答えよ。ただし，空気抵抗は考えないとする。解答は全て解答用紙の所定の欄に記入し，考え方や計算の要点も記入せよ。

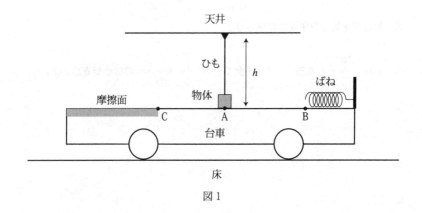

図1

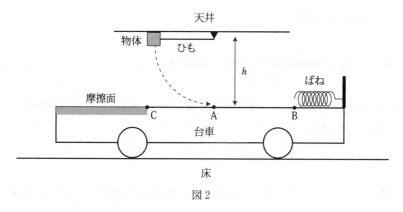

図 2

　図 2 のように，物体をひもがたるまないように高さ h まで持ち上げ，静かに手を離した。

問 1　物体が点 A に到達する直前の速度 v_0 を，m，M，k，h，μ，g のうち必要なものを用いて表せ。

問 2　物体が点 A に到達する直前のひもの張力の大きさ S を，m，M，k，h，μ，g のうち必要なものを用いて表せ。

　物体が点 A に到達した瞬間にひもを切ると，物体は台車の上面を移動して，ばねに接触した。ひもを切った後はひもは物体の運動に影響を与えないとする。

問 3　ばねが最も縮んだ瞬間の台車の速度 V_1 を，m，M，k，h，μ，g のうち必要なものを用いて表せ。

問 4　ばねが最も縮んだ瞬間のばねの自然長からの縮み X を，m，M，k，h，μ，g のうち必要なものを用いて表せ。

問 5　問 4 の状態の後，物体はばねと接触したまま点 B に到達し，点 B でばねから離れた。この直後の物体の床に対する速度 v_2 を，m，M，k，h，μ，g のう

ち必要なものを用いて表せ。

物体は点Cで摩擦面に達したのち，摩擦面上で静止した。

問6　物体が摩擦面上を動いた距離Lを，m，M，k，h，μ，gのうち必要なもの
　　を用いて表せ。

Ⅱ　図1に示すように，水平面上に直交したx，y軸をとり，原点をOとする。正電
　荷Qの2つの点電荷をそれぞれ点A$(a, 0)$，点B$(-a, 0)$に固定する$(a > 0)$。
　以下の問いに答えよ。ただし，クーロンの法則の比例定数をk，無限遠における
　電位を0とする。解答はすべて解答用紙の所定の欄に記入し，問3以外は考え方や
　計算の要点も記入すること。

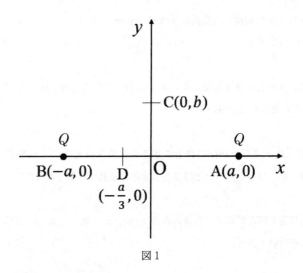

図1

問1　点C$(0, b)$における電場の大きさをa，b，Q，kのうち必要なものを用い
　　て表せ。また，この電場の向きを答えよ。ただし，$b > 0$とする。

問2　点Aと点Bの点電荷による，x軸上の電位$V(x)$を，$|x| < a$，$|x| > a$の場
　　合に分けてx，a，Q，kを用いて表せ。また，$V(x)$のグラフの概略を描け。

グラフには，原点 O における電位 $V(0)$ の値を記入せよ。

次に，図 1 の水平面内に質量 m，正電荷 q を持つ質点 P を加える。ただし，質点 P には静電気力のみはたらくものとする。

問 3　問 1 の点 C に質点 P を置いた。質点 P が受ける静電気力の大きさを m, a, b, q, Q, k のうち必要なものを用いて表せ。また，この静電気力の向きを答えよ。

問 4　$b = \dfrac{3a}{4}$ とする。外力を加えて質点 P を点 $C(0, \dfrac{3a}{4})$ から点 $D(-\dfrac{a}{3}, 0)$ まで静かにゆっくり運んだ。このときの外力が質点 P にした仕事を m, a, q, Q, k のうち必要なものを用いて表せ。

問 5　点 $D(-\dfrac{a}{3}, 0)$ にある質点 P を静かに放したところ，質点 P は x 軸上を動いた。質点 P の原点 O における速さを m, a, q, Q, k のうち必要なものを用いて表せ。

問 6　図 2 に示すように，点 $A(a, 0)$ にある正電荷 Q をもつ点電荷を，点 $E(\dfrac{2a}{3}, 0)$ に移動し，固定した。その後，点 $D(-\dfrac{a}{3}, 0)$ に質点 P を置き，静かに放したところ，質点 P は x 軸上を動いた。質点 P の速さが最大になる x 軸上の点の座標を求めよ。また，このときの速さを m, a, q, Q, k のうち必要なものを用いて表せ。

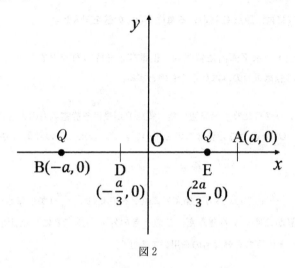

図 2

Ⅲ　頂点 A の角度が a である三角形 ABC を断面にもつプリズムが空気中に置かれて
　　いる。図1に示すように，辺 AB よりプリズムに入射し，辺 AC に到達する単色光
　　線の道筋を考える。辺 AB における入射角 i と屈折角 r を図1のように定義する。
　　辺 AC での入射角を i'，屈折角を r' とする。この単色光線に対する空気とプリズ
　　ムの絶対屈折率（以下，屈折率とする）をそれぞれ n_0，n_1（ただし $n_0 < n_1$）とする。
　　また，辺 BC からの光線の反射は考えなくても良いものとする。以下の問いに答え
　　よ。解答は全て解答用紙の所定の欄に記入せよ。問6については考え方や計算の要
　　点も記入せよ。

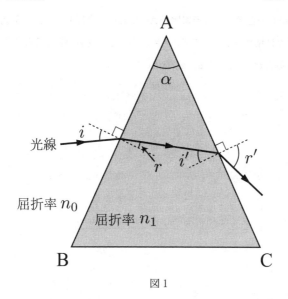

図1

問 1　プリズムと空気の屈折率の比 n_1/n_0 を入射角 i，屈折角 r を用いて表せ。

問 2　入射角 i' を r, α を用いて表せ。

問 3　入射角 i が i_1 のとき，$r' = i_1$ となった。プリズムと空気の屈折率の比 n_1/n_0 を i_1, α を用いて表せ。

問 4　波長 λ_1 と波長 λ_2 の 2 つの単色光線が，辺 AB から入射角 i_2 で入射し，全反射することなく辺 AC から空気中に出た。空気の屈折率は波長によらず一定で，プリズムの屈折率は，波長 λ_1 の光よりも波長 λ_2 の光に対する値のほうが大きいとする。2 つの光線の道筋の概略を表した図として最もふさわしいものを図 2 の(a)～(e)から 1 つ選べ。ただし波長 λ_1 の光線の道筋を破線で，波長 λ_2 の光線の道筋を実線で示すものとする。

問 5　図 1 において，光線が辺 AC において全反射を起こすための条件を i', n_0, n_1 を用いた関係式で表せ。

問 6　入射角 i が 0 のとき，この光線は辺 AC において全反射した。入射角 i を頂点 B 側に徐々に増加させたところ，$i = i_3$ のとき全反射が起こらなくなった。$n_0 = 1$ とするとき，$\sin i_3$ を α，n_1 を用いて表せ。

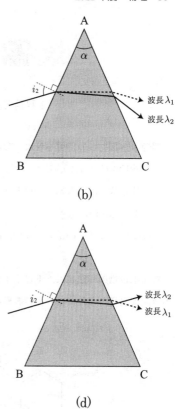

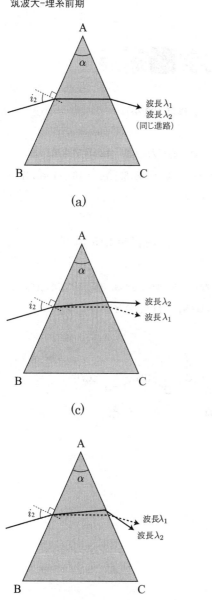

図 2

■化学■

（1 科目 60 分　2 科目 120 分）

　問題 I ～ III について解答せよ。なお，計算に必要ならば，次の数値を用いよ。

　原子量：H = 1.00, C = 12.0, O = 16.0, Cl = 35.5, Ag = 108, I = 127

　気体定数：$R = 8.31 \times 10^3 \, Pa \cdot L/(K \cdot mol)$

　0 ℃ = 273 K

　$\log_e 2 = 0.69, \ \log_e 3 = 1.10, \ \log_e 5 = 1.61, \ \log_e 7 = 1.95$

　有機化合物の構造式は，下に示す例にならって記せ。なお，構造式の記入に際し，不斉炭素原子の存在により生じる異性体は区別しないものとする。

Ⅰ　周期表において同周期または同族の元素の性質を比較すると，類似している性質
　や一定の変化傾向を示すため，元素の性質を系統的に理解するのに役立つ。図1は
　周期表の一部を抜粋したものである。これらの元素について，次の問1〜問8に答
　えよ。

族\周期	1	2	···	10	11	12	13	14	15	16	17	18
1	H											He ⑤
2	Li ②	Be					B	C	N	O	F ⑥	Ne
3	Na ③	Mg					Al	Si	P	S	Cl	Ar
4	K	Ca ④		Ni ⑦	Cu	Zn	Ga	Ge	As	Se	Br	Kr
5	Rb	Sr		Pd	Ag	Cd	In	Sn	Sb	Te	I	Xe
6	Cs	Ba		Pt	Au	(ア)	Tl	(イ)	Bi	Po	At	Rn
7	Fr	Ra ①		Ds	Rg	Cn	(ウ)	Fl	Mc	Lv	Ts	Og

図1　周期表（一部抜粋）

問1　以下の説明文を読み，周期表の空欄(ア)〜(ウ)に該当する元素の元素名をそれぞ
　　れ答えよ。

　　(ア)　この元素の単体は金属の単体の中で唯一，常温で液体である。

　　(イ)　この元素の単体は放射線の遮蔽材や蓄電池の電極として用いられる。

　　(ウ)　この元素は原子番号が 113 であり，日本の研究者らにより命名された。

問2　矢印①に関して，^{226}Ra から^{222}Rn への放射壊変は逆反応を無視できる反応
　　とみなすことができる。以下の　あ　に当てはまる適切な式を，
　　い　に当てはまる適切な語句を，　う　に入る数字を小数第1位ま
　　でそれぞれ答えよ。

　　　放射壊変の速度定数を k〔/s〕，時間を t〔s〕，ある空間の^{226}Ra の濃度を
　　$[^{226}\text{Ra}]$〔mol/L〕とすると，ある瞬間における^{226}Ra の減少速度は式⑴で表され

る。

$$-\frac{d[^{226}\text{Ra}]}{dt} = \boxed{\text{あ}} \tag{1}$$

この式を定積分すると式(2)が得られる。

$$[^{226}\text{Ra}] = [^{226}\text{Ra}]_0\, e^{-kt} \tag{2}$$

ここで $[^{226}\text{Ra}]_0$ 〔mol/L〕は ^{226}Ra の初期濃度を示す。また，^{226}Ra の量が初期量の半分になるまでに要する時間を $\boxed{\text{い}}$ と呼び，この時間を τ〔s〕とおくと式(2)から τ と k の関係を示す式(3)が求められる。

$$\tau = \frac{\boxed{\text{う}}}{k} \tag{3}$$

問3　矢印②に関して，第2周期をみると原子番号とともに様々な値が規則的に変化する。Li と F を比較したとき，F の値が Li の値よりも大きくなるものを以下の語群から全て選び，記号で答えよ。

(語群)　(a)　原子半径　　　　　(b)　価電子数　　　　(c)　電子親和力

　　　　(d)　第一イオン化エネルギー　　　　(e)　K 殻の電子数

問4　矢印③に関して，次の問に答えよ。

(i)　第3周期元素の酸化物は，酸，塩基および水との反応性に応じて，(A)酸性酸化物，(B)両性酸化物，(C)塩基性酸化物の3種類に分類される。Na～Cl のうち，その酸化物が(A)に分類される元素，(B)に分類される元素，(C)に分類される元素を全てそれぞれ元素記号で答えよ。

(ii)　(i)の(B)で選んだ元素の酸化物1つについて，その酸化物が水酸化ナトリウム水溶液に溶ける反応の化学反応式を答えよ。

問 5　矢印④に関して，2 族元素の Ca, Sr, Ba の単体を(A)水との反応性が高いものから順に並べた場合，および(B)第一イオン化エネルギーについて値の大きなものから順に並べた場合，適切な順番を以下の(a)～(f)から選びそれぞれ記号で答えよ。

 (a)　Ca, Sr, Ba   (b)　Sr, Ba, Ca   (c)　Ba, Ca, Sr

 (d)　Ba, Sr, Ca   (e)　Ca, Ba, Sr   (f)　Sr, Ca, Ba

問 6　矢印⑤に関して，18 族元素の単体の沸点は周期とともに変化する。He と Xe を比べた場合，(A)沸点が高いものを元素記号で答えよ。また，(B)その理由を簡潔に答えよ。

問 7　矢印⑥に関する以下の文章を読み， え および お に当てはまる適切なイオン名を， X ， Y ， Z に入る数字を有効数字 2 桁でそれぞれ答えよ。ただし，AgCl および AgI の溶解度積 K_{sp} はそれぞれ $1.8 \times 10^{-10} \, (mol/L)^2$，$2.1 \times 10^{-14} \, (mol/L)^2$ とする。

 ハロゲン化銀の溶解度積 K_{sp} は，ハロゲンの周期が大きくなるにつれて小さくなる。この K_{sp} の違いを利用して，ハロゲン化物イオンを分別できる。NaCl と NaI をそれぞれ 1.0×10^{-5} mol/L ずつ含む水溶液 A に硝酸銀水溶液 B を徐々に加えるときの反応を考える。溶液 B を加えると，最初に え が銀イオンとの塩を生成して沈殿する。このときの溶液中の銀イオン濃度は X mol/L である。さらに溶液 B を加えて銀イオンと お の塩が沈殿し始める時点では，溶液中の銀イオン濃度は Y mol/L となっている。このとき溶液中の え の濃度は Z mol/L となり，ほぼ全ての え が銀イオンとの塩として沈殿しているため，この時点でハロゲン化物イオンを相互分離できる。

問 8　矢印⑦に関して，単体金属のイオン化傾向については周期表における系統的な変化が見られない。以下の電極材料と電解液を組み合わせて電池を作製する場合，最も大きな起電力が得られる電池の構成を解答例にならって答えよ。

電極材料：Ni 単体，Cu 単体，Zn 単体

電解液：0.1 mol/L NiSO₄ 水溶液，0.1 mol/L CuSO₄ 水溶液，

　　　　0.1 mol/L ZnSO₄ 水溶液

（解答例）　電極材料に Fe 単体と Sn 単体を，電解液に 0.1 mol/L FeSO₄ 水溶
　　　液と 0.1 mol/L SnSO₄ 水溶液を用いる場合，電池の構成は簡略化して次の
　　　ように書くこと。なお，‖はセロファンまたは素焼き板を示す。

$$(-)\mathrm{Fe}\,|\,\mathrm{FeSO_4}\,||\,\mathrm{SnSO_4}\,|\,\mathrm{Sn}(+)$$

Ⅱ　以下の文章を読み，次の問 1 〜問 5 に答えよ。

　　溶液の凝固点が純溶媒の凝固点よりも低くなることを凝固点降下という。また，
不揮発性物質を溶かした溶液では，純溶媒よりも高い温度で沸騰が起こる。この現
象を沸点上昇とよぶ。希薄溶液において，凝固点降下度と沸点上昇度は，溶質の種
類に無関係であり，溶液の質量モル濃度に依存する。凝固点降下や沸点上昇は，低
分子物質の分子量を測定するのに適している。しかし，高分子化合物では，凝固点
降下や沸点上昇の値は測定するのが困難なほど小さいため，これらの方法は分子量
決定に向いていない。そのような高分子化合物の場合は，浸透圧を利用して分子量
を測定することができる。図 1 のように U 字型の容器を半透膜 M で仕切った実験
装置と非電解質の高分子 X を用いて，浸透圧に関する実験を 27 ℃ で行った。高分
子 X は，鎖状の高分子化合物であり，酵素 E を作用させると，反応式(1)に従い，
その末端から順番に加水分解され，n 個のモノマー H—Y—OH が生成する。モノ
マー H—Y—OH と水分子は，半透膜 M を透過できるが，高分子 X と酵素 E は透
過できない。

　　はじめに容器に水 100 mL を入れたところ，図 1 のように A 側と B 側の水面の
高さは一致した。次に，高分子 X 0.500 g を B 側に溶解し，B 側の水面に容器との
隙間がなく，なめらかに動く蓋をのせた。その蓋の上に，蓋とおもりの合計の質量
が 22.0 g になるようにおもりをのせたところ，図 2 のように A 側と B 側の水面差
はなくなった。おもりと蓋を取り除いたところ，水面の移動が起こり，図 3 のよう

に B 側の水位が A 側より高くなり，水面の移動が停止した。

　ここで，B 側に分子量が 60,000 の酵素 E を加えて溶解したところ，A 側および
(d)
B 側の水面の移動が起き，十分な時間が経った後，酵素 E が高分子 X を完全に
加水分解し，水面の移動が停止した。容器との隙間がなく，なめらかに動く蓋を
U 字管の一方の水面にのせた。その上におもりをのせて，蓋とおもりの合計が
(e)
0.600 g になるようにしたところ，A 側と B 側の水面差はなくなった。なお，一連
の溶解操作や反応にともなう温度変化および体積変化は無視できるものとする。

　水のモル凝固点降下を $1.85 [K \cdot kg/mol]$ とする。また，この浸透圧の実験におけ
る U 字管内の断面積は一様に $2.00 \, cm^2$，$1 \, cm^2$ あたり 1 g の質量による圧力は
98 Pa とする。

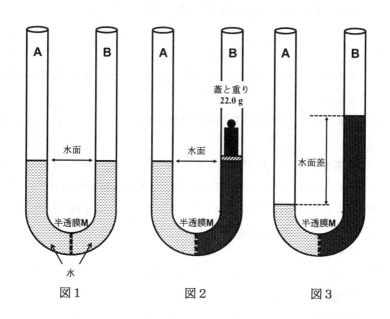

図1　　　　　　　図2　　　　　　　図3

$$H \{ Y \}_{\overline{n}} OH + (n-1)H_2O \rightarrow nH-Y-OH \tag{1}$$
高分子 X

問 1　下線部(a)に関して，次の問に答えよ。

　　　ε-カプロラクタムの分子量は，113 である。3.00 g の ε-カプロラクタムを
50.0 g の水に溶解したときの凝固点降下度 [K] を有効数字 2 桁で求めよ。

問 2　下線部(b)に関する以下の文章を読み，次の問に答えよ。

　　　ε-カプロラクタムに少量の水を加えて加熱すると，ナイロン 6 という高分
　　子化合物が得られる。このときの重合反応を特に　　ア　　重合という。

　(i)　　ア　　に入る適切な語句を答えよ。

　(ii)　20.0 mg のナイロン 6 を溶媒に溶解し，全体が 20.0 mL の溶液を調製し
　　　た。27 ℃ で浸透圧を測定したところ，5.50 Pa であった。このナイロン 6
　　　の平均分子量を有効数字 2 桁で求めよ。

問 3　下線部(c)に関して，次の問に答えよ。

　(i)　高分子 X を溶解したときに生じた浸透圧〔Pa〕を有効数字 2 桁で求めよ。

　(ii)　高分子 X の平均分子量を有効数字 2 桁で記せ。

問 4　下線部(e)に関して，次の問に答えよ。

　(i)　おもりは，A 側と B 側の蓋のどちらの上に置いたか。A または B の記号
　　　で答えよ。

　(ii)　加えた酵素 E の質量〔g〕を有効数字 2 桁で求めよ。

問 5　下線部(d)に関して，次の問に答えよ。

　　　酵素 E を B 側に加えてから，酵素 E が高分子 X を完全に加水分解し，水面
　　が停止するまで，B 側の水面はどのような変化をするか。最も適切な記述を次
　　の①～⑥から一つ選び，番号で答えよ。

　①　上昇し，停止する。

　②　最初上昇し，その後，下降してから停止する。

　③　下降し，停止する。

　④　最初下降し，その後，上昇してから停止する。

　⑤　上昇と下降を繰り返しながら，下降し，停止する。

　⑥　上昇と下降を繰り返しながら，上昇し，停止する。

Ⅲ　次の問 1 〜問 7 に答えよ。

[1]

　　化合物 A，B，C，D は，分子式 C_9H_{10} で表される芳香族炭化水素である。化合物 A，B，C は不斉炭素原子をもたないが，化合物 D は不斉炭素原子を 1 つもつ。これらの構造を決定するために，以下の実験 1 〜実験 5 を行った。

（実験 1 ）

　　化合物 A，B，C に対して，少量の臭素水を加えたところ，速やかに臭素の色が消えた。一方，化合物 D に対して少量の臭素水を加えた際には，すぐに臭素の色は消えなかった。

（実験 2 ）

　　化合物 A に対して，触媒を用いて水素化反応を行ったところ，1 分子の水素が付加して，<u>クメン</u>が生じた。
　　　　　　　　　　　　　　　(a)

（実験 3 ）

　　化合物 A，B，C，D に対して，中性条件下で十分な量の過マンガン酸カリウムを反応させたのち酸性にしたところ，化合物 A からは化合物 E が，化合物 B と D からはいずれも化合物 F が，化合物 C からは化合物 G が，それぞれ生じた。化合物 E，F，G は，酸性を示す芳香族化合物であり，化合物 F と G は互いに異性体であった。また，全ての場合において，<u>黒色沈殿</u>が生じた。
　　　　　　　　　　　　　　　　　　　　　　　　　　　　　　(b)

（実験 4 ）

　　化合物 E，F，G をそれぞれ加熱したところ，化合物 F のみ分子内脱水反応が進行し，化合物 H が生じた。

（実験 5 ）

　　化合物 G とエチレングリコールを縮合重合させると，<u>PET と呼ばれるポリエステル</u>が生じた。
　　　　　　　　　　　　　　　　　(c)

問 1　下線部(a)に関して，クメン法と呼ばれる工業的手法により合成される 2 つの
　　　化合物を，構造式で示せ。

問 2　下線部(b)に関して，黒色沈殿は何か。化学式で答えよ。

問 3　化合物 A，B，C，D をそれぞれ構造式で示せ。

問 4　化合物 A と HCl を反応させたときの主な生成物を構造式で示せ。

問 5　以下に示す(i)および(ii)の反応における主な生成物を，それぞれ構造式で示
　　　せ。
　　(i)　酸触媒存在下での，化合物 F と過剰のエタノールの反応
　　(ii)　化合物 H とエタノールを物質量比 1：1 で混合させたときの反応

問 6　下線部(c)に関して，細かく粉砕した 5.00 g の PET に対して，十分な量の水
　　　酸化ナトリウム水溶液を加え加熱し，完全に加水分解した。反応溶液に対して
　　　十分な量の濃塩酸を加えたところ，化合物 G が白色沈殿として生じた。生じ
　　　た化合物 G をろ過により分離した。反応が完全に進行し，生じた全ての化合
　　　物 G が析出したとすると，得られた化合物 G の質量〔g〕を有効数字 3 桁で求め
　　　よ。

[2]

問 7　以下の文章の①～⑩にあてはまる適切な語句を答えよ。

　　　近年，新興感染症が，発生後瞬く間に世界に広がり，しばしば社会に深刻な
　　影響を与えている。この様な状況下でワクチン開発が脚光を浴びている。ワク
　　チンは体内に「抗体」とよばれるタンパク質を産生し，これがウイルスに対する
　　防御を行っている。タンパク質はアミノ酸からなり，アミノ酸が脱水縮合して
　　アミド結合の一種である　　①　　結合でつながった巨大分子である。タンパ

ク質分子は　①　結合内 ＞NH と分子内の他の　①　結合の ＞C ＝ O
結合との間に　②　結合を形成して α-ヘリックスや β-シートなどの構造
を形成する。このような二次構造とともに，システインの SH 基どうしから形
成される　③　結合という共有結合などを介して複雑に折りたたまれた三
次構造をとる。これらのタンパク質の中で球状に近い立体構造をとる球状タン
パク質は，血液や卵白などのように高濃度でも流動性があるが，卵をゆでると
固まるのはタンパク質の高次構造が変化することであり，これをタンパク質の
　④　という。一方で，絹や羊毛などを構成するタンパク質は平行に並ん
だり，ねじれあったりしており，このようなタンパク質を球状タンパク質に対
して，　⑤　状タンパク質という。タンパク質の異常な構造変化と，アル
ツハイマー病などの重大な病気の発症の関連が指摘されている。

　PCR 検査法はウイルス感染症の検査から犯罪捜査まで広範に利用されてい
る。PCR 法は極微量検体中の核酸分子の特徴的な部分を検出するための増幅
法である。核酸はデオキシリボ核酸（DNA）やリボ核酸（RNA）などが知られ，
これらはリン酸，糖及び塩基からなる　⑥　という単量体が縮合して直鎖
状に多数結合した高分子である。DNA 内の塩基はアデニン，グアニン，シト
シン，チミンの 4 種からなり，それらの決まった塩基対間の　②　結合で
二本の高分子が　⑦　構造を取っている。細胞が分裂して増殖するとき，
DNA の　⑦　構造がほどけ，新たに二組の　⑦　構造をもつ DNA
が形成される。これを　⑧　という。DNA の　⑦　構造がほどけ，
その塩基の並び方（塩基配列という）を RNA に写し取ることを　⑨　とい
う。ここで写し取られた RNA（伝令 RNA という）の塩基配列に従ってタンパ
ク質が合成されることを　⑩　という。このように DNA はタンパク質を
合成する設計図を保有している。

■生物■

（1科目60分　2科目120分）

　問題Ⅰ～Ⅳについて解答せよ。解答はすべて解答用紙の所定欄に記入すること。解答文字数を指定している設問については，数字，アルファベット，句読点，括弧，その他の記号とも，すべて1字として記入せよ。ただし，濁点および半濁点は1字とはしないこと(たとえば，「が」を「か゛」とはしない)。

Ⅰ　次の会話文を読み，以下の問に答えよ。

純一：先週転んでけがをしたところ，かさぶたになって治ってきたよ。

治　：そうか，良かったね。そういえば，かさぶたってどうやってできるんだろう？この機会に調べてみようぜ。

純一：どれどれ…。まず傷口に　　1　　が集まって，いくつかの種類の血液凝固因子やカルシウムイオンが作用して，プロトロンビンというタンパク質を活性型のトロンビンという酵素に変えるんだって。すると，トロンビンが血液中に含まれる可溶性のフィブリノーゲンというタンパク質を，不溶性で繊維状のフィブリンに変化させて，これが　　2　　や　　3　　をからめとって　　4　　をつくるんだってさ。
(a)
(b)
(c)

治　：なるほど。それが固まってかさぶたになるんだね。でも待てよ？そもそも，　　1　　は何をきっかけに凝集するんだろう？出血していないのに凝集したら血管が詰まってしまうし…。

純一：血液が空気に触れることがきっかけなんじゃないか？空気に触れるってことはからだの外に血が出ている，つまり出血しているってことだし。

治　：でも，出血といっても必ず体外に血が出るとは限らないよ。あざができる時って，内出血だろう？内出血だって，ちゃんと止まるよなぁ…？

純一：そうだなぁ。じゃあ，何がきっかけとなって血液凝固反応は始まるんだろ
(d)

<u>う?</u>

問 1 文中の空欄 [1] ～ [4] に当てはまる適切な語を記せ。

問 2 次の表は，文中の [1] ～ [3] について，ヒトにおける特徴や性質をまとめたものである。表中の空欄 [5] ～ [9] に当てはまる最も適切な語句を選択肢ア～ソから選べ。

表

	直径	血液 1 mm³ 当たりのおよその数	核の有無	主なはたらき
[1]	[5] μm	10 万～30 万個	無	血液凝固
[2]	7 ～ 8 μm	[6] 個	無	[8]
[3]	5 ～20 μm	3,000～9,000 個	[7]	[9]

ア. 200～500 イ. 20～50 ウ. 2 ～ 5

エ. 350 万～550 万 オ. 35 万～55 万 カ. 3.5 万～5.5 万

キ. 有 ク. 無 ケ. 細胞ごとに異なる

コ. ATP の合成 サ. 免疫 シ. 体温の維持

ス. 血球の破壊 セ. 酸素の運搬 ソ. 水分の再吸収

問 3 下線部(a)に関連して，以下の設問(1)，(2)に答えよ。

(1) 遺伝子の突然変異によって，この反応に関わる血液凝固因子が失われたり機能が低下したりすると，血液凝固が正常に進まずに止血が困難となる血友病という遺伝病の原因となる。血友病の発症頻度には大きな性差があることが知られており，血友病患者の 99 % 以上が男性であるといわれている。この性差は何によると考えられるか。「血友病の原因が」に続く 30 字以内の文章で記せ。

⑵　血友病患者に対する治療法に，献血などで得られた健常者の血液由来の血液凝固因子製剤を投与する補充療法がある。補充療法は有効な治療法の一つだが，患者によっては次第に効果が薄れていく場合がある。それはなぜか。考えられる理由を，「免疫寛容」という語を用いて 60 字以内で記せ。

問 4　健常者から得た新鮮な血液 A に下図に示すような処理を行い，B および分画 C〜F を得た。下線部(b)のフィブリノーゲンおよび下線部(c)のフィブリンを十分量含んでいるものはそれぞれどれか。図中の A〜F のうちから適切と考えられるものをすべて選んで記せ。C と D，E と F のように二層に分かれている場合は，より多く含んでいると考えられる層を答えよ。

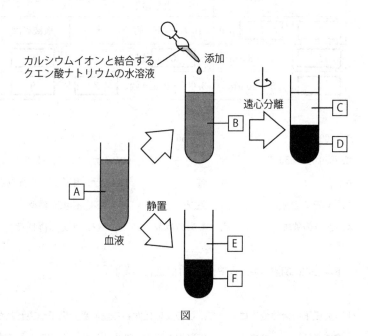

図

問 5　下線部(d)について，実際には血液凝固反応が始まるきっかけはいくつか存在する。治さんが指摘しているように，内出血も止血されることをふまえると，どのようなきっかけが考えられるか。一つ挙げて，簡潔に記せ。

Ⅱ　次の文章を読み，以下の問に答えよ。

　　生物のからだの中では，物質の合成や分解など，多くの化学反応が起こっている。この生体内での反応をまとめて代謝とよぶ。代謝のうち，単純な物質から複雑な物質を合成する過程を　　1　　とよび，複雑な物質を単純な物質に分解する過程を　　2　　とよぶ。

　　土壌中では，生物の遺体や排出物などの分解により生じたアンモニウムイオン（NH_4^+）の多くが　　3　　とよばれる微生物のはたらきによって硝酸イオン（NO_3^-）に変えられる。植物は，根に存在する<u>タンパク質 X を使い土壌中の硝酸イオンを体内に取り込む</u>。図 1 は<u>植物体内における窒素代謝の一部</u>を示している。植物体内に取り込まれた硝酸イオンはいくつかの反応を経て最終的に有機窒素化合物へと変換される。

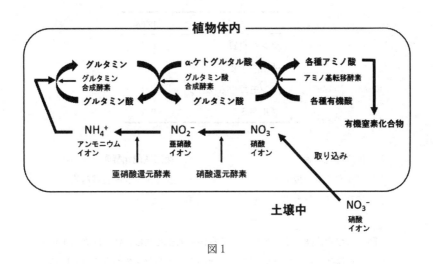

図 1

問 1　空欄　　1　　～　　3　　に当てはまる適切な語を記せ。

問 2　下線部(a)に関連して，一般的に土壌中の硝酸イオンの濃度は植物体内と比べて低く，植物体の内外で硝酸イオンの濃度勾配が生じている。タンパク質 X はエネルギーを使うことでその濃度勾配に逆らって硝酸イオンを植物体内に取り込む。このような物質の取り込み方を何というか。適切な語を記せ。

問 3　下線部(b)に関連して，以下の設問(1)～(3)に答えよ。

(1)　図 1 の窒素代謝には 5 種類の酵素が関わっている。表 1 はそのうちのいず
れかの酵素の活性が低下した植物の変異体 A を，硝酸イオンが十分な量含
まれている溶液を用いてしばらく水耕栽培したあとに，葉に含まれる物質の
相対量(野生型植物に含まれる各物質の量を 1 とした時の量)を調べたもので
ある。変異体 A で変異を起こしている酵素として最も適切なものを以下の
ア～オから一つ選べ。またその理由を 60 字以内で記せ。なお，水耕栽培と
は土を使わずに植物を栽培する方法であり，栄養分は水に溶かして根から与
えるものとする。

表 1

物質	相対量
タンパク質	0.1
亜硝酸イオン	4.7
アンモニウムイオン	0.1
グルタミン	0.2

ア．硝酸還元酵素　　　　　　　　イ．亜硝酸還元酵素
ウ．グルタミン合成酵素　　　　　エ．グルタミン酸合成酵素
オ．アミノ基転移酵素

(2)　図 1 の窒素代謝によって作られる有機窒素化合物は植物の成長に不可欠で
ある。水耕栽培に用いた溶液中には次のア～エの化合物が含まれている。そ
のうちの一つを除くと，野生型植物は生育できるが，変異体 A はほとんど
生育できなくなる。この変異体の生育に最も大きな影響を与えるその化合物
はどれだと考えられるか，最も適切なものを次のア～エから一つ選べ。

ア．硝酸カリウム　　　　　　　　イ．塩化カリウム
ウ．塩化アンモニウム　　　　　　エ．塩化カルシウム

(3) 変異体 B〜D がある。解析をすすめたところ，変異体の一つは硝酸還元酵素の活性が失われていることが明らかとなった。図 2 は硝酸還元酵素の遺伝子の塩基配列の一部を野生型植物とこれらの変異体で比べたものである。硝酸還元酵素の遺伝子については，いずれの変異体も図 2 に記載した領域以外には変異は認められなかった。表 2 のメッセンジャー RNA の遺伝暗号表（コドン表）を参考にし，図 2 の B〜D のうち，硝酸還元酵素の活性が失われている変異体の塩基配列として最も適切なものを選べ。またその理由を 80字以内で記せ。なお図 2 の下線の ATG は開始コドンとしてはたらくものとする。

野生型　ATGGCGACCTCCGTCGATAACCGCCATTATCCCACCA...

B　ATGGCGACCTCCGTCGATAACCGTCATTATCCCACCA...

C　ATGGCGACCTCCGTCGATAACCGCCATTAGCCCACCA...

D　ATGGCGACCTCAGTCGATAACCGCCATTATCCCACCA...

図 2

表 2

		2番目の塩基				
		U	C	A	G	
1番目の塩基	U	UUU フェニルアラニン	UCU セリン	UAU チロシン	UGU システイン	U
		UUC フェニルアラニン	UCC セリン	UAC チロシン	UGC システイン	C
		UUA ロイシン	UCA セリン	UAA 終止コドン	UGA 終止コドン	A
		UUG ロイシン	UCG セリン	UAG 終止コドン	UGG トリプトファン	G
	C	CUU ロイシン	CCU プロリン	CAU ヒスチジン	CGU アルギニン	U
		CUC ロイシン	CCC プロリン	CAC ヒスチジン	CGC アルギニン	C
		CUA ロイシン	CCA プロリン	CAA グルタミン	CGA アルギニン	A
		CUG ロイシン	CCG プロリン	CAG グルタミン	CGG アルギニン	G
	A	AUU イソロイシン	ACU トレオニン	AAU アスパラギン	AGU セリン	U
		AUC イソロイシン	ACC トレオニン	AAC アスパラギン	AGC セリン	C
		AUA イソロイシン	ACA トレオニン	AAA リシン	AGA アルギニン	A
		AUG メチオニン（開始コドン）	ACG トレオニン	AAG リシン	AGG アルギニン	G
	G	GUU バリン	GCU アラニン	GAU アスパラギン酸	GGU グリシン	U
		GUC バリン	GCC アラニン	GAC アスパラギン酸	GGC グリシン	C
		GUA バリン	GCA アラニン	GAA グルタミン酸	GGA グリシン	A
		GUG バリン	GCG アラニン	GAG グルタミン酸	GGG グリシン	G

（表の右端列は「3番目の塩基」）

Ⅲ　次の文章を読み，以下の問に答えよ。

　　経験によらず，特定の刺激に対して生じる定型的な行動を生得的行動，生後の経験により変化した行動を習得的行動（学習行動）という。ある種の鳥類では，孵化したひなは親から給餌を受けて成長し，生まれた繁殖地を巣立った後は越冬地へ渡りを行う。渡りは生得的要素と習得的要素が混ざり合った複雑なふるまいである。

　　渡り鳥はどのように正しい場所を目指して飛んでいるのだろうか。生まれて初めての渡りにおいては，多くの場合，生得的におおよその進行方向と距離が決められているか，もしくは，親または同種の他個体のふるまいから渡り経路を習得していると考えられている。例えば，ホシムクドリは太陽の位置を基準にして，ルリノジコは夜空の星座の位置を基準にして，渡りの方向を知ると考えられている。一方，群れで飛翔するオオハクチョウは，集団内で渡り経路が継承されていると考えられており，親または同種の他個体から学習していることが示唆されている。しかし，生得的であるとも集団内での学習であるとも説明ができない渡りをする鳥がいることがわかってきた。例えば，イギリスのウェールズで繁殖する海鳥類の一種であるニシツノメドリは，同じ繁殖地の個体群であっても，それぞれの個体が異なる渡り経路と越冬地をもち，その経路と越冬地を毎年維持している。

問 1　下線部(a)に関連して，以下のア〜オの行動のうち，生得的と考えられるものはどれか，また習得的と考えられるものはどれか。該当するものをすべて選び，それぞれ記号で答えよ。

　　ア．下側が赤い物体を見ると，イトヨの雄が攻撃行動を示す。

　　イ．手をたたくと池のコイが寄ってくる。

　　ウ．手のひらを触ると新生児が握り返してくる。

　　エ．梅干を見ると唾液が出る。

　　オ．動物病院に連れて行くとき，飼い猫がキャリーバッグに入りたがらない。

問 2　下線部(b)に関連して，ルリノジコ，オオハクチョウ，及びニシツノメドリのシルエットを図 1 のア〜ウからそれぞれ選べ。さらにこの 3 種の渡りとして最

も適切な渡り経路と考えられるものをA～Cから，また，それぞれの種の食性
について最も適切だと考えられるものを 1 ～ 3 からそれぞれ一つずつ選べ。

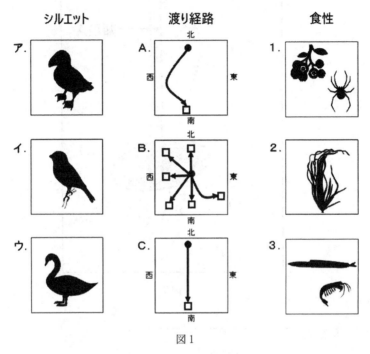

図 1

●は繁殖地，□は越冬地，←は渡り経路を示す。

問 3 下線部(C)に関して，ニシツノメドリの渡り経路の決定が，生得的でも集団内
での学習でもないと考えられる理由を，それぞれ 30 字以内で記せ。

問 4 日本近海で繁殖するオオミズナギドリの多くは，ニューギニア北方海域まで
渡りを行い越冬する。成鳥は繁殖地で子育てを終えると幼鳥よりも先に渡りを
始め，残された幼鳥は成鳥が繁殖地を飛び立った数週間後に渡りを始める。図
2 は，離島 A，B で繁殖するオオミズナギドリの，成鳥の渡り経路を破線で，
幼鳥の渡り経路を実線で示している。離島 A の幼鳥の渡り経路はどのように
なると考えられるか，地図上に記せ。また，そのように考えられる理由を 40
字以内で記せ。

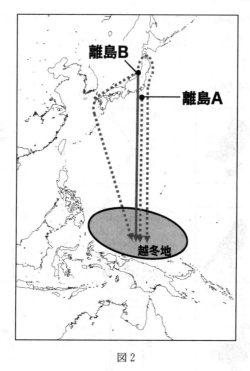

図 2

〔解答欄〕

Ⅳ　次の文章を読み，以下の問に答えよ。

　　環境に制約がある場合，個体群の個体数は時間に対してＳ字曲線状の推移を示
す。一方，ある感染性病原体に対するヒト集団の累積感染者数は，病原体そのもの
には増殖能力がないにもかかわらず，個体群の個体数と同様にＳ字曲線状の推移
を示す。このことは，この病原体による感染拡大の様子が，個体群同様の数理モデ
ルにより予測可能であることを示唆する。

問 1　下線部(a)に関する次の文の空欄 ┃ 1 ┃ ～ ┃ 3 ┃ に最も適切なものを
　　　以下のア～コより選び記号で答えよ。

　　　個体群における個体数の時間的推移を表した曲線を個体群の ┃ 1 ┃ 曲線
　　　という。この曲線がＳ字状を示し，ある程度の時間経過の後に個体数が一定
　　　値に収束するとき，この値を ┃ 2 ┃ とよぶ。個体数のこうした推移は，
　　　┃ 3 ┃ によるものとして説明される。

　　　ア．生存　　　　　イ．飽和　　　　　ウ．成長　　　　　エ．環境収容力

　　　オ．現存量　　　　カ．生産量　　　　キ．密度効果　　　ク．間接効果

　　　ケ．種間競争　　　コ．すみわけ

問 2　下線部(b)について，以下の設問(1)，(2)に答えよ。

　(1)　この病原体を含む分類学上のグループとして考えられる最も適切なもの
　　　を，次のア～ウより選び記号で答えよ。

　　　ア．細菌　　　　　　　　イ．古細菌　　　　　　　　ウ．ウイルス

　(2)　この病原体を含む分類学上のグループに関連した以下の文ア～オのうち，
　　　正しくないものをすべて選び，記号で答えよ。

　　ア．外被タンパク質からなる外殻の内側に核酸が入った構造をしている。

　　イ．複製には宿主の転写翻訳機構を利用する。

　　ウ．低酸素環境に適応した特殊なミトコンドリアをもつものがある。

　　エ．動物，植物いずれも宿主となり得るが，細菌は宿主とはならない。

　　オ．スペイン風邪の原因とされたインフルエンザ菌はこのグループである。

問 3　下線部(C)に関連する以下の文を読み，設問(1)～(3)に答えよ。

　　図 1 は，人口 36 万人のある島での，島外からの渡航者が持ち込んだこの病原体に対する累積感染者数を，最初の感染が確認された日をゼロ日としてグラフにしたものである。当時，この島では外部との渡航制限は実施したが，重症者の入院と感染者の自主的隔離以外に島内での移動制限は行われなかった。また，この病原体に対するワクチンは当時開発されておらず予防接種も行なわれていなかった。なお，感染には感染者との接触が必須であり，接触時の感染しやすさは個人の健康状態などによらず，感染者との接触があれば一定の確率で感染するものとする。また，人口の増減，感染者の治癒については考慮しなくてよい。

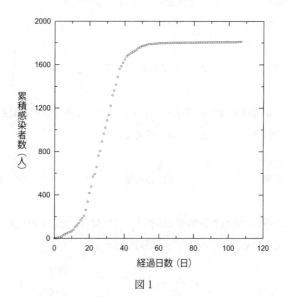

図 1

⑴　病原体が持ち込まれた直後の感染者数から累積感染者の増え方を求めたところ，累積感染者数が 2 倍となるのに約 4.4 日かかっていた。このペースで感染が拡大すると，約 80 日で島民が全員感染すると予測される。この累積感染者数予測を表すグラフの概略を，縦軸の目盛りを含め 120 日経過まで描け。また，実際の累積感染者数が，島の全人口よりもずっと少なかったのはなぜか，30 字以内で述べよ。

〔解答欄〕

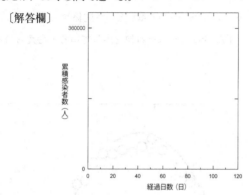

⑵　当初，この島に渡航して来た感染者数がもし 2 倍だったとしたら，初期の感染者数増加速度すなわち 1 日あたりの新規感染者数は何倍となると考えられるか。島の人口が半分だった場合，さらに，当初渡航して来た感染者数が 2 倍で島の人口が半分だった場合はどうか。それぞれについて最も適したものを次のア～オより選び記号で答えよ。

ア．1/4 になる　　　　　　イ．1/2 になる　　　　　　ウ．変化しない

エ．2 倍になる　　　　　　オ．4 倍になる

(3)　この島での日々の累積感染者数を横軸に，1 日あたりの新規感染者数を縦
　　軸にして感染拡大の様子をグラフにしたところ，図 2 に示す様に放物線状の
　　経緯をたどった。さらに，累積感染者数 x と 1 日あたりの新規感染者数 y の
　　間には，おおよそ $y = x(1808 - x)/11400$ という関係があった。この式の
　　1808，$(1808 - x)$，1/11400 はそれぞれ何を表していると考えられるか，
　　簡潔に記せ。

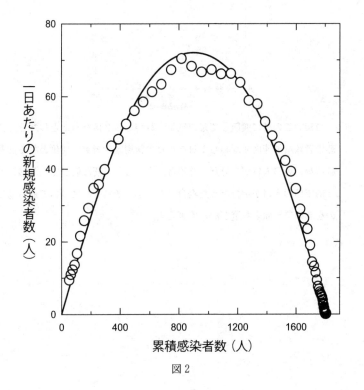

図 2

■地学■

（1 科目 60 分　　2 科目 120 分）

　問題Ⅰ～Ⅳについて解答せよ。字数を指定している設問の解答では，数字，アルファベット，句読点，括弧，元素記号を 1 字として記述せよ。ただし，化学式を記述する場合は，元素記号とその添え字を含めて 1 字とする。途中の計算過程を記述する設問の解答では，答えとなる値がどのように得られたのかを理解できるように記述せよ。

Ⅰ　次の大気大循環に関する文章を読み，以下の問いに答えよ。

　　赤道付近では，太陽放射で温められた空気が南北から収束して　　ア　　ができ
　　　　　　　　(a)
る。ここでの上昇気流は　　イ　　付近の高さで南北に分流し，緯度 30 度付近で
下降流となり下層で赤道付近に戻る。この大気の循環を　　ウ　　循環といい，地
球自転の影響で対流圏下層では東よりの貿易風となる。一方，中緯度の偏西風帯で
は，緯度 30 度付近の下降流と 60 度付近の上昇流からなる　　エ　　循環がある。
この循環は，温帯低気圧の特徴として北半球では，下層の暖気が北上して高緯度で
　　　　　　　　　　　　　　　　　　　　　　　(b)
上昇し，上層の寒気が南下して低緯度で下降する構造を東西平均することで生じて
いる。

問 1　上の文章の空欄　　ア　　～　　エ　　に，適当な語句を入れよ。

問 2　下線部(a)と関係し，太陽放射と地球放射の特徴とその役割について 100 字以
　　　内で説明せよ。

問 3　下線部(b)と関係し，中緯度の温帯低気圧周辺の気圧の等値線，寒冷前線，温
　　　暖前線を含む地上天気図，および上昇気流，下降気流の様子を図示せよ。

Ⅱ 次の惑星に関する文章を読み，以下の問いに答えよ。

　　図 1 は，惑星の軌道長半径 a と公転周期 T を常用対数で表示したものである。$\log_{10} T$ を縦軸，$\log_{10} a$ を横軸とすると直線が形成される。直線の傾きを簡単な数字で表すと　　ア　/　イ　となる。このことは $T^{\boxed{イ}}/a^{\boxed{ア}}$ が一定の値となることを意味している。このような規則性は　　ウ　と呼ばれている。

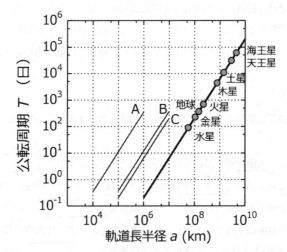

図 1 　太陽系天体における軌道長半径と公転周期の関係
データは https://nssdc.gsfc.nasa.gov/planetary/factsheet/ より

問 1 　空欄　　ア　，　イ　に当てはまる整数を入れよ。また，空欄　　ウ　に適当な語句を入れよ。

問 2 　上述の　　ウ　を利用して，地球の赤道上の静止気象衛星(地球の自転周期と同じ 1 日で地球の周りを公転する衛星)の軌道半径は，月軌道長半径 $(3.84 \times 10^5\,\mathrm{km})$ の何分の 1 になるのか有効数字 1 桁で計算せよ。ただし，月が地球のまわりを 1 周する時間を 27 日として計算してよい。計算過程も解答用紙に記述せよ。

問 3　図 1 の直線 **A**，**B**，**C** は，火星の衛星，木星の衛星，土星の衛星の軌道長半
　　　径，公転周期をもとにした直線である。それぞれの直線が，どの惑星の衛星の
　　　軌道長半径と公転周期をもとにした直線か答えよ。

Ⅲ　次の顕生代に関する文章を読み，以下の問いに答えよ。

　　　硬い殻や骨格をもった多細胞動物が多数出現した　| ア |　から現在までの時代
　を顕生代（顕生累代）という。顕生代の地層からは化石が豊富に産出するため，代表
　的な動物群の絶滅や出現を基準にして顕生代は古生代，中生代，新生代に分けられ
　ている。同様にして古生代，中生代，新生代はさらに細かい時代に分けられてい
　る。
　　　| ア |　から　| イ |　までの古生代は古い順にカンブリア紀，| ウ |，
　| エ |，デボン紀，石炭紀，| オ |　に分けられている。カンブリア紀には
　現在の動物につながる様々な動物が一斉に出現した。その後オゾン層が形成される
　と，植物も動物も陸上に進出した。
　　　　　　　　　　　　　　　　　　　　　　　　　　　　　(a)

問 1　空欄　| ア |，| イ |　に入る数値として適当なものをそれぞれ次の
　　　①～⑧から選べ。
　　　①　約 10 億年前　　　　②　約 6 億 5000 万年前　　③　約 5 億 4100 万年前
　　　④　約 4 億 4400 万年前　⑤　約 2 億 5200 万年前　　⑥　約 2 億 100 万年前
　　　⑦　約 1 億 4500 万年前　⑧　約 6600 万年前

問 2　空欄　| ウ |　～　| オ |　に適当な語句を入れよ。

問 3　下線部(a)について，なぜオゾン層が形成されたことで生物が陸上に進出した
　　　のか，その理由を 50 字以内で説明せよ。

問 4　石炭紀に大気中の二酸化炭素濃度が低下したことが知られている。その理由
　　　を 70 字以内で説明せよ。

Ⅳ 次のプレートに関する文章を読み，以下の問いに答えよ。

　地球の表面は複数のプレートに分割され，それぞれのプレートは変形しにくく，それぞれが別の方向に動いている。プレート境界は，プレート発散境界，プレート収束境界，プレートすれ違い境界の3タイプに分けることができる。プレート境界では二つのプレートがことなる方向に動いているため，ひずみが地下に蓄積され，蓄積されたひずみは大地震が発生することによって解放される。結果として，地震活動が活発な領域はプレート境界をなぞるように線状に分布している。プレートは地球の表面を移動しているため，その運動は地球中心を通る軸を中心とした回転として表現できる。1つのプレートを固定した場合も，その他のプレートの運動は地球中心を通る軸を中心とした回転として表現できる。

問1　断層は，横ずれ断層，正断層，逆断層の3つのタイプに分類できる。プレート境界と断層のタイプの組み合わせとして最も適当なものを次の①～④から選べ。

	プレート発散境界	プレート収束境界	プレートすれ違い境界
①	逆断層	正断層	横ずれ断層
②	正断層	正断層	横ずれ断層
③	逆断層	逆断層	横ずれ断層
④	正断層	逆断層	横ずれ断層

問2　中央海嶺付近では，プレート発散境界とプレートすれ違い境界が分布している。ここで，図のようにプレート発散境界に対応する海嶺が分布しているとする。プレートすれ違い境界の範囲と境界での断層の動きを矢印で図示せよ。

問 3　アフリカプレートと南米プレートの接する大西洋中央海嶺一帯で発生した複
　　　数の地震の断層面と滑り方向が分かったとする。アフリカプレートを不動とし
　　　たときに，南米プレートの運動の回転軸を推定する方法について，100 字以内
　　　で説明せよ。

問 4　南海トラフ沿いでは，フィリピン海プレートがユーラシアプレートの下に沈
　　　み込んでいるが，その沈み込み速度は，北東側ほど遅いことが知られている。
　　　この理由について 80 字以内で説明せよ。

解答編

英語

Ⅰ 解答 1 ―(D)

2．挨拶が互いに対する関心をもたらすことによって，集団意識と団結を生むこと。（40 字以内）

3．人々の日々の行為や社会的触れ合いを左右する型や法則を特定するのが目的であること。（40 字以内）

4．他人の空間の尊重と危害の意思がないことを示す，ちらっと見るような行為をしつつも，その人にあまり注意を払わないこと。（60 字以内）

5．社会全体の構造がどのように一体化しているかを理解するために，個々の構成員の日常の小さな行動に焦点を当てる学問領域。（60 字以内）

6．出会いの挨拶は，他人の関係から明確なやり取りを行う間柄になるためのきっかけの儀式であり，別れの挨拶を含めると，一つの出会いという枠組みを作る儀式だということ。（80 字以内）

7 ―(B)

━━━━◆全 訳◆━━━━

≪挨拶の役割≫

　挨拶とは，正確にはどういったものだろうか？　『オックスフォード英語辞典』では，以下のように定義されている。「歓迎や承認を表すための，丁寧な言葉や身ぶり。歓迎のしるしを伝える振る舞い。出会いのときに言ったりメッセージを書くときに述べたりする，好意を表す公式的な表現」あるいは，気づいたらナルニア国に来てしまっていて，ファウヌスのタムナス氏──彼は，彼女が自己紹介をして手を差し出すと，困惑した表情を浮かべた──と出会ったときのルーシーによる説明もある。「お互いが出会ったとき，人間はそうする」というものだ。要するに，私たちの挨拶は，私たちが身につけ，礼儀正しさや習慣から行っている，ちょっとしたお決まりの行為なのである。それでも，これがすべて挨拶の神髄をうまく

とらえているかもしれないとしても，ここでは何かが欠落している——ルーシーの考えをもっとうまく説明するかもしれない，もっと根本的な何かである。

　次に，私は，研究者たちが言っていることに目を転じてみた。カナダ系アメリカ人の社会学者アーヴィング=ゴフマンは，その分野で最も影響力のある思想家の一人であった。ほとんどの同僚——彼らは社会を形成している包括的構造と社会経済学的傾向を理解しようとしていた——とは違って，ゴフマンは，はるかに小さな，日々の事柄に注意を向けた。大半の人が，他人——集団や群集の中であれ，見知らぬ人の中であれ——に囲まれて人生のほとんどを過ごしていることに気づいて，彼は，私たちの日々の行為や社会的触れ合いを左右するさまざまな型や規則を特定することに乗り出した。この目的のために，彼は私たちの大部分が当然のことと考えがちな行動の類に注目した。それはたとえば，ちょっとした会話，レストランでの注文，店頭での物品の購入などであった。主要な理論が何であれ，ゴフマンにとっては，社会が始まるのはこれらの小規模な対面での触れ合いからであった。

　有名な話だが，ゴフマンはさらに，ちらっと目を向けたり，通りで相手に道を譲ったりするような，知らない人との相互作用の多くを特徴づけるようなちょっとした交流も調査した。私たちはそういったことについてたいして深く考えないかもしれないが，他者の個人空間に対する敬意と，何の危害も与えるつもりはないという事実とを伝えるのは，これらの小さな行為なのである。こういった行為があるからこそ，私たちは都会での生活や地下鉄での移動に耐えられるのだ。ゴフマンはこの種の焦点の定まらない相互作用を説明するのに，「儀礼的無関心」という語を造った。ゴフマン自身がこの語を使うことはなかったけれども，彼は「ミクロ社会学」の開祖と広く見なされている。社会というものを 1 つの巨人なシロアリのアリ塚だと考えた場合，ミクロ社会学者は，全体の構造がどのように一体化しているのかを理解するために，一匹一匹のシロアリの活動に焦点を当てる。

　ここでのゴフマンの重要な洞察は，「儀式」の重要性についてである。私たちは儀式という言葉を，部族による謎の慣行や宗教的儀式と関連づけてしまいがちだが，ゴフマンはより広くて基本的な見方をした。彼にとっ

解答編

て，儀式は，人々を団結させる決まった作業や行動の型に過ぎず，私たちの日々の生活はそういったものに満ちあふれていると考えた。食事のために着席することから，ゲームをすることに至るまであらゆるもの——それらはすべてゴフマンが「儀礼としての相互行為」と呼んだものに基づいている。活動それ自体が重要であるというよりも，活動を通して共同の焦点と注意がもたらされるのである。それらはもっと大きなものの象徴なのである。より日常的なレベルでは，ゴフマンは，私たちの日々の出会いを左右し，人目につく場での生活を扱いやすいものにするちょっとした暗黙の慣例や慣行をすべて含めた。それはたとえば店内で列を作ったり，電車の乗客を先に降ろしたりするようなことであった。要するに，最も遠くにいる部族から都会の中心地まで，儀式は社会的秩序のカギなのである。

ゴフマンは，私たちの挨拶がこれらすべてにおいてきわめて重要な要素である様子を示した。本質的には，入念な握手であれ，単なる「ハイ」であれ，行動におけるこれらの型が私たちの触れ合いのきっかけとなり，儀礼的無関心という遠い状態から，焦点の定まった意思疎通への移行を示すのである。私たちは交渉したり，ある社会環境に自分が入っていったりするためにそれらを利用する。それらは彼が「接近の儀式」と呼ぶものであり，あるいは，別れの挨拶とともに使われると，出会いを形作る「儀式の括弧」になるのである。挨拶がなければ，私たちの触れ合いは扱いにくいものになるであろう。

けれども，ゴフマンの分析は，私たちが挨拶のきわめて重要な働きを理解するのに役立つとしても，ヒースロー空港に立って，感情を爆発させているところや，その原因となる，もっと冷静な口論を観察しながら，私はゴフマンがあることを見落としているように感じずにはいられなかった。これらの儀式がどれだけ手の込んだ親密なものになり得るかを考慮すると，儀式は私たちの相互作用を操る以上の意味をもっているに違いない。ここで私たちの助けとなるのはアメリカ人社会学者のランドール＝コリンズである。儀礼としての相互行為というゴフマンの考えを採用しながら，コリンズはそれに生命と意味を追加注入している。彼にとって最も重要なのは，それらが社会秩序を維持することよりもむしろ，共同の焦点をもたらすことによって，集団意識と団結をつくり出すということである。儀式が申し分なく行われた場合，生理的興奮がより高まった状態を引き起こす。そう

いうわけで，非常に数多くの儀式では身体性の程度が高く，その身体性の中で私たちは体と心を一致させようとするのである。歌や踊りを中心に展開される儀式がいかに多いか考えてみてほしい——特にコンガを想像してほしい。個人としても社会的動物としても，生活の中での頂点を示すのは，エネルギーと感情が張り詰めた，このような瞬間なのである。

■■■■■■■■ ◀解　説▶ ■■■■■■■■

1．第 1 段の空欄の前では，挨拶について，辞書の定義や物語の一場面を具体的に述べ，空欄の後では，挨拶とは決まった行動だとまとめている。また，第 4 段の空欄についても，空欄の前で，日常における儀式的行為について述べ，直後では，儀式は社会秩序に重要だとまとめている。この流れの中で用いるべき表現は(D) In short「要するに」である。(A)「とりわけ」　(B)「ところで」　(C)「たとえば」

2．下線部(2)にある miss と something が本文後半で登場するのは，第 6 段第 1 文（Yet even though …）の文末である。つまり，この段落で説明されている something が解答に関わる部分であると考えられる。具体的にはコリンズの見解が述べられた第 6 段第 5 文（For him, …）後半の by bringing 以下が参照箇所である。by bringing … joint focus については，そのまま「共同の焦点をもたらすことで」でもよいだろうが，〔解答〕では，参与者が joint focus「共同の焦点」を結ぶ対象となるのは，挨拶をきっかけに始まるコミュニケーションだと解釈した。参与者がコミュニケーションに焦点を結ぶときには，互いに対する関心が生まれると考え，「挨拶が互いに対する関心をもたらす」と言い換えた。

3．to this end は「この目的で，このために」という意味。this は直前の文の identify the various … interactions を指していると考えられるので，この部分をまとめる。解答は目的の意味を出して「～が目的であること，～ためであること」とまとめるのがよいだろう。

4．civil inattention「儀礼的無関心」は，具体的には第 3 段第 1 文（Famously, Goffman even …）で挙げられている a fleeting glance or moving out of someone's way on the street「ちらっと目を向けたり通りで相手に道を譲ったりする」行為である。下線部(4)直後では，これらの行為について「焦点の定まらない相互作用」と述べられている。また，その効果は，同段第 2 文（We may not …）で説明されている。これらをまと

めればよい。〔解答〕では inattention「不注意」の意味でまとめたが，「他人にあまり注意を払わない，ちらっと目を向けるような行為によって，その人の空間を尊重して危害の意思がないと示すこと」「ちらっと目を向けるような行為によって，その人の空間を尊重して危害の意思がないと示す，焦点の定まらない交流のこと」なども許容されるだろう。

5．microsociology「ミクロ社会学」についての説明は，直後の文（If we imagine …）で述べられている。つまり，大きな構造を考えるときに，マクロ的な観点ではなくミクロ的な観点で考える，という手法である。本文ではシロアリで例証されているが，一般的な言い方で答えるべきであろう。

6．They は handshake や 'Hi' などの挨拶を指している。これらが access rituals「接近の儀式」で，別れの言葉と一緒になると the 'ritual brackets'「儀式の括弧」となり，出会いを形成すると説明されている。設問に答えるには，これをさらに説明的に言い換える必要がある。直前の 2 文（Essentially, these … a social setting.）の説明を参考にすると，「接近の儀式」が意味するのは，他人同士が出会った際には，挨拶をきっかけにして焦点の定まったコミュニケーションが始まることである。また，「儀式の括弧」とは，「儀式によってここから始まり，ここで終わる」ことのたとえで，出会いの挨拶とさようならの挨拶で，一つの出会いという枠組みが作られることだと考えられる。what *A* called 〜 は「*A*（人）が〜と呼んだもの」の意味。

7．(A)「私は自分が…だと感じないよう助けることができた」

(B)「私は自分が…だと感じるのを止めることができなかった」

(C)「誰も私が…だと感じるのを助けることができなかった」

(D)「私が…だと感じるのを止めることができる人もいた」

　can't help *doing* または can't help but *do* の形ならば，問題なく「〜せざるを得ない，思わず〜してしまう」の意味であると思い当たるのだが，下線部は feeling でも but feel でもない。しかし，直後の文（Given how …）での，挨拶には，ゴフマンが主張する「相互作用をうまく取り扱う」以上の意味があるということから，「私はゴフマンがあることを見落としているように感じずにはいられなかった」という意味になると考えるのが最も適切であると思われる。よって，(B)を正解とする。

II 　解答

1 —(B)

2．化学物質を感知できる生物やそれを構成する細胞が，化学物質を信号として送り合うコミュニケーション様式。(50 字以内)

3．匂いの化学物質が伝わる速度は，風が吹いていたとしても光や音より遅く，複雑な意思疎通に適さないから。(50 字以内)

4 —(C)

5．匂いの数は限られていても，その組み合わせは膨大で，人間は理論上 10 の 120 乗個の組み合わせを検知できるため，匂いも，人間の言語と同程度に情報を伝えるだけの十分な複雑さをもち得るから。(90 字以内)

6．昆虫は，仲間を引き寄せる，敵の存在を伝えるなどの様々な目的で匂いを利用し，近親種では化学物質の配合をわずかに変えて別の種との混乱を防ぐから。(70 字以内)

7 —(C)

━━━━━━━━◆全　訳◆━━━━━━━━

≪匂いは言語になり得るか≫

　聴覚と視覚はどちらも私たち人間に深いなじみがあるので，音声と視覚で伝える者であふれた，異星人が住む世界を容易に想像できる。しかし，音も光も，信号に使われる感覚の相としては地球上で最も古いというわけではない。最も古くからある根源的な伝達手段は，言語に発展したと想像するのが非常に困難なものである。実際，まったく見落としていることも多いのだ。その感覚とは嗅覚である。動物は匂いをかぐ——相当に。定義を無理のない限度，つまり周囲の環境内の化学物質を検知するという定義にまで広げれば，バクテリアでさえ「匂いをかぐ」のである。最初に発生した生命体は，周囲の水中でエサとなる化学物質の凝縮を追跡できることで，巨大な利点を獲得したであろう。そうして，やみくもにうろうろするのではなく，（彼らにはまだ実際の鼻はなかったとしても）「自分の鼻に従う」よう進化したであろう。

　視覚の場合と同様に，生物が環境内の重要なもの（光やエサ）を感知するメカニズムを発達させると，そのメカニズムは合図を送るのに利用できるようになる。これはまさしく，地球の生命の歴史上，非常に早い段階で実際に起こったことである。一個体の体内の異なる細胞間の相互作用すらも，化学的信号によって可能になるので，最も広義な「化学的な伝達」は，

少なくとも多細胞生命の起源にまでさかのぼる。現在では，化学物質による信号は，すべての動物の生活のほとんどどこででも観察され得る。それでは，真の言語という意味において，化学物質による言語が存在しないのはなぜだろうか。匂いで詩を書くことができないのはなぜなのだろうか。化学物質による洗練された伝達法がないというこの驚くべき事実は，地球の環境と発展の歴史において起こった単なる事故なのだろうか。あるいは，私たちがこれから訪れる惑星には，どれも同様に，匂いを出すガスをためたシェークスピアはいないのだろうか。

　匂いをもとにした言語があるという考えは，ばかばかしく聞こえるかもしれない。私たちが自身の言語の中で用いる莫大な数の概念——つまり，単語——を満たすのに十分なだけの異なる匂い——化学的化合物——は，とても存在しないと考えるだろうからだ。しかし，これは間違っているだろう。異なる匂いの数を控えめにみたとしても，可能な組み合わせの数は膨大である。私たちは，自分たちのありきたりと言ってもよい鼻でも約400 種類の化学物質の検知器を備えており，犬では 800 種類であると知っている。そして，ネズミは 1,200 種類もの異なる刺激をかぎ分けられることを知っている。それはつまり，私たちは——理論的には——10 の 120乗個の異なる化合物を検知する能力をもっているということである。この数字は，宇宙全体の原子の数よりもはるかに多いのだ。だからと言って，必ずしも私たちが，これらのあり得る化合物の組み合わせをすべて意識的に区別できるとは限らないが，少なくとも，化学物質を検知する感覚は，情報を伝達するのに必要なだけの複雑さを理論的にはもっている可能性があると言ってよい。情報を伝達する程度は，言語に関連づけられるのと同程度である。

　加えて，匂いの言語が不可能だと考える神経学上の理由はない。もちろん，昆虫は，化学物質で複雑な伝達を行うという点では，地球上のチャンピオンである。匂いは，仲間を引き寄せるために，自分たちの巣のメンバーを特定するために，エサへの道筋を示すために，敵の存在を伝えるために使われる。多くの場合，特定される活性化合物の数が比較的少ないとき，おそらく 20 くらいであろうときでさえ，同族に近い昆虫の種はそれらの化合物の組み合わせ方をほんの少し変えて，一方の種のメッセージが他の種のメッセージと混同されないようにすることがわかっている。

　しかし，他の感覚と同様に，化学物質を感知する感覚も，複雑な伝達のための候補となるには，特定の物理的条件を満たさなければならない。光や音は速いが，化学的信号はそうではない。ホタルの光は即座に受け手のところに届く。コオロギの鳴き声はおそらく１，２秒遅れて届くだろう。数センチを超える規模ならどんな距離でも，化学物質がその出所から広がっていく速度は，数千倍ではないにしても数百倍は遅い。「匂いの速度」を計算するのはほぼ不可能だが，何もしないで広がっていくときの匂いは風に運ばれた場合よりもはるかに遅いというのが通常の認識である。したがって，匂いの速度の絶対的上限は風の速度であると考えてよい。一般的には，音の秒速 340 メートルに対して，秒速約 10 メートルほどである。メッセージの送り手から，あなた宛のメッセージが風で運ばれてくるのを道路の反対側で待っているとしよう。非常に風の強い日には，１，２秒しかかからないだろう。しかし，夏の無風の夕方には，メッセージが届くまでに１分以上待つことになるかもしれない。もちろん，風が常に強く吹いて頼りにできるような惑星ならば，化学物質による信号はおそらく迅速な伝達手段になるだろう。あいにく，それは非常に一方通行の手段であろう──あなたの匂いが強風と戦っているときには，幸運なことに，出した返事を差出人に差し戻してくれるだろう。

━━━━━◀解　説▶━━━━━

１．follow the concentration of food chemicals は「エサとなる化学物質の凝縮を追跡する」という意味で，ここでは「凝縮」とは「集まったもの」の意味だと考えられる。選択肢では(B)「集積」が最も近い意味である。(C)の focus は「集中，焦点」の意味で，類語といえなくはないが，ここでの言い換えには(B)がより適当である。(A)「注意」　(D)「案内」

２．chemical communication「化学的コミュニケーション」とは，化学物質を用いたコミュニケーション様式のことである。具体的には当該文の前半部分（Even the interaction … by chemical signals）で説明されている。これは細胞間の伝達のことで，次文（Today, chemical signalling …）では，ほぼすべての動物の生態で化学物質による信号が観察されるとあり，第４段では昆虫の例が挙げられている。また，第２段第１文（As with vision, …）からは，周囲の化学物質を感知する仕組みをもつ生物によって行われるとわかる。〔解答〕での主語は，これらをまとめて「化学物質

を感知できる生物やそれを構成する細胞」とした。

3．当該文の意味は「それでは，真の言語という意味において，化学物質による言語が存在しないのはなぜだろうか」となる。これに対する答えは第5段で述べられている。端的には，第1・2文（However, as with … signals are not.）にあるように，光や音に比べて匂いは伝わる速度が遅く，複雑なコミュニケーションに適していないからである。速度については，第6文（So, one …）で，風の速度が匂いの伝わる速度の上限だと述べられている。これらを50字以内でまとめる。また，第8・9文（On a very … get the message.）では，メッセージの到達時間は風に左右されると述べられており，下線部(7)では一方通行の通信手段だと述べられている。字数が足りなければ，これらの内容を入れるとよいだろう。

4．当該文前半は「匂いをもとにした言語があるという考えは，…聞こえるかもしれない」という意味で，後半部分でそう聞こえる理由を述べている。匂いの数は単語の数に及ばないというのが理由で，これは匂いをもとにした言語を否定するのに妥当なものと考えられる。この流れに合致する選択肢は(C)の ridiculous「ばかばかしい」である。(A)「重要な」　(B)「楽しい」　(D)「完成した」

5．下線部(5)は「しかし，これは間違っているかもしれない」という意味。「これ」が指しているのは，前文の「私たちが自身の言語の中で用いる莫大な数の概念——つまり，単語——を満たすのに十分なだけの異なる匂い——化学的化合物——は，存在しない」の部分である。それが「間違いだ」とは，「十分なだけの匂いが存在する，匂いの数は単語に匹敵する」ということで，その根拠は下線部(5)直後の文から同段最終文（Although this …）で述べられている。この部分をまとめる。最終文については，前半は譲歩なので省いて，a chemical modality 以降をまとめるとよい。

6．下線部(6)の意味は「（昆虫は）化学物質で複雑な伝達を行うという点では，地球上のチャンピオンである」となる。匂いを使って様々な内容を伝達し，他の種のメッセージとの混同を避けるためにかなり高度なことをしていると後続の文（Smells are used …）から最終文で述べられているので，理由としてはこの部分をまとめればよい。

7．下線部(7)の意味は「あいにく，それは非常に一方通行の手段になるであろう」となる。「それ」が指すものは，直前の文（Of course, on …）に

ある「風が常に強く吹く惑星での，化学物質の信号を使った高速の伝達手段」である。匂いは風の吹く方向にしか伝わらないので，一方通行になってしまうという趣旨である。これに合致しているのは(C)である。

Ⅲ　**解答**　［A］(1)3 番目：④　5 番目：②
(2)3 番目：⑤　5 番目：④　(3)3 番目：②　5 番目：⑥

［B］＜解答例＞ 1. The author thinks that some form of internet censorship is needed for two reasons. First, there are limits to what people can say in any society. Second, the democratic process such as elections can be influenced by fake news on the internet. Internet censorship is thus necessary to protect the security and stability of society. (50 語程度)

2. In my opinion, internet censorship is necessary. The reason is as follows. Without regulations, there is no way to defend the human rights of citizens from irresponsible and harmful messages on the Internet, which may cause victims to commit suicide. I think it is a kind of crime, and we should fight against it. (50 語程度)

◆◆全　訳◆◆

［A］《ビーガニズムとは何か》

　ビーガニズム（完全菜食主義）とは，人が動物に害を与えたり動物を利用したりするのを避けるための生活スタイルの選択肢の一つである。これは，完全菜食主義者の人間は，肉も卵も魚も食べないし，皮革やそれ以外の動物の体の部分でできた製品を使わないという意味である。完全菜食主義者は動物を熱狂的なほどに愛していることが多い。完全菜食主義者になることは食事だけに関する選択肢だと思うかもしれないが，世界中の多くの完全菜食主義者は，それを一つの生活スタイルだと考えている。

　「ベジタリアン（菜食主義者）」という語は，1800 年代から使われており，それ以前でも，古代インドの人々は菜食主義を実践することもあった。「ビーガン（完全菜食主義者）」という語は，1944 年にドナルド=ワトソンと妻のドロシー=モーガンによって初めて使用された。2 人はどちらも，牛乳と卵も摂取しないと決めた菜食主義者だった。2 人は菜食主義のこの新しい形を「ビーガニズム（完全菜食主義）」と称した。

　ビーガニズムは日本では比較的新しいものであるが，その生活スタイルの人気が増しているため，完全菜食の選択肢を提供しているレストランは数多くある。だが，伝統的な日本食の多くが完全菜食主義でもあることを知っていただろうか。納豆や蕎麦や餅はすべて完全菜食の食品である。

　完全菜食主義は地球に役立つかもしれないと考えるビーガンや科学者もいる。私たちは，肉を食べられるように動物を飼育するために多くの資源を使っている。この資源には，水や土地や空気も含まれる。動物もまた多量の温室効果ガスを生産する。ビーガンになるかベジタリアンの食事に移行すれば，気候変動を止めるのに役立つかもしれないと信じている科学者もいる。

[B]《インターネット検閲の必要性について》

　ある人たちは，インターネットの検閲は自由で開かれた社会の原則に反していると述べているが，私は何らかの形でのインターネット検閲は以下のような理由で正当化されると考える。

　第一に，どんな社会においても，完全な言論の自由は存在しない。最も民主的な国でも，人が言ってもよいことには制限がある。人種差別のヘイトスピーチや脅しに対抗する法律がなければ，市民は安全な生活を送ることができないだろう。どうしてインターネットを別扱いすべきなのか。テロ活動を勧めるソーシャルメディアの書き込みやソーシャルメディアサイトに対しては，何らかの検閲が必要である。

　第二に，アメリカを含む民主国家の選挙は，ネット上で生み出されたフェイクニュースに影響を受けることが多い。民主的でない国の情報収集機関につながっているインターネットサイトが，フェイクニュースサイトを利用して偽の情報を広め，民主国家での国民の投票の仕方に影響を与える可能性がある。偏向した宣伝工作や嘘から民主的な手続きを守るためには，間違いなくそのようなサイトを検閲する必要がある。

　もちろん，インターネットの検閲は可能な限り少なくするというのが目標であるべきだ。しかし，インターネットにまったく何の規制もかからなければ，社会の安全と安定はひどく脅かされるだろう。

━━━━━━━ ◀解　説▶ ━━━━━━━

[A]（1） lots of vegans がこの文の主語になると考えられるが，around はそれだけでは成立しない。around the world は「世界中の」の意味で，

lots of vegans を修飾していると考える。動詞は think しかないので確定
だが，表現としては think of A as B「A を B とみなす」が考えられる。
A が it（＝being vegan），B が a lifestyle となる。よって，完成文は（…
lots of vegans around）the world think of it as a lifestyle となる。

(2)　直前の that は，a lot of restaurants を先行詞とする関係代名詞であ
ると推測できる。主格の関係代名詞であると考えると動詞が続くことにな
るが，その場合，三単現の s はつかない。よって，offer「～を提供する」
が最初にくる。この目的語は vegan options「完全菜食の選択肢」とする
のが最も適切である。また，the lifestyle gains は主語・動詞の組み合わ
せと考えるべきである。これを offer vegan options と同じ文に入れるた
めには接続詞か関係詞が必要になる。よって，as を「～なので」の意味
の接続詞ととらえ，①の前に置く。(1)の as の用法とは異なるので注意す
る。最後に，gains「～を増す」の目的語は popularity「人気」で確定し，
完成文は（there are a lot of restaurants that）offer vegan options as
the lifestyle gains popularity となる。

(3)　選択肢を見ると，so that S can do「S が～できるように」という表
現が予想される。主語は we で確定し，do は動詞なので，eat their meat
「それらの肉を食べる」が続く。最後に，to raise animals は，目的を表
す副詞的用法と考えれば，「動物を飼育するために」という意味で We
use a lot of resources「たくさんの資源を利用する」の後に続くことにな
る。よって，完成文は（We use a lot of resources）to raise animals so
that we can eat their meat となる。

［B］1．本文のテーマはインターネット検閲で，筆者はある程度の検閲
は必要だと述べている。この点を軸にし，さらにその理由を加えて英文を
作っていくことになる。「50 語程度」という指示があるので，45～55 語く
らいになるようにしたい。

2．〔解答例〕はインターネット検閲に賛成の立場をとっているが，もち
ろん反対の立場でもかまわない。まず自分の意見をはっきりと主張し，次
いでその理由を加えるという構成が求められる。

❖講　評

　2022 年度も例年とほぼ同様の出題内容で，ⅠとⅡは長文読解問題，Ⅲは語句整序問題と英作文問題という構成であった。なお，Ⅲの英作文は，2021 年度までは意見論述のみであったが，2022 年度は要約問題も追加されている。

　Ⅰ　挨拶の役割を説明した社会学的論文である。共通語による空所補充が 1 問，同意表現が 1 問，内容説明が 5 問となっている。内容説明は，いずれも下線をほどこされた部分について日本語で説明するもので，字数制限が設けられている。本文の表現をそのまま引用したのではうまくまとまらない設問もあるので，自分の言葉で言い換える訓練が必要である。難度はかなり高い。

　Ⅱ　化学物質（匂い）による情報伝達についての英文。同意表現が 1 問，空所補充が 1 問，内容説明が 5 問となっている。英文の量と質および出題傾向は，Ⅰとほぼ同じ。こちらも難度はかなり高い。

　Ⅲ　[A] の語句整序問題は，並べ替えたときに 3 番目と 5 番目にくるものを選ぶ形式である。日本語が与えられていないので，文法や語法・構文の知識で対応することになるが，前後の流れも大きなヒントになるであろう。[B] の英作文問題は，インターネット検閲に関する英文を読んで，その内容をまとめ，さらに自分の意見を論述するという二段構えの出題である。比較的書きやすいテーマなので，取り組みやすかっただろう。

地理

Ⅰ　**解答**　A川の東岸には氾濫原および海抜高度が0mを下回る干
拓地が広がっており，集落は河岸沿いの自然堤防に形成
されている。低湿な後背湿地や干拓地は主に田として利用されているが，
干拓に伴って成立した新田集落もみられる。一帯では洪水被害に見舞われ
る恐れがあるほか，地盤が軟弱であるため地震の際に液状化現象が発生す
る可能性が高い。A川の西岸にも一部に田が営まれている低湿地が分布す
るが，西部の山麓に土砂が堆積して形成された扇状地が広がり，高燥な緩
斜面は主に果樹園として利用されている。集落は主に扇端の微高地に沿っ
て立地しており，A川からの水害は被りにくいが，勾配の急な山地からの
土石流など土砂災害に警戒が必要である。（300字以内）

◀解　説▶

≪岐阜県海津市付近の地形的特徴と集落立地，土地利用≫

　A川の東岸は，大部分が田で占められていることや0mの等高線が通過
していることから，低湿な氾濫原が広がっており，一部は海面下の干拓地
であると考えられる。河岸沿いに「海津町宮地」や「海津町安田」の集落
が分布するが，家屋が集まっているほかに畑も散見される様子から，一帯
は自然堤防の微高地に当たると判断できる。また，「海津町沼新田」付近
には−1mの標高点がみられることから，干拓地に新田集落も成立したと
推察できる。A川東岸は低平な沖積低地や海面下の干拓地で占められるた
め，堤防が決壊すると洪水の被害が深刻化する恐れがある。さらに，地盤
が軟弱なために，地震が起こると液状化現象が発生する可能性が高いこと
にも言及する。

　A川の西岸には山地が迫っており，田として利用されている低湿地もみ
られるが，「盤若谷」が形成した扇状地を中心に，主に果樹園が営まれて
いる山麓の緩斜面が南北方向に広がっている。よって，家屋が密集し，駅
も所在する「南濃町太田」を中心とする集落は，土砂が堆積した扇状地の
末端（扇端）に立地していると判断できる。東岸に比べ標高が高いことか
ら洪水被害や液状化現象の可能性は低いものの，西側に急斜面の山地が迫

っているため土石流や崖崩れなどの土砂災害への警戒が必要な地域といえる。

II　**解答**

Aが地上風速，Bが降雪量，Cが降水量に対応している。地上風速の値は，氷床によって冷却された大気が集積した高気圧からの風が吹き出すグリーンランドのほか，山地などの障壁が存在しないために偏西風が強く吹く大西洋や地中海の海上で大きくなっている。降雪量の値は，暖流の北大西洋海流の影響を受けて比較的温暖なヨーロッパ西部で小さく，気温の低い高緯度地域のほか，アルプス山脈などの高地でも大きくなっている。降水量の値は，水蒸気の供給量が多い北大西洋海流が通過する海域や暖流上の水蒸気が偏西風によって運搬される西岸地域で大きいほか，南下した亜寒帯低圧帯の影響を受ける地中海周辺地域でも山沿いを中心に大きくなっている。（300 字以内）

◀**解　説**▶

≪ヨーロッパにおける冬季の気候要素の分布≫

　Aは，大西洋や地中海の海上と，グリーンランドで値が大きいことが示されているので，地上風速と判断する。ヨーロッパでは偏西風が卓越し，山地などの障壁が存在しない海上では風速が強まる。また，氷床（大陸氷河）が発達しているグリーンランド付近では，大気が冷却され周辺より気圧が高くなるために，強風が吹き出していると考えられる点にも触れたい。

　Bは，北極圏を含む寒冷な高緯度地域やアルプス山脈などの高所で値が大きいことから，降雪量と判断できる。暖流の北大西洋海流の影響により，冬季でも比較的気温が高い西ヨーロッパで積雪量が少なくなっている点を指摘してもよい。

　Cは，大西洋やスカンディナヴィア山脈および南部のアルプス=ヒマラヤ山系で値が大きいことから，降水量と考える。大西洋で値が大きい点はAと似ているが，暖流からの水蒸気の供給量が多いために，降水量が多くなっていると理解できる。また，山沿いの地域では，風上側を中心に地形性降雨が発生しやすい点にも注意する。

Ⅲ　解答

Aは日本，Bはドイツ，Cはブラジルが対応する。資源の乏しい日本では電力需要の大きい大都市周辺の臨海部で火力発電所の建設が進んだ上，東日本大震災後に原子力による発電量が急減して，火力発電の比重が一層高まった。ドイツも火力発電が過半を占めるが，原子力発電も依然として活用されている。また，固定価格買い取り制度を先行的に導入するなど太陽光発電や風力発電を推進したため，再生可能エネルギーの割合も比較的高い。ブラジルは，かつて化石燃料に恵まれず，経済発展も遅れたため火力発電や原子力発電の割合が低いが，熱帯気候下の豊富な降水やブラジル高原の落差を利用して，再生可能エネルギーの一種である水力発電が盛んである。（300 字以内）

◀解　説▶

≪ドイツ，日本，ブラジルの発電方法の特色と地域的背景≫

　火力発電の割合が３カ国の中で最も高いAは，日本である。火力発電は燃料の調達費がかさむものの，立地の自由度が高いことから電力需要の大きい大都市周辺に立地する傾向がみられ，多くの先進国で中心的な発電方法となっている。特に，2011 年の東日本大震災に伴う原発事故に見舞われた日本では，国内の大部分の原子力発電所が検査等で稼働を停止した影響で，火力発電への依存がさらに強まったことを思い出したい。

　Bは，火力発電の割合が 50 ％を超えていることに加え，高度な技術力を必要とする原子力発電の割合も比較的高いことから，もう一つの先進国であるドイツとなる。1986 年に旧ソ連（現在のウクライナ）で発生したチェルノブイリ（チョルノービリ）原子力発電所の爆発事故を契機として，ドイツでは脱原発を目指すとともに，再生可能エネルギーの普及に積極的に取り組んでおり，固定価格買い取り制度を他国に先駆けて導入し，太陽光発電や風力発電が成長した。

　火力発電や原子力発電の割合が低い一方，再生可能エネルギーへの依存度が高いCはブラジルである。熱帯気候下で年間降水量が多く，東部にはブラジル高原も分布して地形的な落差が得られるブラジルは，包蔵水力が大きい国とされる。国土の北部を東流するアマゾン川流域のバルビーナダムやパラグアイとの国境地帯に建設されたイタイプダムが有名で，ブラジル高原は東部ほど標高が高くなる傾向があるため，大都市に近く，地形的な落差の大きい南東部に水力発電所が集まっている。なお，ブラジルでは

主に自動車用燃料としてサトウキビを原料とするバイオエタノールの利用も進んでいるが，本問は発電方法をテーマとしているので言及する必要はない。

❖講 評

　2022 年度も 2021 年度同様，論述法 3 題（各 300 字）の出題であった。頻出の地形図読図が扱われたほか，自然環境と産業分野をテーマとする出題が行われた。字数の多い論述問題に取り組むためには，地形図などの資料を丁寧に読解する力や，具体的な記述につながる豊富な知識が必要である。

　Ⅰ　河川両岸の地形と土地利用の特徴や集落立地および自然災害の可能性について問われた。比較的取り組みやすいが，東岸には 0m の等高線や−1m の標高点がみられることから，干拓地についても言及したい。

　Ⅱ　冬季のヨーロッパ付近における降水量，降雪量，地上風速の分布について問われた。地中海性気候区で湿潤になることを想起して，Aを降水量の分布図であると早とちりしないこと。Aは地中海で値が大きいものの，イベリア半島やイタリア半島などでの値が小さいことに気づきたい。

　Ⅲ　ドイツ，日本，ブラジルの発電方法の特色と地域的背景について問われたが，まずA〜Cの国名選択を正確に行う必要がある。標準的な出題内容であるが，300 字という字数を考慮すると具体的な記述を心がけたい。

数学

1 解答

(1)　円 C_1 は原点 O が中心，点 A$(1, t)$ を通ることから，半径が $\sqrt{t^2+1}$ の円なので，方程式は

$$x^2+y^2=t^2+1$$

よって，点 A における C_1 の接線 l の方程式は，接線の公式より

$$x+ty=t^2+1 \quad \cdots\cdots ① \quad \cdots\cdots(答)$$

別解　接線 l 上に点 P(x, y) をとる。直線 l は点 A$(1, t)$ を通り，$\overrightarrow{OA}=(1, t)$ に垂直な直線である。$\overrightarrow{AP}=(x-1, y-t)$，$\overrightarrow{OA}$ と垂直である，つまり，内積の値が 0 となるので

$$1(x-1)+t(y-t)=0$$

よって，直線 l の方程式は

$$x+ty-t^2-1=0$$

(2)

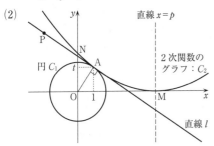

2 次関数のグラフ C_2 の軸は直線 $x=p$ であり，x 軸に接するので，C_2 の方程式は

$$y=a(x-p)^2 \quad (a \neq 0)$$

と表すことができる。両辺を x で微分すると

$$y'=2a(x-p)$$

であるから，点 A における接線 l の傾きは，$2a(1-p)$ である。

一方で，①は，$t \neq 0$ より

$$y=-\frac{1}{t}x+t+\frac{1}{t}$$

と変形できるから，接線 l の傾きは $-\dfrac{1}{t}$ でもある。

C_1 と C_2 が点Aで共通な接線をもつための条件は，C_2 も点Aを通ること
と，C_1 と C_2 の点Aにおける接線の傾きが等しいことより

$$\begin{cases} t = a(1-p)^2 & \cdots\cdots ② \\ -\dfrac{1}{t} = 2a(1-p) & \cdots\cdots ③ \end{cases}$$

③より，$2a(1-p) = -\dfrac{1}{t} \neq 0$ であるから

②÷③ より　　　$-t^2 = \dfrac{1-p}{2}$

　∴　$p = 2t^2 + 1$　$\cdots\cdots$(答)

(3)　(2)の結果と②より

$$a = \dfrac{1}{4t^3}$$

また，点Mの座標は $(p, \ 0)$，点Nの座標は $(0, \ ap^2)$ である。

$$\triangle OMN = \dfrac{1}{2} \cdot OM \cdot ON$$

$$= \dfrac{1}{2} p \cdot ap^2$$

$$= \dfrac{1}{2} \cdot \dfrac{1}{4t^3} (2t^2+1)^3$$

$$= \left(\dfrac{2t^2+1}{2t} \right)^3$$

$$= \left(t + \dfrac{1}{2t} \right)^3$$

$t > 0$ かつ $\dfrac{1}{2t} > 0$ なので，相加平均・相乗平均の関係から

$$\dfrac{t + \dfrac{1}{2t}}{2} \geqq \sqrt{t \cdot \dfrac{1}{2t}}$$

$$t + \dfrac{1}{2t} \geqq \sqrt{2}$$

よって

$$\triangle OMN \geqq (\sqrt{2})^3 = 2\sqrt{2}$$

等号は，$t = \dfrac{1}{2t}$ のときだから，$t = \dfrac{\sqrt{2}}{2}$ のときに成り立つ。

したがって，三角形 OMN の面積の最小値は　　　$2\sqrt{2}$　……（答）

◀解　説▶

≪円と放物線の共通接線≫

(1)　円 $x^2+y^2=r^2$ 上の点 $(a,\ b)$ における接線の方程式は $ax+by=r^2$ である。微分して微分係数を求めることにより曲線の接線の方程式を求めることとは別に，この公式は覚えておいて利用すればよい。

(2)　$y=f(x)$，$y=g(x)$ のグラフが点 $(p,\ q)$ で共通な接線をもつための条件は

$$\begin{cases} f(p)=g(p)=q & \cdots\cdots④ \\ f'(p)=g'(p) & \end{cases}$$

が成り立つことである。

本問では C_1 が点 A を通っているので，C_2 も点 A を通ることより，②を④のかわりに立式した。

(3)　三角形 OMN の面積を p，a で表して，それを(2)で得られた関係から，t で置換する。整理していきながら，相加平均・相乗平均の関係が利用できることに気づこう。

2 解答

(1)　p_2 とは $a_2=1$ となる確率のことであり，$a_1=1$ であるから，1 回目に出た目が 1，2，3，4 である確率のことである。

よって　　$p_2=\dfrac{4}{6}=\dfrac{2}{3}$　……（答）

p_3 とは $a_3=1$ となる確率のことである。右図の推移より

$$p_3=\frac{2}{3}\cdot\frac{2}{3}+\frac{1}{3}\cdot\frac{1}{3}=\frac{5}{9}\quad\cdots\cdots（答）$$

(2)　右図の推移より

$$p_{n+1}=p_n\times\frac{2}{3}+(1-p_n)\times\frac{1}{3}$$

$$p_{n+1}=\frac{1}{3}p_n+\frac{1}{3}\quad\cdots\cdots（答）$$

(3)　$p_{n+1}=\dfrac{1}{3}p_n+\dfrac{1}{3}$

$$p_{n+1} - \frac{1}{2} = \frac{1}{3}\left(p_n - \frac{1}{2}\right)$$

数列 $\left\{p_n - \dfrac{1}{2}\right\}$ は初項 $p_1 - \dfrac{1}{2} = 1 - \dfrac{1}{2} = \dfrac{1}{2}$, 公比 $\dfrac{1}{3}$ の等比数列なので

$$p_n - \frac{1}{2} = \frac{1}{2}\left(\frac{1}{3}\right)^{n-1}$$

$$\therefore \quad p_n = \frac{1}{2}\left\{1 + \left(\frac{1}{3}\right)^{n-1}\right\}$$

よって

$$p_n \leq 0.5000005$$

に p_n を代入し, 右辺を変形すると

$$\frac{1}{2}\left\{1 + \left(\frac{1}{3}\right)^{n-1}\right\} \leq \frac{1}{2}\left\{1 + \left(\frac{1}{10}\right)^6\right\}$$

$$\left(\frac{1}{3}\right)^{n-1} \leq \left(\frac{1}{10}\right)^6$$

両辺の常用対数をとると

$$\log_{10}\left(\frac{1}{3}\right)^{n-1} \leq \log_{10}\left(\frac{1}{10}\right)^6$$

$$-(n-1)\log_{10}3 \leq -6$$

$$(n-1)\log_{10}3 \geq 6$$

両辺を正の $\log_{10}3$ で割ると

$$n-1 \geq \frac{6}{\log_{10}3}$$

$$\therefore \quad n \geq 1 + \frac{6}{\log_{10}3} \quad \cdots\cdots ①$$

ここで, $0.47 < \log_{10}3 < 0.48$ であることを用いると

$$\frac{1}{0.47} > \frac{1}{\log_{10}3} > \frac{1}{0.48}$$

$$\frac{6}{0.47} > \frac{6}{\log_{10}3} > \frac{6}{0.48}$$

$$\frac{6.47}{0.47} > 1 + \frac{6}{\log_{10}3} > \frac{6.48}{0.48}$$

$$13.8 > 1 + \frac{6}{\log_{10}3} > 13.5$$

よって，これと①より，求める最小の正の整数 n は　　　$n=14$　……(答)

参考　＜その1＞　$\dfrac{6.47}{0.47}>1+\dfrac{6}{\log_{10}3}$ において，左辺の $\dfrac{6.47}{0.47}=13.7659\cdots$

であるから，小数第2位以下を切り捨てて，$13.7>1+\dfrac{6}{\log_{10}3}$ とすると，

本問の結果にはたまたま影響はないが，数学的には正しくはない。たとえ

ば，13.77 かもしれないので，これでは成り立たなくなってしまう。

13.7659…＞13.7 である 13.7 で押さえるのではなく，13.8＞13.7659… で

ある 13.8 で押さえると，正しい表記になる。

＜その2＞　$0.5000005=0.5+0.0000005$

$$=\frac{1}{2}+5\left(\frac{1}{10}\right)^7=\frac{1}{2}+\frac{5}{10}\left(\frac{1}{10}\right)^6$$

$$=\frac{1}{2}+\frac{1}{2}\left(\frac{1}{10}\right)^6$$

◀解　説▶

≪さいころの目に関する確率の漸化式≫

(1)　問題文を正しく読んで，a_n の -1，1 となる推移を考える。ここで，

(2)での一般性をもたせた推移につながるように考える準備をしておこう。

(3)　利用できるものが $\log_{10}3$ の値であるから，(2)より数列 $\{p_n\}$ の一般項

を求めて，その p_n を $p_n \leqq 0.5000005$ に代入し，底が 10 の常用対数をとる。

3 　**解答**

(1)　点 A_1 は線分 AB を $t:1-t$ に内分する点なので

$$\overrightarrow{AA_1}=t\overrightarrow{AB}=t\vec{a}\quad\cdots\cdots①$$

点 B_1 は線分 BC を $t:1-t$ に内分する点な

ので

$$\overrightarrow{BB_1}=t\overrightarrow{BC}=t\overrightarrow{AD}-t\vec{b}$$

と表せるから

$$\overrightarrow{AB_1}=\overrightarrow{AB}+\overrightarrow{BB_1}=\vec{a}+t\vec{b}\quad\cdots\cdots②$$

点 C_1 は線分 CD を $t:1-t$ に内分する点なので

$$\overrightarrow{DC_1}=(1-t)\overrightarrow{DC}=(1-t)\vec{a}$$

と表せるから

$$\overrightarrow{AC_1}=\overrightarrow{AD}+\overrightarrow{DC_1}$$

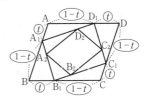

$$= (1-t)\,\vec{a} + \vec{b} \quad\cdots\cdots\text{③}$$

点 D_1 は線分 DA を $t : 1-t$ に内分する点なので

$$\overrightarrow{AD_1} = (1-t)\,\overrightarrow{AD} = (1-t)\,\vec{b} \quad\cdots\cdots\text{④}$$

①，②より

$$\overrightarrow{A_1B_1} = \overrightarrow{AB_1} - \overrightarrow{AA_1}$$
$$= (\vec{a} + t\vec{b}) - t\vec{a}$$
$$= (1-t)\,\vec{a} + t\vec{b} \quad\cdots\cdots\text{⑤}$$

$\vec{a} \neq \vec{0}$, $\vec{b} \neq \vec{0}$, $\vec{a} \nparallel \vec{b}$ であるから，$\overrightarrow{A_1B_1} = p\vec{a} + q\vec{b}$ における p, q は

$$\begin{cases} p = 1-t \\ q = t \end{cases} \quad\cdots\cdots\text{(答)}$$

①，④より

$$\overrightarrow{A_1D_1} = \overrightarrow{AD_1} - \overrightarrow{AA_1}$$
$$= -t\vec{a} + (1-t)\,\vec{b}$$

$\vec{a} \neq \vec{0}$, $\vec{b} \neq \vec{0}$, $\vec{a} \nparallel \vec{b}$ であるから，$\overrightarrow{A_1D_1} = x\vec{a} + y\vec{b}$ における x, y は

$$\begin{cases} x = -t \\ y = 1-t \end{cases} \quad\cdots\cdots\text{(答)}$$

(2)　③，④より

$$\overrightarrow{D_1C_1} = \overrightarrow{AC_1} - \overrightarrow{AD_1}$$
$$= \{(1-t)\,\vec{a} + \vec{b}\} - (1-t)\,\vec{b}$$
$$= (1-t)\,\vec{a} + t\vec{b}$$
$$= \overrightarrow{A_1B_1} \quad (\because \text{⑤})$$

四角形 $A_1B_1C_1D_1$ は一組の対辺が平行で長さが等しいので，平行四辺形である。

(証明終)

(3)　(1)で，$\overrightarrow{A_1B_1} = p\overrightarrow{AB} + q\overrightarrow{AD}$，$\overrightarrow{A_1D_1} = x\overrightarrow{AB} + y\overrightarrow{AD}$ を計算した過程と同様に考えると，(条件) より

$$\overrightarrow{A_{n+1}B_{n+1}} = p\overrightarrow{A_nB_n} + q\overrightarrow{A_nD_n}$$
$$\overrightarrow{A_{n+1}D_{n+1}} = x\overrightarrow{A_nB_n} + y\overrightarrow{A_nD_n}$$

が成り立つから

$$\overrightarrow{A_3B_3} = p\overrightarrow{A_2B_2} + q\overrightarrow{A_2D_2}$$
$$= p\,(p\overrightarrow{A_1B_1} + q\overrightarrow{A_1D_1}) + q\,(x\overrightarrow{A_1B_1} + y\overrightarrow{A_1D_1})$$
$$= (1-t)\{(1-t)\,\overrightarrow{A_1B_1} + t\overrightarrow{A_1D_1}\} + t\{-t\overrightarrow{A_1B_1} + (1-t)\,\overrightarrow{A_1D_1}\}$$
$$= \{(1-t)^2 - t^2\}\overrightarrow{A_1B_1} + \{(1-t)\,t + (1-t)\,t\}\overrightarrow{A_1D_1}$$

$$= (1-2t) \overrightarrow{A_1B_1} + 2(1-t) t \overrightarrow{A_1D_1}$$

$$= (1-2t)\{(1-t)\vec{a} + t\vec{b}\} + 2(1-t) t\{-t\vec{a} + (1-t)\vec{b}\}$$

$$= -(1-t)(2t^2 + 2t - 1)\vec{a} + t(2t^2 - 6t + 3)\vec{b}$$

ここで，$\vec{a} \neq \vec{0}$，$\vec{b} \neq \vec{0}$，$\vec{a} \nparallel \vec{b}$ であるから，この $\overrightarrow{A_3B_3}$ と $\overrightarrow{AD}\,(=\vec{b})$ が平行であるための条件は，$0 < t < 1$ である t に対して

$$\begin{cases} -(1-t)(2t^2 + 2t - 1) = 0 \\ t(2t^2 - 6t + 3) \neq 0 \quad \cdots\cdots ⑥ \end{cases}$$

が成り立つことである。

$1 - t \neq 0$ より　　　$2t^2 + 2t - 1 = 0$

$$\therefore \quad t = \frac{-1 \pm \sqrt{1^2 - 2(-1)}}{2} = \frac{-1 \pm \sqrt{3}}{2}$$

$0 < t < 1$ より　　　$t = \dfrac{-1 + \sqrt{3}}{2}$

これは，⑥を満たす。

よって，求める t の値は

$$t = \frac{-1 + \sqrt{3}}{2} \quad \cdots\cdots (答)$$

◀解　説▶

≪平行四辺形に関わるベクトル≫

(1)　$\vec{a} \neq \vec{0}$，$\vec{b} \neq \vec{0}$，$\vec{a} \nparallel \vec{b}$ なので，$\overrightarrow{A_1B_1}$ は $\vec{a}$，$\vec{b}$ で必ず 1 通りの形で表すことができる。また，$\overrightarrow{A_1D_1}$ についても同様である。

(2)　平行四辺形の性質はいくつかあるので，何を表せば，四角形 $A_1B_1C_1D_1$ が平行四辺形であることを示すことができるのかを考えてみよう。ベクトルの問題では，対辺が平行で長さが等しいことを示すことが容易なので，〔解答〕のようにすることが多い。

(3)　(1)を利用して，$\overrightarrow{A_3B_3}$ を $\vec{a}$，$\vec{b}$ で表してみる。$\overrightarrow{AD} = \vec{b}$ と平行となるための条件を求めよう。$\overrightarrow{A_3B_3} = k\overrightarrow{AD}$ $(k \neq 0)$ となるような t の値を求めることになる。(1)の計算の過程から

$$\overrightarrow{A_{n+1}B_{n+1}} = p\overrightarrow{A_nB_n} + q\overrightarrow{A_nD_n}$$

$$\overrightarrow{A_{n+1}D_{n+1}} = x\overrightarrow{A_nB_n} + y\overrightarrow{A_nD_n}$$

が成り立つことがポイントである。

4 　解答　(1)　$\begin{cases} y = 4\cos^2 x \\ y = a - \tan^2 x \end{cases}$

より，y を消去して

$$4\cos^2 x = a - \tan^2 x$$

$$4\cos^2 x + \tan^2 x = a \quad \cdots\cdots①$$

ここで

$$f(x) = 4\cos^2 x + \tan^2 x \quad \left(-\frac{\pi}{2} < x < \frac{\pi}{2}\right)$$

とおく。①の実数解は，曲線 C_1，C_2 の共有点の x 座標であるから，C_1 と C_2 がちょうど2つの共有点をもつための条件は，①が異なるちょうど2つの実数解をもつことであり，それは $y = f(x)$ のグラフと直線 $y = a$ がちょうど2つの共有点をもつことである。

$$f'(x) = -8\cos x \sin x + 2\tan x \cdot \frac{1}{\cos^2 x}$$

$$= \frac{2\sin x\,(1 - 4\cos^4 x)}{\cos^3 x}$$

$$= \frac{2\,(1 + 2\cos^2 x)\,(1 + \sqrt{2}\,\cos x)\,(1 - \sqrt{2}\,\cos x)\,\sin x}{\cos^3 x}$$

ここで，$-\dfrac{\pi}{2} < x < \dfrac{\pi}{2}$ において，$\cos^3 x > 0$，$1 + 2\cos^2 x > 0$，$1 + \sqrt{2}\,\cos x > 0$ であるから，$f'(x) = 0$ のとき，$\sin x = 0$，$1 - \sqrt{2}\,\cos x = 0$ より

$$x = 0,\ -\frac{\pi}{4},\ \frac{\pi}{4}$$

よって，$-\dfrac{\pi}{2} < x < \dfrac{\pi}{2}$ における $f(x)$ の増減は次のようになる。

x	$\left(-\frac{\pi}{2}\right)$	$\cdots$	$-\frac{\pi}{4}$	$\cdots$	0	$\cdots$	$\frac{\pi}{4}$	$\cdots$	$\left(\frac{\pi}{2}\right)$
$f'(x)$		$-$	0	$+$	0	$-$	0	$+$	
$f(x)$		$\searrow$	3	$\nearrow$	4	$\searrow$	3	$\nearrow$	

$$\lim_{x \to \frac{\pi}{2}-0} f(x) = +\infty, \quad \lim_{x \to -\frac{\pi}{2}+0} f(x) = +\infty$$

したがって，$y=f(x)$ のグラフは右のように
なる。

右のグラフに直線 $y=a$ を追加し，$y=f(x)$ の
グラフと共有点がちょうど 2 点となる $0<a<4$
を満たす a の値を求めると

$\qquad a=3$　……(答)

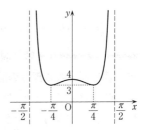

(2)　$a=3$ より，C_2 の方程式は，$y=3-\tan^2 x$ となる。

このとき，C_1 と C_2 の共有点の x 座標は　　$x=\pm\dfrac{\pi}{4}$

求めるものは，右図の網かけ部分の面積
である。

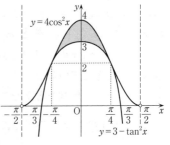

$$\int_{-\frac{\pi}{4}}^{\frac{\pi}{4}}\{4\cos^2 x-(3-\tan^2 x)\}\,dx$$

$$=2\int_0^{\frac{\pi}{4}}\left(4\cdot\frac{1+\cos 2x}{2}+\frac{\sin^2 x}{\cos^2 x}-3\right)dx$$

$$=2\int_0^{\frac{\pi}{4}}\left(4\cdot\frac{1+\cos 2x}{2}+\frac{1-\cos^2 x}{\cos^2 x}-3\right)dx$$

$$=2\int_0^{\frac{\pi}{4}}\left(2\cos 2x+\frac{1}{\cos^2 x}-2\right)dx$$

$$=2\Big[\sin 2x+\tan x-2x\Big]_0^{\frac{\pi}{4}}$$

$$=2\left(1+1-\frac{\pi}{2}\right)$$

$$=4-\pi\quad\text{……(答)}$$

参考　$a=3$ のとき

$$4\cos^2 x-(3-\tan^2 x)=\frac{4}{1+\tan^2 x}-(3-\tan^2 x)$$

$$=\frac{(\tan^2 x-1)^2}{\tan^2 x+1}\geqq 0$$

であるから $4\cos^2 x\geqq 3-\tan^2 x$ で，C_1 と C_2 の共有点は，$\tan x=\pm 1$

$\left(-\dfrac{\pi}{2}<x<\dfrac{\pi}{2}\right)$ より $x=\pm\dfrac{\pi}{4}$ であるので，求める面積は

$$\int_{-\frac{\pi}{4}}^{\frac{\pi}{4}} \{4\cos^2 x - (3 - \tan^2 x)\}\, dx$$

━━━━━◀解　説▶━━━━━

≪曲線で囲まれた部分の面積≫

(1) C_1 と C_2 がちょうど2つの共有点をもつことをどのように同値な条件に言い換えればよいのかを考える。それは，$4\cos^2 x + \tan^2 x = a$ が異なるちょうど2つの実数解をもつことであり，さらに，それは $y = 4\cos^2 x + \tan^2 x$ のグラフと直線 $y = a$ がちょうど2つの共有点をもつことである。ほとんどの場合，実際に方程式を解いて，その解について考えるのではなく，グラフをもとにして図形的な意味から，解についての情報に迫っていく手法をとる。本問では，$4\cos^2 x + \tan^2 x = a$ の解が，$y = 4\cos^2 x + \tan^2 x$ のグラフと直線 $y = a$ の共有点の x 座標であることから，解について考えている。

(2) $y = f(x)$ の増減を考えたことから，$y = f(x)$ を $y = 4\cos^2 x$ のグラフと $y = 3 - \tan^2 x$ のグラフの関係に戻して，考察する。$x = \pm\dfrac{\pi}{4}$ に当たる点で2つのグラフが接することがわかる。面積を求める定積分の計算はとても簡単なものである。

5 解答

(1)
$$y = (x+1)e^{-x}$$
$$y' = (x+1)'e^{-x} + (x+1)(e^{-x})'$$
$$= e^{-x} - (x+1)e^{-x}$$
$$= -xe^{-x}$$

よって，曲線 C 上の点 $P(t,\ (t+1)e^{-t})$ における接線の傾きは $-te^{-t}$ なので，これに垂直な法線の傾きは，傾き同士の積が -1 になることより，$\dfrac{1}{te^{-t}}$ であり，法線の方程式は

$$y - (t+1)e^{-t} = \frac{1}{te^{-t}}(x - t)$$

$$\therefore\quad y = \frac{1}{te^{-t}}x - \frac{1}{e^{-t}} + (t+1)e^{-t}$$

$y = 0$ として　　$x = t - t(t+1)e^{-2t}$

したがって，x 軸との交点 Q の座標は $(t-t(t+1)\,e^{-2t},\ 0)$ である。

よって，$t>-1$ であることを考えると，$d(t)$ は

$$d(t)=|t-\{t-t(t+1)\,e^{-2t}\}|$$

$$=|t(t+1)\,e^{-2t}|$$

$$=\begin{cases} -t(t+1)\,e^{-2t} & (-1<t<0\ \text{のとき}) \\ t(t+1)\,e^{-2t} & (0\leq t\ \text{のとき}) \end{cases}\quad\cdots\cdots(\text{答})$$

と表すことができる。

(2)　$f(x)=e^x-\dfrac{x^2}{2}-x-1$ とおく。

$$f'(x)=e^x-x-1$$

$$f''(x)=e^x-1$$

$x\geq 0$ のとき $e^x\geq 1$ なので，$f''(x)\geq 0$ であるから，$f'(x)$ は単調に増加して，$f'(0)=0$ なので，$f'(x)\geq 0$ となる。

よって，$x\geq 0$ のとき $f(x)$ は単調に増加して，$f(0)=0$ なので

$$f(x)\geq 0$$

したがって，$x\geq 0$ のとき

$$e^x\geq 1+x+\dfrac{x^2}{2}$$

である。　　　　　　　　　　　　　　　　　　　　　　　　　　（証明終）

(3)　点 P が曲線 C 上を動くとき，点 P の x 座標は t なので，曲線 C の定義域 $x>-1$ に従い，$t>-1$ の範囲で考えればよい。

(ア)　$-1<t<0$ のとき

$$d(t)=-t(t+1)\,e^{-2t}$$

$$d'(t)=-\{(t^2+t)'e^{-2t}+(t^2+t)(e^{-2t})'\}$$

$$=-\{(2t+1)\,e^{-2t}-2(t^2+t)\,e^{-2t}\}$$

$$=(2t^2-1)\,e^{-2t}$$

$-1<t<0$ において，$d'(t)=0$ とするとき　　$t=-\dfrac{\sqrt{2}}{2}$

よって，$-1<t<0$ における $d(t)$ の増減は次のようになる。

t	(-1)	$\cdots$	$-\dfrac{\sqrt{2}}{2}$	$\cdots$	(0)
$d'(t)$		$+$	0	$-$	
$d(t)$	(0)	$\nearrow$	$e^{\sqrt{2}}\cdot\dfrac{-1+\sqrt{2}}{2}$	$\searrow$	(0)

(イ)　$0 \leqq t$ のとき

$$d(t) = t(t+1)e^{-2t}$$
$$d'(t) = -(2t^2-1)e^{-2t}$$

$0 \leqq t$ において，$d'(t)=0$ とするとき　　　$t = \dfrac{\sqrt{2}}{2}$

よって，$0 \leqq t$ における $d(t)$ の増減は次のようになる。

t	0	$\cdots$	$\dfrac{\sqrt{2}}{2}$	$\cdots$
$d'(t)$		$+$	0	$-$
$d(t)$	0	$\nearrow$	$e^{-\sqrt{2}}\cdot\dfrac{1+\sqrt{2}}{2}$	$\searrow$

$-1 < t$ における $d(t)$ の最大値を求めるために，(ア)での $d\left(-\dfrac{\sqrt{2}}{2}\right)$
$=e^{\sqrt{2}}\cdot\dfrac{-1+\sqrt{2}}{2}$ と(イ)での $d\left(\dfrac{\sqrt{2}}{2}\right)=e^{-\sqrt{2}}\cdot\dfrac{1+\sqrt{2}}{2}$ とを比較し，大小関係を調べる。

$$d\left(-\dfrac{\sqrt{2}}{2}\right) - d\left(\dfrac{\sqrt{2}}{2}\right) = e^{\sqrt{2}}\cdot\dfrac{-1+\sqrt{2}}{2} - e^{-\sqrt{2}}\cdot\dfrac{1+\sqrt{2}}{2}$$
$$= \dfrac{e^{-\sqrt{2}}(\sqrt{2}-1)}{2}\left(e^{2\sqrt{2}} - \dfrac{\sqrt{2}+1}{\sqrt{2}-1}\right)$$

$\dfrac{e^{-\sqrt{2}}(\sqrt{2}-1)}{2} > 0$ であるので

$$e^{2\sqrt{2}} - \dfrac{\sqrt{2}+1}{\sqrt{2}-1} = e^{2\sqrt{2}} - (\sqrt{2}+1)^2 \quad \cdots\cdots①$$

の符号を調べればよい。

ここで，$x \geqq 0$ のとき $e^x \geqq 1+x+\dfrac{x^2}{2}$ が成り立つことを(2)で証明したので，

$x = 2\sqrt{2}$ を代入すると

$$e^{2\sqrt{2}} \geq 1 + 2\sqrt{2} + \frac{(2\sqrt{2})^2}{2} = 5 + 2\sqrt{2}$$

が成り立つ。よって，①は

$$e^{2\sqrt{2}} - (\sqrt{2}+1)^2 \geq (5+2\sqrt{2}) - (3+2\sqrt{2})$$
$$= 2 > 0$$

したがって，$d\left(-\dfrac{\sqrt{2}}{2}\right) > d\left(\dfrac{\sqrt{2}}{2}\right)$ より，$-1 < t$ における $d(t)$ の最大値は

$$d\left(-\frac{\sqrt{2}}{2}\right) = e^{\sqrt{2}} \cdot \frac{-1+\sqrt{2}}{2} \quad \cdots\cdots(\text{答})$$

参考　$y = (x+1)e^{-x} \ (x > -1)$ および $y = d(t) \ (t > -1)$ のグラフはそれぞれ次のようになる。

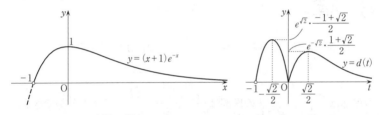

◀解　説▶

≪曲線上の点との 2 点間の距離の最大値≫

(1)　曲線 C 上の点 P における法線とは，点 P で接線と垂直な直線のことである。まず，接線の傾きを求める。積が -1 となる傾きが法線の傾きである。点 Q と点 R はともに x 軸上の点なので，点 Q と点 R との距離 $d(t)$ は x 座標の差をとればよい。

(2)　不等式 $e^x \geq 1 + x + \dfrac{x^2}{2}$ には数学的な背景があるのだが，大学入試問題ではよくあることで，ほとんどの受験生は，その背景はわからないまま解くことになる。大学で学ぶ微・積分法で初めてわかる。

$f(x) = e^x - \dfrac{x^2}{2} - x - 1$ とおいて，$x \geq 0$ のとき $f(x) \geq 0$ となることを証明する。

この証明した不等式は(3)で用いることになるのだろう。どのように使うかを考えながら，(3)を解答していこう。

(3)　(1)で求めた $d(t)$ の増減を調べることになる。(2)で証明した不等式の

利用も予想しながら考えよう。2つの区間でのそれぞれの最大値が求まったので，どちらが大きいかを調べる。大きい方が最大値である。定数ではない，変数 t を変化させているので，$-1<t<0$，$0≦t$ それぞれの場合の最大値というように場合分けして答えないこと。その比較の際に出てくる不等式の中に(2)で証明した不等式が利用できそうである。変形し整理した式を観察しつつ，$e^x≧1+x+\dfrac{x^2}{2}$ の x に $x=2\sqrt{2}$ を代入すればよいと考えた。これは，この不等式を利用できるようにするためには，どのような形に持ち込めばよいかを考えたということでもある。

6 　解答　(1)　1でない複素数 α について

$$\alpha \text{ の虚部が正である} \iff \frac{1}{\alpha-1} \text{ の虚部が負である}$$

α の虚部は $\dfrac{\alpha-\overline{\alpha}}{2i}$，$\dfrac{1}{\alpha-1}$ の虚部は $\dfrac{\dfrac{1}{\alpha-1}-\overline{\left(\dfrac{1}{\alpha-1}\right)}}{2i}$ で表すことができる。

$$\frac{\dfrac{1}{\alpha-1}-\overline{\left(\dfrac{1}{\alpha-1}\right)}}{2i}=\frac{\dfrac{1}{\alpha-1}-\dfrac{1}{\overline{\alpha}-1}}{2i}$$

$$=\frac{1}{2i}\cdot\frac{(\overline{\alpha}-1)-(\alpha-1)}{(\alpha-1)(\overline{\alpha}-1)}$$

$$=\frac{\overline{\alpha}-\alpha}{2i}\cdot\frac{1}{(\alpha-1)\overline{(\alpha-1)}}$$

$$=-\frac{1}{|\alpha-1|^2}\cdot\frac{\alpha-\overline{\alpha}}{2i}$$

・$\Longrightarrow$の証明

α の虚部が正である，つまり $\dfrac{\alpha-\overline{\alpha}}{2i}>0$ とする。

$|\alpha-1|^2>0$ であることから，$\dfrac{\dfrac{1}{\alpha-1}-\overline{\left(\dfrac{1}{\alpha-1}\right)}}{2i}<0$ となるので，$\dfrac{1}{\alpha-1}$ の虚部が負である。

• ⟸の証明

$\dfrac{1}{\alpha-1}$ の虚部が負である，つまり $\dfrac{\dfrac{1}{\alpha-1}-\overline{\left(\dfrac{1}{\alpha-1}\right)}}{2i}<0$ とする。

$|\alpha-1|^2>0$ であることから，$\dfrac{\alpha-\bar{\alpha}}{2i}>0$ となるので，α の虚部が正である。

したがって，1 でない複素数 α について，α の虚部が正であることは，

$\dfrac{1}{\alpha-1}$ の虚部が負であるための必要十分条件である。　　　　　（証明終）

(2)　$1=1-iz$ とすると $z=0$ となるが，これは条件(I)を満たさない。

したがって $1\neq 1-iz$ である。

条件(II)より点 A，B，C は一直線上にあるから

$$\frac{z^2-1}{1-iz-1}=\frac{z^2-1}{-iz}$$

は実数である。

$\dfrac{z^2-1}{-iz}$ が実数であるための条件は

$$\frac{z^2-1}{-iz}=\overline{\left(\frac{z^2-1}{-iz}\right)}$$

が成り立つことであり

$$\frac{z^2-1}{-iz}=\frac{\overline{(z^2)}-\bar{1}}{-\overline{iz}}$$

$$\frac{z^2-1}{-iz}=\frac{(\bar{z})^2-1}{\overline{i}\bar{z}}$$

両辺に $-iz\bar{z}$ をかけて

$$z^2\bar{z}-\bar{z}=-(\bar{z})^2z+z$$

$$z\bar{z}(z+\bar{z})-(z+\bar{z})=0$$

$$(z\bar{z}-1)(z+\bar{z})=0$$

$$(|z|^2-1)(z+\bar{z})=0$$

よって，$|z|=1$ または $z+\bar{z}=0$ となる。

$|z|=1$ は，原点が中心で，半径が 1 の円を表す。

$z+\bar{z}=0$ は，純虚数または 0 の直線（虚軸）を表す。

条件(I)も考慮して，複素数 z 全体の集合 S は，原点が中心で半径が 1 の

円の虚部が正の部分，または虚部が正の純虚数
が表す半直線であり，右図の太実線部分のよう
になる。

(3)　条件(I)について

z の虚部は正であるから，(1)で示したことより，

$w = \dfrac{1}{z-1}$ である w の虚部は負となる。　……①

条件(II)について

$w = \dfrac{1}{z-1}$ より

$$w(z-1) = 1$$
$$wz = w+1$$

$w = 0$ のとき，左辺は 0，右辺は 1 なので，成り立たない。よって，$w \neq 0$
であり，両辺を 0 ではない w で割ると

$$z = \dfrac{w+1}{w}$$

この z は，$|z| = 1$ または $z + \bar{z} = 0$ と表すことができる。

(ア)　$|z| = 1$ について

$$\left| \dfrac{w+1}{w} \right| = 1$$

$$\dfrac{|w+1|}{|w|} = 1$$

$$|w+1| = |w|$$

　w が表す点は，2 点 -1，0 を両端とする線分の垂直二等分線上にある。

(イ)　$z + \bar{z} = 0$ について

$$\dfrac{w+1}{w} + \overline{\left(\dfrac{w+1}{w} \right)} = 0$$

$$\dfrac{w+1}{w} + \dfrac{\bar{w}+1}{\bar{w}} = 0$$

　両辺に $w\bar{w}$ をかけて整理すると

$$2w\bar{w} + w + \bar{w} = 0$$

$$w\bar{w} + \dfrac{1}{2}(w + \bar{w}) = 0$$

$$\left(w+\frac{1}{2}\right)\left(\overline{w}+\frac{1}{2}\right)=\frac{1}{4}$$

$$\left(w+\frac{1}{2}\right)\overline{\left(w+\frac{1}{2}\right)}=\frac{1}{4}$$

$$\left|w+\frac{1}{2}\right|^2=\frac{1}{4}$$

$$\left|w+\frac{1}{2}\right|=\frac{1}{2}$$

w が表す点は，点 $-\frac{1}{2}$ を中心とする半径が $\frac{1}{2}$ の円周上にある。

(ア)，(イ)と①より，z が S を動くとき，w は実部

が $-\frac{1}{2}$ で虚部が負の虚数が表す半直線，または

点 $-\frac{1}{2}$ を中心として半径が $\frac{1}{2}$ の円の虚部が負

の部分であり，右図の太実線部分のようになる。

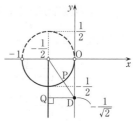

次に，$\left|w+\frac{i}{\sqrt{2}}\right|=\left|w-\left(-\frac{i}{\sqrt{2}}\right)\right|$ の最小値を求める。

これは，点 w と点 $-\frac{i}{\sqrt{2}}$ の距離である。ここで，点 D$\left(-\frac{i}{\sqrt{2}}\right)$ とするとき，

点Dと円の中心 $-\frac{1}{2}$ を結ぶ線分と下半円の交点をP，点Dから半直線に下

ろした垂線の足をQとすると，$\left|w+\frac{i}{\sqrt{2}}\right|$ を最小とする点 w は，点P，Q

のいずれかである。

点Pのとき

$$\left|w-\left(-\frac{i}{\sqrt{2}}\right)\right|=\sqrt{\left(-\frac{1}{2}\right)^2+\left(-\frac{1}{\sqrt{2}}\right)^2}-\frac{1}{2}$$

$$=\frac{-1+\sqrt{3}}{2}$$

点Qのとき

$$\left|w-\left(-\frac{i}{\sqrt{2}}\right)\right|=\frac{1}{2}$$

この2数について差をとると

$$\frac{1}{2} - \left(\frac{-1+\sqrt{3}}{2}\right) = \frac{2-\sqrt{3}}{2} = \frac{\sqrt{4}-\sqrt{3}}{2} > 0$$

であるから

$$\frac{1}{2} > \frac{-1+\sqrt{3}}{2}$$

よって，求める $\left| w + \dfrac{i}{\sqrt{2}} \right|$ の最小値は　　　$\dfrac{-1+\sqrt{3}}{2}$　……(答)

別解　(1)　1 ではない複素数 α を $\alpha = a + bi$（a, b は $(a, b) \neq (1, 0)$ を満たす実数の組）とおく。

α の虚部が正である　$\Longleftrightarrow$　$\dfrac{1}{\alpha-1}$ の虚部が負である

の証明をする。

$$\frac{1}{\alpha-1} = \frac{1}{(a-1)+bi} = \frac{(a-1)-bi}{\{(a-1)+bi\}\{(a-1)-bi\}}$$
$$= \frac{(a-1)-bi}{(a-1)^2+b^2} = \frac{a-1}{(a-1)^2+b^2} + \frac{-b}{(a-1)^2+b^2}i$$

• $\Longrightarrow$ の証明

$\alpha = a + bi$ において，虚部が正，つまり $b > 0$ とする。

このとき，$\dfrac{1}{\alpha-1}$ の虚部について，(分母)$= (a-1)^2+b^2 > 0$ かつ (分子)$= -b < 0$ より

$$\frac{-b}{(a-1)^2+b^2} < 0$$

よって，$\dfrac{1}{\alpha-1}$ の虚部は負である。

• $\Longleftarrow$ の証明

$\dfrac{1}{\alpha-1}$ において，虚部が負，つまり $\dfrac{-b}{(a-1)^2+b^2} < 0$ とする。

(分母)$= (a-1)^2+b^2 > 0$ であるから，$-b < 0$ より $b > 0$ すなわち α の虚部は正である。

したがって，1 でない複素数 α について，α の虚部が正であることは，$\dfrac{1}{\alpha-1}$ の虚部が負であるための必要十分条件である。

参考　$\alpha = c + di$（c, d は実数で，$d > 0$ を満たす）とおく。$\bar{\alpha} = c - di$ であ

るから

$$\alpha - \bar{\alpha} = 2di$$

よって，α の虚部 d は

$$d = \frac{\alpha - \bar{\alpha}}{2i}$$

と表すことができる。

同様にして，$\dfrac{1}{\alpha - 1}$ の虚部は，$\dfrac{\dfrac{1}{\alpha - 1} - \overline{\left(\dfrac{1}{\alpha - 1}\right)}}{2i}$ と表すことができる。

$\dfrac{\alpha - \bar{\alpha}}{2i}$ と $\dfrac{\dfrac{1}{\alpha - 1} - \overline{\left(\dfrac{1}{\alpha - 1}\right)}}{2i}$ の関係（特に，異符号であるということ）がわか

ればよいので，それを意図して変形する。

〔解答〕では，必要十分条件を求めるということを強調する形で証明した

が，$|\alpha - 1|^2 > 0$ であることより，$\dfrac{\alpha - \bar{\alpha}}{2i}$ と $\dfrac{\dfrac{1}{\alpha - 1} - \overline{\left(\dfrac{1}{\alpha - 1}\right)}}{2i}$ の符号が異なる

ことで証明してもよい。

同様にして

$$\alpha + \bar{\alpha} = 2c$$

$$\therefore \quad c = \frac{\alpha + \bar{\alpha}}{2}$$

であるから，α の実部は，$\dfrac{\alpha + \bar{\alpha}}{2}$ と表すことができる。

━━━━━━◀解　説▶━━━━━━

≪複素数平面における点の軌跡≫

(1)　式を同値な変形を行い，整理してある程度めどを立ててから，必要十

分条件の証明に入ればよい。〔解答〕では，$\dfrac{\alpha - \bar{\alpha}}{2i}$ と $\dfrac{\dfrac{1}{\alpha - 1} - \overline{\left(\dfrac{1}{\alpha - 1}\right)}}{2i}$ の関

係を求めることを柱に答案を作成した。〔別解〕は予備の知識が必要なく，

こちらの方が敷居が低いといえる。

　一般に，複素数平面の問題では，複素数 z を $z = x + yi$（x, y は実数）

の形でおいてしまえば，解き慣れている xy 平面での問題に変わり，解答ができる理屈ではあるが，計算が面倒になる傾向にあるので，不用意に実部，虚部に分けて表すことは避けた方がよい。

⑵　複素数平面上で 3 点が一直線上に並ぶことをうまく言い換えよう。

⑶　⑴で証明した必要十分条件での言い換えを利用する。点 D と S 上の点の距離の最小値を求めるのであるが，点 D と下半円上の点の距離の最小値 DP と，点 D と半直線との距離 DQ の小さい方が求める最小値である。⑴で証明したことをどこで使うのか，小問の誘導を強く意識して解答しよう。

❖講　評

　1　円と曲線の共通接線に関する問題である。三角形 OMN の面積の最小値を求めるところでは相加平均・相乗平均の関係を利用する。そこに気づき，そのように変形していく。

　2　さいころの目に関する確率漸化式の問題である。さいころの目によって a_n が 1 または −1 になる推移を考えて漸化式をつくり，そこから数列の一般項を求める。常用対数から，条件を満たす最小の n の値を求める。

　3　帰納的に定められた点で定義されたベクトルの問題である。四角形が平行四辺形であることの証明や，2 つのベクトルが平行となるための条件を求める。

　4　ちょうど 2 つの共有点をもつ 2 つの曲線で囲まれた部分の面積を求める問題である。⑵の過程で描いたグラフから C_1，C_2 の関係がわかるので，そこから面積を求めるための定積分を立式する。定積分の計算もとても簡単なものである。

　5　2 点間の距離の最大値を求める問題である。⑶で最大値候補の大小関係を調べる際に利用する不等式を⑵で証明させる誘導がついている。

　6　複素数平面上における点の軌跡の問題である。小問の誘導にうまく乗ることを意識しよう。

　6 題いずれの問題も方針の立て方で困るようなところはない，各分野で典型的な手法を用いる素直な問題である。

　各問題レベルは，1 〜 3 はやや易しめ，4 は標準，5・6 はやや難し

█め，という印象である。

物理

I **解答** 問1. 力学的エネルギー保存則より

$$\frac{1}{2}mv_0{}^2 = mgh \qquad \therefore \quad v_0 = \sqrt{2gh} \quad \cdots\cdots(答)$$

問2. 遠心力を合わせた鉛直方向での力のつり合いより

$$S = m\frac{v_0{}^2}{h} + mg = 2mg + mg = 3mg \quad \cdots\cdots(答)$$

問3. 水平方向について運動量保存則より

$$(m+M)\,V_1 = mv_0 = m\sqrt{2gh}$$

$$\therefore \quad V_1 = \frac{m}{m+M}\sqrt{2gh} \quad \cdots\cdots(答)$$

問4. 力学的エネルギー保存則より

$$\frac{1}{2}(m+M)\,V_1{}^2 + \frac{1}{2}kX^2 = mgh$$

上式に問3で求めた V_1 を代入して整理すると

$$X = \sqrt{\frac{2mMgh}{k\,(m+M)}} \quad \cdots\cdots(答)$$

問5. 問1から問5までの過程は，物体と台車の弾性衝突ととらえることができる。したがって，このときの台車の速度を V_2 として，運動量保存則より

$$mv_2 + MV_2 = mv_0 \quad \cdots\cdots①$$

反発係数 e の定義式より

$$e = -\frac{v_2 - V_2}{v_0 - 0} = 1$$

この式より $\quad v_2 = V_2 - v_0 \quad \cdots\cdots②$

上記の①，②式から V_2 を消去して

$$v_2 = \frac{m-M}{m+M}v_0 = \frac{m-M}{m+M}\sqrt{2gh} \quad \cdots\cdots(答)$$

別解 このときの台車の速度を V_2 として，運動量保存則より

$$mv_2 + MV_2 = mv_0 \quad \cdots\cdots ③$$

また，力学的エネルギー保存則より

$$\frac{1}{2}mv_2{}^2 + \frac{1}{2}MV_2{}^2 = \frac{1}{2}mv_0{}^2 \quad \cdots\cdots ④$$

上記の③，④式から V_2 を消去して整理すると

$$(m+M)\,v_2{}^2 - 2mv_0\cdot v_2 + (m-M)\,v_0{}^2 = 0$$

上式の解は　　　$v_2 = v_0,\ \dfrac{m-M}{m+M}v_0$

ただし，$v_2 = v_0$ は問 1 での状況を意味しているから

$$v_2 = \frac{m-M}{m+M}v_0 = \frac{m-M}{m+M}\sqrt{2gh}$$

問 6．問 3 とまったく同じ形で運動量保存則が成り立つので，物体が台車上で静止したときの台車の速度は V_1 に等しい。動摩擦力がした負の仕事によって物体系（物体，台車）の力学的エネルギーが減少していくから

$$\mu mgL = \frac{1}{2}mv_0{}^2 - \frac{1}{2}(m+M)\,V_1{}^2$$

$$= \frac{1}{2}mv_0{}^2 - \frac{1}{2}\cdot\frac{m^2}{m+M}v_0{}^2$$

$$\therefore\quad L = \frac{1}{2\mu g}\cdot\frac{M}{m+M}v_0{}^2 = \frac{M}{\mu(m+M)}h \quad \cdots\cdots (答)$$

別解　物体が BC 間を移動しているときの台車の速度は問 5 の V_2 であり，そのときの台車に対する物体の相対速度を v' とすると，問 5 の②式を用いて

$$v' = v_2 - V_2 = -v_0 \quad \cdots\cdots (*)$$

一方，物体が摩擦面に入ってからの台車の加速度を a とすると

$$a = \frac{-\mu mg}{M}$$

台車を基準にすると（台車から見て），物体に働く動摩擦力と慣性力の合力がする負の仕事によって，物体の運動エネルギーが減少していく。上の $(*)$ 式より $\dfrac{1}{2}mv'^2 = \dfrac{1}{2}mv_0{}^2$ であるから

$$\{\mu mg + (-ma)\}L = \mu mg\left(1 + \frac{m}{M}\right)L = \frac{1}{2}mv_0{}^2$$

$$\therefore \quad L = \frac{M}{2\mu g\,(m+M)}\,v_0{}^2 = \frac{M}{\mu\,(m+M)}\,h$$

━━━━━━━━━◀解　説▶━━━━━━━━━

≪ばねが設置され部分的に摩擦面をもつ台車の上での物体の運動≫

問1．台車は，物体の運動に何も影響を及ぼさない。

問2．張力，重力，遠心力がつり合っている。遠心力を用いない場合，物体は張力と重力の合力を向心力にして円運動をしているととらえる。

問3．物体が点Aに達してからこの瞬間までの間，物体系（物体，台車）に水平方向には外力が働いていないので，水平方向の全運動量は保存される。また，この瞬間，物体と台車は等しい速度 V_1 になっている。

問4．はじめに物体がもっていた重力の位置エネルギーが物体の運動エネルギーとなり（問1），その後，物体と台車の運動エネルギーおよびばねの弾性エネルギーとなっている。

問5．反発係数を使うと計算が簡単になるケースである。ただし，〔別解〕の方法が物理の基本ではある。

問6．物体と台車の間には動摩擦力が働くが，糸を切った場面から物体系（物体と台車）には水平方向に外力が働いていないので，物体系の全運動量は保存されている。〔解答〕では「動摩擦力がした負の仕事によって物体系の力学的エネルギーが減少していく」と記したが，厳密に言うと，床を基準にした物体および台車の変位に注目した上で，物体に働く動摩擦力が物体にした負の仕事を W_1，台車に働く動摩擦力が台車にした負の仕事を W_2 とすると，$W_1 + W_2 = -\mu mgL$ になる。これが物体および台車の運動エネルギーの変化量の和に等しいのである。この点に関しては，〔別解〕の解法のほうがすっきりしているかもしれない。

II **解答**　問1．右図のように，点A，Bの電荷が点Cにつくる電場の大きさをそれぞれ E_A，E_B とすると

$$E_A = E_B = k\frac{Q}{a^2 + b^2}$$

求める電場の大きさを E とし，上記の各電場が y 軸となす角を θ とすると

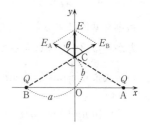

$$E = 2E_A \cos\theta = \frac{2kQ}{a^2+b^2} \cdot \frac{b}{\sqrt{a^2+b^2}} = \frac{2kQb}{(a^2+b^2)^{\frac{3}{2}}} \quad \cdots\cdots (答)$$

上図のように，求める電場の向きは　　y 軸方向の正の向き　……(答)

問 2．$|x|<a$ の場合

$$V(x) = k\frac{Q}{a-x} + k\frac{Q}{a+x} = \frac{2kQa}{a^2-x^2} \quad \cdots\cdots (答)$$

$$V(0) = \frac{2kQ}{a}$$

$|x|>a$ の場合

$x>a$ なら　　　$V(x) = k\dfrac{Q}{x-a} + k\dfrac{Q}{x+a} = \dfrac{2kQx}{x^2-a^2}$

$x<-a$ なら

$$V(x) = k\frac{Q}{-x+a} + k\frac{Q}{-x-a}$$

$$= -\frac{2kQx}{x^2-a^2}$$

$$\therefore \quad V(x) = \frac{2kQ|x|}{x^2-a^2} \quad \cdots\cdots (答)$$

$V(x)$ のグラフの概略は右図。

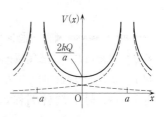

問 3．大きさ：$\dfrac{2kqQb}{(a^2+b^2)^{\frac{3}{2}}}$ 　向き：y 軸方向の正の向き

問 4．$AC = BC = \dfrac{5a}{4}$，$AD = \dfrac{4a}{3}$，$BD = \dfrac{2a}{3}$ だから，点 C，D の電位をそれ

ぞれ V_C，V_D とすると

$$V_C = 2 \times k\frac{Q}{\dfrac{5a}{4}} = \frac{8kQ}{5a}, \quad V_D = k\frac{Q}{\dfrac{4a}{3}} + k\frac{Q}{\dfrac{2a}{3}} = \frac{9kQ}{4a}$$

求める仕事を W とすると

$$W = q(V_D - V_C) = \frac{kqQ}{a}\left(\frac{9}{4} - \frac{8}{5}\right) = \frac{13kqQ}{20a} \quad \cdots\cdots (答)$$

問 5．問 2 の $V(0)$ と問 4 の V_D を用い，求める速さを v として，力学的
エネルギー保存則より

$$\frac{1}{2}mv^2 = qV_D - qV(0) = \frac{kqQ}{a}\left(\frac{9}{4} - 2\right) = \frac{kqQ}{4a}$$

上式より $v = \sqrt{\dfrac{kqQ}{2ma}}$ ……(答)

問6. BE 間では BE の中点(座標を x_F とする)で電位が最小になるので,力学的エネルギー保存則より,質点Pの速さは座標 x_F で最大となる。

$$x_F = \frac{1}{2}\left\{\frac{2a}{3} + (-a)\right\} = -\frac{a}{6} \quad \cdots\cdots(答)$$

点Dの電位を $V_D{}'$,座標 x_F での電位を V_F とすると

$$V_D{}' = k\frac{Q}{a} + k\frac{Q}{\dfrac{2a}{3}} = \frac{5kQ}{2a}, \quad V_F = 2 \times k\frac{Q}{\dfrac{5a}{6}} = \frac{12kQ}{5a}$$

求める速さを v' として,力学的エネルギー保存則より

$$\frac{1}{2}mv'^2 = qV_D{}' - qV_F = \frac{kqQ}{a}\left(\frac{5}{2} - \frac{12}{5}\right) = \frac{kqQ}{10a}$$

$$\therefore \quad v' = \sqrt{\frac{kqQ}{5ma}} \quad \cdots\cdots(答)$$

■━━━━━━ ◀解 説▶ ━━━━━━■

≪2つの電荷がつくる電場・電位とその中での荷電粒子の運動≫

問1.電荷が y 軸に対して左右対称に配置されているから,合成された電場も y 軸に対して左右対称である。

問2.電荷の配置から考えて,$V(x)$ は y 軸に対して左右対称のはずだから,$V(x)$ の計算は,とりあえず $x>a$ の場合について計算しておき,その計算結果の式の中で x を $|x|$ に置き換えればよい。ただし,〔解答〕には,より慎重な方法を記した。$V(x)$ のグラフは,〔解答〕のように,個々の電荷による電位のグラフ(双曲線)を軽く記入しておき,それらの和をとったグラフを描くとよい。

問3.問1の結果の E を用い,求める静電気力の大きさを F として

$$F = qE = \frac{2kqQb}{(a^2+b^2)^{\frac{3}{2}}}$$

問4.C→Dの移動で静電気力の位置エネルギー $U=qV$ の変化は $\Delta U = qV_D - qV_C = q(V_D - V_C)$ であり,この変化(問4の場合は位置エネルギーの増加)は外力がした仕事によってもたらされている。問題文の「静かにゆっくり」は外力と静電気力がつり合っていることを意味している。ちなみに,C→Dの移動で静電気力がした仕事は $-q(V_D - V_C)$ である。

問5．静電気力の位置エネルギーを用いて力学的エネルギー保存則より，

$\dfrac{1}{2}mv^2 + qV(0) = qV_{\mathrm{D}}$ である。

問6．電位は BE 間の中点（座標 x_{F}）に対して左右対称である。点 D の電位が問5以前とは異なっていることに注意し，静電気力の位置エネルギーを用いて力学的エネルギー保存則より，$\dfrac{1}{2}mv'^2 + qV_{\mathrm{F}} = qV_{\mathrm{D}}'$ である。

Ⅲ　**解答**　問1．$\dfrac{n_1}{n_0} = \dfrac{\sin i}{\sin r}$

問2．$i' = \alpha - r$

問3．$\dfrac{n_1}{n_0} = \dfrac{\sin i_1}{\sin \dfrac{\alpha}{2}}$

問4．(b)

問5．$\sin i' > \dfrac{n_0}{n_1}$

問6．$i = i_3$ のとき，辺 AB での屈折角を r_3，辺 AC での入射角を i_3' とすると，問2の結果より $i_3' = \alpha - r_3$ であるから，屈折の法則より

$$1 \times \sin i_3 = n_1 \sin r_3 = n_1 \sin (\alpha - i_3') \quad \cdots\cdots①$$

一方，このとき，辺 AC での入射角 i_3' が全反射の臨界角になっているから

$$n_1 \sin i_3' = 1 \times \sin \dfrac{\pi}{2} = 1 \quad \therefore \quad \sin i_3' = \dfrac{1}{n_1} \quad \cdots\cdots②$$

①式に加法定理を適用し，②式を用いて

$$\sin i_3 = n_1 \sin (\alpha - i_3') = n_1 (\sin \alpha \cos i_3' - \cos \alpha \sin i_3')$$

$$= n_1 \left(\sin \alpha \sqrt{1 - \dfrac{1}{n_1{}^2}} - \cos \alpha \cdot \dfrac{1}{n_1} \right)$$

$$= \sqrt{n_1{}^2 - 1} \sin \alpha - \cos \alpha \quad \cdots\cdots(答)$$

━━━━━━━━　◀解　説▶━━━━━━━━

≪プリズムでの光線の屈折，波長による光線の分散，全反射の条件≫

問1．辺 AB での屈折において，屈折の法則より

$$n_0 \sin i = n_1 \sin r \quad \therefore \quad \dfrac{n_1}{n_0} = \dfrac{\sin i}{\sin r}$$

問2．右図のように，光線が辺 AB，辺 AC に入射する点をそれぞれD，E とすると，△ADE の内角について次式が成り立つ。

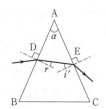

$$\left(\frac{\pi}{2}-r\right)+\left(\frac{\pi}{2}-i'\right)+\alpha=\pi \quad \therefore \quad i'=\alpha-r$$

問3．右図の点Dでの屈折角を r_1 とすると，問2の結果を用いて点Eでの入射角は $\alpha-r_1$ であり，点D，点Eでの屈折の法則はそれぞれ

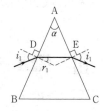

$$n_0 \sin i_1 = n_1 \sin r_1, \quad n_0 \sin i_1 = n_1 \sin(\alpha-r_1)$$

この2式を比較して $r_1=\alpha-r_1$ であり　　$r_1=\dfrac{\alpha}{2}$

これを上記の点Dでの屈折の法則に代入して

$$\frac{n_1}{n_0}=\frac{\sin i_1}{\sin r_1}=\frac{\sin i_1}{\sin \dfrac{\alpha}{2}}$$

問4．辺 AB での屈折において，屈折率が大きい波長 λ_2 の光線のほうが屈折角が小さくなるから，答えは(b)・(d)に絞られる。辺 AC での屈折において，空気の屈折率がプリズムの屈折率より小さいから，波長によらず屈折角は入射角より大きくなる。したがって，答えは(b)。

また，次のようにも考えられる。

右図の点Dにおける屈折角を r_2 とすると，屈折の法則より

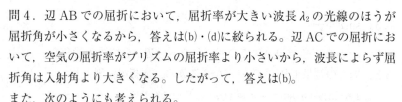

$$\sin r_2 = \frac{n_0}{n_1} \sin i_2$$

上式より，n_0 と i_2 が一定で $n_1 \to$ 大なら $\sin r_2 \to$ 小であり $r_2 \to$ 小だから，波長 λ_2 の光線（図2の実線）のほうが屈折角 r_2 が小さい。したがって，答えは(b)あるいは(d)である。

次に，点Eでの入射角を i_2'，屈折角を r_2' とすると，屈折の法則より，$n_1 \sin i_2' = n_0 \sin r_2'$ なので

$$\frac{\sin r_2'}{\sin i_2'}=\frac{n_1}{n_0}>1$$

上式より $\sin i_2' < \sin r_2'$ だから $i_2' < r_2'$ で，答えは(b)。

問5．辺 AC での全反射の臨界角を i_0' とすると，屈折の法則より

$$n_1 \sin i_0' = n_0 \sin \frac{\pi}{2} = n_0$$

この式より　　　$\sin i_0' = \dfrac{n_0}{n_1}$

全反射になる条件は $i' > i_0'$，すなわち $\sin i' > \sin i_0' = \dfrac{n_0}{n_1}$ であり

$$\sin i' > \frac{n_0}{n_1}$$

問6．参考のために，右図に入射角，屈折角等を図示
した。設問文の，答えの式に α が入るという点から，
問2の結果を使うと察しがつき，また当然のことなが
ら，辺 AB，辺 AC での屈折の法則が必要となる。
〔解答〕では加法定理のほかに，公式
$\sin^2\theta + \cos^2\theta = 1$ を用いている。

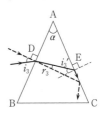

❖**講　評**

　例年通り，大問3題の出題で，問題文や小問での説明・誘導が丁寧で
あり，難問と言える問題はない。易しめであった 2021 年度よりは難度
がやや上がった。

　Ⅰ　問1・問2は基本問題，問3～問5はやや発展的な問題だが，状
況設定がわかりやすいので，類題に取り組んだことがあれば，難なく解
答できただろう。問6は〔解説〕に述べたような留意点があるのだが，
大部分の受験生は特に気にもかけずに解いていったと思われる。全体的
な難易度は標準的ないしやや平易と言えるだろう。

　Ⅱ　問1～問3は基本問題と言える。問4・問5は静電気力の位置エ
ネルギーに関連した標準的な問題だが，苦手意識をもつ受験生も多いか
もしれない。問6は問4・問5の応用である。問4～問6では，静電気
力の位置エネルギーを，重力の位置エネルギーと同じように気軽に使え
るかどうかが試されていると言える。全体的な難易度は標準的ないしや
や平易である。

　Ⅲ　問1・問2は基本問題。屈折の法則は問1の〔解説〕に記した形
で把握しておくとよい。問2はプリズムの問題ではよく出題されている。

問3は内容的には難しくはないが，変数名にやや紛らわしさを感じたかもしれない。問4は落ち着いて考えていけば解けただろう。問5・問6は全反射についての基本だが，問6では正弦の加法定理を用いる点で難度をやや上げている。全体的な難易度は標準的ないしやや平易と言えよう。

　試験時間は大問1題当たり20分なので，全問に解答した上で見直しをするという余裕はなかったと思われる。

■化学■

I　解答

問 1 ．(ｱ)水銀　(ｲ)鉛　(ｳ)ニホニウム

問 2 ．あ．$k[^{226}\text{Ra}]$　い．半減期　う．0.7

問 3 ．(b)・(c)・(d)

問 4 ．(i) (A)Si, P, S, Cl　(B)Al　(C)Na, Mg

(ii)　$\text{Al}_2\text{O}_3 + 2\text{NaOH} + 3\text{H}_2\text{O} \longrightarrow 2\text{Na}[\text{Al(OH)}_4]$

問 5 ．(A)—(d)　(B)—(a)

問 6 ．(A)　Xe

(B)　He, Xe の単体は単原子分子であり，原子番号が大きい Xe の方が分子量が大きく，分子間に働くファンデルワールス力が強いから。

問 7 ．え．ヨウ化物イオン　お．塩化物イオン

X．2.1×10^{-9}　Y．1.8×10^{-5}　Z．1.2×10^{-9}

問 8 ．$(-)\text{Zn}|\text{ZnSO}_4||\text{CuSO}_4|\text{Cu}(+)$

━━━━◀解　説▶━━━━

≪元素の周期律，放射壊変の半減期，酸化物の性質，溶解度積，電池≫

問 1 ．(ｱ)　単体が常温で液体である金属は水銀 Hg のみである。

(ｲ)　鉛 Pb は放射線の遮蔽材や，鉛蓄電池の負極に用いられる。

(ｳ)　原子番号 113 の元素はニホニウム Nh である。

問 2 ．あ．^{226}Ra の減少速度 $v[\text{mol/(L·s)}]$ は，速度定数 k と ^{226}Ra のモル濃度 $[^{226}\text{Ra}]$ の n 乗の積で求められる。

$$v = k[^{226}\text{Ra}]^n$$

反応速度の単位が $[\text{mol/(L·s)}]$，速度定数 k の単位が $[/\text{s}]$ と与えられているので，単位から n を求めると

$$[\text{mol/(L·s)}] = [/\text{s}] \times [\text{mol/L}]^n \quad \therefore \quad n = 1$$

よって　$v = -\dfrac{d[^{226}\text{Ra}]}{dt} = k[^{226}\text{Ra}]$

い・う．初期量の半分になるまでに要する時間を半減期という。$t = \tau[\text{s}]$ のとき，濃度 $[^{226}\text{Ra}]$ は初期濃度 $[^{226}\text{Ra}]_0$ の半分，$\dfrac{1}{2}[^{226}\text{Ra}]_0$ になってい

る。式(2)より

$$\frac{1}{2}[^{226}\text{Ra}]_0 = [^{226}\text{Ra}]_0 e^{-k\tau} \qquad \therefore \quad \frac{1}{2} = e^{-k\tau}$$

両辺の自然対数をとると

$$\log_e 2 = k\tau \qquad \therefore \quad \tau = \frac{\log_e 2}{k} = \frac{0.69}{k} \fallingdotseq \frac{0.7}{k}$$

問3．(a)　同一周期の元素の場合，原子番号の大きい元素の方が原子核中の陽子の数が多く，電子をより強く原子核に引きつけるので原子半径は小さくなる。よって，原子半径は Li>F である。

(b)　Li の価電子数は1，F の価電子数は7である。

(c)　電子親和力は，原子が電子1つを取り入れて1価の陰イオンになるときに放出するエネルギーであり，電子親和力が大きいほど陰イオンになりやすい。ハロゲンの電子親和力は特別大きく，F>Li となる。

(d)　第一イオン化エネルギーは，原子が電子1つを失って1価の陽イオンになるときに吸収するエネルギーであり，第一イオン化エネルギーが小さいほど陽イオンになりやすい。1族の Li は1価の陽イオンになりやすく，第一イオン化エネルギーは Li<F である。

(e)　Li も F も K 殻の電子数は2である。

問4．(i)(A)　SiO_2, P_4O_{10}, SO_2, SO_3, Cl_2O_7 など，非金属元素の酸化物の多くが酸性酸化物である。

(B)　両性元素である Al の酸化物 Al_2O_3 が両性酸化物である。

(C)　金属元素の酸化物 Na_2O, MgO が塩基性酸化物である。

(ii)　Al_2O_3 が水酸化ナトリウム水溶液に溶解すると，テトラヒドロキシドアルミン酸ナトリウムを生じる。

$$Al_2O_3 + 2NaOH + 3H_2O \longrightarrow 2Na[Al(OH)_4]$$

問5．(A)　アルカリ土類金属元素の Ca, Sr, Ba はいずれも常温で水と反応する元素だが，原子番号が大きい方がより反応性は高い。

よって，Ba>Sr>Ca である。

(B)　同一族の元素で比較する場合，原子番号が小さい方が第一イオン化エネルギーの値は大きい。

よって，Ca>Sr>Ba である。

問6．18族の He, Xe は単原子分子であり，分子内に一切極性をもたな

い無極性分子である。分子間に働く引力はファンデルワールス力のみで，ファンデルワールス力は分子量が大きいほど強い。

よって，沸点は He＜Xe である。

問7．X・Y．AgCl が沈殿し始めるときの $[Ag^+]$ は

$$[Ag^+] = \frac{K_{sp}}{[Cl^-]} = \frac{1.8 \times 10^{-10}}{1.0 \times 10^{-5}} = 1.8 \times 10^{-5} \, [mol/L]$$

AgI が沈殿し始めるときの $[Ag^+]$ は

$$[Ag^+] = \frac{K_{sp}}{[I^-]} = \frac{2.1 \times 10^{-14}}{1.0 \times 10^{-5}} = 2.1 \times 10^{-9} \, [mol/L]$$

よって，先に沈殿するのは AgI，$[Ag^+] = 2.1 \times 10^{-9} \, [mol/L]$ に達したときである。その後，$[Ag^+] = 1.8 \times 10^{-5} \, [mol/L]$ に達したとき AgCl が沈殿し始める。

Z．$[Ag^+] = 1.8 \times 10^{-5} \, [mol/L]$ のとき，溶液中の $[I^-]$ は

$$[I^-] = \frac{K_{sp}}{[Ag^+]} = \frac{2.1 \times 10^{-14}}{1.8 \times 10^{-5}} = 1.16 \times 10^{-9} \fallingdotseq 1.2 \times 10^{-9} \, [mol/L]$$

となっている。これは I^- の初期濃度 1.0×10^{-5} mol/L に比べてはるかに小さい値であり，溶液中の I^- はほぼすべて沈殿したと見なせる。

問8．ダニエル型電池では，イオン化傾向の差が大きな2種の金属を電極に用いた方が起電力は大きくなる。イオン化傾向は Zn＞Ni＞Cu なので，Zn を負極に，Cu を正極にした電池が最も起電力が大きい。電解液は同種の金属イオンを含む水溶液を用いる。

Ⅱ　解答

問1．0.98K

問2．(i)開環　(ii)4.5×10^5

問3．(i)1.1×10^3 Pa　(ii)2.3×10^4

問4．(i)―B　(ii)3.5×10^{-2} g

問5．②

◀解　説▶

≪凝固点降下，高分子化合物と浸透圧≫

問1．凝固点降下度 Δt は，モル凝固点降下 k_f と溶液の質量モル濃度 m $[mol/kg]$ の積で求められる。

$$\Delta t = 1.85 \times \frac{3.00}{113} \times \frac{1000}{50.0} = 0.982 \fallingdotseq 0.98 \,[\text{K}]$$

問 2. (i) ナイロン 6 は，ε-カプロラクタムの開環重合で得られる。

$$n\text{H}_2\text{C} \underset{\text{CH}_2-\text{CH}_2-\text{NH}}{\overset{\text{CH}_2-\text{CH}_2-\text{C}=\text{O}}{\big\langle}} \xrightarrow[+\text{H}_2\text{O}]{\text{開環重合}} \Big[\text{NH}-(\text{CH}_2)_5-\overset{}{\underset{\text{O}}{\overset{\|}{\text{C}}}}\Big]_n$$

(ii) ナイロン 6 の平均分子量を M とすると，ファントホッフの法則より

$$5.50 = \frac{20.0 \times 10^{-3}}{M} \times \frac{1000}{20.0} \times 8.31 \times 10^3 \times (27 + 273)$$

$$\therefore \quad M = 4.53 \times 10^5 \fallingdotseq 4.5 \times 10^5$$

問 3. (i) 22.0 g のおもりをのせたときに水面差がなくなっているので

$$\frac{22.0}{2.00} \times 98 = 1078 \fallingdotseq 1.1 \times 10^3 \,[\text{Pa}]$$

(ii) はじめに容器に水 100 mL を入れ，A 側と B 側の水面の高さが一致したので，A 側，B 側それぞれの水の体積は 50 mL である。高分子 X の平均分子量を M_X とすると

$$1078 = \frac{0.500}{M_\text{X}} \times \frac{1000}{50} \times 8.31 \times 10^3 \times (27 + 273)$$

$$\therefore \quad M_\text{X} = 2.31 \times 10^4 \fallingdotseq 2.3 \times 10^4$$

問 4. (i) B 側に溶解していた高分子 X は，酵素 E によって加水分解されてモノマー H−Y−OH となったので半透膜 M を透過でき，A 側，B 側における X の濃度は等しくなり X に関しての浸透圧は等しくなる。このとき，酵素 E 自体は変化しないので B 側の E の濃度による浸透圧が生じる。よって，おもりを置かなければ A 側から B 側に水が浸透し，B 側の水面が高くなる。

(ii) 生じている浸透圧は

$$\frac{0.600}{2.00} \times 98 = 29.4 \,[\text{Pa}]$$

よって，加えた酵素 E の質量を x[g] とすると

$$29.4 = \frac{x}{60000} \times \frac{1000}{50} \times 8.31 \times 10^3 \times (27 + 273)$$

$$\therefore \quad x = 3.53 \times 10^{-2} \fallingdotseq 3.5 \times 10^{-2} \,[\text{g}]$$

問 5. 酵素 E を加えると B 側の半透膜 M を透過できない物質の濃度が大き

くなるので，浸透圧は大きくなり水面は上昇する。しかし，徐々に高分子Xが酵素Eにより加水分解されると，B側の半透膜Mを透過できない物質の濃度は低下していくため浸透圧は小さくなっていき，水面は下降していく。

Ⅲ　解答　[1]　問1.

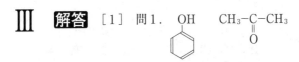

問2.　MnO_2

問3.　A.　$CH_3-C=CH_2$（フェニル基が結合）

B.　$CH=CH_2$（ベンゼン環に CH_3 が結合）

C.　$CH=CH_2$（ベンゼン環の para位に CH_3 が結合）

D.　ベンゼン環に $CH-CH_3$ と CH_2 が縮合した構造

問4.　$H_3C-\underset{\underset{C_6H_5}{|}}{\overset{\overset{Cl}{|}}{C}}-CH_3$

問5.（i）フタル酸ジエチル

ベンゼン環に $C(=O)-O-CH_2-CH_3$ が2つ（オルト位）結合した構造

（ii）ベンゼン環に $C(=O)-O-CH_2-CH_3$ と $C(=O)-OH$ が（オルト位）結合した構造

問6.　4.32 g

[2]　問7.　①ペプチド　②水素　③ジスルフィド　④変性　⑤繊維　⑥ヌクレオチド　⑦二重らせん　⑧複製　⑨転写　⑩翻訳

━━━━━◀解 説▶━━━━━

≪C₉H₁₀ の構造決定，PET の加水分解，タンパク質と核酸≫

[1] 問1．ベンゼンとプロピレンを触媒存在下で反応させてクメンを合成し，これを空気酸化してクメンヒドロペルオキシドとした後に希硫酸で分解すると，フェノールとアセトンが生成する。このフェノールの製法をクメン法という。

問2．中性条件下，過マンガン酸カリウムで芳香族化合物を酸化すると，過マンガン酸カリウムは黒色の酸化マンガン(Ⅳ)に変化する。

$$MnO_4^- + 2H_2O + 3e^- \longrightarrow MnO_2 + 4OH^-$$

問3．実験2より，化合物Aは1分子の水素が付加するとクメンを生じるので，以下の構造と決まる。

実験1より，化合物B，Cは臭素水を脱色するので，化合物Aと同様に炭素間二重結合をもつ。一方，化合物Dは臭素水を脱色しないので，環状構造をもつとわかる。実験3で行った中性条件下，過マンガン酸カリウムで酸化するという反応では，ベンゼン環直結の炭素がカルボキシ基に変化するので，化合物Aから生じる化合物Eは安息香酸である。

実験3より，化合物BとDからは同一の化合物Fを生じ，この化合物Fは

実験 4 で分子内脱水をすることから，化合物 B と D はオルト二置換体，化合物 F はフタル酸，化合物 H は無水フタル酸であるとわかる。以上のことと化合物 D は不斉炭素原子を 1 つもつことから，以下の構造が決定される（*C は不斉炭素原子）。

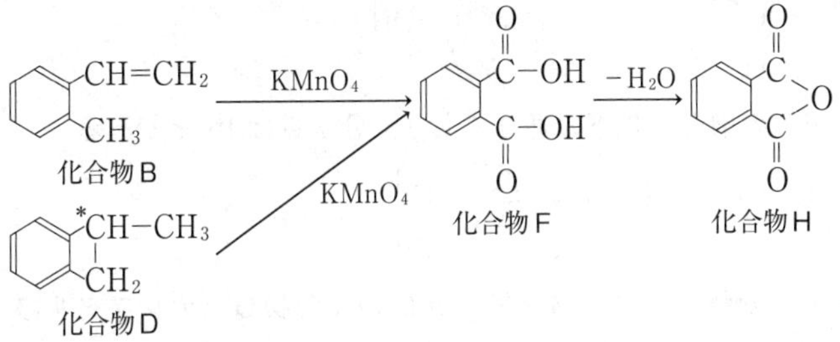

化合物 B　　　　　　KMnO₄　　　　化合物 F　　　　化合物 H

化合物 D

化合物 C を酸化して得られる化合物 G は，化合物 F と互いに異性体であり，また実験 5 より，化合物 G は PET の原料であることから，化合物 G はテレフタル酸であるとわかる。よって，化合物 C は以下の構造と決まる。

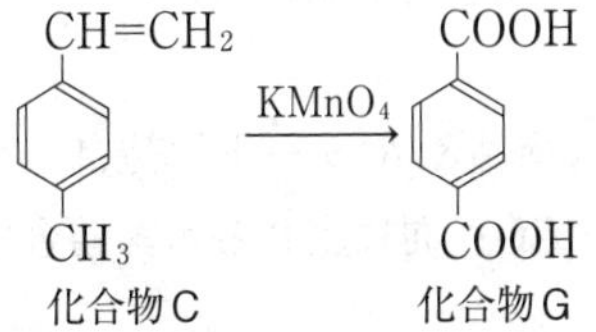

化合物 C　　　　　化合物 G

問 4．化合物 A の炭素間二重結合に HCl を付加させると，マルコフニコフ則に従い，結合している水素原子の数が多い炭素原子に H 原子が，結合している水素原子の数が少ない炭素原子に Cl 原子が結合した化合物が主生成物として生じる。

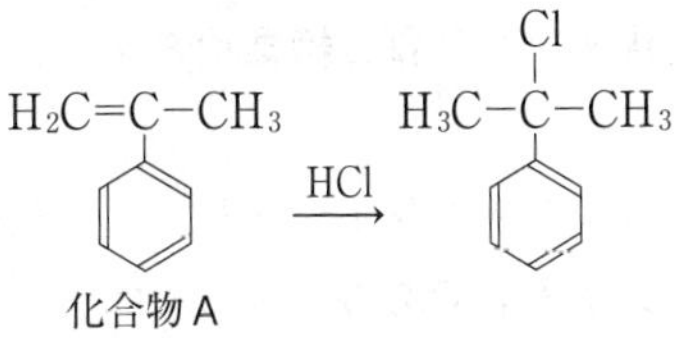

化合物 A

問 5．(ⅰ)　ジカルボン酸である化合物 F（フタル酸）に十分量のエタノールを反応させると，エステル化により以下の構造のジエステルを生じる。

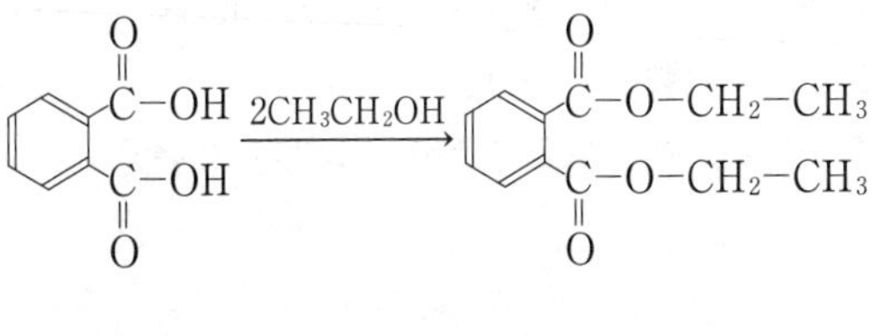

(ⅱ)　化合物 H（無水フタル酸）とエタノールを物質量比 1：1 で反応させると，以下の構造のモノエステルを生じる。

問 6．PET の構造は以下の通りであり，分子量は 192n である。

PET を加水分解すると，物質量で n 倍の化合物 G（テレフタル酸）を生じる。テレフタル酸の分子量は 166 なので

$$\frac{5.00}{192n} \times n \times 166 = 4.322 \fallingdotseq 4.32 \, \text{〔g〕}$$

〔2〕　問 7．①多数のアミノ酸がペプチド結合でつながったポリペプチドがタンパク質である。

②タンパク質の二次構造，α-ヘリックス構造や β-シート構造は，ペプチド結合の $-NH-$，別のペプチド結合の $-CO-$ 間に生じる水素結合によって形成される。

③システインの 2 つのチオール基 $-SH$ から生じる $-S-S-$ 結合をジスルフィド結合という。

④タンパク質を加熱，加圧，pH の変化，重金属イオンの添加などをすると，凝固したり沈殿したりする。これをタンパク質の変性という。

⑤タンパク質はその形状により，球状タンパク質と繊維状タンパク質に分類される。

⑥五炭糖，塩基，リン酸が結合したものをヌクレオチドといい，核酸はヌクレオチドが多数結合したポリヌクレオチドである。

⑦ 2 本のポリヌクレオチド間に水素結合が形成されることによって，DNA は二重らせん構造となっている。

⑧ DNA の二重らせん構造がほどけ，新たに二組の二重らせん構造をもつ DNA が合成されることを「複製」という。

⑨ DNA の塩基配列を RNA に写し取ることを「転写」という。

⑩ RNA の塩基配列に従ってタンパク質が合成されることを「翻訳」という。

❖ **講　評**

　試験時間は 1 科目 60 分（2 科目 120 分），大問数は例年通り 3 題で，出題内容は Ⅰ が無機と理論，Ⅱ が有機（高分子）を含む理論，Ⅲ が有機分野であった。

　Ⅰ は元素の周期表と周期律を題材とした無機・理論の大問であった。問 2 では放射壊変の半減期を表す式を求める問題が出題された。問題集などではあまり見かけないタイプの問題だったので，やや戸惑った受験生もいただろう。しかし，あくまで反応速度の問題であることを忘れてはならない。反応速度は速度定数と反応物の濃度の累乗の積であること，そして与えられた速度定数の単位が〔/s〕であることに着目できれば「あ」は解答できる。また，自然対数の底 e が式⑵中にあるので，両辺の対数をとる必要があることには気づきたい。問 2 以外の設問は無機・理論の知識を問うもの，溶解度積の計算が出題されたが，いずれも基本・標準的な問題であった。問 6 に論述問題が含まれていたが，字数制限はなく，よく出題される分子間力，沸点に関するものだったので比較的書きやすかったと思われる。

　Ⅱ は凝固点降下，浸透圧の問題であった。溶質に高分子化合物を用いており，問 2 では高分子化合物の知識も求められた。液面差をなくすためにのせたおもりの質量から浸透圧を求めるという計算問題であったが，本文中に断面積の値と「1cm² あたり 1g の質量による圧力は 98Pa とする」という一文が与えられているので，ここをきちんと読むことができていれば解答にたどり着けただろう。いずれも難問というわけではなかったので，本文をしっかり読解し，計算ミスに注意して完答したい。

　Ⅲ は〔1〕が芳香族炭化水素の構造決定，〔2〕が天然高分子の空所補充問題であった。構造決定する芳香族化合物の分子式は C_9H_{10} であり，ベンゼン環以外に不飽和度 1 をもつ。化合物 A〜D のうち，化合物 D だけは炭素間二重結合をもたない，つまり環状構造をもつということに気づけるかがポイントであっただろう。問 2 では反応後に生じる黒色沈殿の化学式が問われた。過マンガン酸カリウムは酸性条件下では反応後に

Mn^{2+} に変化することは知っていても，中性・塩基性条件下では MnO_2 に変化することは覚えていない受験生もいたかもしれない。問 4 は HCl 付加後の生成物を問う問題。近年，マルコフニコフ則を考えて解答する問題は入試で増えているので，十分演習できている受験生は解答できただろう。他は問 6 の計算問題も含め，入試問題として標準レベルの問題であった。[2]の空所補充問題は，タンパク質，アミノ酸について問われたものは基本的なものであったが，核酸について問われたものは「複製」「転写」「翻訳」という生物の用語であった。これらの用語は現行課程の化学の教科書では，「発展」「参考」として記載されているか，または教科書によっては扱われていない。生物を学習していない化学選択の受験生の中には書けなかった人もいるだろう。

■■■生物■■■

Ⅰ　解答

問1．1．血小板　2．赤血球　3．白血球
　　4．血ぺい

問2．5-ウ　6-エ　7-キ　8-セ　9-サ

問3．⑴　（血友病の原因が）X染色体上に存在する劣性の変異遺伝子である。（30字以内）

⑵　補充する血液凝固因子に対する<u>免疫寛容</u>が成立していないと，この因子を非自己とみなして免疫反応が起こる場合があるから。（60字以内）

問4．フィブリノーゲン：A・B・C　フィブリン：F

問5．血液が血管外の組織の成分に触れること。

━━━━━◀解　説▶━━━━━

≪血液凝固，伴性遺伝，免疫寛容≫

問1．血管が傷つくと，まずその部分に血小板が集まってかたまりをつくる。次に，血小板から放出される凝固因子のほか，血しょう中に含まれる別の凝固因子や Ca^{2+} のはたらきにより，プロトロンビンが活性型酵素であるトロンビンに変化する。トロンビンは，血しょう中に含まれる可溶性のフィブリノーゲンを不溶性で繊維状のフィブリンに変化させ，これが赤血球や白血球をからめとって血ぺいをつくる。

問3．⑴　血友病は，X染色体上に存在する血液凝固因子の遺伝子の突然変異が原因で発症する。また，この変異遺伝子は正常遺伝子に対して劣性である。X染色体を1本しか持たない男性の場合，この変異遺伝子を持てば血友病になるが，X染色体を2本持つ女性の場合，この変異遺伝子をホモに持たないと血友病を発症しない。そのため血友病患者の多くは男性となる。

⑵　たとえば，抗体の産生に関わるB細胞が骨髄で分化する際，遺伝子再編成によりあらゆる種類のB細胞が生じるが，自己の成分と反応するB細胞は排除され，非自己と反応するB細胞のみが生き残る。また，T細胞においても同じような現象が胸腺で成熟する段階でみられる。こうしたしくみによって免疫寛容（自己の細胞や成分を攻撃しないこと）が成立する。

先天的に特定の血液凝固因子を体内で合成できず，これに対する免疫寛容が成立していない血友病患者の場合，この因子を非自己とみなして免疫反応が起こり，治療効果が薄まる場合がある。

問4．血液にクエン酸ナトリウムを加えると，クエン酸が Ca^{2+} と結合して沈殿するため，血しょう中から Ca^{2+} が除去される。これにより，血液凝固が起こらず，遠心分離すると血しょう（図中C）と血球（図中D）に分離する。一方，血液をそのまま静置すると血液凝固が起こり，血清（図中E）と血ぺい（図中F）に分離する。可溶性のフィブリノーゲンは図中のA，B，Cに含まれるが，血液凝固が起こるとフィブリノーゲンは不溶性のフィブリンとなって血ぺいに含まれる。

問5．血液がからだの外に出る場合だけでなく，内出血の場合でも血液凝固反応が起こる理由を考える。両者に共通して起こることは，血液が血管外に流出すること，つまり血液が血管外の組織の成分に触れることが挙げられる。ちなみに，通常は血液と直接接触しない部位に発現する特殊なタンパク質や，血管外の組織がもつコラーゲン繊維，または異物に，血液中に含まれる血液凝固因子が触れることで血液凝固が始まることが知られている。

Ⅱ　解答

問1．1．同化　2．異化　3．硝化菌（硝化細菌）
問2．能動輸送

問3．(1)　記号：イ
理由：基質である亜硝酸イオンの量が増加し，生成物であるアンモニウムイオンや，それ以降に合成される物質の量が低下しているから。（60字以内）

(2)─ウ

(3)　記号：C
理由：変異体BとDで起こった置換は同義置換でありアミノ酸配列は変化しないが，変異体Cでは10番目のコドンが終止コドンに変化し，短いペプチド鎖が合成されるから。（80字以内）

◀解　説▶

≪窒素同化，遺伝子突然変異≫
問3．(1)　単に，「亜硝酸イオンの量が増加し，アンモニウムイオンの量

が低下した」という解答では字数が少ないので，基質や生成物について触れたり，アンモニウムイオンをもとに合成される物質の減少について触れたりしながら論述した方がよいと思われる。

(2) 植物は，硝酸イオンのほか，アンモニウムイオンを根から吸収して窒素同化を行う。亜硝酸還元酵素がはたらかない変異体Aの場合，アンモニウムイオンを与えておけば生育できるが，これを除くと生育できなくなる。

(3) 各塩基配列がATGから始まることから，図2の塩基配列はセンス鎖（非鋳型鎖）であるとわかり，TをUに置き換えればmRNAの塩基配列になる。下図に示すように，変異体BとDで起こった置換は同じアミノ酸を指定する同義置換であり，アミノ酸配列に変化はみられない。一方，変異体Cでは10番目のコドンが終止コドンに変化し，短いペプチド鎖が合成されるようになったため酵素の活性が失われたと考えられる。

```
                  セリン              アルギニン  チロシン
野生型    ATG|GCG|ACC|TCC|GTC|GAT|AAC|CGC|CAT|TAT|…
                                      アルギニン
変異体B   ATG|GCG|ACC|TCC|GTC|GAT|AAC|CGT|CAT|TAT|…
                                              終止
変異体C   ATG|GCG|ACC|TCC|GTC|GAT|AAC|CGC|CAT|TAG|…
                  セリン
変異体D   ATG|GCG|ACC|TCA|GTC|GAT|AAC|CGC|CAT|TAT|…
```

Ⅲ **解答** 問1．生得的：ア・ウ 習得的：イ・エ・オ

問2．

	シルエット	渡り経路	食性
ルリノジコ	イ	C	1
オオハクチョウ	ウ	A	2
ニシツノメドリ	ア	B	3

問3．〔生得的ではないと考えられる理由〕

繁殖地が同じでも，個体ごとに異なる渡り経路と越冬地をもつ。（30字以内）

（別解）生得的であれば，集団内の個体は同じ渡り経路と越冬地をもつ。

〔集団内での学習ではないと考えられる理由〕

個体ごとに渡りを行うので，集団内で学習することができない。（30字以内）

（別解）学習であれば，渡り経路や越冬地が変化する可能性がある。

問4．図：右図。

理由：幼鳥は成鳥とは別に渡りをするので，生得的要素にもとづき最短の経路をとるから。（40字以内）

━━━━◀解 説▶━━━━

≪鳥類の渡りのしくみ≫

問1．ア．イトヨの雄は，繁殖期に腹部が赤くなる。イトヨの雄が，下側が赤い物体を見ると攻撃行動を示すのは，生得的に備わる縄張りの防衛行動からである。

イ．手をたたくと池のコイが寄ってくるのは，手をたたく音の方に近づくと餌をもらえることを学習しているからである。

ウ．手のひらを触ると新生児が握り返してくるのは，新生児特有の反射で，成長とともにみられなくなる。

エ．梅干を見ると唾液が出るのは，以前に梅干を食べたときの強い味覚刺激と梅干を見るという視覚刺激を結びつけて学習しているからである。

オ．飼い猫がキャリーバッグに入りたがらないのは，猫がキャリーバッグと動物病院での恐怖体験を結びつけて学習しているからと考えられる。

問2．シルエットについては，ウがオオハクチョウであることはわかるだろう。リード文中に「海鳥類の一種であるニシツノメドリ」とあり，アには肢に水かきがあることから，アが海鳥類のニシツノメドリ，残ったイがルリノジコとなる。渡りの経路については，まず，同じ繁殖地の個体であっても異なる経路と越冬地をもつニシツノメドリがBとわかる。星座の位置を基準に渡りの方向を決めるルリノジコは，星座を頼りに渡りの方向を

常に一定に保つことができると考えられ，そのときの渡りの経路は直線的なものになると想像されるのでCを選ぶ。そして，残ったAがオオハクチョウとなる。なお，昼間に渡りをするホシムクドリは，太陽の位置を基準に渡りの方向を決めるが，動かない太陽の模型を使ってホシムクドリが定位する方向を調べたところ，定位の方向が1時間に 15° の割合で変化していた。これは1時間に約 15° 動く太陽の位置に対応して，定位方向を随時補正し，渡りの方向を一定に保っていると考えられている。ルリノジコも同様のしくみを利用していると考えられる。食性については，海産の生物を餌とするニシツノメドリが3，湖沼の生物を餌とするオオハクチョウが2となり，残った1がルリノジコとなる。

問3．〔生得的ではないと考えられる理由〕

渡り経路や越冬地が生得的に決まっているとすれば，同じ繁殖地で生まれた個体は同じ渡り経路と越冬地をもつことになるので，ニシツメノドリの渡りは生得的なものとはいえない。

〔集団内での学習ではないと考えられる理由〕

リード文に，ニシツノメドリはそれぞれの個体が異なる渡り経路と越冬地をもつとあるから，集団ではなく個々に渡りを行い，年上の個体から渡りの経路を学習する機会そのものがないと考えられる。また，渡り経路と越冬地を毎年維持しているとあるから，経験を積むことで渡り経路が変化する，すなわち学習により洗練されていくこともない。ちなみに，アメリカシロヅルという鳥の場合，集団で渡りを行うことで若い個体が年上の個体から渡りの経路を学んでいき，経験を積むうちにより洗練された経路を飛ぶようになることが知られている。

問4．幼鳥と成鳥が別々に渡りを行うオオミズナギドリの場合，幼鳥は成鳥から渡りを学ぶことができず，渡りの経路は生得的要素にもとづいたものになると考えられる。離島Bの成鳥は陸地を避けるように日本列島をまわりこんで越冬地まで飛んでいるが，離島Bの幼鳥は最短の経路で越冬地に到達している。したがって，離島Aにおいても幼鳥は最短の経路で越冬地に到達すると考えられる。ちなみに，オオミズナギドリは方位を認識する特殊な細胞を持っており，これを利用して渡りの方向を決めるといわれている。しかし，日本列島の地形を学習した成鳥は，陸地を迂回して飛ぶようになる。一方，幼鳥は，方位を決める細胞にもとづき最短経路で飛ぶ

ため，本州上の険しい山を越えて太平洋に到達する。この山越えの間に幼鳥の半分以上が落下して死亡するといわれている。

Ⅳ **解答** 問1．1－ウ　2－エ　3－キ
問2．(1)－ウ　(2)－ウ・エ・オ

問3．(1)　グラフ：

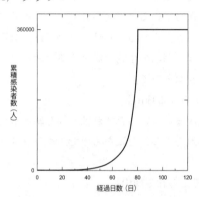

理由：感染者の自主的隔離によって病原体の拡散を防ぐことができた。
（30字以内）

(2)　当初渡航者が2倍：エ

島の人口が半分：イ

当初渡航者が2倍かつ島の人口が半分：ウ

(3)　1808：最終的な累積感染者数

$(1808-x)$：今後新たに感染すると予想される人数

1/11400：感染者と非感染者が接触した際に感染が成立する確率

━━━━━━━ ◀解　説▶ ━━━━━━━

≪ウイルス感染に関する数理モデル，個体群の成長≫

問1．個体群密度の変化に伴って，個体群を構成する個体の発育・生理などが変化することを密度効果という。個体群密度が最終的に環境収容力に収束するのも密度効果による。

問2．(1)　ウイルスは細菌のように自ら分裂して増えることができず，それぞれ決まった宿主の細胞に侵入し，細胞内の物質を利用することで増殖する。

(2)　ア．正文。ウイルスは，遺伝情報を担う核酸と，それを包むタンパク質からなる。

イ．正文。ウイルスは宿主の転写翻訳機構を利用して，タンパク質を合成する。

ウ．誤文。ウイルスはミトコンドリアをもたない。

エ．誤文。細菌を宿主とするウイルスはバクテリオファージとよばれる。

オ．誤文。インフルエンザ菌は細菌の一種で，インフルエンザウイルスとは別のものである。当時スペイン風邪の原因菌として単離・同定されたために，インフルエンザ菌という名称がつけられたが，後にスペイン風邪の原因はインフルエンザウイルスであることが証明された。

問3．(1)　累積感染者数が2倍になるのに4.4日かかる。渡航してきた感染者数が1人と仮定すると，n日後の累積感染者数は$1 \times 2^{\frac{n}{4.4}}$人と表され，44日目で

$$1 \times 2^{\frac{44}{4.4}} = 2^{10} \fallingdotseq 1000 \text{ 人}$$

66日目で

$$1 \times 2^{\frac{66}{4.4}} = 2^{15} = 2^5 \times 2^{10} \fallingdotseq 32000 \text{ 人}$$

となり，約80日目で36万人の島民すべてが感染することをふまえると〔解答〕のグラフのようになる。また，実際の累積感染者数が島全体の人口よりもはるかに少なかった理由であるが，リード文に，「重症者の入院と感染者の自主的隔離以外に島内での移動制限は行われなかった」ことや，「感染には感染者との接触が必須」であることが書かれている。このことから，感染者の自主的隔離によって感染者との接触機会が減り，病原体の拡散を防ぐことができたと考えられる。

(2)　●当初渡航者が2倍だった場合

渡航してきた感染者数が2人だった場合を考えると，a日後の累積感染者数は$2 \times 2^{\frac{a}{4.4}}$人となり，累積感染者数は(1)で考えたものと比較して2倍のペースで増加していくことになる。よって，エが正解となる。

●島の人口が半分だった場合

渡航してきた感染者数が1人として考えると，島の面積は変わらず，人口が半分になるため，感染者と接触する確率も半減すると考えられる。よって，イが正解となる。

● 当初渡航者が 2 倍かつ島の人口が半分だった場合

渡航してきた感染者数が 2 人だった場合であるので，感染者に接触する確率は 2 倍になる。しかし，ここでは島の人口が半分であるので，接触する確率は半減し，結果として感染者数の増加速度は大きく変わらないと考えられる。よって，ウが正解となる。

⑶　図 1 は経過日数あたりの累積感染者数のグラフである。図 1 をみると，累積感染者数は約 1800 人程度で上限に達し，グラフの傾き（1 日あたりの新規感染者数）は，累積感染者数が 900 人程度で最も大きくなり，0 人または 1800 人程度でほぼ 0 となることがわかる。一方，図 2 は累積感染者数 x と 1 日あたりの新規感染者数 y の関係を示したものである。図 2 をみると，1 日あたりの新規感染者数は，累積感染者数が 900 人程度で最大となり，0 人または 1800 人程度のときに 0 となっており，図 1 のデータとほぼ一致していることがわかる。

ここで，与えられた式をみると，$y=\dfrac{x(1808-x)}{11400}$ であり，$y=0$ となるのは，$x=0$ または 1808 のときである。

したがって，1808 は最終的な累積感染者数，$(1808-x)$ は今後新たに感染すると予想される人数といえる。

ところで，リード文をみると，「感染者の治癒については考慮しなくてよい」とある。よって，「累積感染者数 $x=$ 感染中の人数」，「$(1808-x)$ ＝（これから感染する）未感染者の人数」と考えることができる。

さらに，リード文には「感染者との接触があれば一定の確率で感染する」とあり，この確率を p とおくと，感染者と非感染者との接触によって新たに発生する新規感染者数の関係は，$y=px(1808-x)$ と表すことができる（ここで，$x(1808-x)$ は感染者と非感染者が接触する回数を表す）。よって，1/11400 は p，すなわち，感染者と非感染者が接触した際に感染が成立する確率となる。

❖講　評

　2022 年度も大問数は 4 題であった。2021 年度と比べると，小問数はほぼ同じであったが，論述量がやや増加した。例年どおり，知識問題よりはリード文をもとに考察していく問題が多く出題されたが，2022 年

度は論述しづらい問題がやや目立った。全体の難易度は 2021 年度とあまり変化はない。

　Ⅰ　血液凝固と伴性遺伝および免疫寛容に関する問題。問 1・問 2 は基本的であり完答したい。問 3(1)の論述は標準レベルであるが，(2)の論述は免疫寛容のしくみを知っていないと完答は難しい。問 4 は基本的。問 5 は知識で解くのではなくリード文の流れから推理して解くが，正解にたどり着くまでにやや時間を要する。

　Ⅱ　窒素同化と遺伝子突然変異に関する問題。問 1・問 2 は基本的であり完答したい。問 3(1)の理由説明は 60 字近くまで論述するのがやや厳しい。(2)は基本的。(3)は丁寧にコドンの読み枠をみていけば，あまり難しくはない。この大問が最も得点しやすかったと思われる。

　Ⅲ　鳥類の渡りのしくみに関する問題。問 1 は基本的。問 2 は渡りの経路と食性の判断が難しく，苦戦したと思われる。問 3 はどのように論述すべきか悩ましい問題で，複数の正解が考えられる。問 4 の描図自体は簡単であるが，その理由を 40 字以内でまとめるのはやや難しい。

　Ⅳ　ウイルス感染についての数理モデルに関する問題。問 1 は基本的。問 2 は(2)のインフルエンザ菌で戸惑ったかもしれない。問 3(1)の描図問題は標準レベルではあるが，30 字の論述問題はどのように書くべきか悩ましい。問 3 のリード文から論述のヒントを探し出すしかない。(2)は落ち着いて考えればさほど難しくはない。(3)の 1/11400 の意味を正確に解答できた受験生は少なかったと思われる。

地学

I **解答** 問1. ア. 熱帯収束帯（赤道収束帯）
イ. 圏界面（対流圏界面）　ウ. ハドレー
エ. フェレル（ロスビー）

問2. 太陽放射は，主に可視光線により，あまり大気に吸収されることなく地表に届く。一方，地表からの赤外放射は多くが大気に吸収され地表付近を生命活動可能な温度に保ち，最終的に地球放射として宇宙空間に放出される。（100字以内）

問3.

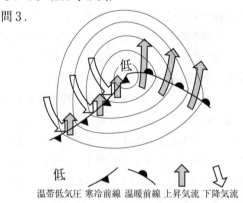

低　　〳〵〵　　〳〵〵　　⬆　　⬇
温帯低気圧 寒冷前線 温暖前線 上昇気流 下降気流

◀解　説▶

≪大気の大循環≫

問1. ア. 赤道付近の地上では，北半球側から北東貿易風，南半球側から南東貿易風が収束するように吹き込んできて上昇気流を生み出しており，熱帯（赤道）収束帯とよばれている。

エ. 緯度30度付近は低緯度のハドレー循環にともなう下降気流域，緯度60度付近は高緯度の極循環にともなう上昇気流域で，これらの間の中緯度では暖気の上昇や寒気の下降をともないながら偏西風が南北にうねるように吹く（偏西風波動）。これを東西方向に平均すると低緯度から高緯度へ熱輸送する循環のようにみることができ，フェレル（ロスビー）循環とよぶが，上の2つの循環のような単純な熱対流の形にはなっていない。

問2．2つの放射の特徴として，電磁波の波長域と大気による吸収の違いについて述べる。太陽放射から反射分を差し引いたエネルギー量と地球放射の総量が等しいことについては，制限字数からみて触れる余裕はないだろう。また，役割としては，大気の温室効果により地表付近を生物の生育可能な環境に保っていることについてまとめる。なお，解答中で触れる必要はないが，波長域の違いは太陽と地球の表面温度の違いにより生じる（ウィーンの変位則）。また，仮に地球に大気がなく，地表が吸収した太陽放射と等量のエネルギーを宇宙空間に放射したとすると，地表の温度は $255\,\mathrm{K}$（$-18\,℃$）程度まで下がる（シュテファン・ボルツマンの法則）。

問3．中緯度の地上の暖気と寒気の境界付近に温帯低気圧が発生・発達する。温帯低気圧の等圧線は同心円状ではなく，前線の部分で外側に凸になった形状を示す。これは暖気と寒気が接する前線付近に上昇気流があり，まわりより気圧が低いためである。上空の偏西風波動の気圧の谷の西側で偏西風が南下する部分では，冷気が収束し下降気流となって地上に降り，暖気の下に潜り込む。ここが寒冷前線である。すると暖気は持ち上げられ上昇気流となる。また，温帯低気圧の地上を南方から反時計回りに吹き込む暖気は，北側にある冷気の上に乗り上げ，比較的傾斜の緩い上昇気流となる。ここが温暖前線である。上昇した暖気は上空の気圧の谷の東側で偏西風に合流し，低緯度から高緯度へ熱を輸送する役割を果たしている。

II　解答

問1．ア．3　イ．2　ウ．ケプラーの第三法則

問2．ケプラーの第三法則より，静止気象衛星の軌道半径を a_s，月軌道長半径を a_m とすると，次の関係が成り立つ。

$$\frac{1^2}{a_\mathrm{s}^{\,3}} = \frac{27^2}{a_\mathrm{m}^{\,3}}$$

$$a_\mathrm{s}^{\,3} = \frac{a_\mathrm{m}^{\,3}}{27^2} = \frac{a_\mathrm{m}^{\,3}}{9^3} = \left(\frac{a_\mathrm{m}}{9}\right)^3$$

$$a_\mathrm{s} = \frac{a_\mathrm{m}}{9}$$

よって，月軌道長半径の9分の1になる。　……(答)

問3．A．火星　B．土星　C．木星

━━━◀解　説▶━━━

≪ケプラーの第三法則≫

問1. 図1より直線の式は

$$\log_{10} T = \frac{3}{2} \log_{10} a + k \quad (k : 定数)$$

と読み取れる。すなわち，直線の傾きは $\frac{3}{2}$ で，さらにこの式を変形すると

$$\log_{10} T^2 - \log_{10} a^3 = \log_{10} 10^{2k}$$

$$\frac{T^2}{a^3} = 10^{2k}$$

これは，惑星の公転周期の2乗と軌道長半径の3乗の比は一定であるという，ケプラーの第三法則を表す式である。

問2. 静止気象衛星は公転の速さを一定にするため，円軌道を描くようコントロールされている。一方，月は楕円軌道を描き，地球からの距離も公転の速さも一定ではない（ケプラーの第一・第二法則）。ケプラーの第三法則の a には，円軌道の場合は軌道半径を，楕円軌道の場合には軌道長半径（平均距離）を用いる。

問3. 上述の関係式は，T を秒単位，a をm単位で表現すると

$$\frac{T^2}{a^3} = \frac{4\pi^2}{G(M+m)} = 10^{2k}$$

（G：万有引力定数，M：母星の質量，m：公転天体の質量）

と表せることが万有引力の法則から導かれ，惑星系や連星系の質量の見積もりなどに応用されている。これによると，母星が大質量な系ほど，定数 10^{2k} すなわち k は小さくなり，図1のようなグラフを描くと下方にくることがわかる。3惑星では火星が最も軽いのでＡ，木星が最も重いのでＣになる。また，太陽はこれらより重いので，さらに下になっている。

Ⅲ　解答　問1. アー③　イー⑤
　　　　　問2. ウ. オルドビス紀　エ. シルル紀　オ. ペルム紀
問3. 太陽放射に含まれる有害な紫外線が上空のオゾン層に吸収され，地上に達する量が減ったため。（50字以内）

問 4．シダ植物の活発な光合成による大気中の二酸化炭素の固定が進み，さらにそれらの死後，遺骸が地下に埋もれて二酸化炭素が大気中に戻らなかったから。(70 字以内)

━━━━━━■ ◀解　説▶ ■━━━━━━

≪顕生代の地史≫

問 1．顕生代は 5.41 億年前に始まって現在まで続き，2.52 億年前，0.66 億年前を境界にして，古生代，中生代，新生代に区分されている。なお，5.41 億年前以前は先カンブリア時代または隠生代と総称され，40 億年前，25 億年前を境界にして，冥王代，太古代（始生代），原生代に区分されている。

問 2．時代区分の代はそれぞれさらに紀に細分されているが，各期間の長さは一定ではない。古生代以後の 12 の紀は確実に記憶しておきたい。

問 3．大気中の酸素濃度が増えると，太陽から来る紫外線の作用でオゾンが形成される。オゾンもまた紫外線を吸収し，分解と生成を繰り返しつつ濃度が次第に増加し，上空に向かっていった。そして紫外線の上空での吸収量が増えることにより地上への到達量が少なくなると，生物の上陸が可能となった。ここでは，大気中の酸素濃度が増加した理由やオゾン層の形成過程については述べる必要はない。

問 4．温暖湿潤な気候の下，陸上にシダ植物の大森林が形成され，活発な光合成が継続して行われて大気中の二酸化炭素の生体としての固定が進んだ。ただし，生物の死後，遺骸が腐敗・分解されると二酸化炭素は再び大気中に戻るため，二酸化炭素濃度はそれほど変化しない。したがって，それまでに地下に埋もれ，再び大気中に戻ることが阻まれたことまで説明する必要がある。

IV **解答**　問 1．④
　　　　　問 2．右図。

問 3．大西洋中央海嶺を横切る多数のトランスフォーム断層の走向に直交する大円をそれぞれ描くと，すべての大円が地表の 2 カ所付近で交わる。そこが回転軸の両極に当たる場所で，回転軸はその 2 地点を結んだものである。(100 字以内)

問 4．南海トラフ付近で北西に進むフィリピン海プレートの回転運動の極

が，南海トラフから見て北東方向にあり，そこに近いほど回転半径が小さく移動速度が遅いため。(80 字以内)

━━━━◀解 説▶━━━━

≪プレート境界と回転運動≫

問 1．プレート発散境界では水平方向に両側へ引っ張る力が大きくはたらき，正断層が形成される。また，プレート収束境界では水平方向に両側から圧縮する力が大きくはたらき，逆断層が形成される。さらに，プレートすれ違い境界では，断層面を境にして互いに逆向きにプレートが移動するため，横ずれ断層が形成される。

問 2．すれ違い境界は，海嶺軸と海嶺軸の間に存在する。プレートは海嶺軸から両側へ広がるように移動するので，図中の断層の動きは，上のプレートは右上向き，下のプレートは左下向きになる。ただし，それらの向きに大きな力がはたらいているというわけではなく，一般の横ずれ断層と同様，力のはたらき方は右図のようになっていることが地震波の押し引き分布からわかっている。

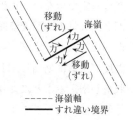

問 3．アフリカプレートを不動と仮定しているので，大西洋中央海嶺を横切るトランスフォーム断層におけるプレートの相対運動は，南米プレートの絶対運動を表していると見なせる。プレートは平板ではなく球殻の一部で，その運動は地球の中心を通る軸の周りの回転運動である。このためプレート上の各地点の運動の向きは，その地点と回転軸の極を通る大円に直交する。したがって，トランスフォーム断層の位置と走向が複数箇所でわかれば，それぞれを通る大円の交点として回転軸の極の位置を推定することができる（右図）。

問 4．1 枚のプレート内では軸の周りの回転角速度は一定だが，各地点の移動の速さは，回転軸の両極に近いほど回転半径が小さいため遅く，逆にそこから角距離で 90° 離れた赤道に近いほど回転半径が大きいため速くなる。このため回転軸の異なる 2 枚のプレートが接する境界では，場所によ

って相対速度の大きさや向きが異なるという現象が生じる。ユーラシアプレートはほぼ不動，フィリピン海プレートは北西に向かって進んでいることがわかっている。フィリピン海プレートの 2 つの極のうち近い方が南海トラフの北東方向にあれば，プレート境界である南海トラフからの沈み込みの速さは北東側ほど遅くなる。

❖講　評

　例年通り大問 4 題の出題で，論述・計算・描図問題の構成もほぼ踏襲されているが，内容的には 2021 年度からやや難化したといえる。

　Ⅰ　大気の大循環と太陽放射，温帯低気圧に関する内容であった。問 2・問 3 とも設問内容がやや漠然としており，どの用語を用いてどこまで踏み込んで説明・描図するのか，悩んだ受験生も少なくなかったのではないだろうか。制限字数に収まるよう要点を取捨選択する能力が問われている。

　Ⅱ　2022 年度はケプラーの第三法則に特化した内容であった。対数関数の扱いに注意することと，グラフの上下関係と定数のもつ意味についての理解がポイントとなる。

　Ⅲ　顕生代の地史で，定番の内容である。ただし，制限字数は少ないので，問 3・問 4 とも，理由の説明に何が必要で何が不要かを見極めてから文章作成に取りかかりたい。

　Ⅳ　2022 年度はプレート境界に関する出題であった。問 3・問 4 のプレートの回転運動に関する論述は，教科書では詳細に扱われていないだけに，かなり難しく感じられたのではないか。

問題と解答

■前期日程

問題編

▶試験科目・配点

【総合選抜*】

選抜区分	教 科	科　　　　　目	配　点
理系Ⅰ	外国語	「コミュニケーション英語Ⅰ・Ⅱ・Ⅲ，英語表現Ⅰ・Ⅱ」，ドイツ語，フランス語，中国語から1科目選択	500 点
	数　学	数学Ⅰ・Ⅱ・Ⅲ・A・B	500 点
	理　科	「物理基礎・物理」必須。「化学基礎・化学」，「生物基礎・生物」，「地学基礎・地学」から1科目選択	500 点
理系Ⅱ	外国語	「コミュニケーション英語Ⅰ・Ⅱ・Ⅲ，英語表現Ⅰ・Ⅱ」，ドイツ語，フランス語，中国語から1科目選択	500 点
	数　学	数学Ⅰ・Ⅱ・Ⅲ・A・B	500 点
	理　科	「物理基礎・物理」，「化学基礎・化学」，「生物基礎・生物」，「地学基礎・地学」から2科目選択	500 点
理系Ⅲ	外国語	「コミュニケーション英語Ⅰ・Ⅱ・Ⅲ，英語表現Ⅰ・Ⅱ」，ドイツ語，フランス語，中国語から1科目選択	500 点
	数　学	数学Ⅰ・Ⅱ・Ⅲ・A・B	600 点
	理　科	「物理基礎・物理」，「化学基礎・化学」，「生物基礎・生物」，「地学基礎・地学」から2科目選択	400 点

問題編

【学類・専門学群選抜】

学群・学類		教　科	科　　　目		配　点
社会・国際	国際総合	外国語	「コミュニケーション英語Ⅰ・Ⅱ・Ⅲ，英語表現Ⅰ・Ⅱ」，ドイツ語，フランス語，中国語から1科目選択		400点
		地　歴	日本史B，世界史B，地理Bから1科目選択　　　　　〈省略〉	から1科目選択	400点
		数　学	数学Ⅰ・Ⅱ・A・B		
			数学Ⅰ・Ⅱ・Ⅲ・A・B		
人　間	教育、心理	外国語	「コミュニケーション英語Ⅰ・Ⅱ・Ⅲ，英語表現Ⅰ・Ⅱ」，ドイツ語，フランス語，中国語から1科目選択※心理学類は英語必須で，ドイツ語，フランス語，中国語は選択できない。		250点
		地歴・公民	日本史B，世界史B，地理B，倫理から1科目選択　　〈省略〉	から1科目選択	250点
		数　学	数学Ⅰ・Ⅱ・Ⅲ・A・B		
		理　科	「物理基礎・物理」，「化学基礎・化学」，「生物基礎・生物」，「地学基礎・地学」から1科目選択		
		国　語	現代文B・古典B　　　　　　　　　　〈省略〉		
	障害科	外国語	コミュニケーション英語Ⅰ・Ⅱ・Ⅲ，英語表現Ⅰ・Ⅱ		250点
		地歴・公民	日本史B，世界史B，地理B，倫理から1科目選択　　〈省略〉	から1科目選択	250点
		数　学	数学Ⅰ・Ⅱ・A・B		
			数学Ⅰ・Ⅱ・Ⅲ・A・B		
		理　科	「物理基礎・物理」，「化学基礎・化学」，「生物基礎・生物」，「地学基礎・地学」から1科目選択		
		国　語	現代文B・古典B　　　　　　　　　　〈省略〉		

生命環境	生物	外国語	コミュニケーション英語 I・II・III，英語表現 I・II	300 点
		数　学	数学 I・II・III・A・B	300 点
		理　科	「物理基礎・物理」，「化学基礎・化学」，「生物基礎・生物」，「地学基礎・地学」から 2 科目選択	300 点
	生物資源	外国語	コミュニケーション英語 I・II・III，英語表現 I・II	300 点
		数　学	数学 I・II・III・A・B	300 点
		選　択	地理 B，「物理基礎・物理」，「化学基礎・化学」，「生物基礎・生物」，「地学基礎・地学」から 2 科目選択	300 点
	地球	外国語	コミュニケーション英語 I・II・III，英語表現 I・II	300 点
		数　学	数学 I・II・III・A・B	400 点
		選　択	地理 B，「物理基礎・物理」，「化学基礎・化学」，「生物基礎・生物」，「地学基礎・地学」から 2 科目選択	400 点
理工	数、物理、工学システム	外国語	「コミュニケーション英語 I・II・III，英語表現 I・II」，ドイツ語，フランス語，中国語から 1 科目選択	500 点
		数　学	数学 I・II・III・A・B	500 点
		理　科	「物理基礎・物理」必須。「化学基礎・化学」，「生物基礎・生物」，「地学基礎・地学」から 1 科目選択	500 点
	化	外国語	「コミュニケーション英語 I・II・III，英語表現 I・II」，ドイツ語，フランス語，中国語から 1 科目選択	500 点
		数　学	数学 I・II・III・A・B	500 点
		理　科	「化学基礎・化学」必須。「物理基礎・物理」，「生物基礎・生物」，「地学基礎・地学」から 1 科目選択	500 点

理工	応用理工	外国語	「コミュニケーション英語Ⅰ・Ⅱ・Ⅲ，英語表現Ⅰ・Ⅱ」，ドイツ語，フランス語から1科目選択	500点
		数　学	数学Ⅰ・Ⅱ・Ⅲ・A・B	500点
		理　科	「物理基礎・物理」必須。「化学基礎・化学」，「生物基礎・生物」，「地学基礎・地学」から1科目選択	500点
	社会工	外国語	「コミュニケーション英語Ⅰ・Ⅱ・Ⅲ，英語表現Ⅰ・Ⅱ」，ドイツ語，フランス語から1科目選択	500点
		数　学	数学Ⅰ・Ⅱ・Ⅲ・A・B	500点
情報	情報科	外国語	「コミュニケーション英語Ⅰ・Ⅱ・Ⅲ，英語表現Ⅰ・Ⅱ」，ドイツ語，フランス語，中国語から1科目選択	400点
		数　学	数学Ⅰ・Ⅱ・Ⅲ・A・B	700点
		理　科	「物理基礎・物理」，「化学基礎・化学」，「生物基礎・生物」，「地学基礎・地学」から2科目選択	500点
	情報メディア創成	外国語	「コミュニケーション英語Ⅰ・Ⅱ・Ⅲ，英語表現Ⅰ・Ⅱ」，ドイツ語，フランス語，中国語から1科目選択	400点
		数　学	数学Ⅰ・Ⅱ・Ⅲ・A・B	400点
医	医	外国語	コミュニケーション英語Ⅰ・Ⅱ・Ⅲ，英語表現Ⅰ・Ⅱ	300点
		数　学	数学Ⅰ・Ⅱ・Ⅲ・A・B	300点
		理　科	「物理基礎・物理」，「化学基礎・化学」，「生物基礎・生物」から2科目選択	300点
		適性試験	適性試験(1)：筆記試験により，適応力や学習意欲，人間性等を評価する　　　　　　　　　〈省略〉	300点
			適性試験(2)：個別面接により，医学を志向する動機，修学の継続力，適性，感性，社会的適応力等総合的な人間性について評価する	200点

医	看護	外国語	「コミュニケーション英語Ⅰ・Ⅱ・Ⅲ，英語表現Ⅰ・Ⅱ」，ドイツ語，フランス語から 1 科目選択	300 点
		理　科	「物理基礎・物理」，「化学基礎・化学」，「生物基礎・生物」から 1 科目選択	から 1 科目選択	200 点
		国　語	現代文 B　　　　　　　　　　　〈省略〉		
		個別面接	看護学を志向する動機，適性，感性，社会的適応力等について総合的に判断する	300 点
	医療科	外国語	コミュニケーション英語Ⅰ・Ⅱ・Ⅲ，英語表現Ⅰ・Ⅱ	200 点
		数　学	数学Ⅰ・Ⅱ・Ⅲ・A・B	200 点
		理　科	「物理基礎・物理」，「化学基礎・化学」，「生物基礎・生物」から 2 科目選択	200 点
		個別面接	医療を志向する動機，適性，感性，社会的適応力等について総合的に判断する	200 点

▶選抜方式

• 「総合選抜」「学類・専門学群選抜」の 2 つの選抜方式により実施する。「総合選抜」と「学類・専門学群選抜」は併願できない。総合選抜の 4 区分から一つ，もしくは学類・専門学群選抜の 21 学類・2 専門学群から一つの募集区分に出願することができる。

* 『総合選抜』の仕組み

①受験者は「文系」「理系Ⅰ」「理系Ⅱ」「理系Ⅲ」のいずれかの選抜区分を選択して受験する。

②1 年次では総合学域群に所属し，専門分野の異なる複数の科目を履修し，自分の学びたい専門分野を探す。

③2 年次以降に所属する学類・専門学群は，志望に基づき 1 年次の成績や適性等によって決まる。その際，志望する学類・専門学群の指定する科目を履修していることが条件となる。なお，特定の選抜区分（文系・理系Ⅰ・理系Ⅱ・理系Ⅲ）で入学した学生を優先して受け入れる学類もある。

④いずれの選抜区分で入学しても，体育専門学群を除く全ての学類・専門学群に進める。ただし，それぞれの学類・専門学群には定員がある。

▶備　考

- 学類・専門学群選抜の選択科目のうち，国際総合学類の地歴，教育・心理学類および障害科学類の地歴・公民と国語，看護学類の国語は『筑波大学（文系—前期日程)』に掲載。

- ドイツ語，フランス語，中国語は省略。

- 数学Bは「数列，ベクトル」を出題範囲とする。

- 情報（知識情報・図書館）学群では，前期日程（学類・専門学群選抜）を実施していない。

英語

（120 分）

I　次の英文を読んで，下の問いに答えなさい。

（星印（＊）のついた語には本文の後に注があります。）

Ageism is a hidden bias in our society. The proverb 'old is gold' does not apply to the older population in our society. Jokes are made at the expense of the older population, showing them variously as bad-tempered or lovable. Older people are teased about their cognitive abilities, ignored and not taken seriously, and there is a greater assumption that they have physical and mental impairments. Anti-wrinkle creams and treatments crowd the shelves. In a 2004 report by Age Concern in the UK, one in three people surveyed thought older people are 'incompetent and incapable'. Explicit discrimination and bias are illegal and also increasingly frowned upon. Yet implicit biases against age persist.

Age-related stereotypes are unlike the ones shaped by gender or race. They are unique in the way that even the ones belonging to the in-group hold the same negative stereotypes. When over the course of the first 50-odd years of our lives we see and internalise the negative stereotypes associated with ageing, the implicit bias is so strong that we do not have the opportunity to develop a mechanism that would allow us to create strong in-group bonds. We are often complicit＊ in our own marginalisation too as we grow older through the implicit bias we ourselves carry against old age. This leads to an implicit out-group favouritism, where the old are seen to associate strongly with the younger group. When someone says 'you are only as old as you feel' or uses the phrase 'young at heart' or claims that they 'don't feel old' they are displaying some of the implicit biases and fears associated with ageing. Ageing is a highly salient and negative implicit bias, and most of the associations with ageing are those associated with anxiety and fear of 'losing our marbles*' and then inevitable death. Unlike other stereotypes, there is no benefit in associating with our in-group. Instead, it is the out-group that affords the benefit of health and long life.

While negative, age-related implicit biases are shaped by subliminal priming*, through seeing images of older people portrayed in a negative light, the effect can also be temporarily reversed by showing positive visual stimuli, such as images of positive role models. But since this is a unique kind of bias, where out-group favouritism is significant as opposed to the usual in-group attachment and affiliations, it is important to <u>address</u> the implicit biases and (4) negative stereotypes that older people have of themselves and the stereotypes that make some individuals try to thwart* the ageing process with cosmetic procedures and interventions. Stanford University sociologist Doug McAdam calls it 'cognitive liberation', where people have to collectively (and individually) recognise and define their situation as unjust and one that can be changed by collective action.

Virtual embodiment — an illusion created in immersive virtual reality where a virtual body is seen as our own — has been used in a novel exploratory environment to address bias against old people. In <u>this particular experiment</u>, 30 (5) young men were recruited at the University of Barcelona to see if having an older virtual body (in this case, that of Albert Einstein) can change people's perception of older people. While also enhancing the cognitive abilities of the participants, the embodiment of an older body altered their view of age and led to a reduction of implicit bias against the elderly. The participants did not have to imagine being old; they inhabited the body of an older person and experienced it directly. Since the transformed self is now similar to the out-group ((ア) people in this case), the negative value associated with the out-group is disrupted and therefore out-group prejudice is (イ). By remodelling the perceptions of self, the associated physiological characteristics could be transformed too. In this particular case, though, it is not clear whether this change in implicit bias was because of an association with a famous person (Einstein) or truly because of the virtual illusion of transformed self. There have been other experiments with white people given black virtual bodies that have shown a reduction in their implicit bias against black people lasting at least a week. Literally 'stepping into someone else's shoes' can give us an important perspective on their experiences, and so minimise the biases that we carry.

Ashton Applewhite, author of *This Chair Rocks: A Manifesto Against Ageism*, says the words and language we use around ageing and with reference to old people matter because 'if we diminish our regard for the senior members of our society verbally, we are likely to do the same when it comes to the way we frame
(6)
policy — removing their dignity and sense of agency in generalisations that assume vulnerability and dependence instead of resilience and independence.' Ashton questions the binary young/old view of the world, and words such as 'the elderly' that suggest a homogenous group. If we view age as a spectrum, then
(7)
we minimise the effects of overgeneralisation.

出典：Pragya Agarwal (2020) *Sway: Unravelling Unconscious Bias*, pp. 315–326, Bloomsbury Sigma, London より抜粋，一部改変

(注)   complicit   共謀して

       marbles   知力，正気

       subliminal priming   閾下プライミング。先に与えられた刺激によって，
                  後の刺激の処理の仕方に無意識のうちに影響が出る現象

       thwart   阻止する

(注意)解答する際，句読点は 1 マスに 1 文字記入すること。

1. 下線部(1)の at the expense of の代わりにここで使える表現として最も適切なものを次の中から 1 つ選び，記号で答えなさい。

 (A)   mentally damaging

 (B)   spending money on

 (C)   with the loss of

 (D)   without respect for

2. 下線部(2)について，They が指す内容を明らかにし，それがどのような点で
   unique なのか，50 字以内の日本語で説明しなさい。

3. 下線部(3) out-group favouritism とはどのようなことか，文脈に即して 25 字以
   内の日本語で説明しなさい。

4. 下線部(4)の address の代わりとして最も適切なものを次の中から 1 つ選び，記
   号で答えなさい。
   (A) confront　　　　　　　　　　(B) defend
   (C) make a speech about　　　　　(D) send a letter about

5. 下線部(5) this particular experiment の目的を 40 字以内の日本語で具体的に説
   明しなさい。

6. 空所（ ア ）（ イ ）に入れる語の組み合わせとして最も適切なものを次の中
   から 1 つ選び，記号で答えなさい。
   (A) (ア) older　　　　 (イ) increased
   (B) (ア) older　　　　 (イ) reduced
   (C) (ア) younger　　　 (イ) increased
   (D) (ア) younger　　　 (イ) reduced

7. 下線部(6) do the same の内容を具体的に 20 字以内の日本語で説明しなさい。

8. 下線部(7)の we view age as a spectrum とはどのようなことか，40 字以内の日
   本語で説明しなさい。

Ⅱ　次の英文を読んで，下の問いに答えなさい。

　　（星印（＊）のついた語には本文の後に注があります。）

　　When Margaret Morris goes to the grocery store, people ask if she's throwing a party.
(1)
Her cart is filled with French fries, cheesecakes, meat pies and other tasty treats. "I snoop around looking for specials," she says. "I spend a lot of money on food." Morris is a *neuroscientist* — someone who studies the brain. She works at the University of New South Wales in Sydney, Australia. And yes, she is throwing a party. But her guests aren't people. This fast-food feast is destined for her lab rats. After a few weeks of all the junk food they can eat, Morris and her colleagues run the rats through a series of tasks, testing the limits of their learning and memory.

　　Morris studies what's called the *gut-brain axis*. It refers to the ongoing
(2)
conversation taking place between the brain and gut. Because of this chatter, our innards*— and the microbes* living in them — can affect how we think and behave. Our brain, in turn, can talk back to our stomach and intestines* and their bacterial inhabitants. By studying how residents of our gut influence our brain, Morris and other scientists seek to find out just how much *you are what you eat*. Their results may one day enable us to change our feelings and behaviors — all with the right mix of foods and microbes.

　　It's no surprise that our brain sends signals to our gut to control digestion and other tasks. The brain sends its orders via the vagus nerve*. This long structure wanders from the very base of the brain down to the gut. Along the way, it touches many other organs. The brain makes hormones — chemical signals that it drips into the bloodstream. These, too, flow to the gut. Both the
(3)
vagus nerve and hormones can signal hunger and fullness. They can control, too, how quickly food moves through us.

　　But the gut doesn't just listen. It also talks back. Microbes inside our stomach and intestines help break down food. Those microbes create waste products that can themselves serve as chemical messengers. These waste molecules can trigger a cascade* of signals throughout the rest of the body.

Some microbial cross-talk prompts stomach-lining cells to send chemical text-messages to the immune system. This can protect us from infection. Some microbes shoot molecular signals back up the vagus nerve. Others pump messages — hormones — into the bloodstream, from which they'll travel to the brain. Those hormones can affect everything from memory skills to mood.

The brain and gut send constant cascades of notes back and forth, more than any social media. According to Mark Lyte, a microbial endocrinologist* at Iowa State University in Ames, <u>that peaceful communication</u> serves a critical (4) purpose. "You have trillions of bugs in your gut and you rely on them for a lot of your nutrients. But they rely on you to sustain themselves," he says. "They need to communicate with you. And you need to communicate with <u>them</u>." Exactly (5) what the messages say depends on who's sending <u>them</u>. A gut filled with fruits (6) and vegetables will house a different set of microbes than one used to a diet of chips, soda and other junk foods. And the messages sent by those different sets of gut microbes may affect our brains differently.

This is where Morris' rat parties come in. After two weeks on a junk-food diet full of cakes and fries, her lab rats take a memory test. Each rat investigates a space filled with objects. Then, after the rat leaves, Morris and her colleagues move some of the objects around. The next day, they put the rat back into the space. If it notices a change in the furnishings, it will spend more time sniffing around the objects that had moved. Tests like this one rely on an area of the brain called the *hippocampus** (there are two in each brain). These regions are very important for learning and memory. But after a few weeks of downing junk food, <u>a rat's hippocampi no longer work so well</u>. The rats don't (7) seem to recognize which objects have been moved, unlike those that ate healthy foods. Could this be because of their gut bugs? Rats that dine on fast food have a less diverse group of microbes in their guts, Morris and her group find. But their gut diversity returned when the scientists gave the junk-food-eating animals a high dose of a *probiotic* — a mix of (　ア　) gut bacteria. Their memory also improved. Morris and her colleagues published their findings in the March 2017 *Molecular Psychiatry.*

出典：Bethany Brookshire （2018） "Belly Bacteria Can Shape Mood and Behavior."

https://www.sciencenewsforstudents.org/article/belly-bacteria-can-shape-mood-and-behavior より抜粋，一部改変

(注)　innards　内臓

　　　microbe　微生物，病原菌

　　　intestine　腸

　　　vagus nerve　迷走神経

　　　cascade　滝，滝状のもの

　　　endocrinologist　内分泌学者

　　　hippocampus　海馬，複数形は hippocampi

(注意)　解答する際，句読点は 1 マスに 1 文字記入すること。

1.　下線部(1)の中の party の目的は何か，本文に即して 40 字以内の日本語で説明しなさい。

2.　下線部(2)の *gut-brain axis* と同じ意味を表す表現を次の中から 1 つ選び，記号で答えなさい。

(A)　gut-brain expectation　　　　(B)　gut-brain interaction

(C)　gut-brain separation　　　　(D)　gut-brain unification

3.　下線部(3)の Both the vagus nerve and hormones の役割について，本文に即して 35 字以内の日本語で説明しなさい。

4.　下線部(4)の that peaceful communication が指す内容を，本文に即して 30 字以内の日本語で説明しなさい。

5.　下線部(5)と(6)の them はそれぞれ何を指しているか，本文中からそれぞれ 1 語を抜き出して書きなさい。

6. 下線部(7)のようになるのはなぜか，本文に即して 40 字以内の日本語で説明しなさい。

7. 空所（　ア　）に入る最も適切な語を次の中から選び，記号で答えなさい。

(A) beneficial　　　(B) harmful　　　(C) influential　　　(D) neutral

Ⅲ　次の[A]，[B]に答えなさい。

[A]　下の英文の文脈に適合するように，(1)から(3)の（　　　　）内の語または句を並べ替えるとき，それぞれ 3 番目と 5 番目にくるものを選び，記号で答えなさい。

　　　Bushidō, or the "way of the warrior," is often considered a foundation stone of Japanese culture, both by Japanese people and by outside observers of the country.　It is difficult to say exactly when *bushidō* developed. Certainly, many of the basic ideas of *bushidō* — loyalty to one's family and one's lord, personal honor, bravery and skill in battle, and courage in the face of death —(1)(① important　② for　③ likely been　④ to　⑤ have ⑥ samurai) centuries.　Amusingly, scholars of ancient and medieval Japan often call *bushidō* a modern invention from the Meiji and Shōwa eras. Meanwhile, (2) (① study　② readers　③ who　④ Meiji and Shōwa Japan ⑤ scholars　⑥ direct) to study ancient and medieval history to learn more about the origins of *bushidō*.　Both positions are correct, in a way.　The word "*bushidō*" (3) (① did　② until　③ appear　④ not　⑤ the Meiji Restoration ⑥ after), but many of the concepts included in *bushidō* were present in Tokugawa society.

　　出典：Kallie Szczepanski (April 2, 2018) "The Role of Bushido in Modern Japan," *ThoughtCo* より抜粋，一部改変

　　　（https://www.thoughtco.com/role-of-bushido-in-modern-japan-

195569)

(1)　3 番目＿＿＿＿　　　5 番目＿＿＿＿

(2)　3 番目＿＿＿＿　　　5 番目＿＿＿＿

(3)　3 番目＿＿＿＿　　　5 番目＿＿＿＿

［B］　次の英文を読んで，その内容に関連づけながら，環境への取り組みに対する
　　　あなたの考えを 100 語程度の英語で述べなさい。ただし，句読点は語数に含め
　　　ません。

　　　In July 2020, Japan started to require convenience stores, supermarkets, drugstores and other retail outlets to charge for plastic shopping bags. The initiative is aimed at encouraging shoppers to bring their own bags and comes as Japan falls behind other countries in reducing the use of plastics. China, Britain, France and South Korea are among countries which have started charging for plastic shopping bags. Some foreign countries have also expanded the scope of plastic regulations beyond shopping bags to plates and straws. Some experts say that Japan should also start debating the reduction and reuse of other disposable plastic products, such as bento lunch boxes, straws, bottles and food packages. Over 8 million tons of plastic waste is estimated to flow into the oceans every year. Japan was responsible for the largest amount per person after the United States, according to data from the United Nations.

　　出典：Kyodo News (July 1, 2020) "Mandatory charging for plastic shopping bags starts in Japan," *Kyodo News* より抜粋，一部改変 (https://english.kyodonews.net/news/2020/07/41 acd 34 e 2118- mandatory-charging-for-plastic-shopping-bags-starts-in-japan.html)

地理

（2 科目　120 分）

次の設問Ⅰ～Ⅲについて，それぞれ 300 字以内で解答せよ。

Ⅰ　図 1 は，スイスで発行されている 2 万 5 千分の 1 地形図「St. Moritz」および「Piz Bernina」（いずれも 2009 年修正）の一部（原寸，一部改変）である。ただし原図は多色刷りである。5 か所の地名にはカタカナで読み方を示し，括弧内にアルファベットの略称を付けた。この地域の地形と土地利用の関係について，スイスの山岳地帯の気候も踏まえて説明せよ。地名はアルファベット 3 文字の略称を用いて記述してよい。

　　なお，図中の格子線は 1 つの枠が 1 km 四方であり，縦線が経線（上が真北），横線が緯線にそれぞれ平行である。等高線は 20 m おきに引かれている。アルファベットは地名を，4 桁の数値は標高（m）を表す。地形図の表記法のうち，日本の地形図と大きく異なるものは図中に凡例を示した。背景を塗りつぶす色や点の記号がないところは草地である。道路や建物については，日本の地形図の記号から類推せよ。

Ⅱ　表 1 は，大気と陸地および海洋の間の炭素移動量*をまとめたものである。20 世紀以降の地球温暖化の原因として人間社会における化石燃料の使用が特に問題視されているが，人間社会から大気への炭素移動量は他と比較して必ずしも大きくない。それにもかかわらず，化石燃料の使用が問題とされる理由を，下記の 4 つの語句をすべて用いて説明せよ。なお，語句の順序は問わない。用いた語句には下線を付せ。

　　*この問題では二酸化炭素の吸収量または放出量に比例するとみなしてよい。

光合成　　植物プランクトン　　二酸化炭素濃度　　微生物

Ⅲ インドにおける農業の発展要因について述べよ。また，関連して起きている諸問題を複数挙げて説明せよ。以下の 4 つの語句をすべて用いよ。語句の順序は問わない。用いた語句には下線を付せ。

格差 環境 持続可能 生活様式

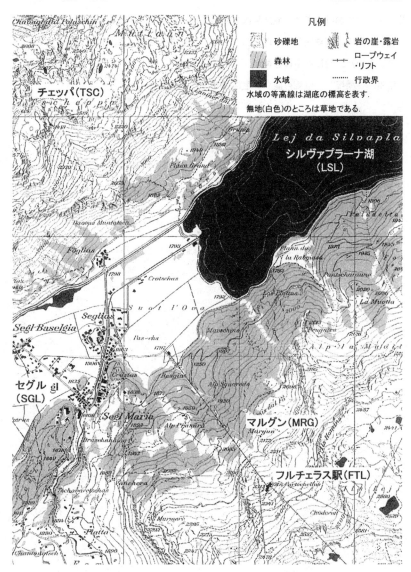

2 万 5 千分 1 スイス地形図「St. Moritz」および「Piz Bernina」をもとに一部改変。

図 1

編集部注：編集の都合上，70％に縮小

表1

二酸化炭素の移動	炭素移動量 （ギガ t/年）
陸上植物**→大気	60
土壌→大気	60
海洋→大気	90
人間社会→大気	9
大気→陸上植物**	123
陸上植物**→土壌	63
大気→海洋	92
海洋→海底	2

**湖沼・湿地などの植物を含む。

（NASA による）

数学

（120 分）

(注)　学類・専門学群選抜のうち，社会・国際（国際総合）および人間（障害
科）学群の「数学 I・II・A・B」選択者は〔1〕〜〔3〕から 2 題を選択
し解答すること。

　　　その他は〔1〕〜〔3〕から 2 題を選択，〔4〕〜〔6〕から 2 題を選
択，計 4 題を解答すること。

〔1〕　xy 平面において 2 つの円

$$C_1 : x^2 - 2x + y^2 + 4y - 11 = 0,$$
$$C_2 : x^2 - 8x + y^2 - 4y + k = 0$$

が外接するとし，その接点を P とする。以下の問いに答えよ。

(1)　k の値を求めよ。

(2)　P の座標を求めよ。

(3)　円 C_1 と円 C_2 の共通接線のうち点 P を通らないものは 2 本ある。これら
2 直線の交点 Q の座標を求めよ。

〔2〕　$t = \sin\theta + \cos\theta$ とし，θ は $-\dfrac{\pi}{2} < \theta < \dfrac{\pi}{2}$ の範囲を動くものとする。

(1)　t のとりうる値の範囲を求めよ。

(2)　$\sin^3\theta + \cos^3\theta$ と $\cos 4\theta$ を，それぞれ t を用いて表せ。

(3)　$\sin^3\theta + \cos^3\theta = \cos 4\theta$ であるとき，t の値をすべて求めよ。

〔3〕　O を原点とする座標空間において，3 点 A$(-2, 0, 0)$，B$(0, 1, 0)$，C$(0, 0, 1)$ を通る平面を α とする。2 点 P$(0, 5, 5)$，Q$(1, 1, 1)$ をとる。点 P を通り $\overrightarrow{OQ}$ に平行な直線を ℓ とする。直線 ℓ 上の点 R から平面 α に下ろした垂線と α の交点を S とする。$\overrightarrow{OR} = \overrightarrow{OP} + k\overrightarrow{OQ}$（ただし k は実数）とおくとき，以下の問いに答えよ。

(1)　k を用いて，$\overrightarrow{AS}$ を成分で表せ。

(2)　点 S が △ABC の内部または周にあるような k の値の範囲を求めよ。

〔**4**〕　p, q を定数とし，$0 < p < 1$ とする。

$$曲線 C_1 : y = px^{\frac{1}{p}} \ (x > 0) \ と,$$

$$曲線 C_2 : y = \log x + q \ (x > 0)$$

が，ある 1 点 (a, b) において同じ直線に接するとする。曲線 C_1，直線 $x = a$，直線 $x = e^{-q}$ および x 軸で囲まれた図形の面積を S_1 とする。また，曲線 C_2，直線 $x = a$ および x 軸で囲まれた図形の面積を S_2 とする。

(1)　q を p を用いて表せ。

(2)　S_1，S_2 を p を用いて表せ。

(3)　$\dfrac{S_2}{S_1} \geqq \dfrac{3}{4}$ であることを示せ。ただし，$2.5 < e < 3$ を用いてよい。

〔**5**〕　O を原点とする xy 平面において，点 A$(-1, 0)$ と点 B$(2, 0)$ をとる。円 $x^2 + y^2 = 1$ の，$x \geqq 0$ かつ $y \geqq 0$ を満たす部分を C とし，また点 B を通り y 軸に平行な直線を ℓ とする。2 以上の整数 n に対し，曲線 C 上に点 P，Q を

$$\angle \mathrm{POB} = \frac{\pi}{n}, \quad \angle \mathrm{QOB} = \frac{\pi}{2n}$$

を満たすようにとる。直線 AP と直線 ℓ の交点を V とし，直線 AQ と直線 ℓ の交点を W とする。線分 AP，線分 AQ および曲線 C で囲まれた図形の面積を $S(n)$ とする。また線分 PV，線分 QW，曲線 C および線分 VW で囲まれた図形の面積を $T(n)$ とする。

(1)　$\displaystyle \lim_{n \to \infty} n \{ S(n) + T(n) \}$ を求めよ。

(2)　$\displaystyle \lim_{n \to \infty} \frac{T(n)}{S(n)}$ を求めよ。

〔**6**〕 i は虚数単位とする。複素数平面において，複素数 z の表す点 P を P(z) また は点 z と書く。$\omega = -\dfrac{1}{2} + \dfrac{\sqrt{3}}{2}i$ とおき，3 点 A(1)，B(ω)，C(ω^2) を頂点 とする △ABC を考える。

(1) △ABC は正三角形であることを示せ。

(2) 点 z が辺 AC 上を動くとき，点 $-z$ が描く図形を複素数平面上に図示せよ。

(3) 点 z が辺 AB 上を動くとき，点 z^2 が描く図形を E_1 とする。また，点 z が 辺 AC 上を動くとき，点 z^2 が描く図形を E_2 とする。E_1 と E_2 の共有点をすべ て求めよ。

物理

（1 科目 60 分　2 科目 120 分）

I　図のように，直角二等辺三角形 ABC を断面にもつ台が水平な床に固定されている。線分 AB の中点を原点 O，水平方向を x 軸とし右向きを正，鉛直方向を y 軸とし上向きを正とする。点 A，B，C，O は $x-y$ 平面内にあり，点 A の床からの高さを h とする。

　大きさの無視できる質量 m の小球が，図のように速度 $\vec{v_0}$ で原点 O において斜面に衝突した場合の小球の運動を考える。$\vec{v_0}$ の x 成分を v_0，y 成分を 0 とし，小球は $x-y$ 平面内を運動する。斜面は滑らかであり，小球と斜面の間の反発係数を e とする。重力加速度の大きさを g とし，空気抵抗は無視できるとして以下の問いに答えよ。解答は全て解答用紙の所定の欄に記入し，考え方や計算の要点も記入せよ。

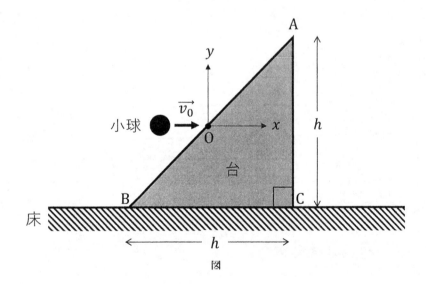

図

問 1 反発係数 e が 0 および 1 の場合の，衝突直後の小球の速度の向きを太矢印で示した図として正しいものを以下の(ア)〜(カ)からそれぞれ一つ選べ。

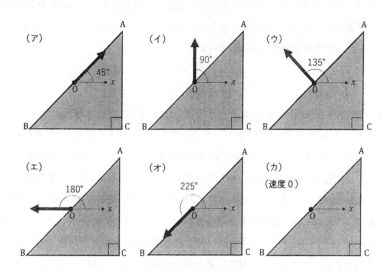

次に，$0 < e < 1$ の場合を考える。この場合，小球は斜面と衝突後に跳ね返り，その後，斜面もしくは床に到達した。以下では，衝突の瞬間から，小球が斜面もしくは床に到達するまでの運動を考える。

問 2 衝突前の速度 $\vec{v_0}$ を斜面に平行な成分 $\vec{v_\parallel}$ と斜面に垂直な成分 $\vec{v_\perp}$ に分解して $\vec{v_0} = \vec{v_\parallel} + \vec{v_\perp}$ とするとき，$\vec{v_\parallel}$ と $\vec{v_\perp}$ の x 成分と y 成分を m, h, e, g, v_0 の中から必要なものを用いてそれぞれ表せ。

問 3 斜面と衝突直後の小球の速度を $\vec{v'}$ とする。$\vec{v'}$ の x 成分と y 成分を m, h, e, g, v_0 の中から必要なものを用いてそれぞれ表せ。

問 4 衝突の時刻を $t = 0$ として，時刻 t における小球の x 座標と y 座標を m, h, e, g, v_0, t の中から必要なものを用いてそれぞれ表せ。

問 5 衝突後の小球の運動の軌跡を，定数 a と b を用いて $y = ax + bx^2$ の形で表

す。a と b を m, h, e, g, v_0 の中から必要なものを用いてそれぞれ表せ。

問 6　衝突後の小球が斜面と接触することなく点 A を越えて，台の右側の床に到
　　　達するためには，v_0 はある速さ V より大きくなければならない。V を m, h,
　　　e, g の中から必要なものを用いて表せ。

Ⅱ　真空中に，一辺 L〔m〕の正方形のうすい金属板 2 枚が L より十分小さい間隔
　　d〔m〕で並んだ平行板コンデンサーが置かれている。図 1 に示すように座標軸 x,
　　y, z をとり，原点を O とする。金属板は z 軸に垂直で，その中心は z 軸上にあ
　　る。金属板の各辺は，x 軸，y 軸に平行である。下側の金属板は $z = 0$ の位置にあ
　　り，接地されている。図 1 のように，コンデンサーに電圧 V_0〔V〕の直流電源を接
　　続し，スイッチ S を閉じて十分時間をおいた後にスイッチ S を開いた。真空の誘
　　電率は ε_0〔F/m〕とする。以下の問いでは金属板の周辺部の影響は常に無視できる
　　ものとする。解答はすべて解答用紙の所定の欄に記入し，問 2 のオ，カ，問 3 の
　　キ，クについては考え方の要点も記入すること。

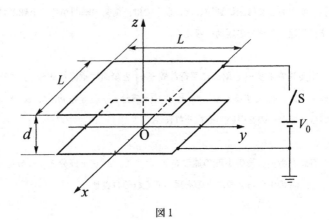

図 1

問 1　以下の文章中の　　　　　　を L, d, V_0, ε_0 の中から必要なものを用いて式
　　　で埋めよ。
　　　　このコンデンサーの電気容量は　ア　〔F〕である。上側の金属板に

　　蓄えられた電気量は　イ　〔C〕であり，金属板間の電場の強さは
　　　ウ　〔V/m〕である。また，コンデンサーに蓄えられた静電エネルギー
　　は　エ　〔J〕である。

問2　次に，図2に示すように，スイッチSは開いたまま，平行板コンデンサー
　　の極板間に，誘電体(比誘電率 ε_r，ただし $\varepsilon_r > 1$)もしくは導体を，金属板と
　　平行に挿入した。誘電体もしくは導体は，厚さが $d/2$〔m〕の直方体であり，そ
　　の上面および下面は一辺が L〔m〕の正方形である。下面の各辺は x 軸，y 軸に
　　平行であり，その中心は $x = 0$，$y = 0$，$z = d/4$〔m〕に位置する。このときの
　　コンデンサーの金属板間の電位および電場に関し，以下の問いに答えよ。

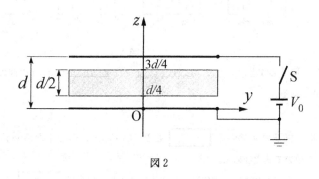

図2

(a)　誘電体を挿入した場合と導体を挿入した場合のそれぞれについて，金属板
　　間における電位もしくは電場の強さと，z 座標との関係を表すグラフの概形
　　としてふさわしいものを図3の①〜⑫の中からそれぞれ選び，解答用紙の表
　　にその番号を書け。ただし，図3の縦軸は電位もしくは電場の強さを表し，
　　縦軸の下端は0である。電場は上側の金属板から下側の金属板への向き
　　(z 軸の負の方向)を正とする。

〔解答欄〕

	電位	電場
誘電体		
導体		

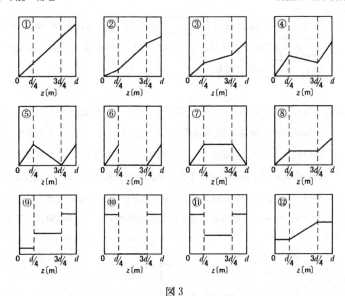

図3

（補足） 図3の⑥と⑩のグラフにおいて，z〔m〕が$d/4$から$3d/4$の間の縦軸の値
は0である。

(b) 以下の文章中の □ をL, d, V_0, ε_0, ε_rの中から必要なものを
用いて式で埋めよ。

　　上側の金属板の電位は，誘電体を挿入した場合は オ 〔V〕，導体を
挿入した場合は カ 〔V〕となる。

問 3　問2の誘電体を入れた状態から，スイッチSを閉じ，誘電体の位置をy軸の
負の向きに$L/2$〔m〕動かし，十分な時間をおいた。（図4）

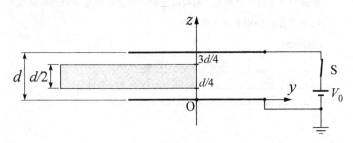

図4

以下の文章中の　□□□□　を *L*, *d*, V_0, ε_0, ε_r の中から必要なものを用いて式で埋めよ。ただし，極板間の電場は，つねに *z* 軸に平行とみなせるものとする。

このコンデンサーの電気容量は　キ　〔F〕であり，コンデンサーに蓄えられた静電エネルギーは　ク　〔J〕である。

Ⅲ　図1に示されるような，底面の面積が *S*〔m²〕で底面からの長さが *L*〔m〕のシリンダーと，質量が *M*〔kg〕で厚みの無視できる滑らかに動くピストンからなる装置を考える。シリンダーとピストンを通しての熱の出入りはないものとする。この装置の中に物質量が 1 mol の単原子理想気体 A を封入した。装置内部にはヒーターがついており，気体 A の温度を調節することができる。装置は大気中に設置されるものとし，大気圧を P_0〔Pa〕，重力加速度の大きさを *g*〔m/s²〕，気体定数を *R*〔J/(mol·K)〕とする。気体に働く重力とヒーターの体積は無視できるものとする。以下の問いに答えよ。解答はすべて解答用紙の所定の欄に記入せよ。また，問3については考え方や計算の要点も記入せよ。

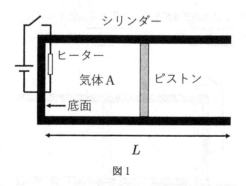

図1

問1　以下の文中の　ア　と　イ　に当てはまる数値を答えよ。

図2に示されるように，装置を水平な面の上に置き，ピストンをシリンダーに固定した場合を考える。気体 A の温度は最初 T_0〔K〕であった。温度が $2T_0$〔K〕になるまで気体 A をゆっくりと加熱すると，加熱後の気体 A の圧力

は，加熱前の　ア　倍になっている。また，この加熱の前後での気体A
の内部エネルギーの変化量は，　イ　× RT_0〔J〕で与えられる。

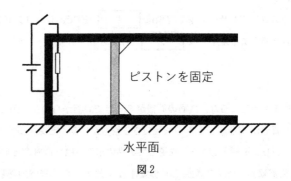

図2

問2　以下の文中の　ウ　と　エ　に当てはまる量を答えよ。解答には
S, L, M, P_0, g, Rおよび以下の文中で導入されるℓのうち必要なものを用
いること。

　装置を水平な面の上に置き，ピストンを固定しない場合を考える。気体A
をゆっくりと加熱し，図3に示すように，ピストンとシリンダー底面の距離が
ℓ〔m〕になったとき加熱をやめた。このとき，気体Aの圧力Pと温度Tはそれ
ぞれ，$P =$　ウ　〔Pa〕，$T =$　エ　〔K〕である。

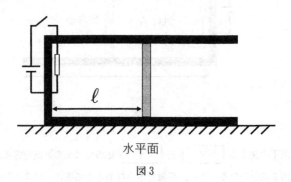

図3

問3　以下の文中の　オ　～　コ　に当てはまる量を答えよ。解答には
S, L, M, P_0, g, Rと，問2の文中で導入されたℓおよび以下の文中で導入

される θ のうち必要なものを用いること。

　図4のように，水平面からの角度が θ となるように傾斜をつけて装置を設置した場合を考える。ピストンは固定されておらず，シリンダーの底面と垂直な方向に滑らかに動くものとする。ヒーターを用いて気体Aの温度を問2における温度 T に保ったとき，図4に示すように，ピストンはシリンダーの底面から ℓ' 〔m〕の位置にあったとする。この場合の気体Aの圧力は　オ　〔Pa〕である。また，$\ell' =$　カ　〔m〕である。その後ヒーターで気体Aを加熱し，温度を T からゆっくりと上げていくと，ある温度 T' でピストンがシリンダー外部に出た。このとき $T' =$　キ　〔K〕である。温度が T から T' まで変化するこの過程において，ヒーターから発生した熱量 Q，気体Aがした仕事 W，気体Aの内部エネルギーの変化量 ΔU はそれぞれ $Q =$　ク　〔J〕，$W =$　ケ　〔J〕，$\Delta U =$　コ　〔J〕である。

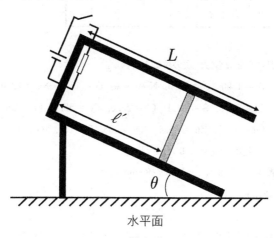

水平面

図4

化学

(1 科目 60 分　2 科目 120 分)

問題Ⅰ～Ⅲについて解答せよ。字数を指定している設問の解答では，数字，アルファベット，句読点，括弧，記号も，すべて 1 字として，下に示す例にならって記入せよ。

[	C	o	(	C	2	O	4	)	3	]	3	–	は	,
コ	バ	ル	ト	(	I	I	I	)	イ	オ	ン	の	錯	イ
オ	ン	で	あ	る	。									

なお，計算に必要ならば，次の数値を用いよ。

原子量：H = 1.00, C = 12.0, N = 14.0, O = 16.0, Na = 23.0,
　　　　Al = 27.0, S = 32.1, Cl = 35.5, Cr = 52.0, Fe = 55.8,
　　　　Cu = 63.5, Zn = 65.4, Ag = 108, I = 127, Ba = 137

アボガドロ定数：$N_A = 6.0 \times 10^{23}$/mol

気体定数：$R = 8.3 \times 10^3$ Pa・L/(K・mol)

0 ℃ = 273 K

有機化合物の構造式は，下に示す例にならって記せ。なお，構造式の記入に際し，不斉炭素原子の存在により生じる異性体は区別しないものとする。

破線は，水素結合を表す。

Ⅰ 以下の文章を読んで，次の問1～問4に答えよ。

　ブレンステッド・ローリーの酸・塩基の定義に基づき，H^+ を放出する物質は
ブレンステッド酸，H^+ を受容する物質はブレンステッド塩基と呼ばれる。
ブレンステッド酸・塩基は，中和滴定に用いられる。
<u>(a)</u>
　1価の弱酸 HA は，水溶液中で以下のように電離する。

$$HA \rightleftarrows H^+ + A^- \qquad (1)$$

　この電離平衡の平衡定数を K とすると，
(b)

$$K = \frac{[H^+][A^-]}{[HA]} \qquad (2)$$

となる。ここで，$[H^+]$，$[A^-]$，$[HA]$ は，それぞれの成分のモル濃度〔mol/L〕を
表す。

　一方，G. N. ルイス（アメリカ，1875～1946）は，<u>非共有電子対を受け取る物質</u>
(c)
<u>(式(3)中の X）を酸（ルイス酸），非共有電子対を与える物質（式(3)中の :Y）を塩基
（ルイス塩基)</u>と定義した。

$$X + :Y \longrightarrow X:Y \qquad (3)$$

　ブレンステッド塩基は，H^+ を受容する際に非共有電子対を H^+ に与えて結合を
形成することから，H^+ はルイス酸，ブレンステッド塩基である物質はルイス塩基
であるとも言える。

　また，ルイスの酸・塩基の定義では，以下の式(4)で示すような<u>錯イオン</u>を形成す
る反応も，酸と塩基の反応に含めることができる。
(d)

$$Ag^+ + 2NH_3 \rightleftarrows [Ag(NH_3)_2]^+ \qquad (4)$$

　ここでは，Ag^+ イオンがルイス酸，配位子である NH_3 がルイス塩基としてはた
らく。

問1　下線部(a)に関して，次の問に答えよ。

　(i)　NaOH と Na_2CO_3 の混合水溶液 **S** を，二つの容器に 10 mL ずつ量り取っ
　　た。一方には，メチルオレンジを加えて，1.0 mol/L の塩酸で滴定すると，

10.2 mL 滴下したところで溶液が変色した。もう一方には，白色沈殿が生じ
なくなるまで $BaCl_2$ 水溶液を過剰に加えてから，フェノールフタレインを加
えて，1.0 mol/L の塩酸で滴定したところ，5.4 mL 滴下したところで溶液
が変色した。100 mL の混合水溶液 S に含まれる NaOH と Na_2CO_3 の質量
を，それぞれ有効数字 2 桁で求めよ。

(ii) 中和滴定に用いる酸の標準溶液を調製する際に，シュウ酸二水和物がよく
用いられる。この理由を 70 字以内で説明せよ。

問 2　下線部(b)に関して，次の問に答えよ。ただし，ここで用いる HA 水溶液中
の $[H^+]$ は，HA 以外の酸・塩基を加えて調整している。また，$[HA]$ は，式(2)
が成り立つ範囲にあるとする。

(i) HA の電離度 α を，平衡定数 K と $[H^+]$ を用いて表せ。

(ii) $[A^-]$ と $[HA]$ が等しいとき，その水溶液の pH を K を用いて表せ。

(iii) HA が水の場合，25 ℃ における K を有効数字 2 桁で求めよ。ただし，
25 ℃ における水のイオン積 K_w は，$1.0 \times 10^{-14}\,mol^2/L^2$ とする。

問 3　下線部(c)のルイスの酸・塩基の定義に基づいて，次の(i)～(iii)の反応で，
ルイス酸としてはたらくものを，それぞれの反応式の左辺から選び，化学式で
記せ。

(i)　設問省略

(ii)　$H_2S + Zn^{2+} \rightleftharpoons ZnS + 2H^+$

(iii)　$Al(OH)_3 + OH^- \rightleftharpoons [Al(OH)_4]^-$

問 4　下線部(d)に関して，次の問に答えよ。

(i) 以下の①～④の錯イオンの立体構造として適切なものを，(ア)～(エ)から 1 つ
選び，記号で答えよ。なお，同じ記号を繰り返し選んでもよい。

①　$[Cu(NH_3)_4]^{2+}$　　　　　　②　$[Fe(CN)_6]^{3-}$

③　$[Zn(NH_3)_4]^{2+}$　　　　　　④　CrO_4^{2-}

(ア)　正四面体形　　　(イ)　正八面体形　　　(ウ)　正方形　　　(エ)　正六角形

(ii) (i)の①～③の錯イオンの配位子の半数を，塩化物イオンに置き換えた以下の⑤～⑦の分子もしくは錯イオンには，何種類の異性体が考えられるか答えよ。ただし，配位子を置換しても，分子もしくは錯イオンの立体構造は変わらないものとする。考えられる構造が 1 種類だけで，他に異性体がない場合には 1 種類と記せ。

⑤ $[CuCl_2(NH_3)_2]$ ⑥ $[FeCl_3(CN)_3]^{3-}$ ⑦ $[ZnCl_2(NH_3)_2]$

Ⅱ 次の問 1 ～問 6 に答えよ。

〔1〕 安息香酸をベンゼンに溶かすと，安息香酸は会合して二量体を形成する。このとき，単量体と二量体は次のような平衡状態にある。

$$2\,C_7H_6O_2 \rightleftharpoons (C_7H_6O_2)_2$$

問 1 安息香酸(固体)の生成熱を表す熱化学方程式を記せ。なお，式中の熱量の値を，25 ℃，1.013×10^5 Pa における次の値を用いて，有効数字 3 桁で求めよ。

水(気体)の生成熱	242 kJ/mol
炭素(黒鉛)の燃焼熱	394 kJ/mol
水(液体)の蒸発熱	44.0 kJ/mol
安息香酸(固体)の燃焼熱	3228 kJ/mol

ただし，安息香酸の燃焼において，水は液体として生成するものとする。

問 2 安息香酸が会合して形成される二量体の構造を構造式で記せ。

問 3 ベンゼン 1 kg に m〔mol〕の安息香酸を溶かした希薄溶液中で，その安息香酸のうちの n〔mol〕が会合して二量体を形成したとき，会合度 α を $\alpha = \dfrac{n}{m}$ と定義する。次の問に答えよ。

(i) ベンゼンのモル凝固点降下を K_f〔K・kg/mol〕とし，この溶液の凝固点降下度 Δt_f〔K〕を m，α，K_f を用いて表せ。

(ii) ナフタレン 1.50 g を 150 g のベンゼンに溶かした溶液では，Δt_f は 0.400 K であった。一方，安息香酸 1.50 g を 150 g のベンゼンに溶かした溶液では，Δt_f は 0.220 K であった。このとき，α を有効数字 2 桁で求めよ。ただし，ナフタレンはベンゼン溶液中で会合しないものとする。

〔2〕 化学平衡の平衡定数には，濃度平衡定数 K_c と圧平衡定数 K_p がある。

問 4 密閉容器内で，次の気体反応の化学平衡が成立している。

$$H_2(気) + I_2(気) \rightleftharpoons 2HI(気)$$

このとき，K_c と K_p はそれぞれ次のように表される。

$$K_c = \frac{[HI]^2}{[H_2][I_2]} \qquad K_p = \frac{P_{HI}^2}{P_{H_2}P_{I_2}}$$

ここで，$[HI]$，$[H_2]$，$[I_2]$ は各成分のモル濃度〔mol/L〕，P_{HI}，P_{H_2}，P_{I_2} は各成分の分圧〔Pa〕を表す。$K_c = K_p$ が成り立つことを示せ。

なお，密閉容器の容積を V〔L〕，温度を T〔K〕，各成分の物質量〔mol〕を n_{HI}，n_{H_2}，n_{I_2}，気体定数を R〔Pa·L/(K·mol)〕とせよ。ただし，気体はすべて理想気体としてふるまうものとする。

問 5 温度と容積を任意に変えることのできる密閉容器に，固体の無定形炭素と水を入れると，ある温度 T〔K〕，圧力 P〔Pa〕で次の化学平衡が成立した。

$$C(固) + H_2O(気) \rightleftharpoons CO(気) + H_2(気)$$

ルシャトリエの原理に基づき，次の(i)，(ii)の操作により上の化学平衡がどうなるかを，(ア)〜(ウ)からそれぞれ選び，それらを選んだ理由をそれぞれ述べよ。
(i) 温度，圧力一定でアルゴン(気)を加える。
(ii) 温度，体積一定で，少量の無定形炭素を追加する。

(ア) 左へ移動する　　(イ) 移動しない　　(ウ) 右へ移動する

問 6　ある温度 T〔K〕で次の化学平衡

$$2\,NaHCO_3(固) \rightleftarrows Na_2CO_3(固) + H_2O(気) + CO_2(気)$$

が成立している場合，K_p は次のように表される。

$$K_p = P_{H_2O}\,P_{CO_2}$$

ここで，P_{H_2O}，P_{CO_2} は各成分の分圧〔Pa〕を表す。次の問に答えよ。ただし，気体はすべて理想気体としてふるまうものとする。

(i)　この化学平衡の K_p と K_c の比 $\dfrac{K_p}{K_c}$ を，気体定数 R〔Pa·L/(K·mol)〕と温度 T〔K〕を用いて表せ。

(ii)　図 1 に示すように，温度 T〔K〕に保たれた反応容器に固体の $NaHCO_3$ を入れ，温度 T〔K〕，全圧 P〔Pa〕の CO_2 と H_2O の混合気体を流す。このとき，$NaHCO_3$ の量を減少させない混合気体中の H_2O の分圧 P_{H_2O}〔Pa〕の範囲を，P と K_p を用いた不等式で記せ。

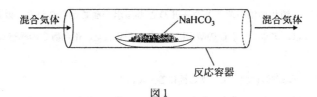

図 1

Ⅲ　次の問１〜問８に答えよ。

〔１〕　２つの分子が反応して，水分子がとれて１分子の化合物が生成する反応は，脱水縮合とよばれる。カルボン酸とアルコールの混合物に少量の濃硫酸を加えて温めると，脱水縮合が進行して生成物が得られる。また，２つのカルボキシ基の間でも脱水縮合反応は起こる。一方，ヒドロキシ基をもつ化合物１分子から，水分子がとれて不飽和結合ができる反応は，脱水反応とよばれる。例えば，アルコールの脱水反応によりアルケンを得ることができる。

(a) (b) (c)

問１　下線部(a)に関して，次の問に答えよ。

　(i)　分子量が806である油脂 A は，１分子のグリセリンと３分子の飽和カルボン酸 B から得られる。カルボン酸 B の分子式を記せ。

　(ii)　一般に，カルボン酸のカルボキシ基をすべて脱水縮合させることは難しい。その理由を40字以内で述べよ。

　(iii)　分子式 $C_8H_{16}O_2$ で表される化合物 C を完全に加水分解すると，いずれも直鎖状の第一級アルコール D とカルボン酸 E が得られた。カルボン酸 E は，アルコール D の酸化によっても得られた。化合物 C の構造式を記せ。

問２　下線部(b)に関して，次の問に答えよ。

　炭素，水素，酸素のみからなり，カルボキシ基を２つもつ分子量116の化合物 F を 160℃ に加熱したところ，１分子の水がとれて分子量98の化合物 G が生成した。化合物 G の構造式を記せ。

問３　下線部(c)に関して，次の問に答えよ。

　(i)　分子式 C_5H_{10} で表される直鎖状アルケンに塩素を付加させると，不斉炭素原子を１つだけもつ化合物 H が得られた。化合物 H の構造式を記せ。また，構造式中の不斉炭素原子を○で囲め。

　(ii)　分子式 C_5H_{10} で表される枝分かれ状アルケンのなかで，塩化水素を付加させると，同一の化合物を主生成物として与える異性体の構造式をすべて記せ。なお，塩化水素のアルケンへの付加反応では，アルケンの二重結合を形成する炭素原子のうち，結合している水素原子の数が多い方に，塩化水素の

　　　　水素原子が結合しやすい。

〔2〕　以下に芳香族化合物(ア)～(コ)の構造を示す。

(ア) Cl Cl

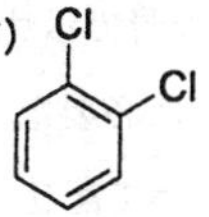

(イ) Cl CH₂CH₂CHCH₃ OH

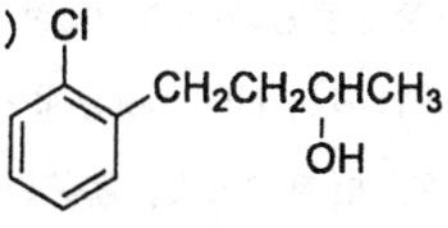

(ウ) CH₃ OH

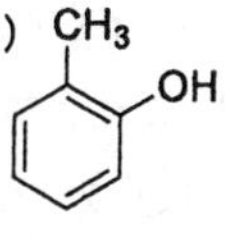

(エ) CH₃ CHO

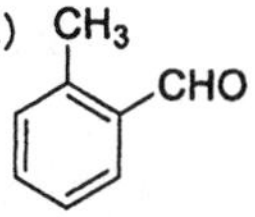

(オ) CH₂CH₃ CH₂OH

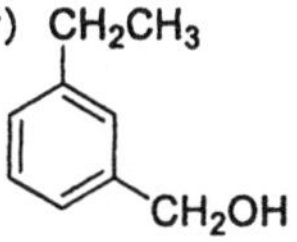

(カ) OCH₃ C CH₃ O

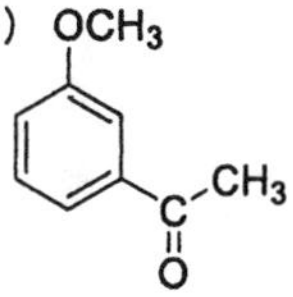

(キ) OH N H C O CH₃

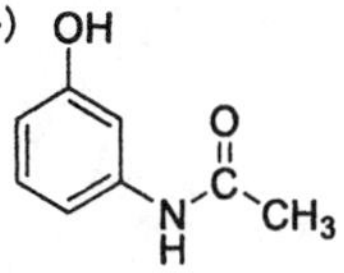

(ク) CH₃ SO₃H

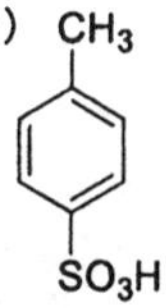

(ケ) COOH NO₂

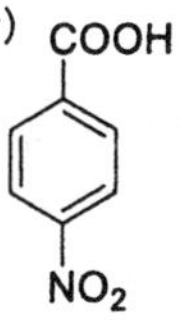

(コ) CHO CHO

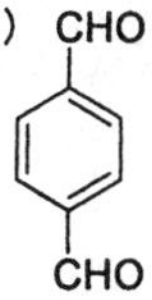

問 4　塩化鉄(Ⅲ)水溶液を加えると呈色するものを，(ア)～(コ)からすべて選び，記号
　　　で示せ。

問 5　炭酸水素ナトリウムと反応して二酸化炭素を発生するものを，(ア)～(コ)から
　　　すべて選び，記号で示せ。

問 6　銀鏡反応を示すものを(ア)～(コ)からすべて選び，記号で示せ。

問 7　中性～塩基性の過マンガン酸カリウム水溶液を作用させて，その反応液を硫酸で酸性にした。このとき，生成物として得られる芳香族化合物が互いに異性体の関係にあるものを，㋐～㋙からすべて選び，記号で示せ。

問 8　ヨードホルム反応を示すものを㋐～㋙からすべて選び，記号で示せ。また，選んだ化合物それぞれの 0.0050 mol がすべて反応するのに必要なヨウ素の質量〔g〕を，有効数字 2 桁で求めよ。解答は，下の例にならって記せ。

〔例〕　（サ，1.0 g）

　　　　（シ，1.1×10^2 g）

生物

（1 科目 60 分　2 科目 120 分）

　問題 I ～IVについて解答せよ。解答はすべて解答用紙の所定欄に記入すること。解答文字数を指定している設問については，数字，アルファベット，句読点，括弧，その他の記号とも，すべて 1 字として記入せよ。ただし，濁点および半濁点は 1 字とはしないこと（たとえば，「が」を「か゛」とはしない）。

I　次の文章を読み，以下の問に答えよ。

　真核生物の多くは細胞内にミトコンドリアを有し，酸素を利用する好気呼吸によって ATP の大部分を合成している。しかし，真核生物の中には，酸素濃度が低い低酸素環境でも生息可能な生物や，生活環の一部あるいは全てにおいて低酸素環境で生息する生物もいる。
　　　　　　　　　　　(a)

　そうした生物の代表的な例として，酵母菌が挙げられる。酵母菌は，好気呼吸による ATP 合成も行うが，低酸素環境下でも ATP を合成できることが知られている。
　　　　　　　　　(b)

　また，線虫の一種で，ブタやヒツジなどの比較的大型な哺乳類を宿主とし，ヒトも感染することがあるブタ回虫は，卵，幼虫期，成虫期の生活環の中で ATP 合成のための反応を変化させる生物である。ブタ回虫の卵〜幼虫期は通常の酸素濃度下で過ごすが，宿主に侵入すると，肺や肝臓などを経て最終的には酸素濃度が低い小腸で成虫となる。成虫期のブタ回虫は，幼虫期に ATP 合成のために用いていた反応の一部をそのまま利用しつつ，成虫期固有の代謝系を新たに構築することによっ
　　(c)
て，この低酸素環境に対応している。

　このように，一部の生物は，ATP 合成のための反応系を切り替えることによっ
　　　　　　　　　　　　　　(d)
て生息環境の酸素濃度に適応している。

問 1 下線部(a)について，ミトコンドリアの一般的な特徴を説明した下記の文章中の空欄 | 1 | ～ | 5 | に当てはまる適切な語を，下の選択肢ア～ソの中から選べ。

　　　ミトコンドリアは，好気呼吸を行っていた | 1 | の一種が原始的な真核細胞と共生することによって誕生したと考えられている。その重要な根拠の一つとして，ミトコンドリアが核とは異なる独自の | 2 | をもっていることが挙げられる。さらに，ミトコンドリアが二重の膜構造をもつ点や，その二重膜のうち | 3 | は共生した | 1 | に由来する一方で，| 4 | は宿主となった細胞自身の膜が陥入して形成されたと考えられている点なども，この仮説を支持する根拠である。ミトコンドリアと同じように独自の | 2 | をもち，| 1 | の一種が共生して生じたと考えられる細胞小器官に，| 5 | がある。

　ア．RNA　　　　　イ．内膜　　　　　ウ．大腸菌　　　　エ．細菌

　オ．ミドリムシ　　カ．被膜　　　　　キ．DNA　　　　　ク．細胞膜

　ケ．古細菌　　　　コ．ゴルジ体　　　サ．核膜　　　　　シ．外膜

　ス．葉緑体　　　　セ．小胞体　　　　ソ．ミュータンス菌

問 2 下線部(b)の反応は，様々な形で私たちの生活に活用されてきた。酵母菌が行うこの反応の名称を答えよ。また，一般的にこの反応が直接関わって製造されている食品を次の選択肢ア～コの中から2つ選べ。

　ア．ヨーグルト　　イ．ワイン　　　　ウ．食酢　　　　　エ．納豆

　オ．キムチ　　　　カ．紅茶　　　　　キ．チーズ　　　　ク．かつお節

　ケ．シュールストレミング　　　　　コ．パン

問 3 下線部(c)に関連して，以下の設問(1)～(3)に答えよ。

　(1) 図1と図2は，ブタ回虫の幼虫期と成虫期のATP合成反応経路の一部を簡略化して模式的に図示したものである。両図において，実際にATP合成

が行われている反応を A〜G の中からそれぞれ記号で答えよ。

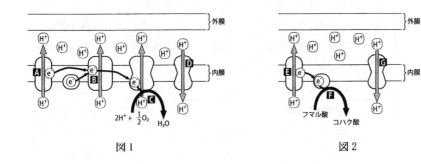

図 1　　　　　　　　　　　　　　　　図 2

(2)　幼虫期の ATP 合成反応経路を示しているのは，図 1 と図 2 のどちらであると考えられるか。また，その理由を 30 字以内で記せ。

(3)　図 2 中の反応 F に対する阻害剤は，ブタ回虫の寄生によって発症するブタ回虫症の治療薬になり得ると期待されている。阻害剤の標的として，反応 F が適していると考えられる理由を 50 字以内で記せ。

問 4　酵母菌とブタ回虫の低酸素環境下における ATP 合成反応は，いずれも下線部(d)の例である。この二つの反応の共通点と相違点を説明した下記の文を読み，文中の空欄 　6 　〜 　9 　に当てはまる語句の組み合わせのうち，最も適切なものを下の選択肢ア〜クの中から選べ。

　　酵母菌とブタ回虫の低酸素環境下における ATP 合成反応で得られる ATP 量は，いずれも一般的な 　6 　によって得られる ATP 量よりも 　7 　という点が共通している。　一方，同じ低酸素環境下で起こる反応でありながら，酵母菌の反応は全過程が 　8 　で行われるのに対し，ブタ回虫の反応は 　8 　に加えて 　9 　も重要な反応の場となる。

	6	7	8	9
ア	基質レベルリン酸化	多い	細胞質基質	ミトコンドリア
イ	基質レベルリン酸化	多い	ミトコンドリア	細胞質基質
ウ	基質レベルリン酸化	少ない	細胞質基質	ミトコンドリア
エ	基質レベルリン酸化	少ない	ミトコンドリア	細胞質基質
オ	酸化的リン酸化	多い	細胞質基質	ミトコンドリア
カ	酸化的リン酸化	多い	ミトコンドリア	細胞質基質
キ	酸化的リン酸化	少ない	細胞質基質	ミトコンドリア
ク	酸化的リン酸化	少ない	ミトコンドリア	細胞質基質

Ⅱ　次の文章を読み，以下の問に答えよ。

　植物ホルモンは，植物の成長や発生，環境への応答などの生理反応を制御している。現在までに知られている植物ホルモンとして，オーキシン，エチレン，アブシ
(a)　　　　　　　　　　　　(b)
シン酸などがある。

　エチレンは様々な生理反応に関わっている。暗所で生育したシロイヌナズナの芽生えをエチレンで処理すると，茎頂部が強く屈曲するフック形成，胚軸の伸長抑制と肥大，根の伸長抑制という，三重反応と呼ばれる 3 つの特徴的な形態変化が観察される。この形態(三重反応様形態)を指標にして，シロイヌナズナから多くの突然変異体が得られている。図に示される a，b，c 変異体は，この生理反応に異常を示す突然変異体である。a 変異体では A タンパク質，b 変異体では B タンパク質，c 変異体では C タンパク質をコードする遺伝子が機能を失っている。また，ab 変異体では A と B タンパク質をコードする遺伝子両方が，ac 変異体では A とC タンパク質をコードする遺伝子両方が機能を失っている。a 変異体はエチレンを与えなくても三重反応様形態となる。一方，b および c 変異体は，エチレンを与えても三重反応様形態とならない。ab 変異体はエチレンを与えなくても三重反応様形態となり，ac 変異体はエチレンを与えても三重反応様形態とならない。

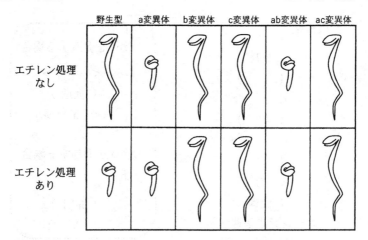

問 1　下線部(a)について，本文中に示されていない植物ホルモンを 3 つ記せ。

問 2　下線部(b)のオーキシンは，植物の細胞成長における体積増加を促進するはた
　　　らきをもっている。この細胞の体積増加において，形や大きさが著しく変化す
　　　る細胞内構造として最も適切なものを，以下のア～オから選び記号で記せ。

　　　ア．葉緑体　　イ．細胞板　　ウ．液胞　　エ．核　　オ．ミトコンドリア

問 3　エチレン受容体遺伝子の突然変異体は，どの変異体と同じ表現型を示すと考
　　　えられるか。a，b，c，ab，ac の記号を用いて全て答えよ。

問 4　次の模式図は，野生型のエチレン信号伝達経路を示したものである。A，
　　　B，C の中で C は最も下流に位置し，三重反応を誘導するエチレン応答遺伝子
　　　の発現を促進している。＜　　　＞の中には A，B を，（　　　）の中には促進
　　　または抑制を，例を参考に記入し模式図を完成せよ。
　　　（注）　A，B，C はタンパク質を示す。

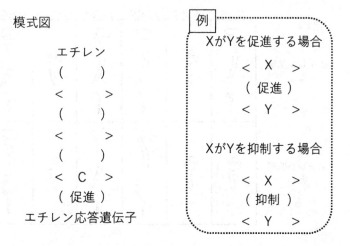

問5　Dタンパク質をコードする遺伝子が機能を失っているd変異体では，a変異体と同様にエチレンを与えなくても三重反応様形態となる。しかし，エチレンを与えずにエチレン合成阻害剤で処理した時，a変異体は三重反応様形態となるのに対し，d変異体では三重反応様形態とならない。Dタンパク質は，どのような機能をもっていると考えられるか。次のア〜オの中から最も適切なものを選べ。

　　ア．エチレン合成遺伝子の発現を促進する。
　　イ．エチレン合成遺伝子の発現を抑制する。
　　ウ．エチレンが結合する受容体である。
　　エ．エチレン応答遺伝子の発現を促進する。
　　オ．エチレン応答遺伝子の発現を抑制する。

問6　カーネーションにはエチレン応答に変異がみられる品種が存在する。c変異体に相当する変異がみられるカーネーションの品種で切花を作成したとき，野生型と比較して，どのような違いが観察されると考えられるか。20字以内で説明せよ。

Ⅲ　次の文章を読み，以下の問に答えよ。

　　脊椎動物において，個体をつくる細胞には，形と大きさが同じ一対の染色体が存在する。その一方の染色体はオス親に由来し，もう一方の染色体はメス親に由来する。この対になっている染色体を　　1　　染色体という。このうち，オスとメスで共通してみられる染色体を　　2　　染色体といい，オスとメスで異なる染色体を性染色体という。多くの動物で，この性染色体上には性決定に関わる遺伝子がある。

　　遺伝型による性決定様式には，オスで性染色体がヘテロの XY 型や，メスで性染色体がヘテロの ZW 型がある。また，動物によっては，<u>温度などの環境要因が性決定に影響する</u>ものもある。ヒトを含む哺乳類には XY 型の性決定様式をとるもの
(a)
のが多くみられ，Y 染色体は X 染色体に比べ，サイズが小さく，含まれる遺伝子も異なっている。一方，魚類の Y 染色体は，大きさや含まれる遺伝子とその配置が X 染色体とほぼ同じである。特に，トラフグは X 染色体と Y 染色体の間で<u>決まった位置の塩基対が 1 つ異なることによって性が決まる</u>。
(b)

問 1　空欄　　1　　～　　2　　に当てはまる最も適切な語句を答えよ。

問 2　下線部(a)のような，環境要因が性決定に影響する魚種の一種としてヒラメが
　　　知られている。ヒラメの性決定様式は XY 型で，精巣をもつオスと卵巣をもつ
　　　メスが 1 対 1 で出現する。しかし，性が決まる時期に高水温下で飼育すると，
　　　XX 染色体をもつ個体も精巣が発達しオスになる。そのため，全ての個体が精
　　　巣をもちオスとして振る舞う。性が決まる時期に高水温下で飼育したヒラメ
　　　と，通常水温で飼育した卵巣をもつメスをランダムに交配することによって得
　　　られる次世代のオスとメスの個体数の比を答えよ。なお，次世代は通常水温で
　　　飼育しており，親世代の飼育温度は次世代の性に影響しないものとする。

問 3　下線部(b)に示した塩基対の相違に着目した，オスとメスの判別法について述
　　　べた次の文章を読み，以下の設問(1)~(4)に答えよ。なお，メスの二本の X 染
　　　色体間で塩基配列に違いはなく，オスでは性決定に関わる塩基対 1 つの違い以
　　　外には，X 染色体と Y 染色体の間に塩基配列の違いはないものとする。

　二本鎖の DNA 断片は，加熱すると塩基の種類とその数によって決まる温度
で一本鎖に解離する。この時，塩基間の結合が強いほど，二本鎖の解離する温
(c)
度は高くなる。この特徴を利用して，二本鎖の塩基が相補的になっていない部
分(ミスマッチ)を検出することで，トラフグのオスとメスを判別することがで
きる。

　個体ごとに抽出した DNA を鋳型として，性決定に関わる領域を PCR 法(ポ
リメラーゼ連鎖反応法)により増幅する。増幅した DNA 断片を十分に加熱し
一本鎖に解離する。その後，温度を下げると，相補的なヌクレオチド鎖はラン
ダムに結合して再び二本鎖になる(再アニーリング)。この時，二本のヌクレオ
(d)
チド鎖の間にミスマッチが一か所あっても，他の部分が相補的であれば二本鎖
が形成される。この再アニーリングした DNA 断片を再び加熱し，一本鎖に解
離する温度を調べると，オス個体から抽出した DNA を PCR の鋳型として用
(e)
いた場合，二本鎖が解離する温度は複数みられる。一方，メス個体から抽出し
た DNA を用いて同じ実験を行うと，再アニーリングした DNA 断片は，全て
同じ温度で解離する。よって，再アニーリングした二本鎖の DNA 断片が解離
する温度を調べることで，オスとメスを判別することができる。

(1)　下線部(c)について，二本鎖 DNA 断片中の塩基の種類と数が異なると，な
　　ぜ加熱により二本鎖 DNA が一本鎖に解離する温度が変わるのか。その理由
　　を 50 文字以内で述べよ。

(2)　図 1 に示した配列 A～C の 3 種類の二本鎖 DNA 断片を混ぜた溶液を徐々
　　に加熱した時，一本鎖に解離した DNA 鎖の割合は図 2 のグラフのように変
　　化すると考えられる。この時，配列 A～C の二本鎖 DNA 断片が，一本鎖に
　　解離したと考えられる点をグラフ中のア～ウからそれぞれ選び，記号で記
　　せ。なお，DNA 断片が一本鎖か二本鎖かは，二本鎖 DNA に結合している
　　場合にのみ蛍光を発する試薬を用いることで調べることができる。

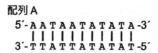

配列A

5′-AATAATATATA-3′
3′-TTATTATATAT-5′

配列B

5′-AATAATAT-3′
3′-TTATTATA-5′

配列C

5′-AATGCTAT-3′
3′-TTACGATA-5′

図 1　配列A～Cの塩基配列。5′ はDNA鎖の5′ 末端を，3′ はDNA鎖の3′ 末端を，また塩基間のたて線は相補的に対合していることを示す。

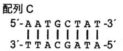

図 2　温度による一本鎖DNAの割合の変化

(3)　下線部(d)に示した再アニーリングにおいて，図 3 に示した X－1 のヌクレオチド鎖と結合した配列を，図 3 に示した X－2 鎖，Y－1 鎖，Y－2 鎖から全て選べ。

X染色体

X-1 鎖　5′-GTCCATCTT-3′
X-2 鎖　3′-CAGGTAGAA-5′

Y染色体

Y-1 鎖　5′-GTC●ATCTT-3′
Y-2 鎖　3′-CAG■TAGAA-5′

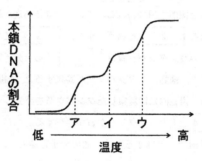

図 3　X 染色体と Y 染色体で，塩基が 1 つ異なる領域の配列。5′ はDNA鎖の 5′ 末端を，3′ はDNA鎖の 3′ 末端を，また塩基間のたて線は相補的に対合していることを示す。●と■は，X 染色体とは塩

基が異なる部分である。

(4) 下線部(e)について，解離する温度が異なる 2 点であったときと， 3 点で
あったとき，図 3 の●の塩基として可能性があるものを全て答えよ。

また，解離する温度が異なる 2 点であったとき，その塩基を回答した理由
を，50 文字以内で述べよ。

Ⅳ 次の文章を読み，以下の問に答えよ。

タンパク質は，アミノ酸配列に応じた固有の立体構造をとり，機能を発揮する。
立体構造を形成する過程を [1] という。アミノ酸配列に変化がなくても，立
体構造が壊れると機能も損なわれる。ここで，立体構造が壊れ，タンパク質の性質
が変化することを [2] という。また， [2] により機能が失われること
を [3] という。タンパク質は [2] すると分子同士が集まりやすくなり，
凝集体を形成する。細胞内でタンパク質が凝集すると，細胞死を引き起こすことが
ある。このため，細胞内には凝集したタンパク質を認識し，正しい立体構造の形成
を補助する [4] というタンパク質が存在する。

タンパク質は機能を発揮するため，他の分子と結合し，構造変化する場合が多
い。例えば，アロステリック酵素はその代表例であるが，ヘモグロビンもヘム部位
に酸素分子が結合することにより，構造変化する。ここでは，酵素に限らず，ある
部位での分子結合が同じタンパク質の別の部位での分子結合を制御する効果も，ア
ロステリック効果に含める。

ヘモグロビンの例でアロステリック効果をみていこう。ヘモグロビンは赤血球に
含まれ，酸素分子の運搬に関わるタンパク質である。また， 4 つのポリペプチドか
ら成る複合体を形成し，各々のポリペプチドに存在するヘムが酸素分子 1 つと結合
する。ヘモグロビン 1 分子あたり 4 つのヘムが酸素分子と結合している割合は，溶
液中の酸素分圧の変化に対して，急激に変化する。

問 1 空欄 [1] ～ [4] に当てはまる最も適切な語を記せ。

問 2　ヘモグロビンの機能を説明するため，図1に示す理論モデルを考える。図1
　　の丸と四角はそれぞれ，ヘムに酸素分子が結合していないポリペプチドと結合
　　しているポリペプチドを示す。理論モデルでは，アロステリック効果によりポ
　　リペプチド間の相互作用が変化し，図1の隣合う四角は四角同士，丸は丸同士
　　で安定に存在できるが，四角と丸が隣にある状態は不安定になる。ただし，相
　　互作用は隣り合うポリペプチド同士のみに働くとし，対角線上に位置するポリ
　　ペプチド同士の相互作用は考えない。ヘムに酸素分子1つが結合すると，結合
　　したポリペプチドのみ，丸から四角に構造変化する。逆に，ヘムから酸素分子
　　1つが解離すると，解離したポリペプチドのみ，四角から丸に構造変化する。
　　ヘモグロビンは，酸素分圧に応じて図1に示す酸素結合数の異なる状態A〜
　　状態Eをとり，各状態が混在している。ここで，図1の ⇄ は，各状態間の
　　酸素分子の結合に伴う構造変化を表す。

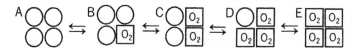

図1：ヘモグロビンの酸素結合モデル

⑴　ヘモグロビンの安定性を，ポリペプチド間の相互作用にスコアを与えるこ
　　とで考察する。ポリペプチド間のスコアの総和が大きいほど，ヘモグロビン
　　全体として安定になる。ここで，丸と丸，四角と四角が隣接する場合は
　　＋1のスコアを与える。また，丸と四角が隣接する場合は，－1のスコアを
　　与える。この規則に従い，ヘモグロビン全体の安定性について状態A〜状態
　　Eのスコアを求めよ。また，各状態に対するスコアをもとに，安定に存在す
　　る全ての状態をA〜Eの記号で記せ。ただし，この理論モデルにおいて，ポ
　　リペプチド間の相互作用は，酸素分圧に依存しないものとする。

⑵　酸素分圧に対する状態A〜状態Eの存在比を考える。下記に示す存在比
　　の模式図から，低酸素分圧から高酸素分圧の順に3つ選択し，ア〜オの記号
　　で記せ。

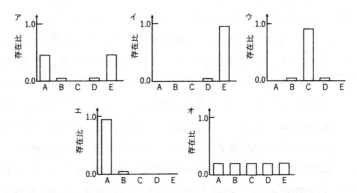

問 3 ヘモグロビンがアロステリック効果をもたない場合，酸素分子の結合の仕方
は，酸素分圧に対してどのように変化すると考えられるか。アロステリック効
果をもつ場合と対比させ，解答欄に図示せよ。アロステリック効果をもつ場合
の酸素飽和曲線は，解答欄において破線で図示してある。

〔解答欄〕

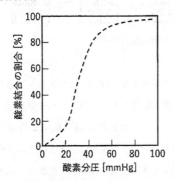

問 4 ヘモグロビンのアロステリック効果は，血中の酸素運搬にどのように役立っ
ているか。60 文字以内で簡潔に記述せよ。

地学

（1 科目 60 分　2 科目 120 分）

　問題Ⅰ～Ⅳについて解答せよ。字数を指定している設問の解答では，数字，アルファベット，句読点，括弧，元素記号を 1 字として記述せよ。ただし，化学式を記述する場合は，元素記号とその添え字を含めて 1 字とする。途中の計算過程を記述する設問の解答では，答えとなる値がどのように得られたのかを理解できるように記述せよ。

Ⅰ　次の文章を読んで，以下の問いに答えよ。

　気象庁が公開している日本各地の観測地点データによると，富山（富山県），東京（東京都），稚内（北海道）における全天日射量の各月の平年値は，表 1 のようにまとめられる。全天日射量とは，地上の水平面に直接到達する光と，雲やちりなどで反射および散乱されて地上の水平面に到達する光を含む日射量のことで，三地点における全天日射量の違いは，緯度と雲量によって説明できる。北半球中緯度に位置する日本では，大気圏の上端に降り注ぐ日射量は　ア　月に最大となり，　イ　月に最小となる。北海道を除く日本の広い範囲では，6 月から 7 月にかけて，北側の　ウ　高気圧と南側の　エ　高気圧の間で梅雨前線が停滞することによって，雲量が多くなる。冬季には，ユーラシア大陸上に　オ　が存在し，北太平洋上に　カ　が存在するような　キ　の気圧配置が卓越し，日本には北西のモンスーン気流が吹き込む。
(1)

表1 各地点における全天日射量(Wm⁻²)の
各月の平年値

	①	②	③
1 月	46.3	68.3	103.0
2 月	84.5	98.4	126.2
3 月	133.1	134.3	144.7
4 月	175.9	181.7	177.1
5 月	202.5	203.7	187.5
6 月	208.3	191.0	162.0
7 月	188.7	185.2	169.0
8 月	167.8	203.7	175.9
9 月	152.8	147.0	128.5
10 月	97.2	119.2	111.1
11 月	47.5	79.9	93.7
12 月	33.6	60.2	90.3

問 1 文章中の空欄 ア ～ キ に適切な数字または用語を入れよ。

問 2 下線部(1)について，この影響で北陸地方に位置する富山と関東地方平野部に
位置する東京では，それぞれどのような天候が卓越するか。理由も含めて 130
字以内で説明せよ。

問 3 表1の①～③に当てはまる地点名を，以下のa，b，cから選び，記号で答
えよ。
a．富山 b．東京 c．稚内

Ⅱ　次の文章を読んで，以下の問いに答えよ。

　　連星とは 2 つの恒星が両者の重心の周りを互いに公転運動している天体のことで
　ある。今，主星 A と伴星 B が互いの重力で引き合い軌道運動している。連星から
　観測されるスペクトル線には通常 2 本の吸収線があり，この間隔は周期的に変化す
　る。この現象は，主星 A と伴星 B が放出する光が観測者に近づいているときと遠
　　　(1)
　ざかるときで，観測者に到達するスペクトル線の波長が変化することによって生じ
　　　　　　　(2)
　る。

問 1　下線部(1)について，主星 A による吸収線の波長に対して，伴星 B による吸
　　　収線のずれが最大になるときから最小になるときまでに要した時間は 114 日で
　　　あった。伴星 B の公転周期は何日か答えよ。ただし，我々の視線は連星の公
　　　転軌道面内にあり，公転は円軌道であるとする。

問 2　伴星 B が主星 A のまわりを公転しているとき，伴星 B が観測者から遠ざか
　　　る速度を v，光の速度を c，お互いに静止しているときに観測される波長を λ_0
　　　としたときに，観測者の観測するスペクトル線の見かけの波長 λ は，次のよう
　　　に表される。

$$\lambda = \left(1 + \frac{v}{c}\right)\lambda_0$$

　　　主星 A の吸収線に対して伴星 B からの吸収線に，＋0.14 Å のずれが観測さ
　　　れたとする。静止しているときに観測されるスペクトル線の波長が 4200 Å で
　　　あるとき，光の速度を 3×10^5 km/s として，伴星 B の公転軌道速度は何
　　　km/s か答えよ。途中の計算過程も示せ。ただし，1 Å ＝ 10^{-10} m である。

問 3　主星と伴星の公転軌道速度から求められるものを，次のア〜エから一つ選
　　　べ。
　　　ア．主星と伴星の自転速度
　　　イ．主星と伴星の質量
　　　ウ．主星と伴星の密度
　　　エ．主星と伴星の年齢

Ⅲ　次の文章を読んで，以下の問いに答えよ。

　　先カンブリア時代は，古い方から順に，冥王代，[a]，原生代に分けられる。最古の生命の痕跡が見つかるのは，[a] のはじめ頃の地層である。その後，単細胞生物である [b] が浅海で繁栄して光合成を行った。[a] の終わり頃の地層からは，[b] が形成した石灰質の層状構造物が見つかる。

　　原生代のはじめ頃の地層からは，縞状鉄鉱層が見つかる。そこから採掘された鉄
(1)
鉱石が，私たちが使う鉄製品の原料となっている。原生代の初期と後期には，地球
表面のほぼ全体が氷で覆われたと考えられる出来事が起こった。
(2)

問 1　上の文章の空欄 [a]，[b] に適当な語句を入れよ。

問 2　原生代に出現した生物として，適切なものを次の①〜⑤から一つ選べ。

　　① クックソニア

　　② メタセコイア

　　③ アノマロカリス

　　④ ヌンムリテス(貨幣石)

　　⑤ ディキンソニア(ディッキンソニア)

問 3　下線部(1)はどのようにして形成されたか，50字以内で説明せよ。

問 4　下線部(2)の根拠について，40字以内で説明せよ。

Ⅳ　次の文章を読んで，以下の問いに答えよ。

　　一般に，地球の上部マントルは，かんらん岩と呼ばれる岩石で構成されている。
(1)
通常，ある深さのかんらん岩の温度は，その深さでのかんらん岩の融点より低いた
め，マグマは生じない。しかしながら，マントルで部分的な温度上昇が生じた場合
や，高温のマントルが深部から上昇して減圧される場合には，融点を超えるために
(2)
マグマが生成される。

　　また，島弧や大陸の縁辺部など，海洋プレートが大陸プレートの下に沈み込んで
(3)
いるような温度が低い地域(沈み込み帯)でも，水の存在によってマグマが生成され
る。そこで生じたマグマは，結晶分化作用や地殻物質の混合などを伴って，地表あ
(4)
るいは地殻内部で固化する。

問 1　下線部(1)のかんらん岩は主としてかんらん石と輝石から構成されている。輝
　　　石の結晶構造に関して，適切なものを次のa～eの中から一つ選び，記号で答
　　　えよ。

　　　a．SiO₄四面体の4つの酸素のうち3つが，となりの四面体と共有され，層
　　　　　状(網目状)につながった構造を作る

　　　b．SiO₄四面体の4つの酸素のうち2つあるいは3つが，となりの四面体と
　　　　　共有され，二重の鎖状構造を作る

　　　c．SiO₄四面体の4つの酸素のうち2つが，となりの四面体と共有され，単
　　　　　一の鎖状構造を作る

　　　d．SiO₄四面体の4つの酸素すべてが，となりの四面体と共有された立体網
　　　　　状構造を作る

　　　e．SiO₄四面体同士は酸素を直接共有せず，四面体の間に他の元素のイオン
　　　　　が配置されている

問 2　下線部(2)の条件に該当する場所としてハワイなどのホットスポットがある。
　　　類似の条件が当てはまり，プレートの拡大境界となる場所を何と呼ぶか答え
　　　よ。

問 3　下線部(3)に示す温度が低い地域では，どのような過程で水が供給され，マグマが生成されるのかを 60 字以内で説明せよ。

問 4　下線部(4)で，マグマの冷却に伴って，マグマの化学組成が変化する理由を 50 字以内で説明せよ。

解答編

■英語

Ⅰ　解答　1．(D)

2．老いに関する偏見は，内集団の高齢者も老いに対する否定的な固定観念を持っている点で独特である。(50 字以内)

3．若い人の方が優れており，若い方が良いと捉えること。(25 字以内)

4．(A)

5．老化した体を仮想体験することで，高齢者への認識が変わるかどうかを調べること。(40 字以内)

6．(B)

7．高齢者をあまり尊重しなくなること。(20 字以内)

8．年齢を，若いか老いかの二分法ではなく，境界のあいまいな連続体として捉えること。(40 字以内)

◆━◆全　訳◆━◆

≪老いに対する暗黙の偏見≫

　年齢差別は我々の社会における隠れた偏見である。「古いものには価値がある」という諺は，我々の社会の高齢人口には当てはまらない。年配の人々をだしにしてジョークが作られ，彼らのことを気難しいだの愛らしいだの様々に表現している。年配の人たちは認知能力のことでからかわれ，無視され，真面目には受け止められない。彼らには肉体的，精神的障害があるというような想定が，ますます増大している。しわ予防のクリームやトリートメントは，棚に所狭しとぎっしり並んでいる。英国のエイジコンサーンが 2004 年に行った報告によると，調査対象の 3 人に 1 人が，年配の人たちは「無能で無力」であると考えていた。あからさまな差別や偏見は，違法であり批判も増している。それでも，年齢に対する暗黙の偏見は残存しているのである。

　老いに関する固定観念は，性や人種によって作られる固定観念とは異な

る。それらは，内集団に属する人間ですら同じ否定的固定観念を持っているという点で独特である。我々が生まれてからの 50 数年にわたって，加齢に関連する否定的な固定観念を目にして内面化していると，暗黙の偏見が非常に強いために，我々は内集団の強い絆の構築を可能にしてくれるメカニズムを発展させるチャンスがないのである。我々は自身が高齢に対して持っている暗黙の偏見を通じて年齢を重ねていくので，自分たちの疎外化に共謀することもままある。これは，暗黙の外集団びいきにつながる。そこでは，高齢者はより若い集団と強く結びついていると見られる。ある人が「自分が感じている年齢が，自分の年齢だ」と言ったり，「心は若い」という言い回しを使ったり，彼らは「気持ちは年をとっていない」と主張したりするときは，彼らは加齢に関わる暗黙の偏見や恐怖の一端を見せているのである。加齢は，暗黙の偏見の中でも非常に目立つ否定的なものであり，加齢に関連するものの大半は「知力を失うこと」，そしてその後の避けられない死に対する不安や怖れに関わるものなのである。他の固定観念とは違って，我々の内集団と仲間になることには何の利点もない。それどころか，健康や長寿の恩恵をもたらすのは外集団の方なのだ。

　否定的な年齢関連の暗黙の偏見は，否定的なイメージの下で描かれた高齢者像を見ることを通して，閾下プライミングによって形成されるのだが，肯定的なロールモデルといった目に見える肯定的な刺激を示すことによって，その効果が一時的に逆転する可能性もある。けれども，これは非常に珍しい種類の偏見であり，そこでは通常の内集団への愛着や所属とは対照的に，外集団びいきが重要なものなので，高齢者が自分自身について持ってしまっている暗黙の偏見や否定的な固定観念，美容の行為や治療処置によって，老化を阻止しようという試みを一部の個人にけしかける固定観念に対処することが肝要なのである。スタンフォード大学の社会学者ダグ＝マッカダムはこれを『認知的解放』と呼んでおり，そこでは，人々は自らの状況を不当なもの，集団的活動で変化させることができるものとして，集合的（かつ個人的）に認識し定義しなければならない。

　仮想的身体化――仮想の体が自分の体として見える，没入型の仮想現実内に作られたある錯覚――は，新しい調査環境の中で，高齢者への偏見に対処するために用いられた。この特殊な実験では，30 人の若者がバルセロナ大学で募られたのだが，これは，老化した仮想の体（この場合は

アルバート＝アインシュタインの体）を持つことが，高齢者に対する人の認識を変え得るかどうかを確かめるためであった。被験者たちの認知能力を高めながらも，老化した体を身体化することで，彼らの年齢への見方は変化し，高齢に対する暗黙の偏見は減少することになったのである。被験者たちは年をとることを想像する必要はなかった。彼らは老人の体に宿り，その体を直接体験したのだ。ここでは，変形した自己は外集団（この場合は老人）に似ているので，その外集団に関係している否定的な価値は乱され，したがって外集団への偏見は小さくなるのである。自己に対する認識を作り替えることによって，それに関わる心理的な特徴も変形し得る。しかし，この特殊な場合においては，暗黙の偏見がこのように変化したのは著名人（アインシュタイン）との関連性によるものなのか，あるいは真に，変形した自己という仮想の幻想によるものなのかは明確ではない。ほかにも黒人の仮想の肉体を与えられた白人を用いた実験があったが，それによって示されたのは彼らの黒人への暗黙の偏見が小さくなり，その状態が少なくとも 1 週間継続したということであった。文字通り「他人の靴に足を入れる」ことは，我々に他者の経験に対する重要な観点を与え，我々が持つ偏見をここまで最小限にすることが可能なのである。

　『この椅子は揺れ動く――年齢差別反対宣言』の著者であるアシュトン＝アップルホワイトは，我々が加齢関連で使用し，高齢者に言及する際に使用する単語や言葉づかいは問題であると述べている。なぜなら，「もし我々が自分たちの社会に存在する年配者への配慮を言葉の上で軽んじるならば，政策の組み立て方に関しても全く同じことをする可能性がある――回復力や独立ではなく，弱さや依存性を前提とした一般化によって，彼らの威厳や行為主体であるという意識を取り去ってしまう――」からだ。アシュトンは，若いか老いているか，という二分法による世界の見方に，また，「年配者」のような，ある均一の集団を示唆する語に異議を唱えている。年齢を連続体だと捉えるならば，我々は過剰な一般化の影響をできる限り小さくできるだろう。

━━━━━━━━━━◀解　説▶━━━━━━━━━━

1．(A)「～を精神的に傷つけて」　(B)「～にお金を費やして」　(C)「～を失って」　(D)「～に敬意を払わないで」

　at the expense of ～ は「～をだしにして，～を犠牲にして」という意

味なので，これに最も近いのは(D)である。(A)は，後の lovable を考えると，高齢者を精神的に傷つけているとまでは言えず，最適ではない。ここでは(D)の方が適当である。

2．They が指しているのは，直前の文の Age-related stereotypes「老い〔年齢〕に関する固定観念」である。どのような点かについては，それを示す表現 in the way 以下で述べられている。老いの固定観念は，高齢者自身も，老いに対する否定的な固定観念を持っているという点で独特なのである。

3．out-group favouritism「外集団びいき」は，直後の where 以下が説明になっている。つまりは，外集団（＝若い人たちの集団）の方が優れていると捉え，若さを良いものと捉えることである。その後の3つの引用がいずれも，若いことをプラスイメージ，老いていることをマイナスイメージとしていることからも分かる。これらの内容をまとめる。

4．(A)「（困難など）に立ち向かう」 (B)「（人・主義・意見など）を擁護する」 (C)「〜について演説をする」 (D)「〜について手紙を送る」

　当該部分の address は他動詞で，「（困難な状況・問題など）に取り組む，対処する」という意味である。これに最も近いのは(A)である。

5．当該文の to see は不定詞の副詞的用法で，被験者を募集した目的（＝実験の目的）を説明している。この部分が解答にかかわる内容となる。if 〜 は「〜かどうか」という意味で，see の目的語になっている。

6．(ア)には，直前の out-group がどういう人たちであるかを説明する語が入る。この実験では，若い被験者が集められて，仮想現実で老いた体を与えられているので，内集団が若者，外集団が高齢者という図式になっているはずである。よって(ア)は older となる。また，2つ前の文（While also enhancing …）で，この実験結果が偏見の減少であったと記されていることから，(イ)には reduced が入る。よって，(B)の組み合わせが正解である。

7．do the same の内容は，代動詞 do が用いられていることから，下線部の前にある。引用符で区切られた文だから，該当するのは diminish our … our society である。この箇所を訳せばよい。

8．当該部分の意味は「年齢を連続体だと捉える」となる。ここでの spectrum は「境界の曖昧な一続きのもの，連続するもの」の意味である。前文では，若い・老いの二分法に疑問を投げかけ，「高齢者」と人々を一

括りにするような表現はいけないと述べている。このことから，年齢は二分法で捉えるものではなく，グラデーションのある連続体として捉えるものだと述べていると考える。

Ⅱ **解答** 1．ラットにジャンクフードのみを与え，学習と記憶にどんな影響があるかを調べること。(40 字以内)

2．(B)

3．脳からの空腹や満腹の信号を伝え，食物が体内を通過する速度を制御する。(35 字以内)

4．脳と消化器官がメッセージのやり取りを絶えず行っていること。(30 字以内)

5．(5) bugs (6) messages

6．ジャンクフードを食べ続けたために，消化器官内の微生物群の多様性が失われたから。(40 字以内)

7．(A)

━━━━◆全 訳◆━━━━

≪消化器官内のバクテリアが脳に与える影響≫

マーガレット＝モリスがスーパーに行くと，人々は「パーティーでもするんですか」と尋ねてくる。彼女のカートが，フライドポテトやチーズケーキやミートパイやその他のおいしいごちそうでいっぱいだからだ。「おすすめ品を探しながらうろついているの」と彼女は言う。「食品に大金を使うの」 モリスは神経科学者──脳を研究する人物──である。彼女はオーストラリアのシドニーにあるニューサウスウェールズ大学に勤めている。そう，彼女はパーティーを開こうとしているのだ。しかし彼女のお客は人間ではない。このファストフードのごちそうは，彼女の研究室のラットに届けられることになっている。数週間，ラットたちはジャンクフードのみを食べた。そしてその後，モリスと研究仲間はラットに一連の作業をさせ，その学習と記憶の限界を調べる。

モリスが研究しているのは，いわゆる「消化器官─脳の軸」である。それは，脳と消化器官との間に発生する進行中の会話を表している。このおしゃべりのために，我々の内臓──そして内臓内に住む微生物も──は我々の考え方や振る舞い方に影響を与えることができる。今度は，脳が胃

や腸やバクテリアの居住者に話し返すことができる。我々の消化器官の居住者が脳に影響を与える様子を研究することで，モリスと他の科学者たちは，人間のちょうどどのくらいの部分が食べる物でできているのかを見つけ出そうとしている。その結果は，我々がいつか，自分の気持ちや行動を変えることを可能にするものかもしれない――食品と微生物を適切に組み合わせることによって。

　我々の脳が消化器官に信号を送って，消化や他の仕事を制御しているとしても，驚くにはあたらない。脳は迷走神経経由で指令を送る。この長い組織は，脳のまさに根本の部分から消化器官へとうねりながら下っていく。その途中，迷走神経は他の多くの器官に触れる。脳はホルモン――脳が血流中に送り込む化学信号――を作る。これらのホルモンも消化器官へと流れていくのである。迷走神経もホルモンも，空腹や満腹を信号で伝えることができる。それらは，食物がどの程度の速度で体内を通過していくかを制御することもできるのである。

　しかし，消化器官は聞き役をするだけではない。話し返すこともあるのである。胃や腸の内部の微生物は，食物を分解する手助けをする。そういった微生物は，自身が化学的使者として機能する廃棄物を作り出す。これらの廃棄分子は，体内の他の部分の至る所で，信号の連鎖を引き起こすことができる。微生物のクロストークには，胃の内壁細胞を促して免疫システムに化学的テキストメッセージを送らせるものもある。このことによって我々は感染症から守られるのだ。迷走神経を通して，脳に分子の信号を送り返す微生物もいる。血流中にメッセージ――ホルモン――を注入する微生物もいて，そのホルモンは血流を通して脳へと移動するのである。そのホルモンは記憶力から心的状態まで，あらゆるものに影響を与え得る。

　脳と消化器官は，ほとばしるようなメッセージを絶えず送ったり送り返したりしており，その数はどのようなソーシャルメディアよりも多い。エイムズにあるアイオワ州立大学の微生物内分泌学者マーク＝ライトによると，その穏やかな交流は，重大な目的に役立っている。「あなたの消化器官内には数兆個の微生物がいて，ご自身の栄養の多くはそれらに頼っているのです。しかし，それらはあなたに頼って自分自身の命を維持しています」と彼は語る。「微生物はあなたと意思疎通する必要があり，あなたは微生物と意思疎通する必要があるのです」　まさしく，メッセージが伝え

る内容は，そのメッセージをだれが送っているかに左右される。果物や野菜で満たされた消化器官は，ポテトチップスやソーダやその他のジャンクフードの食事に慣れた消化器官とは異なる微生物群を収容するであろう。そして，メッセージを送る消化器官内微生物群がそのように異なれば，我々の脳に与える影響も異なるかもしれない。

　モリスのラットパーティーが登場するのはここである。実験室のラットは，ケーキや揚げ物だらけのジャンクフードの食事を 2 週間与えられた後，記憶テストを受ける。それぞれのラットは，いろいろな物であふれた場所を嗅ぎまわる。それから，そのラットがいなくなった後で，モリスと共同研究者たちは物体のいくつかの位置をあちこちに変える。翌日，彼らはラットを同じ場所に戻す。ラットが備品の変化に気づいた場合は，移動した物の周囲を嗅ぎまわるのに，より多くの時間をかけるだろう。このような実験は，海馬と呼ばれる脳内の領域（1 つの脳に 2 つ存在する）に依存している。この領域は，学習と記憶にとって非常に重要である。しかし，数週間ジャンクフードを食べた後は，ラットの海馬はもはやそれほどうまく働かなくなっているのである。そのラットたちは，健康的な食物を食べたラットとは違って，どの物体が動かされたのか見極められないようなのだ。これは彼らの消化器官内微生物のせいなのだろうか。モリスと彼女のグループの発見では，ファストフードの食事をとったラットたちは，消化器官内の微生物群の多様性が小さいのである。だが，科学者たちが，ジャンクフードを食べていた動物に善玉菌——有益な消化器官バクテリアの混合——を多量に投与すると，彼らの消化器官の多様性は回復したのである。彼らの記憶力も改善された。モリスと共同研究者たちは，2017 年 3 月の『分子精神医学』の中で自分たちの発見を発表した。

◀解　説▶

1．パーティーの目的は，第 1 段最終文（After a few weeks …）で示されている。ラットが不健康な食物だけを摂取したら，彼らの学習と記憶の限界がどうなるかを調べることである。

2．(A)「消化器官と脳の期待」　(B)「消化器官と脳の相互作用」　(C)「消化器官と脳の分離」　(D)「消化器官と脳の統合」

　axis は「枢軸」という意味で，これは同盟国間の友好・協同の関係を指す。これに最も近い意味を持つのは(B)である。axis の意味がわからな

い場合でも，直後の文（It refers to …）の「脳と消化器官との間に発生する会話」という説明から類推可能である。

3．当該文の can 以下，および直後の文（They can control, …）で説明されているように，空腹や満腹を伝えたり，食物の通過の速度を制御したりするのがその役割である。

4．当該部分の意味は「その穏やかな交流」となるが，前の内容を指す that があることから，これは第5段第1文（The brain and gut …）にある「ほとばしるようなメッセージを絶えず送ったり送り返したりしている」ことを指す。

5．(5)の them は直前の第5段第4・5文（But they rely …）の they（They），第3文（"You have trillions …）の them と同一であり，これらはすべて第3文の trillions of bugs「数兆個の微生物」を指している。よって解答となる1語は bugs である。

　(6)の them は動詞 is sending の目的語になっている点から，直前の the messages であると考えられる。よって解答となる1語は messages である。

6．当該箇所の意味は「ラットの海馬はもはやそれほどうまく働かなくなっている」となる。その3文後（Rats that dine …）に「ファストフードの食事をとったラットたちは，消化器官内の微生物群の多様性が小さい」とあり，これが理由であると考えられる。

7．(A)「有益な」　(B)「有害な」　(C)「影響力のある」　(D)「中立の」

　当該箇所は「〜な消化器官バクテリアの混合」という意味で，この部分はダッシュ直前の「プロバイオティック」を言い換えたものである。「善玉菌」を表すが，これを知らなくても，次の文の「記憶力も改善した」という内容から，プラスの意味のものが入ると推測できる。よって(A)が最も適切である。

Ⅲ　解答

[A] (1) 3番目：①　5番目：⑥

(2) 3番目：①　5番目：⑥

(3) 3番目：③　5番目：⑥

[B]＜解答例＞I think it is good that retail outlets have stopped offering plastic shopping bags for free. It will promote ecology movements. Reducing the actual use and disposal of plastic products is not the only aim of this campaign. The greater aim is to make people recognize the importance of reusing natural materials without relying on plastic ones. When we start to bring our own bags for shopping, we will be motivated to give up using plastic products in many situations besides shopping, which will help conserve the global environment. I think we need more motivation to take action for protecting the environment. (100 語程度)

〰〰〰〰〰〰◆全　訳◆〰〰〰〰〰〰〰〰〰〰〰〰〰〰〰〰〰〰〰〰

[A] ≪武士道の起源≫

　武士道，すなわち「戦士の作法」は，日本人からも国外から日本を観察する人からも，しばしば日本文化の礎石と見なされる。武士道が発達したのがいつなのかを正確に言うことは難しい。きっと，武士道の基本理念──親族や君主への忠誠，個人としての誇り，戦闘での勇敢さや技術，死に直面したときの勇気など──の多くは，何世紀にもわたって，侍にとって重要であったのだろう。面白いことに，古代や中世の日本を研究する学者は，武士道を明治から昭和にかけての近代的な発明であると称することが多い。一方，明治から昭和の日本を研究する学者は，武士道の起源についてより知るためには，古代および中世の歴史を勉強するよう読者に指図する。どちらの立場も，ある意味では正しい。『武士道』という語は，明治維新後までは現れることがなかったのだが，武士道に包含される観念の多くは徳川時代には存在していたのである。

[B] ≪プラスチック削減の取り組み≫

　日本は 2020 年の 7 月に，コンビニ，スーパー，ドラッグストア，その他の小売販売店に，レジ袋を有料にすることを求め始めた。その新しい試みは，買い物客に自分の買い物袋を持ってくるよう奨励することが目的で，プラスチック使用の削減で日本が他国に後れを取っているために生じたものである。中国，英国，フランス，韓国は，レジ袋をすでに有料化し始めた国々である。海外には，レジ袋以外にも，プラスチック規制の範囲を皿やストローにまで拡大した国もある。日本も，弁当箱やストローやボトルや食品の包みなどの，他の使い捨てプラスチック製品の削減や再利用を議論し始めるべきであると述べる専門家もいる。試算では，毎年 800 万トン

以上のプラスチックごみが海に流れ込んでいる。国連のデータによると，日本は一人当たりの量が米国に次いで多かったのである。

■■■■■■■■■■ ◀解　説▶ ■■■■■■■■■■

［A］⑴　この部分の主語は，最初のダッシュの前にある many of the basic ideas of *bushidō* なので，動詞が続くことになる。過去分詞 been があることから，完了形の have likely been が予想される。また，完了形になることから，期間を表す for (centuries) で終わることも想定できる。been に続くのは補語となる important，さらに to samurai と続いて「侍にとって重要な」という意味になる。したがって，have likely been important to samurai for となる。

⑵　まず注目すべきは direct である。この部分は関係代名詞 who を含んでいるので，動詞が２つあると考えられる。１つは study であり，direct の他には動詞の候補が見当たらないので，direct は動詞として用いられていると捉える。direct *A* to *do* で「*A* に〜するように指図する」となり，直後の to study がこの表現の不定詞部分に該当すると考えることができる。また，全体の構図としては，「学者が読者に指図する」となるはずなので，*A* が readers となり，who の先行詞が scholars となる。したがって，scholars who study Meiji and Shōwa Japan direct readers となる。

⑶　当該文の主語は The word "*bushidō*" で，これに続く動詞は did not appear になると考えられる。また，全体の構文は，do [does / did] not *do* until …「…まで〜しない，…になって初めて〜する」になると想定されるので，until after the Meiji Restoration が続く。したがって，did not appear until after the Meiji Restoration となる。

［B］「内容に関連づけながら，環境への取り組みに対するあなたの考えを述べよ」という設問なので，レジ袋の有料化が環境保護にどのようにつながるかに論点を広げていくべきであろう。〔解答例〕は，環境保護の取り組みに対する動機付けの観点から書いたものである。マイバッグを持参することで，環境保護意識が高まり，それ以外の状況でもプラスチック使用を止める気になると述べた。

❖講　評

　2021 年度は，2020 年度とほぼ同様の出題内容で，大問ⅠとⅡは長文読解問題，大問Ⅲが語句整序問題と意見論述の英作文問題という構成であった。

　Ⅰ　老いに対する偏見を扱った評論である。下線部の語句について日本語での内容説明を求める設問が 5 問，同意表現が 2 問，空所補充が 1 問となっている。内容説明は，解答に関わる箇所が比較的見つけやすいが，字数制限があるので，自分の言葉で言い換えることが求められている。同意表現と空所補充は標準的なレベルである。

　Ⅱ　脳と消化器官との情報のやり取りについての英文。内容説明が 5 問，同意表現が 1 問，空所補充が 1 問となっている。大問Ⅰと比較して，英文の量に大きな違いはなく，出題傾向もよく似ているので，主な注意事項はⅠとほぼ同じである。

　Ⅲ　[A] の語句整序問題は，並べ替えたときに 3 番目と 5 番目にくるものを選ぶ形式である。日本語が与えられていないので，前後の流れに注目しつつ，文法や語法・構文の知識で対応していくことになる。[B] の英作文問題は，レジ袋の有料化を取り上げて，環境への取り組みに対する意見を述べる問題。語数以外に条件はない。比較的書きやすいテーマなので，しっかりとした意見を書き上げてほしい。

地理

Ⅰ 　**解答**　　氷河の侵食作用で形成されたU字谷の低平な谷底には，
LSL のような氷河湖がみられるほか草地が広がってお
り，家屋が建ち並ぶ SGL などの集落も立地している。山腹の斜面には広
く森林が分布しているが，気温がより低下する標高の高い斜面では樹木が
生育せずに草地となっているほか，TSC のような砂礫地や露岩も混在し
ている。MRG 付近の高地斜面に広がるこうした草地は乳牛やヤギなどの
高地牧場として伝統的な移牧で利用されてきたが，冬季には積雪で覆われ
るため，近年は谷底とロープウェイで結ばれた FTL 周辺にいくつものリ
フトを架設してスキー場として利用されており，夏季にはトレッキング客
も迎える観光地として整備されている。（300 字以内）

━━━━━━━━◀解　説▶━━━━━━━━

≪スイスの山岳地域の地形と土地利用≫

　図1の中央部にみえる谷は，谷底が平坦であることやシルヴァプラーナ
湖の湖底が谷壁側で急斜面になっていることから氷河の侵食で形成された
U字谷であると判断する。広い谷底は草地で覆われ，セグル集落も立地し
ている。谷を挟む山腹斜面の下部には森林が広がっているが，上部は気温
が低いために樹木が生育せず草地と砂礫地や露岩が混在している。図1が
スイスの山岳地帯を示していることに注意して，アルプス山脈の斜面を利
用して伝統的に行われてきた乳牛やヤギの移牧を想起すれば，森林限界以
上の冷涼なマルグンなどに分布する草地は夏季の放牧地に利用されてきた
と考えられる。また，谷底とロープウェイで結ばれたフルチェラス駅周辺
には，他に4本のリフトが確認できることからスキー場が整備されている
様子が窺える。夏季には多くのトレッキング客が訪れることも推察され，
特徴的な山岳地形が観光業に活用されていることも指摘したい。

Ⅱ 　**解答**　　陸上植物は日中の光合成により大気から多くの二酸化炭
素を吸収し，その半分程度の炭素が呼吸により大気へ戻
されている。植物体に蓄積された炭素も大部分が，落葉や枯死に伴って微

生物に分解される際に大気中に放出される。大気中の二酸化炭素は海洋にも溶け込み，光合成を行う<u>植物プランクトン</u>を介して有機物として海洋生物にとり込まれているが，その排泄物や遺骸が分解されると炭素の大部分は大気に還元される。このように大気と陸地や海洋との間を移動する炭素量は多いものの循環しているにすぎないのに対し，人間が化石燃料を使用することは土壌や海底での蓄積量を上回る炭素を大気中に放出することになり，<u>二酸化炭素濃度</u>の上昇を招くから。(300 字以内)

■■■■■■■■■■◀解　説▶■■■■■■■■■■

≪大気と陸地・海洋間の炭素移動と人間社会における化石燃料の使用≫

　表1より，大気から陸上植物に向かう二酸化炭素は 123 ギガ t であるのに対し，呼吸によって 60 ギガ t が大気に戻されることが読み取れる。光合成を行う陸上植物に残留した 63 ギガ t の炭素も，落葉や枯死に際して土壌微生物の作用で 60 ギガ t が大気に戻されるので，3 ギガ t が土壌中での蓄積量となる。また大気から海洋へ 92 ギガ t の二酸化炭素が移動しているが，そのうち 90 ギガ t が大気に戻され，2 ギガ t が水生生物の排泄物や遺骸として海底に蓄積されていく。以上より，炭素の大部分は大気と陸地・海洋の間を循環していることがわかる。一方，人間社会から大気への二酸化炭素の移動はこうした一連のサイクルに組み込まれておらず，古い地質時代の動植物に由来する化石燃料を燃焼させることは，土壌や海底に蓄積される 5 ギガ t を上回る 9 ギガ t を大気に放出することになり，毎年 4 ギガ t の純増をもたらしていることに気づきたい。

III　**解答**　人口の急増を背景に食料不足が懸念されたインドでは，1960 年代に米や小麦の高収量品種の導入が進められるなど緑の革命が進展し，穀物の生産量が増大した。しかし化学肥料や農薬の大量使用は土壌や地下水の汚染を招いたほか，過剰な灌漑は地下水位の低下や<u>塩害</u>を引き起こすなど環境を悪化させたうえ，種子や農業資材の購入で農民は経済的に困窮し，農業の持続可能性が脅かされた。経済成長が進んだ近年は，都市部を中心に<u>生活様式</u>が変化するとともに，野菜，果物，乳製品，卵などの需要が高まって園芸農業や畜産業が成長したものの，依然として零細で生産性の低い農業が営まれている農村では貧困状態が続き，都市との経済的な<u>格差</u>が拡大している。(300 字以内)

■■■ ◀解　説▶ ■■■

≪インドにおける農業の発展要因と関連する諸問題≫

　インドにおける農業の発展について考察する上で，「緑の革命」と「白い革命」をキーワードとして想起したい。緑の革命は，1960 年代以降にインドを含む多くの発展途上国において，急増する人口に対して食料の増産を目的に推進された取り組みで，高収量品種を導入するとともに化学肥料や農薬の普及，灌漑施設の整備などが図られた。インドでも米や小麦の自給が達成された一方，化学肥料や農薬の使用が土壌汚染や地下水汚染を招き，乾燥した農地での井戸を利用した過剰な灌漑が地下水位の低下や塩害を引き起こしたとされる。また，種子や農薬などの資材を購入することが必要となり，貨幣経済が浸透した農村で貧富の差が拡大した。

　白い革命は，近年のインドで乳製品の消費量が急増した状況をいう。経済発展に伴って乳製品のほか，野菜，果実，卵などの需要も増加し，畜産業や園芸農業の成長が促された。しかし依然として生産性の低い零細な農家が多くを占める農村と都市との経済格差はさらに拡大し，多くの人口が都市へ押し寄せている。

◆講　評

　2021 年度は論述法 3 題（各 300 字）の出題であった。内容としては頻出である地形図読図のほか，自然環境と産業を含む社会・経済分野から出題された。出題分野はオーソドックスであるが，資料の読解に基づく高度な思考力が要求される点が特徴といえる。

　Ⅰ　受験生にとって見慣れない外国の地形図が用いられたが，スイスの地図であることが明記されているので「氷食谷」や「移牧」などを想起することは難しくない。森林限界以上の高地が観光業にも活用されていることを指摘するために，南東部の複数のリフトを読み取りたい。

　Ⅱ　二酸化炭素の移動は，大部分が大気と陸地・海洋間の循環によってもたらされているが，人間社会からの移動はそうした排出と吸収の均衡のとれたサイクルの外部で発生している。表 1 に示された情報を正確に捉えるためには，問題用紙の余白に図を描いてみるのもよい。

　Ⅲ　米や小麦の世界的な生産国となったインドの農業に「緑の革命」が寄与したことは基本事項であり，近年の「白い革命」についても広く

知られている。「関連して起きている諸問題」が適切に記述できるかが
ポイントで，指定語句を手がかりに考察したい。

数学

1 解答

(1)
$$\begin{cases} C_1 : (x-1)^2 + (y+2)^2 = 4^2 \\ C_2 : (x-4)^2 + (y-2)^2 = 20-k \quad \cdots\cdots ① \end{cases}$$

円 C_1 は中心の座標が $(1, -2)$，半径 4 の円である。

①が円の方程式を表すための条件は，k が $20-k>0$ つまり $k<20$ を満たすことであり，このときに円 C_2 は中心の座標が $(4, 2)$，半径 $\sqrt{20-k}$ の円となる。

円 C_1 と円 C_2 が外接するための条件は，[円 C_1 の中心と円 C_2 の中心間の距離]＝[円 C_1 の半径と円 C_2 の半径の和] が成り立つことであるから

$$\sqrt{(4-1)^2 + \{2-(-2)\}^2} = 4 + \sqrt{20-k} \qquad \sqrt{20-k} = 1 \qquad k = 19$$

$k = 19$ は $k<20$ を満たす。

したがって　　$k = 19$　……(答)

(2) $k = 19$ のとき，円 C_2 の半径は $\sqrt{20-19} = 1$ である。

円 C_1 の中心を点 A，円 C_2 の中心を点 B とおく。点 P は線分 AB を $4:1$ に内分する点であるから，点 P の座標は

$$\left(\frac{1\cdot1 + 4\cdot4}{4+1}, \frac{1\cdot(-2) + 4\cdot2}{4+1} \right) \quad \text{より} \quad \left(\frac{17}{5}, \frac{6}{5} \right) \quad ……(答)$$

(3) 円 C_1 と円 C_2 の共通接線のうち点 P を通らない 2 本の一方は直線 $x=5$ である。円 C_1 と直線 $x=5$ の接点を点 C，円 C_2 と直線 $x=5$ の接点を点 D とおくと，△QAC∽△QBD であり，相似比は　　AC : BD = 4 : 1

よって　　AB : QB = 3 : 1

点 Q の座標を $(5, p)$ とおくと

$$\frac{1\cdot(-2) + 3\cdot p}{3+1} = 2$$

より　　$p = \frac{10}{3}$

よって，点 Q の座標は

$$\left(5, \frac{10}{3} \right) \quad ……(答)$$

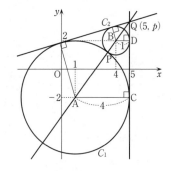

参考1 △QAC∽△QBD であり，相似比は AC : BD = 4 : 1。〔解答〕では，これを AB : QB = 3 : 1 と見直して，内分点の公式に当てはめたが，AC : BD = 4 : 1 のままで扱うと，点 Q は線分 AB を 4 : 1 に外分する点であるから，点 Q の座標は $\left(\dfrac{-1 \cdot 1 + 4 \cdot 4}{4 - 1}, \ \dfrac{-1(-2) + 4 \cdot 2}{4 - 1} \right)$ より $\left(5, \ \dfrac{10}{3} \right)$ となる。このような座標を求めるときには，外分とも内分とも見られて，どちらの公式でも利用できることを知っておこう。

参考2 円 C_1 と円 C_2 の共通接線のうち点 P を通らない 2 本は 2 円の中心を通る直線 AB に関して対称であるから，点 Q は直線 $x = 5$ と直線 AB : $y - 2 = \dfrac{4}{3}(x - 4)$ つまり $y = \dfrac{4}{3}x - \dfrac{10}{3}$ の交点であることから，

$\begin{cases} x = 5 \\ y = \dfrac{4}{3}x - \dfrac{10}{3} \end{cases}$ を連立して解いて，$(x, \ y) = \left(5, \ \dfrac{10}{3} \right)$ を得ることもできる。

━━━◀解　説▶━━━

≪2 円と共通な接線≫

(1)　2 円が外接するための条件を求める問題である。［2 円の中心間の距離］＝［2 円の半径の和］が成り立つことから，k の値を求める。

(2)　2 円が外接する場合の接点の座標を求める問題である。内分比に注目することで，内分点の公式から座標を求める。

(3)　相似な三角形が存在するので，それに注目し，相似比から内分点の公式を用いて，点 Q の座標を求めた。〔参考 1〕のように外分点の公式を用いて直接求めてもよい。また，〔参考 2〕のように，点 Q が直線 $x = 5$ と 2 円の中心を通る直線 AB の交点であることから方程式を連立して求めてもよい。

2 解答

(1) $t = \sin\theta + \cos\theta$

$$= \sqrt{2}\left\{(\sin\theta)\frac{1}{\sqrt{2}} + (\cos\theta)\frac{1}{\sqrt{2}}\right\}$$

$$= \sqrt{2}\left(\sin\theta\cos\frac{\pi}{4} + \cos\theta\sin\frac{\pi}{4}\right)$$

$$= \sqrt{2}\sin\left(\theta + \frac{\pi}{4}\right)$$

$-\dfrac{\pi}{2} < \theta < \dfrac{\pi}{2}$ なので, $-\dfrac{\pi}{4} < \theta + \dfrac{\pi}{4} < \dfrac{3}{4}\pi$ である

から

$$-\frac{1}{\sqrt{2}} < \sin\left(\theta + \frac{\pi}{4}\right) \leqq 1$$

$$-1 < \sqrt{2}\sin\left(\theta + \frac{\pi}{4}\right) \leqq \sqrt{2}$$

$$-1 < t \leqq \sqrt{2} \quad \cdots\cdots(\text{答})$$

(2) $\sin^3\theta + \cos^3\theta = (\sin^2\theta + \cos^2\theta)(\sin\theta + \cos\theta)$

$$- \sin\theta\cos\theta(\sin\theta + \cos\theta)$$

$$= (\sin\theta + \cos\theta) - \sin\theta\cos\theta(\sin\theta + \cos\theta)$$

ここで, $t = \sin\theta + \cos\theta$ の両辺を 2 乗して

$$t^2 = \sin^2\theta + 2\sin\theta\cos\theta + \cos^2\theta = 1 + 2\sin\theta\cos\theta$$

$$\sin\theta\cos\theta = \frac{1}{2}(t^2 - 1)$$

であるから

$$\sin^3\theta + \cos^3\theta = t - \frac{1}{2}(t^2 - 1)\cdot t = -\frac{1}{2}t^3 + \frac{3}{2}t \quad \cdots\cdots(\text{答})$$

$$\cos 4\theta = 1 - 2\sin^2 2\theta$$

$$= 1 - 2(2\sin\theta\cos\theta)^2 = 1 - 8(\sin\theta\cos\theta)^2$$

$$= 1 - 8\left\{\frac{1}{2}(t^2 - 1)\right\}^2 = -2t^4 + 4t^2 - 1 \quad \cdots\cdots(\text{答})$$

参考 $\sin\theta\cos\theta = \dfrac{1}{2}(t^2 - 1)$ としてから

$$(\sin\theta + \cos\theta)^3 = \sin^3\theta + 3\sin^2\theta\cos\theta + 3\sin\theta\cos^2\theta + \cos^3\theta$$

$$\sin^3\theta + \cos^3\theta = (\sin\theta + \cos\theta)^3 - 3\sin\theta\cos\theta(\sin\theta + \cos\theta)$$

$$= t^3 - 3 \cdot \frac{1}{2}(t^2 - 1) t$$

に代入してもよいし，いろいろな変形が考えられる。

〔解答〕では $\sin^2\theta + \cos^2\theta = 1$ も使えるように変形した。

(3)　$\sin^3\theta + \cos^3\theta = \cos 4\theta$ は(2)より次のように変形できる。

$$-\frac{1}{2}t^3 + \frac{3}{2}t = -2t^4 + 4t^2 - 1 \qquad 4t^4 - t^3 - 8t^2 + 3t + 2 = 0$$

$$(t-1)^2(4t^2 + 7t + 2) = 0 \qquad t - 1 = 0 \quad \text{または} \quad 4t^2 + 7t + 2 = 0$$

$$t = 1, \ \frac{-7 \pm \sqrt{17}}{8}$$

このうち，(1)での t の取り得る値の範囲 $-1 < t \leq \sqrt{2}$ を満たすものは

$$t = 1, \ \frac{-7 + \sqrt{17}}{8} \quad \cdots\cdots(\text{答})$$

参考　$\sqrt{16} < \sqrt{17} < \sqrt{25} \qquad 4 < \sqrt{17} < 5 \qquad -3 < -7 + \sqrt{17} < -2$

$$-\frac{3}{8} < \frac{-7 + \sqrt{17}}{8} < -\frac{1}{4}$$

となり，$t = \dfrac{-7 + \sqrt{17}}{8}$ は $-1 < t \leq \sqrt{2}$ を満たすことがわかる。

本問では評価に余裕があるので，ここまでしなくても条件に合致するかどうかはわかるが，微妙な判断を強いられる場合もあるので知っておこう。$2\sqrt{17}$ などの場合には

$$\sqrt{16} < \sqrt{17} < \sqrt{25} \qquad 4 < \sqrt{17} < 5 \qquad 8 < 2\sqrt{17} < 10$$

とはしないこと。最初は幅が 1 だったものが，2 倍することで幅が 2 に広がってしまう。

この場合には，$2\sqrt{17} = \sqrt{68}$ としてから

$$\sqrt{64} < \sqrt{68} < \sqrt{81} \qquad 8 < \sqrt{68} < 9$$

とすること。

◀解　説▶

≪三角関数を含む方程式≫

(1)　$t = \sin\theta + \cos\theta \left(-\dfrac{\pi}{2} < \theta < \dfrac{\pi}{2} \right)$ とおいて，三角関数の合成で変形し，t の取り得る値の範囲を求める問題であり，ここで求めた t の取り得る値の範囲は，(3)での解の吟味に用いられる。

⑵ ⑶の方程式を解く前段階での準備の役目を果たす問題である。余弦の2倍角の公式を用いて変形する。〔参考〕のようにもでき，$\sin^3\theta + \cos^3\theta$ の変形の仕方で計算の仕方は変わってくるが，どのような変形に持ち込んでも大差ない。

⑶ ⑴，⑵の結果を利用して，三角関数を含む方程式を解く。特に⑴で求めた t の取り得る値の範囲に適合するかどうかをチェックすることを忘れないこと。〔参考〕のように $\sqrt{}$ を整数で挟み込んで計算をスタートすれば，$\sqrt{}$ の値の大まかな値を知らない場合でも，精度よく値の範囲を求めることができる。

3 解答

(1)

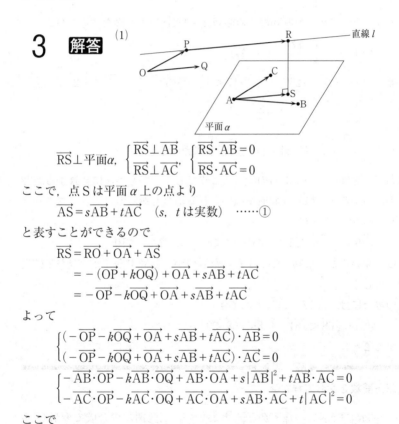

$$\overrightarrow{RS} \perp \text{平面} \alpha, \quad \begin{cases} \overrightarrow{RS} \perp \overrightarrow{AB} \\ \overrightarrow{RS} \perp \overrightarrow{AC} \end{cases}, \quad \begin{cases} \overrightarrow{RS} \cdot \overrightarrow{AB} = 0 \\ \overrightarrow{RS} \cdot \overrightarrow{AC} = 0 \end{cases}$$

ここで，点 S は平面 α 上の点より

$$\overrightarrow{AS} = s\overrightarrow{AB} + t\overrightarrow{AC} \quad (s,\ t は実数) \quad \cdots\cdots ①$$

と表すことができるので

$$\begin{aligned} \overrightarrow{RS} &= \overrightarrow{RO} + \overrightarrow{OA} + \overrightarrow{AS} \\ &= -(\overrightarrow{OP} + k\overrightarrow{OQ}) + \overrightarrow{OA} + s\overrightarrow{AB} + t\overrightarrow{AC} \\ &= -\overrightarrow{OP} - k\overrightarrow{OQ} + \overrightarrow{OA} + s\overrightarrow{AB} + t\overrightarrow{AC} \end{aligned}$$

よって

$$\begin{cases} (-\overrightarrow{OP} - k\overrightarrow{OQ} + \overrightarrow{OA} + s\overrightarrow{AB} + t\overrightarrow{AC}) \cdot \overrightarrow{AB} = 0 \\ (-\overrightarrow{OP} - k\overrightarrow{OQ} + \overrightarrow{OA} + s\overrightarrow{AB} + t\overrightarrow{AC}) \cdot \overrightarrow{AC} = 0 \end{cases}$$

$$\begin{cases} -\overrightarrow{AB} \cdot \overrightarrow{OP} - k\overrightarrow{AB} \cdot \overrightarrow{OQ} + \overrightarrow{AB} \cdot \overrightarrow{OA} + s|\overrightarrow{AB}|^2 + t\overrightarrow{AB} \cdot \overrightarrow{AC} = 0 \\ -\overrightarrow{AC} \cdot \overrightarrow{OP} - k\overrightarrow{AC} \cdot \overrightarrow{OQ} + \overrightarrow{AC} \cdot \overrightarrow{OA} + s\overrightarrow{AB} \cdot \overrightarrow{AC} + t|\overrightarrow{AC}|^2 = 0 \end{cases}$$

ここで

$$\overrightarrow{OA} = (-2,\ 0,\ 0),\quad \overrightarrow{AB} = (2,\ 1,\ 0),\quad \overrightarrow{AC} = (2,\ 0,\ 1),$$
$$\overrightarrow{OP} = (0,\ 5,\ 5),\quad \overrightarrow{OQ} = (1,\ 1,\ 1)$$

よって

$$\begin{cases} \overrightarrow{AB}\cdot\overrightarrow{OP} = 2\cdot0+1\cdot5+0\cdot5 = 5 \\ \overrightarrow{AB}\cdot\overrightarrow{OQ} = 2\cdot1+1\cdot1+0\cdot1 = 3 \\ \overrightarrow{AB}\cdot\overrightarrow{OA} = 2\cdot(-2)+1\cdot0+0\cdot0 = -4 \\ \overrightarrow{AB}\cdot\overrightarrow{AC} = 2\cdot2+1\cdot0+0\cdot1 = 4 \\ \overrightarrow{AC}\cdot\overrightarrow{OP} = 2\cdot0+0\cdot5+1\cdot5 = 5 \\ \overrightarrow{AC}\cdot\overrightarrow{OQ} = 2\cdot1+0\cdot1+1\cdot1 = 3 \\ \overrightarrow{AC}\cdot\overrightarrow{OA} = 2\cdot(-2)+0\cdot0+1\cdot0 = -4 \end{cases}$$

$$\begin{cases} |\overrightarrow{AB}|^2 = 2^2+1^2+0^2 = 5 \\ |\overrightarrow{AC}|^2 = 2^2+0^2+1^2 = 5 \end{cases}$$

したがって

$$\begin{cases} 5s+4t-3k-9 = 0 \\ 4s+5t-3k-9 = 0 \end{cases} \qquad s = \frac{1}{3}k+1, \quad t = \frac{1}{3}k+1$$

①に代入して

$$\overrightarrow{AS} = \left(\frac{1}{3}k+1\right)(\overrightarrow{AB}+\overrightarrow{AC}) = \left(\frac{1}{3}k+1\right)(4,\ 1,\ 1) \quad \cdots\cdots(\text{答})$$

[研究]　方針は同じだが，本問のような問題は，どのタイミングで成分の計算にもっていくかで答案の様子がかなり変わってくる。〔解答〕では最後に成分の計算にもっていく解法で解いた。最初からベクトルの成分の計算に入ると次のようになる。自分にとってどれが一番計算しやすいか研究してみよう。

点Sは平面 α 上の点より

$$\overrightarrow{AS} = s\overrightarrow{AB}+t\overrightarrow{AC} \quad (s,\ t \text{ は実数}) \quad \cdots\cdots①$$

と表すことができるので

$$\overrightarrow{AS} = s(2,\ 1,\ 0)+t(2,\ 0,\ 1) = (2s+2t,\ s,\ t)$$
$$\overrightarrow{RS} = -\overrightarrow{OP}-k\overrightarrow{OQ}+\overrightarrow{OA}+\overrightarrow{AS}$$
$$= -(0,\ 5,\ 5)-k(1,\ 1,\ 1)+(-2,\ 0,\ 0)+(2s+2t,\ s,\ t)$$
$$= (2s+2t-k-2,\ s-k-5,\ t-k-5)$$

$$\begin{cases} \overrightarrow{RS}\cdot\overrightarrow{AB} = 0 \\ \overrightarrow{RS}\cdot\overrightarrow{AC} = 0 \end{cases} \text{より}$$

$$\begin{cases} 2(2s+2t-k-2)+1(s-k-5)+0(t-k-5) = 0 \\ 2(2s+2t-k-2)+0(s-k-5)+1(t-k-5) = 0 \end{cases}$$

$$\begin{cases} 5s + 4t - 3k - 9 = 0 \\ 4s + 5t - 3k - 9 = 0 \end{cases}$$

(2) 点 S が △ABC の内部または周にあるための条件は，①において

$$s \geqq 0 \text{ かつ } t \geqq 0 \text{ かつ } s + t \leqq 1$$

が成り立つことであり，(1)より　　　$s = t = \dfrac{1}{3}k + 1$

したがって　　　$0 \leqq 2\left(\dfrac{1}{3}k + 1\right) \leqq 1$　　　$-3 \leqq k \leqq -\dfrac{3}{2}$　……(答)

━━━━━◀解　説▶━━━━━

≪点が三角形の内部または周にあるための条件≫

(1) 空間ベクトルの問題である。$\overrightarrow{RS} \perp$ 平面 α となるための条件を置き換えることができるようにしておこう。ベクトルの内積計算にもっていき，計算を進めていく。点 R に関する表し方は指定されているので指示に従うこと。

　本問のような問題では，x, y, z のそれぞれの軸を設定して図形を描く必要はない。空間座標では，1 点をとるのに基本的には直方体の対角線に対応させなければならないが，丁寧に図示しても見にくくて，それに見合うだけの効果が得られない場合が多い。それよりも〔解答〕のように全体としての状況が読み取れるような図を描く方が解答の参考になりやすい場合が多い。

(2) ベクトルの表す領域の問題であり，(1)で正解が得られていれば，簡単に解答できる問題である。

4　解答　(1)　$y = px^{\frac{1}{p}}$ より　　　$y' = x^{\frac{1}{p} - 1}$

$y = \log x + q$ より　　　$y' = \dfrac{1}{x}$

曲線 C_1, C_2 が点 (a, b) において，同じ直線を接線にもつための条件は

$$\begin{cases} pa^{\frac{1}{p}} = \log a + q & ……① \\ a^{\frac{1}{p} - 1} = \dfrac{1}{a} & ……② \end{cases}$$

が成り立つことである。

②の両辺に a をかけると　　　$a^{\frac{1}{p}} = 1$

両辺を p 乗して　　$a=1$　……②′

②′ を①に代入して　　$q=p$　……(答)

(2)　(1)より C_2 の方程式は $y=\log x+p$ となり，C_1 と C_2 は点 $(1,\ p)$ において同じ直線に接する。下図の太線で囲まれた部分の面積が S_1 で，網かけ部分の面積が S_2 である。

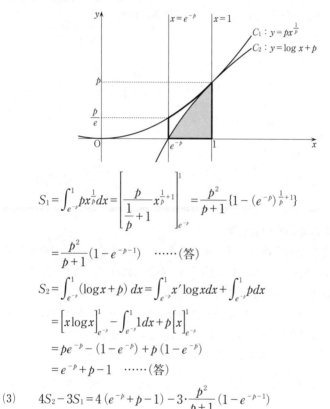

$$S_1=\int_{e^{-p}}^{1}px^{\frac{1}{p}}dx=\left[\frac{p}{\frac{1}{p}+1}x^{\frac{1}{p}+1}\right]_{e^{-p}}^{1}=\frac{p^2}{p+1}\{1-(e^{-p})^{\frac{1}{p}+1}\}$$

$$=\frac{p^2}{p+1}(1-e^{-p-1})\quad\cdots\cdots(答)$$

$$S_2=\int_{e^{-p}}^{1}(\log x+p)\,dx=\int_{e^{-p}}^{1}x'\log xdx+\int_{e^{-p}}^{1}pdx$$

$$=\left[x\log x\right]_{e^{-p}}^{1}-\int_{e^{-p}}^{1}1dx+p\left[x\right]_{e^{-p}}^{1}$$

$$=pe^{-p}-(1-e^{-p})+p(1-e^{-p})$$

$$=e^{-p}+p-1\quad\cdots\cdots(答)$$

(3)　　$4S_2-3S_1=4(e^{-p}+p-1)-3\cdot\dfrac{p^2}{p+1}(1-e^{-p-1})$

$$=\frac{1}{p+1}\{p^2+e^{-p}(3e^{-1}p^2+4p+4)-4\}\quad\cdots\cdots③$$

$f(p)=p^2+e^{-p}(3e^{-1}p^2+4p+4)-4$ とおく。

$$f'(p)=2p-e^{-p}(3e^{-1}p^2+4p+4)+e^{-p}(6e^{-1}p+4)$$

$$=pe^{-p-1}(2e^{p+1}-3p-4e+6)\quad\cdots\cdots④$$

$g(p)=2e^{p+1}-3p-4e+6$ とおく。

$$g'(p)=2e^{p+1}-3$$

ここで，$0<p<1$ より $g'(p)>2e-3>0$ $(2.5<e<3$ による$)$

よって，$g(p)$ は $0<p<1$ で単調に増加して $g(0)=6-2e>0$ であるから $g(p)>0$ である。

これに加えて，④において，$0<p<1$ より $p>0$，$e^{-p-1}>0$

よって，$pe^{-p-1}>0$ でもあるから，$f'(p)>0$ となる。

したがって，$0<p<1$ において，$f(p)$ は単調に増加する。

$$f(0)=4-4=0$$

よって $f(p)>0$

これに加えて，③において，$0<p<1$ より $\dfrac{1}{p+1}>0$

ゆえに，$\dfrac{1}{p+1}\cdot f(p)>0$ となり

$$4S_2-3S_1\geqq0 \qquad 4S_2\geqq3S_1$$

両辺を正の $4S_1$ で割って $\dfrac{S_2}{S_1}\geqq\dfrac{3}{4}$ （証明終）

◀ **解　説** ▶

≪曲線で囲まれた図形の面積≫

(1)　2 つの曲線がある点で共通な接線をもつための条件から，q を p を用いて表す。a の値もわかる。①は C_1 と C_2 がともに点 (a, b) を通るための条件。②は点 (a, b) で同じ傾きの直線に接する条件である。

(2)　(1)で点 (a, b) の x 座標 a の具体的な値がわかり，q も p で表せたので，定積分の計算から S_1，S_2 の 2 つの面積を求める準備が整った。S_1，S_2 を定積分で表して計算する。どちらも基本的な計算である。

(3)　$\dfrac{S_2}{S_1}\geqq\dfrac{3}{4}$ のままでは，証明しにくいので，$4S_2-3S_1\geqq0$ となることを証明する。順に切り分け置き換えていくところがポイントとなる。符号がどのようになるのかを調べる。

$$4S_2-3S_1=\frac{1}{p+1}\{p^2+e^{-p}(3e^{-1}p^2+4p+4)-4\}$$

というように $\dfrac{1}{p+1}$ でくくり

$$f(p)=p^2+e^{-p}(3e^{-1}p^2+4p+4)-4$$

と切り分けて扱う。次に

$$f'(p) = pe^{-p-1}(2e^{p+1} - 3p - 4e + 6)$$

というように pe^{-p-1} でくくり，さらに

$$g(p) = 2e^{p+1} - 3p - 4e + 6$$

と切り分ける。くくった $\dfrac{1}{p+1}$，pe^{-p-1} が正より，$f(p)$，$g(p)$ が正を示

すことで，単調増加を示すことができる。まとめたままで計算を続けてい

くのが難しい場合は，このような手順で解答を進めていくことを覚えてお

こう。

5 **解答**

(1)　直線 l の方程式は $x=2$ である。
　　点 $(1, 0)$ をRとおく。

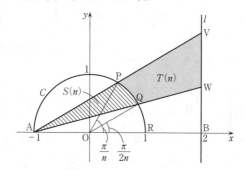

$$S(n) + T(n) = \triangle\text{AVW} = \frac{1}{2} \cdot \text{AB} \cdot \text{VW} \quad \cdots\cdots ①$$

ここで　　AB＝3

直線 AP の方程式は

$$y = \frac{\sin\dfrac{\pi}{n}}{\cos\dfrac{\pi}{n} - (-1)}\{x - (-1)\} = \frac{\sin\dfrac{\pi}{n}}{\cos\dfrac{\pi}{n} + 1}x + \frac{\sin\dfrac{\pi}{n}}{\cos\dfrac{\pi}{n} + 1}$$

よって　　$\text{BV} = \dfrac{3\sin\dfrac{\pi}{n}}{\cos\dfrac{\pi}{n} + 1}$

同様にして $\quad BW = \dfrac{3\sin\dfrac{\pi}{2n}}{\cos\dfrac{\pi}{2n}+1}$

したがって

$$VW = BV - BW = \dfrac{3\sin\dfrac{\pi}{n}}{\cos\dfrac{\pi}{n}+1} - \dfrac{3\sin\dfrac{\pi}{2n}}{\cos\dfrac{\pi}{2n}+1}$$

これを①に代入して

$$S(n) + T(n) = \dfrac{1}{2}\cdot 3\left(\dfrac{3\sin\dfrac{\pi}{n}}{\cos\dfrac{\pi}{n}+1} - \dfrac{3\sin\dfrac{\pi}{2n}}{\cos\dfrac{\pi}{2n}+1}\right)$$

ゆえに

$$\lim_{n\to\infty} n\{S(n) + T(n)\}$$

$$= \lim_{n\to\infty} n\cdot\dfrac{1}{2}\cdot 3\left(\dfrac{3\sin\dfrac{\pi}{n}}{\cos\dfrac{\pi}{n}+1} - \dfrac{3\sin\dfrac{\pi}{2n}}{\cos\dfrac{\pi}{2n}+1}\right)$$

$$= \lim_{n\to\infty}\dfrac{3}{2}\left(\dfrac{3}{\cos\dfrac{\pi}{n}+1}\cdot\dfrac{\sin\dfrac{\pi}{n}}{\dfrac{\pi}{n}}\cdot\pi - \dfrac{3}{\cos\dfrac{\pi}{2n}+1}\cdot\dfrac{\sin\dfrac{\pi}{2n}}{\dfrac{\pi}{2n}}\cdot\dfrac{\pi}{2}\right)$$

$$= \dfrac{3}{2}\left(\dfrac{3}{1+1}\cdot 1\cdot\pi - \dfrac{3}{1+1}\cdot 1\cdot\dfrac{\pi}{2}\right)$$

$$= \dfrac{3}{2}\left(\dfrac{3}{2}\pi - \dfrac{3}{4}\pi\right)$$

$$= \dfrac{9}{8}\pi \quad \cdots\cdots(答)$$

参考 円周角は中心角の $\dfrac{1}{2}$ 倍なので

$$\angle PAB = \dfrac{1}{2}\angle POB = \dfrac{\pi}{2n}$$

$$\angle QAB = \dfrac{1}{2}\angle QOB = \dfrac{\pi}{4n}$$

したがって，直角三角形 ABV において

$$\tan\frac{\pi}{2n}=\frac{BV}{AB} \qquad BV=3\tan\frac{\pi}{2n}$$

直角三角形 ABW において

$$\tan\frac{\pi}{4n}=\frac{BW}{AB} \qquad BW=3\tan\frac{\pi}{4n}$$

したがって

$$VW=BV-BW=3\tan\frac{\pi}{2n}-3\tan\frac{\pi}{4n}$$

としてももちろんよいが，極限を求める際に，結局は sin の部分が必要になるため tan を $\frac{\sin}{\cos}$ と変形することになるので，多少面倒に見える〔解答〕の解法でも問題ない。

(2)　$\displaystyle\lim_{n\to\infty}\frac{T(n)}{S(n)}=\lim_{n\to\infty}\frac{S(n)+T(n)-S(n)}{S(n)}$

$$=\lim_{n\to\infty}\left[\frac{n\{S(n)+T(n)\}}{nS(n)}-1\right]$$

ここで，$\displaystyle\lim_{n\to\infty}nS(n)$ を求める。

　　$S(n)=$［三角形OAPの面積］＋［扇形OPQの面積］

　　　　　　　　　　　　　　　　　　　－［三角形OAQの面積］

$$=\frac{1}{2}\cdot1\cdot1\cdot\sin\left(\pi-\frac{\pi}{n}\right)+\frac{1}{2}\cdot1\cdot1\cdot\left(\frac{\pi}{n}-\frac{\pi}{2n}\right)-\frac{1}{2}\cdot1\cdot1\cdot\sin\left(\pi-\frac{\pi}{2n}\right)$$

$$=\frac{1}{2}\sin\frac{\pi}{n}+\frac{\pi}{4n}-\frac{1}{2}\sin\frac{\pi}{2n}$$

したがって

$$\lim_{n\to\infty}nS(n)=\lim_{n\to\infty}n\left(\frac{1}{2}\sin\frac{\pi}{n}+\frac{\pi}{4n}-\frac{1}{2}\sin\frac{\pi}{2n}\right)$$

$$=\lim_{n\to\infty}\left(\frac{1}{2}\cdot\frac{\sin\frac{\pi}{n}}{\frac{\pi}{n}}\cdot\pi+\frac{\pi}{4}-\frac{1}{2}\cdot\frac{\sin\frac{\pi}{2n}}{\frac{\pi}{2n}}\cdot\frac{\pi}{2}\right)$$

$$=\frac{1}{2}\cdot1\cdot\pi+\frac{\pi}{4}-\frac{1}{2}\cdot1\cdot\frac{\pi}{2}$$

$$=\frac{\pi}{2}$$

ゆえに　　$\displaystyle\lim_{n\to\infty}\frac{T(n)}{S(n)}=\frac{\dfrac{9}{8}\pi}{\dfrac{\pi}{2}}-1=\frac{5}{4}$　……(答)

━━━━━　◀解　説▶　━━━━━

≪面積に関わる極限≫

(1)　面積の和 $S(n)+T(n)$ について，$S(n)$ は(2)のように分割して求めることができる。しかし，$T(n)$ だけを単独では求めにくいから，分割せずに，まとめて求めるとよい。求め方はいろいろ考えられ，〔参考〕のようにしてもよいが，いずれにしても $\displaystyle\lim_{x\to0}\frac{\sin x}{x}=1$ に持ち込んで計算していくことになる。

(2)　(1)で求めたことを利用すると方針を立てたら，変形の仕方が見えてくる。

$\displaystyle\lim_{n\to\infty}\left[\frac{n\{S(n)+T(n)\}}{nS(n)}-1\right]$ と変形して求めることに決めたら，$\displaystyle\lim_{n\to\infty}nS(n)$ を求めることにしよう。$S(n)$ は分割して求めることができる。このように求めるものから逆算していき，何を求めればよいかを考えると方針が立てやすい。

6 解答

(1)　$\dfrac{\omega^2-1}{\omega-1}=\dfrac{(\omega-1)(\omega+1)}{(\omega-1)}=\omega+1$

$\phantom{\dfrac{\omega^2-1}{\omega-1}}=\left(-\dfrac{1}{2}+\dfrac{\sqrt{3}}{2}i\right)+1=\dfrac{1}{2}+\dfrac{\sqrt{3}}{2}i$

$\phantom{\dfrac{\omega^2-1}{\omega-1}}=\cos\dfrac{\pi}{3}+i\sin\dfrac{\pi}{3}$

これは，点 $\mathrm{C}(\omega^2)$ が点 $\mathrm{A}(1)$ を中心に点 $\mathrm{B}(\omega)$ を $\dfrac{\pi}{3}$ だけ回転移動したものであることを示す。

よって，三角形 ABC は正三角形である。　　　　　　　　　（証明終）

別解　$\omega=-\dfrac{1}{2}+\dfrac{\sqrt{3}}{2}i$ より　　$|\omega|=\sqrt{\left(-\dfrac{1}{2}\right)^2+\left(\dfrac{\sqrt{3}}{2}\right)^2}=1$

であるので　　$|\omega^2|=|\omega|^2=1^2=1$

また，$\omega = \cos\dfrac{2}{3}\pi + i\sin\dfrac{2}{3}\pi$ より

$$\omega^3 = \left(\cos\dfrac{2}{3}\pi + i\sin\dfrac{2}{3}\pi\right)^3 = \cos 2\pi + i\sin 2\pi = 1$$

よって

$$\begin{cases} AB = |\omega - 1| \\ BC = |\omega^2 - \omega| = |\omega(\omega - 1)| = |\omega||\omega - 1| = 1|\omega - 1| = |\omega - 1| \\ CA = |1 - \omega^2| = |\omega^3 - \omega^2| = |\omega^2(\omega - 1)| = |\omega^2||\omega - 1| \\ \qquad = 1|\omega - 1| = |\omega - 1| \end{cases}$$

したがって，三角形 ABC は正三角形である。

参考1　$\omega = -\dfrac{1}{2} + \dfrac{\sqrt{3}}{2}i$ であるから

$$\omega^2 = \left(-\dfrac{1}{2} + \dfrac{\sqrt{3}}{2}i\right)^2 = \dfrac{1}{4} - 2 \cdot \dfrac{1}{2} \cdot \dfrac{\sqrt{3}}{2}i - \dfrac{3}{4}$$

$$\qquad = -\dfrac{1}{2} - \dfrac{\sqrt{3}}{2}i$$

$$AB = \left|\left(-\dfrac{1}{2} + \dfrac{\sqrt{3}}{2}i\right) - 1\right| = \left|-\dfrac{3}{2} + \dfrac{\sqrt{3}}{2}i\right|$$

$$\qquad = \sqrt{\left(-\dfrac{3}{2}\right)^2 + \left(\dfrac{\sqrt{3}}{2}\right)^2} = \sqrt{3}$$

$$BC = \left|\left(-\dfrac{1}{2} - \dfrac{\sqrt{3}}{2}i\right) - \left(-\dfrac{1}{2} + \dfrac{\sqrt{3}}{2}i\right)\right|$$

$$\qquad = |-\sqrt{3}i| = \sqrt{3}$$

$$CA = \left|1 - \left(-\dfrac{1}{2} - \dfrac{\sqrt{3}}{2}i\right)\right| = \left|\dfrac{3}{2} + \dfrac{\sqrt{3}}{2}i\right|$$

$$\qquad = \sqrt{\left(\dfrac{3}{2}\right)^2 + \left(\dfrac{\sqrt{3}}{2}\right)^2} = \sqrt{3}$$

よって，三角形 ABC は（一辺の長さが $\sqrt{3}$ の）正三角形である。

参考2　〔参考1〕で特に ω^2 を求めるところでは，ド・モアブルの定理を利用して次のようにしてもよい。

$$\omega^2 = \left(-\dfrac{1}{2} + \dfrac{\sqrt{3}}{2}i\right)^2 = \left(\cos\dfrac{2}{3}\pi + i\sin\dfrac{2}{3}\pi\right)^2$$

$$\qquad = \cos\dfrac{4}{3}\pi + i\sin\dfrac{4}{3}\pi = -\dfrac{1}{2} - \dfrac{\sqrt{3}}{2}i$$

(2)　点 $-z$ は原点に関して点 z と対称な位置にある。

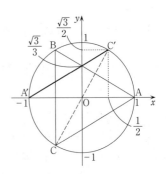

点 -1 を点 A′, 点 $\dfrac{1}{2}+\dfrac{\sqrt{3}}{2}i$ を点 C′ とすると，点 z が辺 AC 上を動くとき，点 $-z$ が描く図形は右図の太線の線分 A′C′ である。

(3)　辺 AB 上を動いているときの z を点 z_1，辺 AC 上を動いているときの z を点 z_2 とおく。

図形 E_1 と図形 E_2 の共有点に対して
$$z_1{}^2 = z_2{}^2$$
が成り立ち
$$(z_1 + z_2)(z_1 - z_2) = 0$$
$$z_1 + z_2 = 0 \quad または \quad z_1 - z_2 = 0$$
$$z_1 = -z_2 \quad または \quad z_1 = z_2$$

z_1 が辺 AB 上の点，z_2 が辺 AC 上の点である，つまり点 $-z_2$ が線分 A′C′ 上の点であることに注意して，$z_1 = -z_2$ のとき，(2)より線分 AB と線分 A′C′ の共有点を求めることにより
$$z_1 = -z_2 = \frac{\sqrt{3}}{3}i$$

また，$z_1 = z_2$ のとき線分 AB と線分 AC の共有点を求めることにより
$$z_1 = z_2 = 1$$

よって　　$\left(\dfrac{\sqrt{3}}{3}i\right)^2 = -\dfrac{1}{3}, \ 1^2 = 1$

したがって，E_1 と E_2 の共有点は　　$-\dfrac{1}{3}$ と 1　……(答)

━━━━━━━◀解　説▶━━━━━━━

≪複素数平面における点の描く図形≫

　虚数の世界は実数の世界とは全くの別物である。自分自身何がわかっていて何がわかっていないのかをきちんと確認しておこう。例えば，(1)の〔別解〕で，$|\omega^2| = |\omega|^2$ としているが，こうなる理由はわかっているだろうか。これは

$$|\alpha\beta|^2 = \alpha\beta \cdot \overline{\alpha\beta} = \alpha\overline{\alpha}\beta\overline{\beta} = |\alpha|^2|\beta|^2 = (|\alpha||\beta|)^2$$

ここで，$|\alpha\beta| \geqq 0$, $|\alpha||\beta| \geqq 0$ であるから

$$|\alpha\beta| = |\alpha||\beta|$$

が成り立ち，これをもとにして

$$|\omega^2| = |\omega||\omega| = |\omega|^2$$

となるのである。もっとさかのぼって，$|\alpha|^2 = \alpha\overline{\alpha}$ はどうだろうか。ド・モアブルの定理がなぜ成り立つのかわかっているだろうか。一つ一つ確認し理解を深めて，頭の中できれいにつながるようにしておくこと。

(1) 複素数平面上で正三角形であることを示す場合には，〔解答〕のように回転移動をもとにして証明することが多い。3 辺が等しいことを示すのであれば，〔別解〕のように示せばよい。〔参考 1〕のように具体的に計算してもよいが，他の解法と比較すると多少要領が悪くなる。各解法を比較検討してみよう。

(2) 図示してみると本問で問われていることは容易にわかる。

(3) (2)で図示をした際の過程も利用して，共有点を表す数を求めることになる。求める共有点は 2 乗したものであることを間違えないようにしよう。

❖講 評

1 2つの円が外接する条件や，2つの円に接する直線の交点を求める易しめのレベルの問題である。2つの接線の交点を求めるところでは相似な三角形に注目するとよい。

2 (3)で三角関数を含む方程式を解くやや易しめの問題であり，それに向けて(1), (2)で準備をするように誘導されている。三角関数の合成をはじめとする三角関数に関する基本的な事項をきちんと理解して処理できるようにしておこう。

3 空間内の点から平面に垂線を下ろしたときに，垂線と平面の交点が平面上にある三角形の内部または周に存在するための条件を求める標準レベルの問題である。

4 2つの曲線がある点で共通な接線をもつための条件を求め，2つの図形の面積の割合の評価につなげる問題である。(3)がやや面倒である。

5 図形の面積に関する極限値を求める標準レベルの問題である。(1)から(2)につながる小問の誘導を意識し，(1)で求めた結果を(2)でどのよう

に利用するのかを考えるところがポイントとなる。

　　6　複素数平面上において，点が正三角形の辺上を動くときの軌跡に関する標準レベルの問題である。

　　6 題いずれの問題も方針の立て方で困るようなところはない。各分野で典型的な手法を用いる素直な問題である。

物理

I **解答** 問1．$e=0$ の場合：衝突の前後で，斜面に平行な方向の速度成分は変化しないが，斜面に垂直な方向の速度成分は0になる。よって，(ア) ……(答)

$e=1$ の場合：衝突の前後で，斜面に平行な方向の速度成分は変化しないが，斜面に垂直な方向の速度成分は大きさは変わらずに向きが逆になる。したがって，(イ) ……(答)

問2．x, y 座標において，$\overrightarrow{v_{/\!/}}=(u_x,\ u_y)$，$\overrightarrow{v_\perp}=(w_x,\ w_y)$ と成分表示する。斜面の傾きの角は $45°$，また $w_y<0$ であるから

$$\left.\begin{aligned}
\overrightarrow{v_{/\!/}}\ \text{の}\ x\ \text{成分は}\quad & u_x=|\overrightarrow{v_{/\!/}}|\cos 45°=(v_0\cos 45°)\frac{1}{\sqrt{2}}=\frac{1}{2}v_0\\[4pt]
y\ \text{成分は}\quad & u_y=|\overrightarrow{v_{/\!/}}|\sin 45°=\frac{1}{2}v_0\\[4pt]
\overrightarrow{v_\perp}\ \text{の}\ x\ \text{成分は}\quad & w_x=|\overrightarrow{v_\perp}|\cos 45°=(v_0\sin 45°)\frac{1}{\sqrt{2}}=\frac{1}{2}v_0\\[4pt]
y\ \text{成分は}\quad & w_y=-|\overrightarrow{v_\perp}|\sin 45°=-\frac{1}{2}v_0
\end{aligned}\right\}\ \cdots\cdots(\text{答})$$

問3．衝突の前後で，小球の速度ベクトルの斜面に平行な成分ベクトルは変化しないが，垂直な成分ベクトルは $\overrightarrow{v_\perp}$ から $-e\overrightarrow{v_\perp}$ に変わるので

$$\overrightarrow{v'}=\overrightarrow{v_{/\!/}}-e\overrightarrow{v_\perp}$$

であり，x, y 座標において，$\overrightarrow{v'}=(v'_x,\ v'_y)$ のように成分表示すると，問2の $(u_x,\ u_y)$，$(w_x,\ w_y)$ を用いて

$$\left.\begin{aligned}
v'_x=u_x-ew_x=\frac{1}{2}v_0-e\frac{1}{2}v_0=\frac{1}{2}(1-e)v_0\\[4pt]
v'_y=u_y-ew_y=\frac{1}{2}v_0-\left(-\frac{1}{2}v_0\right)=\frac{1}{2}(1+e)v_0
\end{aligned}\right\}\ \cdots\cdots(\text{答})$$

問4．x 軸方向は等速度運動，y 軸方向は等加速度運動をする。求める x 座標を x，y 座標を y とし，問3の v'_x，v'_y を用いて

$$x = v'_x t = \frac{1}{2}(1-e)v_0 t$$

$$y = v'_y t - \frac{1}{2}gt^2 = \frac{1}{2}(1+e)v_0 t - \frac{1}{2}gt^2$$

$\Bigg\}$ ……(答)

問5. 問4の $x,\ y$ の式から t を消去して

$$y = \frac{1}{2}(1+e)v_0 \times \left\{\frac{2x}{(1-e)v_0}\right\} - \frac{1}{2}g\left\{\frac{2x}{(1-e)v_0}\right\}^2$$

$$= \frac{1+e}{1-e}x - \frac{2g}{(1-e)^2 v_0^2}x^2$$

したがって　　$a = \dfrac{1+e}{1-e}$, $b = -\dfrac{2g}{(1-e)^2 v_0^2}$　……(答)

問6. 点Aの $(x,\ y)$ 座標は $\left(\dfrac{h}{2},\ \dfrac{h}{2}\right)$ であり，小球の軌道が $x = \dfrac{h}{2}$ にお

いて，$y > \dfrac{h}{2}$ であればよいから，問5の y の式を用いて

$$y = \frac{1+e}{1-e}\cdot\frac{h}{2} - \frac{2g}{(1-e)^2 v_0^2}\left(\frac{h}{2}\right)^2 > \frac{h}{2}$$

上式より　　$v_0 > \sqrt{\dfrac{gh}{2e(1-e)}}$　　$\therefore\ V = \sqrt{\dfrac{gh}{2e(1-e)}}$　……(答)

◀解　説▶

≪斜面に衝突した小球の放物運動≫

問1. 滑らかな斜面との衝突では，面に平行な方向
には小球は力を受けない。面に垂直な速度成分は，
反発係数の定義にしたがって変化する。

問2・問3. 右図のような図を描いて対処するとよ
い。$\overrightarrow{v_\perp}$ の y 成分は負になることに注意。

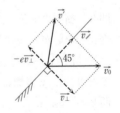

II **解答** 問1. ア. $\dfrac{\varepsilon_0 L^2}{d}$　イ. $\dfrac{\varepsilon_0 L^2 V_0}{d}$　ウ. $\dfrac{V_0}{d}$　エ. $\dfrac{\varepsilon_0 L^2 V_0^2}{2d}$

問2. (a)

	電位	電場
誘電体	③	⑪
導体	⑧	⑩

(b)　オ. 図1のコンデンサーの電気容量（アの答え）を C_0〔F〕とする。

図 2 のコンデンサーは，3 つのコンデンサーの直列接続と同等なので合成容量を $C_1〔\text{F}〕$ とすると

$$\frac{1}{C_1}=\frac{1}{4C_0}+\frac{1}{2\varepsilon_r C_0}+\frac{1}{4C_0} \qquad C_1=\frac{2\varepsilon_r}{\varepsilon_r+1}C_0$$

求める電位を $V_1〔\text{V}〕$ とすると，問 1 の場合と電気量は同じだから

$$C_0 V_0 = C_1 V_1 = \frac{2\varepsilon_r}{\varepsilon_r+1}C_0 V_1 \qquad \therefore \quad V_1=\frac{\varepsilon_r+1}{2\varepsilon_r}V_0〔\text{V}〕 \quad \cdots\cdots(答)$$

別解　真空部分の電場はウの答えと同じである。真空部分，誘電体部分の電場の強さをそれぞれ $E_0〔\text{V/m}〕$，$E'〔\text{V/m}〕$ とすると

$$E'=\frac{1}{\varepsilon_r}E_0 \qquad E'd=\frac{1}{\varepsilon_r}E_0 d=\frac{1}{\varepsilon_r}V_0$$

したがって，求める電位を $V_1〔\text{V}〕$ とすると

$$V_1=E_0\cdot\frac{d}{2}+E'\cdot\frac{d}{2}=\frac{1}{2}\left(1+\frac{1}{\varepsilon_r}\right)V_0=\frac{\varepsilon_r+1}{2\varepsilon_r}V_0〔\text{V}〕$$

カ．導体部分は導線と見なしてよいから，全体としては，$4C_0〔\text{F}〕$ のコンデンサー 2 個の直列接続であり，合成容量を $C_1'〔\text{F}〕$ とすると

$$C_1'=2C_0$$

したがって，求める電位を $V_1'〔\text{V}〕$ とすると，オと同様にして

$$C_0 V_0 = C_1' V_1' = 2C_0 V_1' \qquad \therefore \quad V_1'=\frac{1}{2}V_0〔\text{V}〕 \quad \cdots\cdots(答)$$

別解　導体内部の電場は 0 で，真空部分の電場はウの答えと同じだから，求める電位を $V_1'〔\text{V}〕$ とすると，オの〔別解〕の E_0 を用いて

$$V_1'=E_0\cdot\frac{d}{2}=\frac{1}{2}V_0〔\text{V}〕$$

問 3．キ．$y<0$ の部分は，3 つのコンデンサーの直列接続と見なせるので，その合成容量を $C_2〔\text{F}〕$ とすると，オの C_0 を用いて

$$\frac{1}{C_2}=\frac{1}{2C_0}+\frac{1}{\varepsilon_r C_0}+\frac{1}{2C_0}=\frac{\varepsilon_r+1}{\varepsilon_r}\cdot\frac{1}{C_0} \qquad \therefore \quad C_2=\frac{\varepsilon_r}{\varepsilon_r+1}C_0$$

このコンデンサーと $y>0$ の部分のコンデンサーが並列に接続されているから，求める電気容量（合成容量）を $C_3〔\text{F}〕$ とすると，アの答えを用いて

$$C_3=C_2+\frac{1}{2}C_0=\frac{3\varepsilon_r+1}{2(\varepsilon_r+1)}C_0=\frac{(3\varepsilon_r+1)\varepsilon_0 L^2}{2(\varepsilon_r+1)d}〔\text{F}〕 \quad \cdots\cdots(答)$$

ク．求める静電エネルギーを U〔J〕とすると，キの C_3 を用いて

$$U = \frac{1}{2} C_3 V_0{}^2 = \frac{(3\varepsilon_r + 1)\,\varepsilon_0 L^2 V_0{}^2}{4\,(\varepsilon_r + 1)\,d}\text{〔J〕}\quad\cdots\cdots\text{(答)}$$

◆解　説▶

≪極板間に誘電体・導体が挿入された平行板コンデンサー≫

問 1．ア．金属板の面積は L^2 なので，求める電気容量を C_0〔F〕とすると

$$C_0 = \frac{\varepsilon_0 L^2}{d}\text{〔F〕}$$

イ．求める電気量を Q_0〔C〕とすると　　　$Q_0 = C_0 V_0 = \dfrac{\varepsilon_0 L^2 V_0}{d}$〔C〕

上側の金属板には正電荷が蓄えられている。

ウ．求める電場の強さを E_0〔V/m〕とすると　　　$E_0 = \dfrac{V_0}{d}$〔V/m〕

エ．金属板間の電圧は V_0 だから，求める静電エネルギーを U_0〔J〕とすると

$$U_0 = \frac{1}{2} C_0 V_0{}^2 = \frac{\varepsilon_0 L^2 V_0{}^2}{2d}\text{〔J〕}$$

問 2．(a)　誘電体を挿入した場合：コンデンサーの両極の電気量の絶対値は等しいから，2 つの真空部分 $\left(0 < z < \dfrac{d}{4}\ \text{と}\ \dfrac{3}{4}d < z < d\right)$ の電場の強さは等しく，ウの E_0 である。誘電体内部では，外部電場（E_0）による誘電分極によって外部電場とは逆向きの電場が生じるため，電場は真空部分の電場（E_0）より弱くなる。したがって電場のグラフは⑪である。電場の大きさは電位のグラフの傾きの大きさに等しく，電位は電場の向きとは逆向きに上がるので，電位のグラフは③である。

導体を挿入した場合：2 つの真空部分の電場は「誘電体を挿入」の場合と同じだが，導体内部では電場の強さは 0 なので，電場のグラフは⑩である。電位については，「誘電体を挿入」の場合と同様に考えればよく，特に導体内部は等電位なので，グラフは⑧である。

(b)　オ．図 2 の状況は 3 つのコンデンサーの直列接続と同等である。電気容量は比誘電率に比例し，極板間隔に反比例する。なお，(a)の解答のグラフからもわかる通り，両金属板の電位差は，誘電体の z 軸方向の位置には

無関係なので，全体の電気容量も誘電体の位置には無関係である。つまり，誘電体（あるいは導体）を片方の金属板に接触させていても全体の電気容量は変化しない。

〔別解〕比誘電率 ε_r の誘電体を一様な電場 E_0 の中に置いた場合，誘電体内の電場を E' とすると，E_0 と E' の間には $E' = \dfrac{1}{\varepsilon_r}E_0$ の関係式が成り立つ。この関係式は，例えば図 1 で金属板間を比誘電率 ε_r の誘電体で満たしたとき，金属板間の電位差が $\dfrac{1}{\varepsilon_r}V_0$ になることから導かれる。

カ．オと同様に扱えばよいが，〔解答〕に記したように導体部分は単なる導線と見なせばよい。

問 3．キ．図 4 の金属板部分は，左半分と右半分が並列接続になっている。左半分は，オと同様に考えればよい。

Ⅲ　解答　問 1．ア．2　イ．$\dfrac{3}{2}$

問 2．ウ．P_0　エ．$\dfrac{P_0 Sl}{R}$

問 3．オ．ピストンに働く重力のシリンダー（の長さ）方向の成分は $Mg\sin\theta$ である。したがって，求める圧力を P'〔Pa〕として，ピストンに働く力のつり合いより

$$P'S + Mg\sin\theta = P_0 S \quad \therefore \quad P' = P_0 - \frac{Mg\sin\theta}{S}\ \text{〔Pa〕} \quad \cdots\cdots\text{(答)}$$

カ．温度一定なので，ボイルの法則よりオの答えを用いて

$$P_0 Sl = P'Sl' = \left(P_0 - \frac{Mg\sin\theta}{S}\right)Sl'$$

$$\therefore \quad l' = \frac{P_0 S}{P_0 S - Mg\sin\theta}l\ \text{〔m〕} \quad \cdots\cdots\text{(答)}$$

キ．理想気体の状態方程式より，オの答えを用いて

$$P'SL = 1 \times RT'$$

$$\therefore \quad T' = \frac{(P_0 S - Mg\sin\theta)L}{R}\ \text{〔K〕} \quad \cdots\cdots\text{(答)}$$

ク．単原子理想気体の定圧モル比熱は $\dfrac{5}{2}R$〔J/(mol·K)〕なので，エ，キ

の答えを用いて

$$Q = 1 \times \frac{5}{2} R(T' - T) = \frac{5}{2} R \left\{ \frac{(P_0 S - Mg \sin\theta) L}{R} - \frac{P_0 Sl}{R} \right\}$$

$$= \frac{5}{2} \{ P_0 S(L - l) - MgL \sin\theta \} \, \text{〔J〕} \quad \cdots\cdots\text{(答)}$$

ケ．圧力はオで求めた P' を保つから，カの答えを用いて

$$W = P'S(L - l') = \left(P_0 - \frac{Mg \sin\theta}{S} \right) S \left(L - \frac{P_0 Sl}{P_0 S - Mg \sin\theta} \right)$$

$$= P_0 S(L - l) - MgL \sin\theta \, \text{〔J〕} \quad \cdots\cdots\text{(答)}$$

コ．ク，ケの答えを用いて，熱力学第一法則より

$$\Delta U = Q - W = \frac{3}{2} \{ P_0 S(L - l) - MgL \sin\theta \} \, \text{〔J〕} \quad \cdots\cdots\text{(答)}$$

【別解】　エ，キの答えを用い，単原子理想気体の内部エネルギーの式より

$$\Delta U = \frac{3}{2} \cdot 1 \cdot R(T' - T) = \frac{3}{2} R \left\{ \frac{(P_0 S - Mg \sin\theta) L}{R} - \frac{P_0 Sl}{R} \right\}$$

$$= \frac{3}{2} \{ P_0 S(L - l) - MgL \sin\theta \} \, \text{〔J〕}$$

◀解　説▶

≪気体の定積変化と定圧変化≫

問1．ア．定積変化であり，理想気体の状態方程式より圧力は温度に比例する。したがって，圧力は2倍になっている。

イ．単原子理想気体であり，内部エネルギーの変化量を ΔU とすると

$$\Delta U = \frac{3}{2} \times 1 \times R(2T_0 - T_0) = \frac{3}{2} R T_0 \, \text{〔J〕}$$

問2．ウ．ピストンに働く力のつり合いより

$$PS = P_0 S \qquad \therefore \quad P = P_0 \, \text{〔Pa〕}$$

エ．体積は Sl であり，理想気体の状態方程式より

$$P_0 Sl = RT \qquad \therefore \quad T = \frac{P_0 Sl}{R} \, \text{〔K〕}$$

問3．オ～コ．気体の状態変化を $p\text{-}V$ 図上に描くとおおむね右図の通りで，図中の a，b，c はそれぞれ，問2での状態，オとカでの状態，キでの状態を表している。

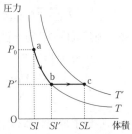

❖講　評

　例年通り，大問 3 題の出題で問題文や小問での説明・誘導が丁寧であり，難問といえる問題はない。難易度は 2020 年度よりやや易化傾向である。

　Ⅰ　問 1 は，計算もない基本問題だが，例えば「$e=0$ なら小球は斜面と一体となる」といった早合点もありそうだ。問 2・問 3 は，問 4 以降の展開（放物運動）を知っていれば，x, y 成分を計算するモチベーションも上がっただろうが，そうでないと結構面倒な計算に感じたに違いない。問 3 の答えを問 4 以降で使うので要注意である。ただし，問 4 ～問 6 は，内容的には放物運動の基本的な問題である。全体的な難易度は標準的ないしやや平易といえる。

　Ⅱ　平行板コンデンサーのやや発展的な問題だが，頻出の題材と言える。問 1 は基本問題。問 2 は誘電体内部の電場に注目している点で難易度を上げている。グラフを選ぶのにも手こずったかもしれない。問 3 は，問 2 が解答できていれば，難しくはなかっただろう。電荷と電場の関係など，平行板コンデンサーの原理面についての理解が十分であれば，取り組みやすい問題だっただろう。全体的な難易度は標準的といえる。

　Ⅲ　問 1・問 2 は基本問題。問 3 では，シリンダーが傾いているので身構えたかもしれないが，冷静に対処していけば難しくはなかっただろう。〔解説〕にあるように，p-V 図を描いて解いていくと，実際の器具の構造から離れて気体の性質のみに注目できるので，混乱を避けることができる。計算式がやや複雑なので，慎重さが要求される。全体的な難易度は，標準的ないしやや平易といえる。

　解答時間は大問 1 題当たり 20 分なので，全問に解答した上で見直しをする余裕はなかったと思われる。

化学

I **解答** 問 1 . (i) NaOH：2.2g　Na$_2$CO$_3$：2.5g

(ii) シュウ酸二水和物の結晶は高純度のものが容易に得られ，潮解性，風解性，吸湿性など秤量中に質量や成分が変化する性質がなく，正確に秤量できるため。(70 字以内)

問 2 . (i) $\alpha = \dfrac{K}{K + [\mathrm{H^+}]}$　(ii) $\mathrm{pH} = -\log_{10} K$　(iii) 1.8×10^{-16} mol/L

問 3 . (i)（設問省略）　(ii) Zn^{2+}　(iii) Al(OH)$_3$

問 4 . (i) ①—(ウ)　②—(イ)　③—(ア)　④—(ア)

(ii) ⑤ 2 種類　⑥ 2 種類　⑦ 1 種類

◀解　説▶

≪酸・塩基の定義，二段階滴定，電離平衡，ルイス酸，錯イオン≫

問 1 . (i)　指示薬にメチルオレンジを用いて塩酸で滴定したときに起こる反応は

$$\mathrm{NaOH + HCl \longrightarrow NaCl + H_2O}$$
$$\mathrm{Na_2CO_3 + HCl \longrightarrow NaHCO_3 + NaCl}$$
$$\mathrm{NaHCO_3 + HCl \longrightarrow NaCl + CO_2 + H_2O}$$

である。一方，BaCl$_2$ 水溶液を過剰に加えると

$$\mathrm{BaCl_2 + Na_2CO_3 \longrightarrow BaCO_3 + 2NaCl}$$

の反応で BaCO$_3$ の白色沈殿を生じる。この後，指示薬にフェノールフタレインを用いて塩酸で滴定すると

$$\mathrm{NaOH + HCl \longrightarrow NaCl + H_2O}$$

の反応が完了したとき溶液が変色する。よって，混合溶液 10mL 中の NaOH の中和に消費された塩酸が 5.4mL，Na$_2$CO$_3$ の二段階分の中和に消費された塩酸が

$$10.2 - 5.4 = 4.8 \,〔\text{mL}〕$$

である。混合溶液 100mL を中和するためには上記の 10 倍の塩酸が必要となる。以上より，求める NaOH（式量：40）の質量を x〔g〕，Na$_2$CO$_3$（式量：106）の質量を y〔g〕とすると

$$\frac{x}{40} \times 1 = 1.0 \times \frac{5.4 \times 10}{1000} \times 1 \qquad x = 2.16 \fallingdotseq 2.2〔g〕$$

$$\frac{y}{106} \times 2 = 1.0 \times \frac{4.8 \times 10}{1000} \times 1 \qquad y = 2.54 \fallingdotseq 2.5〔g〕$$

(ii)　塩酸は揮発性の酸で溶質の HCl が揮発して濃度が変化する。硫酸は吸湿性があり空気中の水蒸気を吸収して濃度が変化する。水酸化ナトリウムは潮解性があることと空気中の CO_2 と反応して Na_2CO_3 に変化する。よって，これらは正確な濃度の溶液を調製することが難しい。

問 2 .　(i)　HA の濃度を c〔mol/L〕とすると

$$HA \; \rightleftharpoons \; H^+ + A^-$$

	HA	H⁺	A⁻
電離前	c	0	0
電離量	$-c\alpha$	$+c\alpha$	$+c\alpha$
電離後	$c(1-\alpha)$	$c\alpha$	$c\alpha$

平衡定数 K に代入すると

$$K = \frac{[H^+][A^-]}{[HA]} = \frac{[H^+] \times c\alpha}{c(1-\alpha)} = \frac{[H^+]\alpha}{1-\alpha}$$

$$K(1-\alpha) = [H^+]\alpha \qquad \therefore \quad \alpha = \frac{K}{K + [H^+]}$$

(ii)　$[A^-] = [HA]$ のとき　　$K = \dfrac{[H^+][A^-]}{[HA]} = [H^+]$

よって　　$pH = -\log_{10}[H^+] = -\log_{10}K$

(iii)　$H_2O = 18$，水の密度 $1\,g/mL$ より，水 $1\,L$（$= 1000\,g$）中において

$$[H_2O] = \frac{1000}{18}〔mol/L〕$$

なので

$$K = \frac{[H^+][OH^-]}{[H_2O]} = \frac{K_w}{[H_2O]} = \frac{1.0 \times 10^{-14}}{\dfrac{1000}{18}} = 1.8 \times 10^{-16}〔mol/L〕$$

問 3 .　(ii)　Zn^{2+} が H_2S の S 原子（電離で生じる S^{2-}）から非共有電子対を受け取る。よって，Zn^{2+} がルイス酸，H_2S がルイス塩基である。

(iii)　$Al(OH)_3$ が OH^- から非共有電子対を受け取る。よって，$Al(OH)_3$ がルイス酸，OH^- がルイス塩基である。

問 4 .　(i)　①Cu^{2+} の錯イオンは正方形，②Fe^{3+} の錯イオンは正八面体形，

③Zn²⁺ の錯イオンは正四面体形である。④CrO₄²⁻ は錯イオンではない

が，正四面体形のイオンである。

(ⅱ)　⑤〔CuCl₂(NH₃)₂〕には次の 2 種類の立体異性体が存在する。

⑥〔FeCl₃(CN)₃〕³⁻ には次の 2 種類の立体異性体が存在する。

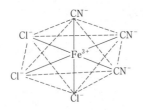 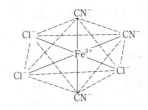

⑦〔ZnCl₂(NH₃)₂〕は 1 種類の構造しかない。

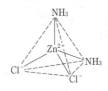

II 解答

〔1〕　問 1．7C (黒鉛) + 3H₂ (気体) + O₂ (気体)

$$= C_7H_6O_2 \text{ (固体)} + 388\,\text{kJ}$$

問 2．

$$\begin{array}{c} \text{C}\!\!\diagup\!\!\begin{array}{c}\text{O}\cdots\text{HO}\\\text{OH}\cdots\text{O}\end{array}\!\!\diagdown\!\!\text{C} \end{array}$$

問 3．(ⅰ)$\Delta t_f = K_f m \left(1 - \dfrac{1}{2}\alpha\right)$〔K〕　(ⅱ) 0.95

〔2〕　問 4．気体の状態方程式より

$$P_{H_2} = \frac{n_{H_2}}{V} RT = [H_2] RT$$

と表すことができ，I₂，HI についても同様の式が成立するので

$$K_p = \frac{(P_{HI})^2}{P_{H_2} \cdot P_{I_2}} = \frac{([HI]RT)^2}{[H_2]RT \times [I_2]RT} = \frac{[HI]^2}{[H_2][I_2]} = K_c$$

問 5．(ⅰ)—(ウ)　理由：平衡に関与する気体の分圧が小さくなるので，気体

分子の数が増加する方向に平衡は移動するから。

(ii)—(イ)　理由：固体の量は平衡に無関係で，平衡を移動させないから。

問 6．(i) $\dfrac{K_\mathrm{p}}{K_\mathrm{c}} = (RT)^2$

(ii) $\dfrac{P - \sqrt{P^2 - 4K_\mathrm{p}}}{2} \leqq P_{\mathrm{H_2O}} \leqq \dfrac{P + \sqrt{P^2 - 4K_\mathrm{p}}}{2}$

━━━━━━━━━ ◀解　説▶ ━━━━━━━━━

≪安息香酸の生成熱と凝固点降下，平衡定数，平衡移動≫

〔1〕　問 1．安息香酸（固体）の生成熱を Q〔kJ/mol〕とすると

　　　$7\mathrm{C}$（黒鉛）$+ 3\mathrm{H_2}$（気）$+ \mathrm{O_2}$（気）$= \mathrm{C_7H_6O_2}$（固）$+ Q$〔kJ〕　……（＊）

与えられた反応熱より

　　　$\mathrm{H_2}$（気）$+ \dfrac{1}{2}\mathrm{O_2}$（気）$= \mathrm{H_2O}$（気）$+ 242\,\mathrm{kJ}$　……①

　　　C（黒鉛）$+ \mathrm{O_2}$（気）$= \mathrm{CO_2}$（気）$+ 394\,\mathrm{kJ}$　……②

　　　$\mathrm{H_2O}$（液）$= \mathrm{H_2O}$（気）$- 44.0\,\mathrm{kJ}$　……③

　　　$\mathrm{C_7H_6O_2}$（固）$+ \dfrac{15}{2}\mathrm{O_2}$（気）

　　　$= 7\mathrm{CO_2}$（気）$+ 3\mathrm{H_2O}$（液）$+ 3228\,\mathrm{kJ}$　……④

ヘスの法則より

　　　（＊）$= ② \times 7 + (① - ③) \times 3 - ④$

なので

　　　$Q = 394 \times 7 + (242 + 44) \times 3 - 3228 = 388$〔kJ/mol〕

問 2．カルボン酸は，ベンゼンやエーテルなどの有機溶媒中では，2 分子間で水素結合を形成して二量体となる。

問 3．(i)　会合による変化量は以下の通り。

$$2\mathrm{C_7H_6O_2} \rightleftharpoons (\mathrm{C_7H_6O_2})_2$$

	$2\mathrm{C_7H_6O_2}$	$(\mathrm{C_7H_6O_2})_2$
会合前	m	0
会合量	$-m\alpha$	$+\dfrac{1}{2}m\alpha$
会合後	$m(1-\alpha)$	$\dfrac{1}{2}m\alpha$

よって，会合後の溶質の合計の質量モル濃度は

　　　$m(1-\alpha) + \dfrac{1}{2}m\alpha = m\left(1 - \dfrac{1}{2}\alpha\right)$

これより　　　$\Delta t_f = K_f m \left(1 - \dfrac{1}{2}\alpha\right)$〔K〕

(ii)　ナフタレン $C_{10}H_8 = 128$ より，ベンゼンのモル凝固点降下 K_f は

$$0.400 = K_f \times \frac{1.50}{128} \times \frac{1000}{150} \qquad K_f = 5.12 \,〔\text{K}\cdot\text{kg/mol}〕$$

$C_7H_6O_2 = 122$ より

$$0.220 = 5.12 \times \frac{1.50}{122} \times \frac{1000}{150} \times \left(1 - \frac{1}{2}\alpha\right)$$

$$\alpha = 0.951 \fallingdotseq 0.95$$

〔2〕　問4．解答に記したものとは逆に

$$[H_2] = \frac{n_{H_2}}{V} = \frac{P_{H_2}}{RT}$$

を K_c に代入してもよい。

$$K_c = \frac{[HI]^2}{[H_2][I_2]} = \frac{\left(\dfrac{P_{HI}}{RT}\right)^2}{\dfrac{P_{H_2}}{RT} \times \dfrac{P_{I_2}}{RT}} = \frac{(P_{HI})^2}{P_{H_2} \cdot P_{I_2}} = K_p$$

問5．(i)　温度，圧力一定でアルゴン（気）を加えると，H_2O（気），CO（気），H_2（気）の分圧が減少する。平衡に関与する気体の圧力が小さくなると，圧力が大きくなる方向，つまり分子数が増加する方向に平衡は移動するため，CO（気），H_2（気）が生成する方向の右へ移動する。

(ii)　無定形炭素のような固体を加えても平衡移動は起こらない。固体の濃度は常に一定とみなすことができ，平衡には一切関与しない。

問6．(i)　この平衡の K_c は，$K_c = [H_2O][CO_2]$ と表せる。問4と同様に，$P_{H_2O} = [H_2O]RT$，$P_{CO_2} = [CO_2]RT$ が成り立つので

$$K_p = P_{H_2O}P_{CO_2} = [H_2O]RT \times [CO_2]RT = K_c(RT)^2$$

$$\therefore \quad \frac{K_p}{K_c} = (RT)^2$$

(ii)　混合気体の全圧 P〔Pa〕が小さく，$K_p > P_{H_2O}P_{CO_2}$ となると反応を右に移動させるため，$NaHCO_3$ が減少してしまう。よって，求める条件は $K_p \leqq P_{H_2O}P_{CO_2}$ となる。$P_{CO_2} = P - P_{H_2O}$ と表せるので

$$K_p \leqq P_{H_2O}P_{CO_2} = P_{H_2O}(P - P_{H_2O}) = PP_{H_2O} - (P_{H_2O})^2$$

$$(P_{H_2O})^2 - PP_{H_2O} + K_p \leqq 0$$

よって　　$\dfrac{P-\sqrt{P^2-4K_{\mathrm{p}}}}{2}\leqq P_{\mathrm{H_2O}}\leqq\dfrac{P+\sqrt{P^2-4K_{\mathrm{p}}}}{2}$

III　解答

〔1〕　問 1．(i) $C_{16}H_{32}O_2$

(ii)エステル化は可逆反応であり，未反応のカルボン酸が存在しても平衡状態に達するため。(40 字以内)

(iii) $CH_3-CH_2-CH_2-\overset{\displaystyle O}{\underset{\displaystyle \|}{C}}-O-CH_2-CH_2-CH_2-CH_3$

問 2．

$$O=C\underset{H-C=C-H}{\overset{O}{\diagdown}}C=O$$

問 3．(i) $CH_3-CH_2-CH_2-\underset{\underset{\textstyle Cl}{|}}{C}H-\underset{\underset{\textstyle Cl}{|}}{C}H_2$

(ii) $CH_2=\underset{\underset{\textstyle CH_3}{|}}{C}-CH_2-CH_3$ 　　$CH_3-\underset{\underset{\textstyle CH_3}{|}}{C}=CH-CH_3$

〔2〕　問 4．(ウ)・(キ)

問 5．(ク)・(ケ)

問 6．(エ)・(コ)

問 7．(エ)・(オ)・(コ)

問 8．(イ，5.1g)　(カ，3.8g)

◀解　説▶

《カルボン酸の反応，アルケンの付加反応，芳香族化合物の性質》

〔1〕　問 1．(i)　飽和カルボン酸 B を $C_nH_{2n+1}COOH$ とすると，油脂 A は $C_3H_5(OCOC_nH_{2n+1})_3$ と表せる。よって

　　　　$12\times3+1\times5+(16+12+16+12n+2n+1)\times3=806$

　　　　$14n=210$　　∴　$n=15$

カルボン酸 B は $C_{15}H_{31}COOH$ であり，分子式は $C_{16}H_{32}O_2$ となる。

(ii)　エステル化は可逆反応なので，反応物がなくなるまで反応が進行することはできない。　　$RCOOH+R'OH\rightleftharpoons RCOOR'+H_2O$

(iii)　直鎖状の第一級アルコール D の酸化でカルボン酸 E が得られることから，D と E の炭素数は等しく，また同一の炭素骨格である。エステルである化合物 C の炭素数が 8 なので，D，E の炭素数は 4 とわかる。よって，

D は 1-ブタノール，E は酪酸であり，C の構造は以下のものとなる。

$$CH_3-CH_2-CH_2-\underset{\underset{O}{\|}}{C}-O-CH_2-CH_2-CH_2-CH_3$$

化合物 C

$$\xrightarrow{加水分解} CH_3-CH_2-CH_2-CH_2-OH + CH_3-CH_2-CH_2-\underset{\underset{O}{\|}}{C}-OH$$

アルコール D

カルボン酸 E

問 2．カルボキシ基 1 つ分の分子量は 45 なので，カルボキシ基以外は

116 − 45×2 ＝ 26

これは C 原子 2 つ，H 原子 2 つ分の分子量である。また，化合物 F は分子内で脱水して化合物 G を生成する。以上より，この条件を満たす化合物は F がマレイン酸，G が無水マレイン酸とわかる。

$$O=\underset{H}{\overset{OH}{\underset{\|}{C}}}\underset{}{\underset{C=C}{}}\underset{H}{\overset{OH}{\underset{\|}{C}}}=O \xrightarrow{-H_2O} O=\underset{H}{C}\underset{}{\underset{C=C}{\overset{O}{}}}\underset{H}{C}=O$$

化合物 F   化合物 G

問 3．(i) C_5H_{10} の直鎖状アルケンは 1-ペンテン，2-ペンテンである。Cl_2 を付加させると，1-ペンテンからは不斉炭素原子を 1 つもつ化合物が，2-ペンテンからは不斉炭素原子を 2 つもつ化合物が生じる。よって，直鎖状アルケンは 1-ペンテン，化合物 H は 1,2-ジクロロペンタンとなる。

$$CH_3-CH_2-CH_2-CH=CH_2 \xrightarrow{Cl_2} CH_3-CH_2-CH_2-\underset{Cl}{\overset{}{ⒸH}}-\underset{Cl}{\overset{}{CH_2}}$$

化合物 H

$$CH_3-CH_2-CH=CH-CH_3 \xrightarrow{Cl_2} CH_3-CH_2-\underset{Cl}{\overset{}{ⒸH}}-\underset{Cl}{\overset{}{ⒸH}}-CH_3$$

不適

(ii) C_5H_{10} の枝分かれ状アルケンは 3 つであり，それぞれに HCl を付加させたときに生じる主生成物は以下の通り。

$$① \quad CH_3-CH_2-\underset{CH_3}{\overset{}{C}}=CH_2 \xrightarrow{HCl} CH_3-CH_2-\underset{CH_3}{\overset{Cl}{\underset{}{C}}}-CH_3$$

② $CH_3-CH=C-CH_3 \xrightarrow{HCl} CH_3-CH_2-\overset{\overset{\displaystyle Cl}{|}}{\underset{\underset{\displaystyle CH_3}{|}}{C}}-CH_3$
　　　　　$\underset{\underset{\displaystyle CH_3}{|}}{}$

③ $CH_2=CH-\underset{\underset{\displaystyle CH_3}{|}}{CH}-CH_3 \xrightarrow{HCl} CH_3-\underset{\underset{\displaystyle Cl}{|}}{CH}-\underset{\underset{\displaystyle CH_3}{|}}{CH}-CH_3$

①と②のアルケンから生じる化合物が同一である。

〔2〕問4．塩化鉄(Ⅲ)水溶液を加えて呈色するものは，フェノール性ヒドロキシ基をもつものである。よって，(ウ)と(キ)。

問5．炭酸水素ナトリウムと反応して二酸化炭素を発生するものは，炭酸より強酸の官能基であるスルホ基，カルボキシ基をもつものである。よって，(ク)と(ケ)。

問6．銀鏡反応を示すものは，還元性をもつ官能基，アルデヒド基をもつものである。よって，(エ)と(コ)。

問7．中性〜塩基性条件で過マンガン酸カリウムで酸化し，その後溶液を酸性にすると，ベンゼン環直結のC原子がすべてカルボキシ基に変化した生成物が得られる。この条件で酸化される化合物は(イ)，(ウ)，(エ)，(オ)，(ク)，(コ)で，生成物は以下のものとなる。

(イ)

(ウ) 　　(エ)

(オ)

(ク) 　　(コ)

生成物が互いに異性体の関係にあるものは，(エ)，(オ)，(コ)である。

問8．ヨードホルム反応を示すものは(イ)，(カ)である。

(イ)

$$\text{（構造式：2-クロロフェニル-CH}_2\text{-CH}_2\text{-CH(OH)-CH}_3）+4I_2+6NaOH$$

$$\longrightarrow \text{（構造式：2-クロロフェニル-CH}_2\text{-CH}_2\text{-C(=O)-ONa）}+CHI_3+5NaI+5H_2O$$

$I_2=254$ より $0.0050\times4\times254=5.08\fallingdotseq5.1〔g〕$

(カ)

$$\text{（構造式：3-メトキシフェニル-C(=O)-CH}_3）+3I_2+4NaOH\longrightarrow \text{（構造式：3-メトキシフェニル-C(=O)-ONa）}+CHI_3+3NaI+3H_2O$$

より

$$0.0050\times3\times254=3.81\fallingdotseq3.8〔g〕$$

❖講　評

　試験時間は1科目60分（2科目120分），大問数は3題で，出題内容はⅠが無機と理論の融合，Ⅱが理論分野，Ⅲが有機と理論の融合であった。どの大問も基本・標準的な問題が大半を占めたが，発展的な内容，やや解きづらい問題も一部見られた。

　Ⅰ　酸・塩基をテーマとした大問で，二段階中和滴定，電離平衡，酸・塩基の定義，錯イオンの形と異性体が出題された。問1はウィンクラー法と呼ばれる二段階滴定の計算問題と標準溶液に関する論述問題。ウィンクラー法の問題を十分練習していれば難しくはないが，未経験であったり，十分な演習が積めていない受験生には難しかっただろう。また，求める値は溶液100mL中の質量だが，滴定に用いた溶液は10mLであることに注意したい。論述については，この分野で最もよく問われる内容は「水酸化ナトリウム水溶液が標準溶液にできない理由」だが，解答するのは「シュウ酸が標準溶液に用いられる理由」だったことに加え，文字数が70字とやや多かったので，まとめるのには時間を要したと思われる。問2の電離平衡の問題は，(ii)，(iii)は標準的だが，(i)に戸惑ったのではないだろうか。電離度αを酸の濃度cと電離定数Kで表す問題は多く見られるが，水素イオン濃度$[H^+]$とKで表す問題は珍し

い。問 3 のルイス酸，ルイス塩基に関する問題は初見という受験生も多かっただろう。しかし，本文をしっかり読解することができれば解答は可能である。非共有電子対を有しているのはどちらなのかを見ることがポイント。問 4 は錯イオンに関する問題。(i)は④のクロム酸イオンが錯イオンではなく，形は知らない人もいたのではないだろうか。(ii)の錯イオンの異性体は発展的内容といえる。⑥で同一立体配置のものを重複して数えないように注意する必要がある。

　Ⅱ　〔1〕は安息香酸を題材とした熱化学と凝固点降下の問題，〔2〕が化学平衡の問題であった。〔1〕には解きづらい問題は含まれず，入試頻出の標準的な問題であったのでできるだけ時間をかけず完答したい。〔2〕の問 4，問 5 も難しくはないが，$K_c = K_p$ が成立することの証明であったり，平衡移動の理由を論述することが求められているので，それなりに時間を要する。問 6 はやや難しい。固体は平衡に関与しないことは知っていても，この計算問題を経験している受験生は少ないと思われる。この反応式の左辺には固体しかなく平衡定数の分母がない，平衡定数は右辺の積のみであることから，$K_p \leqq P_{H_2O} P_{CO_2}$ を求めると気づかないといけないが，この点が難しかっただろう。

　Ⅲ　〔1〕はカルボン酸の反応，アルケンの付加反応，〔2〕は芳香族化合物の性質に関する有機化学の大問であった。問 1(ii)はカルボン酸がすべてなくなるまでエステル化が進行しない理由を答える論述問題。エステル化は可逆反応である，平衡に達するという内容を記せたかがポイントとなる。問 2 はジカルボン酸，脱水可能ということからマレイン酸を真っ先に想像する受験生も多かっただろう。その場合，分子量の確認だけで十分である。問 3 はアルケンへの付加反応の問題であるが，直鎖状アルケンは 2 種，枝分かれ状アルケンは 3 種しかないので難しくはない。(ii)ではマルコフニコフ則を考えなければならないが，問題文中にマルコフニコフ則の内容が記されているのできちんと読めば問題なく解答できる。問 5 〜問 8 での記号選択は基本的なものである。炭酸水素ナトリウムと反応するものにスルホ基をもつ(ク)を含めることだけ気をつけたい。問 8 のヨードホルム反応の計算問題は反応式の係数を覚えていないと解答できなかっただろう。ヨードホルム反応の化学反応式は頻出ではないが，まれに入試で必要となることもあるので注意が必要である。

生物

Ⅰ **解答**　問1．1—エ　2—キ　3—イ　4—シ　5—ス
　　　　　　問2．反応の名称：アルコール発酵　食品：イ，コ

問3．⑴　図1：D　図2：G

⑵　図1

理由：幼虫期は通常の酸素濃度下で過ごすため，酸素を利用できる。(30字以内)

⑶　反応Fを阻害するとブタ回虫は呼吸が阻害され生存できないが，反応Fを使わない哺乳類は影響を受けない。(50字以内)

問4．キ

◀解　説▶

≪ブタ回虫の呼吸，細胞内共生説≫

問1．原始的な真核生物に好気性細菌が取りこまれて共生することでミトコンドリアが誕生し，シアノバクテリアが取りこまれて共生することで葉緑体が誕生したと考えられている（細胞内共生説）。ミトコンドリアや葉緑体がもつ二重膜のうち，内側の膜は共生した原核生物に由来し，外側の膜は宿主となった細胞に由来する。

問2．低酸素環境下におかれた酵母菌は，グルコースからエタノールと二酸化炭素を生成するアルコール発酵を行い，ATPを合成している。ワインの醸造では，アルコール発酵によって生じるエタノールを利用している。また，パンの製造では，アルコール発酵によって生じる二酸化炭素を利用してパンの生地を膨らませている。なお，ヨーグルト，キムチ，チーズの製造には乳酸菌が，食酢には酢酸菌が，納豆には納豆菌が，かつお節には麹菌が利用されている。シュールストレミングは，主にスウェーデンで消費される発酵した塩漬けニシンの切り身で，また別の細菌のはたらきによるものである。また，紅茶は菌ではなく，茶葉の持つ酵素によって酸化されることでつくられる。

問3．⑴　図1，図2はどちらもミトコンドリアの内膜と外膜の図である。ATP合成酵素は，H^+が高濃度側から低濃度側に向かって拡散する際に

ATP を合成する。H$^+$ が高濃度側から低濃度側に移動しているのは反応
DとGである。

(2)　通常，電子伝達系を移動してきた電子は，図1にあるように最終的に
酸素が電子を受け取る（酸素が電子受容体となる）。しかし，図2ではフ
マル酸を電子受容体として利用している（このような呼吸をフマル酸呼吸
という）。このしくみによって，酸素濃度が低い環境でも電子伝達系をは
たらかせて ATP を合成することができる。リード文をみると，ブタ回虫
の幼虫期は通常の酸素濃度下で過ごし，成虫期では酸素濃度が低い小腸で
過ごすとある。よって，図1は幼虫期，図2は成虫期のものと考えられる。

(3)　成虫期のブタ回虫は，電子受容体としてフマル酸を利用する。そこで
反応Fの阻害剤を与えると，電子伝達系の反応が進まなくなり ATP の合
成は停止する（生存できなくなる）。一方，ブタ回虫の宿主である哺乳類
は，電子受容体として酸素を利用するので，反応Fの阻害剤の影響を受け
ない。

問4．6・7．反応DやGのように，H$^+$ の濃度勾配を利用して ATP 合
成酵素が ATP を合成する反応を酸化的リン酸化という。これに対し，解
糖系やクエン酸回路では，リン酸をもつ中間産物と ADP との間でリン酸
を受け渡しすることで ATP を合成している。このようなしくみによる
ATP の生成を基質レベルのリン酸化という。一般的な酸化的リン酸化に
よって得られる ATP は，グルコース1分子あたり最大で 34ATP である
が，酵母菌のアルコール発酵では，グルコース1分子あたり2分子の
ATP が得られる。

8・9．酵母菌のアルコール発酵では，全過程が細胞質基質で行われるが，
ブタ回虫の呼吸では，図2にあるようにミトコンドリアも関与している。

Ⅱ　解答

問1．ジベレリン，サイトカイニン，ジャスモン酸，ブ
ラシノステロイドなどから3つ

問2．ウ

問3．b，c，ac

問4.　　　　エチレン
　　　　　　（促進）
　　　　　＜　B　＞
　　　　　　（抑制）
　　　　　＜　A　＞
　　　　　　（抑制）
　　　　　＜　C　＞
　　　　　　（促進）
　　　　エチレン応答遺伝子

問5.　イ

問6.　老化の進行が遅れ，花が長持ちする。（20字以内）

◀ 解　説 ▶

≪エチレンの情報伝達経路≫

問2.　植物細胞が成長して細胞が大型化する際には，主に液胞の体積が増加する。これには細胞内の物質濃度を変えずに細胞全体が大型化できるという利点がある。

問3.　エチレン受容体遺伝子の突然変異体は，エチレンを受容できないと考えられるので，エチレン処理をしても三重反応様形態とならない。図に示されている各変異体のうち，エチレン処理をしても三重反応様形態とならないのはb，c，ac変異体である。

問4.　設問文より，Cタンパク質は最も下流に位置し，エチレン応答遺伝子の発現を促進することがわかる。また，ab変異体やac変異体のように，2種類のタンパク質がはたらかない場合，そのうち，より下流に位置するタンパク質がはたらかない場合と同じ表現型になるはずである。ab変異体はa変異体と同じ表現型になっているので，伝達経路はB→Aの順番となる。また，ac変異体はc変異体と同じ表現型になっているので，伝達経路はA→Cの順番となる。まとめると，B→A→Cとなる。a変異体はエチレンを与えなくても三重反応様形態となるので，Aは三重反応を抑制するといえる。また，b変異体はエチレンを与えても三重反応様形態とならないので，Bは三重反応を促進するといえる。よって，AはCのはたらきを抑制することで，三重反応を抑制し，BはAのはたらきを抑制することで三重反応を促進すると考えられる。さらに，野生型にエチレン処理を

行うと三重反応がみられるので，エチレンはBのはたらきを促進するといえる。よって，エチレン信号伝達経路は以下のようになっていると考えられる。

$$\text{エチレン} \xrightarrow{\text{促進}} B \xrightarrow{\text{抑制}} A \xrightarrow{\text{抑制}} C \xrightarrow{\text{促進}} \begin{array}{l}\text{三重反応を誘導する}\\ \text{エチレン応答遺伝子}\end{array}$$

問 5．d 変異体はエチレンを与えなくても三重反応様形態となるので，Dタンパク質は三重反応を抑制するといえる。選択肢をみると，ア，エは三重反応を促進するといえるので適切ではない。また，エチレン受容体が変異したのであれば，エチレンの有無によって表現型は変わらないはずである。よって，ウは適切ではない。さらに，Dタンパク質がエチレン応答遺伝子の発現を抑制するのであれば，d 変異体ではエチレン応答遺伝子がエチレンの有無に関係なく発現し，常に三重反応様形態となるはずである。よって，オも適切ではなく，イが正解となる。つまり，d 変異体ではDタンパク質がはたらかず，エチレン合成遺伝子が常に活性化しているため，エチレンを与えなくても三重反応様形態となる。しかし，エチレン合成阻害剤で処理すると，エチレンが合成されないため，三重反応様形態とならない。

問 6．カーネーションは，エチレンのはたらきによって花弁の老化が進行する植物といわれている（植物によってはエチレン以外の要因によって花弁の老化が起こるものもある）。そこでカーネーションの生産者は，エチレンのはたらきを阻害する薬剤で切花を処理し，日持ちをのばして出荷している。よって，c 変異体のようにエチレン応答遺伝子がはたらかないと，花が長持ちすることになる。

Ⅲ 解答

問 1．1．相同　2．常
問 2．オス：メス＝1：3

問 3．(1)　塩基間の水素結合の数は AT 間で 2 個，GC 間で 3 個であり，その総数が多いほど一本鎖に解離しにくいから。（50 字以内）

(2)　配列A：ウ　配列B：ア　配列C：イ

(3)　X-2 鎖，Y-2 鎖

(4)　2 点のとき：G　3 点のとき：A，T

理由：X-1 鎖と X-2 鎖間の水素結合の総数と，Y-1 鎖と Y-2 鎖間の水素

結合の総数が等しくなるから。(50 字以内)

━━━━■ ◀解 説▶ ■━━━━

≪性決定のしくみと DNA≫

問 2．ヒラメを通常水温下で飼育すると，オス（XY）：メス（XX）＝1：1 となる。一方，性が決まる時期に高水温下で飼育するとすべてオスになるが，染色体構成は XY：XX＝1：1 である。このオスの集団から生じる配偶子では X：Y＝3：1 となる。よって，このオスの集団と，通常水温下で飼育したメス（XX）をランダムに交配させると，以下のような結果になる。

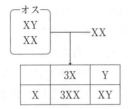

問 3．(1) 塩基対数が多いほど塩基間に形成される水素結合の数も多くなるので，一本鎖に解離する温度は高くなる。また，塩基間に形成される水素結合の数は，AT 間では 2 個，GC 間では 3 個なので，全塩基対に占める GC の割合が高いほど，一本鎖に解離する温度は高くなる。なお，論述にあたっては，塩基の種類と同時に塩基の数についても意識して述べるべきである。

(2) 水素結合の数が AT 間で 2 個，GC 間で 3 個あることに注意して，それぞれの配列に含まれる水素結合の総数を確認する。

　配列 A：A-T が 11 本，G-C が 0 本なので，水素結合の総数は 22 個

　配列 B：A-T が 8 本，G-C が 0 本なので，水素結合の総数は 16 個

　配列 C：A-T が 6 本，G-C が 2 本なので，水素結合の総数は 18 個

よって，それぞれの配列を一本鎖に解離させる温度は，低いほうから配列 B，配列 C，配列 A となる。

(3) Y 染色体の●-■の塩基対は，X 染色体の C-G 以外の配列（G-C，A-T，T-A のどれか）であるが，リード文に，「二本のヌクレオチド鎖の間にミスマッチが一か所あっても」再アニーリングするとある。よって，X-1 鎖は，X-2 鎖のほかに Y-2 鎖とも結合することができる。

(4) オス個体から抽出した DNA を PCR の鋳型とした場合，増幅した DNA 断片には図 3 の X 染色体由来の DNA（X-1 鎖と X-2 鎖）と Y 染色体由来の DNA（Y-1 鎖と Y-2 鎖）が含まれる。これらを再アニーリングすると，X-1 鎖と X-2 鎖，Y-1 鎖と Y-2 鎖以外に，X-1 鎖と Y-2 鎖や，Y-1 鎖と X-2 鎖が結合した二本鎖 DNA が生じる。そこで，●の塩基を G，A，T の 3 通りに場合分けして考えてみる。

＜●が G だった場合＞

X-1 鎖　5′・・・[C]・・・・・-3′　　　Y-1 鎖　5′・・・[G]・・・・・-3′
X-2 鎖　3′・・・[G]・・・・・-5′　　　Y-2 鎖　3′・・・[C]・・・・・-5′
　　　　　　水素結合 3 個　　　　　　　　　　水素結合 3 個

X-1 鎖　5′・・・[C]・・・・・-3′　　　Y-1 鎖　5′・・・[G]・・・・・-3′
Y-2 鎖　3′・・・[C]・・・・・-5′　　　X-2 鎖　3′・・・[G]・・・・・-5′
　　　　　　水素結合 0 個　　　　　　　　　　水素結合 0 個

二本鎖 DNA がもつ水素結合の総数は 2 通りあるので，一本鎖に解離する温度は 2 点となる。

＜●が A だった場合＞

X-1 鎖　5′・・・[C]・・・・・-3′　　　Y-1 鎖　5′・・・[A]・・・・・-3′
X-2 鎖　3′・・・[G]・・・・・-5′　　　Y-2 鎖　3′・・・[T]・・・・・-5′
　　　　　　水素結合 3 個　　　　　　　　　　水素結合 2 個

X-1 鎖　5′・・・[C]・・・・・-3′　　　Y-1 鎖　5′・・・[A]・・・・・-3′
Y-2 鎖　3′・・・[T]・・・・・-5′　　　X-2 鎖　3′・・・[G]・・・・・-5′
　　　　　　水素結合 0 個　　　　　　　　　　水素結合 0 個

二本鎖 DNA がもつ水素結合の総数は 3 通りあるので，一本鎖に解離する温度は 3 点となる。

＜●が T だった場合＞

X-1 鎖　5′・・・[C]・・・・・-3′　　　Y 1 鎖　5′・・・[T]・・・・・-3′
X-2 鎖　3′・・・[G]・・・・・-5′　　　Y-2 鎖　3′・・・[A]・・・・・-5′
　　　　　　水素結合 3 個　　　　　　　　　　水素結合 2 個

X-1 鎖　5′・・・[C]・・・・・-3′　　　Y-1 鎖　5′・・・[T]・・・・・-3′
Y-2 鎖　3′・・・[A]・・・・・-5′　　　X-2 鎖　3′・・・[G]・・・・・-5′
　　　　　　水素結合 0 個　　　　　　　　　　水素結合 0 個

二本鎖 DNA がもつ水素結合の総数は 3 通りあるので，一本鎖に解離する

温度は３点となる。

　一本鎖に解離する温度が２点になるか，３点になるかは，GC 間と AT 間の水素結合の数の違いが原因とわかる。そこで，解離する温度が２点である理由としては，●がGの場合では，X-1 鎖と X-2 鎖間の水素結合の総数と，Y-1 鎖と Y-2 鎖間の水素結合の総数が等しいことを述べるとよい。

Ⅳ 解答

問１．１．フォールディング　２．変性　３．失活
　　４．シャペロン

問２．(1)　状態A：+4　状態B：0　状態C：0　状態D：0
状態E：+4

安定に存在する状態：A，E

(2)　エ，ア，イ

問３．

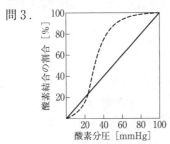

問４．酸素分圧の高い肺胞で多くの酸素と結合し，酸素分圧の低い組織で多くの酸素を解離することで，酸素の運搬効率を高めている。(60 字以内)

━━━━◀解　説▶━━━━

≪ヘモグロビンの性質，アロステリック効果≫

問１．タンパク質が固有の立体構造を形成する過程をフォールディングといい，これにはシャペロンが関与している。また，タンパク質は常に安定しているわけではなく，その立体構造は変化しやすい（変性しやすい）。ひとたび変性すると，分子同士が凝集して水にとけにくい塊をつくってしまう。シャペロンには，フォールディングを助けるほか，変性したタンパク質を正常な立体構造に回復させたり，古くなったタンパク質の分解を助

けたりするものもある。

問2. (1) 相互作用は隣り合うポリペプチド同士のみではたらき，対角線上に位置するポリペプチド同士の相互作用は考えないとある。それぞれのモデルについて，ポリペプチド同士が隣接している場所が4カ所あるので，スコアの合計を求めればよい。

(2) (1)より，スコアの高い（安定な）状態はAとEである。よって，AやEに比べてCが多く存在するウや，A〜Eが均等に存在するオは誤りである。また，低酸素分圧下ではAの割合が高くなり，高酸素分圧下ではEの割合が高くなるので，低酸素分圧→高酸素分圧の順に並べるとエ→ア→イとなる。

問3・問4. ヘモグロビンがアロステリック効果をもつ場合，酸素分圧が低下するとAの割合が高くなり（ヘモグロビンは酸素を解離しやすくなり），酸素分圧が上昇するとEの割合が高くなる（ヘモグロビンは酸素と結合しやすくなる）。つまり，酸素分圧が低下すると酸素ヘモグロビンの割合も急激に低下し，酸素分圧が上昇すると酸素ヘモグロビンの割合も急激に上昇する。この性質を示しているのが解答欄のグラフの破線である。なお，破線のようなS字状のグラフは，アロステリック効果をもつタンパク質でよくみられる。ヘモグロビンがアロステリック効果をもたなければ，A〜Eの状態に安定・不安定の差はない。この場合，酸素分圧に比例して酸素ヘモグロビンの割合も増加することになる。

❖講 評

2021 年度も大問数は4題。2020 年度と比べると，小問数はほぼ同じであったが，論述量はかなり減少した。ただ，問題文の分量や，考察問題数が増加したため，全体の難易度は 2020 年度とあまり変化はない。

Ⅰ ブタ回虫の呼吸に関する問題。問1は細胞共生説に関する基本的な問題。問2も基本的であり完答したい。問3の(1)では，ATP 合成酵素を見つけることはあまり難しくない。(2)はリード文を丁寧に理解していけば正解できる。(3)は考察型の論述問題であるが，標準レベルである。問4は，呼吸の基本的なしくみを理解できていれば完答できる。

Ⅱ エチレンの情報伝達経路に関する問題。問1は基本的。問2は，成長した植物細胞で液胞が発達していることに気づけば正解できる。問

3は，リード文を理解するのに少し時間を要したかもしれないが，完答したい問題である。問4では，タンパク質A〜Cの順番を決めるのはさほど難しくはないが，促進か抑制で迷ったと思われる。やや難。問5は消去法で考えるが，これもやや難である。問6は，エチレンが果実の成熟や離層形成の促進など老化にはたらくことを思い出すことができれば，さほど難しくはない。

　Ⅲ　性決定のしくみとDNAに関する問題。問1は基本的。問2は，急いで解くとケアレスミスを犯しやすい。問3の(1)では，塩基の種類と同時に塩基の数についても意識して論述するのはやや難しい。(2)は，下線部(c)の内容を押さえていれば完答できる。(3)もまた，設問文の内容をきちんと押さえていれば正解できる。基本的な問題である。(4)は，50字以内でまとめるのはなかなか難しい。この大問でかなり時間を要したと思われる。

　Ⅳ　ヘモグロビンの性質に関する問題。問1は基本的ではあるが，シャペロンがやや難しかったかもしれない。問2の(1)は基本的。(2)は(1)の考察を踏まえて考えれば正解できるが，急いで解くと間違えやすい。問3では，酸素分圧に比例して酸素ヘモグロビンの割合も増加することに気づいてほしいが，難しかったかもしれない。問4は，問2の考察を踏まえて考えれば，定番の論述問題であることに気づけるはずである。基本的な論述問題である。

地学

Ⅰ 解答

問1．ア．6　イ．12　ウ．オホーツク海
エ．北太平洋（小笠原）　オ．シベリア高気圧
カ．低気圧（温帯低気圧）　キ．西高東低

問2．日本海上を通過するときに多湿化した北西季節風が脊梁山脈に吹きつけて雲が発生するため，富山では曇りや降雨・降雪が卓越する。この大気は脊梁山脈を越えると乾いた下降気流となって吹き下りるため，東京では晴天が卓越する。（130字以内）

問3．①ー c　②ー a　③ー b

◀解　説▶

≪日本の天気≫

問1．ア・イ．太陽高度は夏至で最も高く冬至で最も低い。このため大気圏上端における日射量は，夏至で最大，冬至で最小となる。

問2．大陸から吹き出す北西季節風は低温で乾燥しているが，日本海上を通過するときに海面から水蒸気と熱の供給を受ける。そのため空気中に水蒸気を多量に含むようになって積乱雲が発達し，雲量が多くなる。これが日本列島の脊梁山脈を越えるとき，日本海側に多量の降雪をもたらす。その後太平洋側に吹き下りると，水蒸気が取り去られた分だけ乾燥した風となり雲量は少なくなる。

問3．①は全天日射量が 6 ～ 7 月に極小となっていないことから，梅雨前線の影響を受けない稚内であることがわかる。さらに 12 ～ 2 月の全天日射量を比較すると，少ない②が富山，多い③が東京であることがわかる。

Ⅱ 解答

問1．我々の視線と直交方向に 2 星が並んでいて，かつ主星が近づき伴星が遠ざかるときずれが最大，主星が遠ざかり伴星が近づくときずれが最小となる。この間に公転周期の半分の時間を要しているので，公転周期は

$$114 \times 2 = 228 \, 日 \quad \cdots\cdots（答）$$

問2．波長のずれを $\Delta\lambda = \lambda - \lambda_0$ とすると

$$\lambda = \lambda_0 + \Delta\lambda$$

与式に代入して

$$\lambda_0 + \Delta\lambda = \left(1 + \frac{v}{c}\right)\lambda_0 \qquad \frac{\Delta\lambda}{\lambda_0} = \frac{v}{c} \qquad \frac{0.14}{4200} = \frac{v}{3\times10^5}$$

$$v = \frac{0.14\times3\times10^5}{4200} = 10\,[\mathrm{km/s}] \quad\cdots\cdots(答)$$

問3．イ

━━━◀解　説▶━━━

≪連星の性質≫

問1．ここでの吸収線のずれとは，主星の吸収線の波長を基準としたときの伴星の吸収線の波長の差，すなわち

（波長のずれ）＝（伴星の吸収線の波長）－（主星の吸収線の波長）

$$\cdots\cdots①$$

であるとして考える。

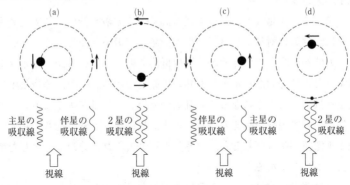

上図において，2星の位置関係が(a)のとき，①式の右辺の第1項が最大，第2項が最小となり，ずれは最大となる。逆に(c)のとき，第1項が最小，第2項が最大となり，ずれは最小（負の値で絶対値が最大）となる。なお(b)や(d)のときには吸収線はいずれも本来の波長を示すので，ずれは0になる。

問2．ここでは主星は静止していて吸収線は本来の波長を保ち，その周りを伴星が公転するとして，その光のドップラー効果を考える。与式をずれの量（$\Delta\lambda$）を用いて表すと，〔解答〕に示したような簡単な形に置き換えることができるので，必要な値を代入する。

問 3．公転軌道速度と公転周期から公転軌道の全周の長さ，さらには公転半径が求まる。それにケプラーの第三法則を適用すると，主星と伴星の質量の和が求まる。実際には 2 星の吸収線それぞれの本来の波長からのずれの最大値は異なっていて，それらの比から公転軌道速度の比が求まり，共通重心からの 2 星の距離の比，すなわち質量の逆比がわかるので，質量和をそれぞれの質量に分配することができる。

Ⅲ **解答**　問 1．a．太古代（始生代）　b．シアノバクテリア
　　　　　　　　問 2．⑤

問 3．シアノバクテリアの光合成で放出された酸素と，海水中の鉄イオンが結合し，堆積して形成された。(50 字以内)

問 4．当時赤道付近にあったと考えられる地塊にも，氷河堆積物などの痕跡が見つかること。(40 字以内)

◀解　説▶

≪先カンブリア時代の地史≫

問 1．先カンブリア時代は，地球の誕生（46 億年前）から 40 億年前までを冥王代，その後 25 億年前までを太古代（始生代），その後 5.4 億年前までを原生代と区分する。

問 2．ディキンソニアは，約 6 億年前に出現したエディアカラ生物群に属する生物である。①はシルル紀，②は白亜紀，③はカンブリア紀，④は古第三紀に出現した生物である。

問 3．原生代の初期，27 億年ほど前に光合成が始まり，シアノバクテリアが光合成で放出する酸素と海水中に溶けていた鉄イオンが結合し，酸化鉄となって堆積することで，縞状鉄鉱層が形成された。

問 4．ある地塊がかつてどの程度の緯度に存在したかは，古地磁気学的調査により推定できる。その結果，伏角が大きい高緯度であった場所だけでなく，伏角が水平に近い赤道付近からも，氷河堆積物を含んだ地層が見つかる時代があったことがわかった。これは地球全体が氷河に覆われるような寒冷な時期があったことを意味している。これを全球凍結という。

IV 解答

問1．c
問2．海嶺（中央海嶺）
問3．沈み込んだ海洋プレートから遊離した水が，その上方のマントルに供給され，かんらん岩の融点が下がってマグマが発生する。（60字以内）
問4．マグマの冷却に伴って融点の高い鉱物から順次晶出し沈殿していくため，残りのマグマの組成が変化していく。（50字以内）

◀解 説▶

≪マグマの生成と変化≫

問1．主要な造岩鉱物は，SiO_4 四面体を骨格の基本単位とするケイ酸塩鉱物であり，その結びつき方（結晶構造）によって，さまざまな種類に分類される。aは黒雲母，bは角閃石，dは石英や長石類，eはかんらん石の結晶構造である。

問3．海洋プレートが沈み込んでいくと，それを構成する含水鉱物が高圧にさらされることで結晶構造が変化し，水が遊離する。それが上方のマントルに供給されると，マントルを構成するかんらん岩の融点が下がり，融点の高い物質から溶融し始めてマグマが発生する。

問4．さまざまな成分の混合物であるマグマから鉱物が晶出するとき，その鉱物を構成する特定の成分だけが取り除かれるため，マグマの化学組成は変化する。マグマの冷却に伴い，結晶作用によってさまざまな化学組成のマグマが形成される作用を，結晶分化作用という。

❖講 評

2020年度に引き続き2021年度も大問4題の構成だった。100字以上の長文論述が減少したが，論述問題や計算問題を時間内にすべて仕上げるのが容易でないことに変わりはない。

Ⅰ 大気分野からの出題であった。問2は広義のフェーン現象であるが，この用語だけ出して述べるのではなく，その内容にまで踏み込んで説明する必要がある。問3はリード文中にある梅雨前線と冬季の雲量という2つの観点に注目し，表1を分析して解答することになる。

Ⅱ 宇宙分野からの出題で2問の計算問題があったが，論述問題はなかった。問2は式をうまく整理してから値を代入することに気づいたかどうかがポイントである。

Ⅲ　地史分野からの出題であった。どの小問も基本事項が問われているので，確実に得点したい。

Ⅳ　岩石・鉱物分野の比較的取り組みやすい内容であった。論述問題を手堅くまとめておきたい。

/////////////// · **memo** · ///////////////

教学社 刊行一覧

2025年版　大学赤本シリーズ

国公立大学（都道府県順）

**374大学556点
全都道府県を網羅**

全国の書店で取り扱っています。店頭にない場合は，お取り寄せができます。

1 北海道大学(文系-前期日程)
2 北海道大学(理系-前期日程) 医
3 北海道大学(後期日程)
4 旭川医科大学(医学部〈医学科〉) 医
5 小樽商科大学
6 帯広畜産大学
7 北海道教育大学
8 室蘭工業大学／北見工業大学
9 釧路公立大学
10 公立千歳科学技術大学
11 公立はこだて未来大学 総推
12 札幌医科大学(医学部) 医
13 弘前大学 医
14 岩手大学
15 岩手県立大学・盛岡短期大学部・宮古短期大学部
16 東北大学(文系-前期日程)
17 東北大学(理系-前期日程) 医
18 東北大学(後期日程) 医
19 宮城教育大学
20 宮城大学
21 秋田大学 医
22 秋田県立大学
23 国際教養大学 総推
24 山形大学 医
25 福島大学
26 会津大学
27 福島県立医科大学(医・保健科学部) 医
28 茨城大学(文系)
29 茨城大学(理系)
30 筑波大学(推薦入試) 医 総推
31 筑波大学(文系-前期日程)
32 筑波大学(理系-前期日程) 医
33 筑波大学(後期日程)
34 宇都宮大学
35 群馬大学 医
36 群馬県立女子大学
37 高崎経済大学
38 前橋工科大学
39 埼玉大学(文系)
40 埼玉大学(理系)
41 千葉大学(文系-前期日程)
42 千葉大学(理系-前期日程) 医
43 千葉大学(後期日程) 医
44 東京大学(文科) DL
45 東京大学(理科) DL 医
46 お茶の水女子大学
47 電気通信大学
48 東京外国語大学 DL
49 東京海洋大学
50 東京科学大学(旧 東京工業大学)
51 東京科学大学(旧 東京医科歯科大学) 医
52 東京学芸大学
53 東京藝術大学
54 東京農工大学
55 一橋大学(前期日程)
56 一橋大学(後期日程)
57 東京都立大学(文系)
58 東京都立大学(理系)
59 横浜国立大学(文系)
60 横浜国立大学(理系)
61 横浜市立大学(国際教養・国際商・理・データサイエンス・医〈看護〉学部)

62 横浜市立大学(医学部〈医学科〉) 医
63 新潟大学(人文・教育〈文系〉・法・経済科・医〈看護〉・創生学部)
64 新潟大学(教育〈理系〉・理・医〈看護を除く〉・歯・工・農学部) 医
65 新潟県立大学
66 富山大学(文系)
67 富山大学(理系) 医
68 富山県立大学
69 金沢大学(文系)
70 金沢大学(理系) 医
71 福井大学(教育・医〈看護〉・工・国際地域学部)
72 福井大学(医学部〈医学科〉) 医
73 福井県立大学
74 山梨大学(教育・医〈看護〉・工・生命環境学部)
75 山梨大学(医学部〈医学科〉) 医
76 都留文科大学
77 信州大学(文系-前期日程)
78 信州大学(理系-前期日程) 医
79 信州大学(後期日程)
80 公立諏訪東京理科大学 総推
81 岐阜大学(前期日程) 医
82 岐阜大学(後期日程)
83 岐阜薬科大学
84 静岡大学(前期日程)
85 静岡大学(後期日程)
86 浜松医科大学(医学部〈医学科〉) 医
87 静岡県立大学
88 静岡文化芸術大学
89 名古屋大学(文系)
90 名古屋大学(理系) 医
91 愛知教育大学
92 名古屋工業大学
93 愛知県立大学
94 名古屋市立大学(経済・人文社会・芸術工・看護・総合生命理・データサイエンス学部)
95 名古屋市立大学(医学部〈医学科〉) 医
96 名古屋市立大学(薬学部)
97 三重大学(人文・教育・医〈看護〉学部)
98 三重大学(医〈医〉・工・生物資源学部) 医
99 滋賀大学
100 滋賀医科大学(医学部〈医学科〉) 医
101 滋賀県立大学
102 京都大学(文系)
103 京都大学(理系) 医
104 京都教育大学
105 京都工芸繊維大学
106 京都府立大学
107 京都府立医科大学(医学部〈医学科〉) 医
108 大阪大学(文系) DL
109 大阪大学(理系) 医
110 大阪教育大学
111 大阪公立大学(現代システム科学域〈文系〉・文・法・経済・商・看護・生活科〈居住環境・人間福祉〉学部-前期日程)
112 大阪公立大学(現代システム科学域〈理系〉・理・工・農・獣医・医・生活科〈食栄養〉学部-前期日程) 医
113 大阪公立大学(中期日程)
114 大阪公立大学(後期日程)
115 神戸大学(文系-前期日程)
116 神戸大学(理系-前期日程) 医

117 神戸大学(後期日程)
118 神戸市外国語大学 DL
119 兵庫県立大学(国際商経・社会情報科・看護学部)
120 兵庫県立大学(工・理・環境人間学部) 医
121 奈良教育大学／奈良県立大学
122 奈良女子大学
123 奈良県立医科大学(医学部〈医学科〉) 医
124 和歌山大学
125 和歌山県立医科大学(医・薬学部) 医
126 鳥取大学 医
127 公立鳥取環境大学
128 島根大学 医
129 岡山大学(文系)
130 岡山大学(理系) 医
131 岡山県立大学
132 広島大学(文系-前期日程)
133 広島大学(理系-前期日程) 医
134 広島大学(後期日程)
135 尾道市立大学 総推
136 県立広島大学
137 広島市立大学
138 福山市立大学 総推
139 山口大学(人文・教育〈文系〉・経済・医〈看護〉・国際総合科学部)
140 山口大学(教育〈理系〉・理・医〈看護を除く〉・工・農・共同獣医学部) 医
141 山陽小野田市立山口東京理科大学 総推
142 下関市立大学／山口県立大学
143 周南公立大学 新 総推
144 徳島大学 医
145 香川大学 医
146 愛媛大学 医
147 高知大学 医
148 高知工科大学
149 九州大学(文系-前期日程)
150 九州大学(理系-前期日程) 医
151 九州大学(後期日程)
152 九州工業大学
153 福岡教育大学
154 北九州市立大学
155 九州歯科大学
156 福岡県立大学／福岡女子大学
157 佐賀大学 医
158 長崎大学(多文化社会・教育〈文系〉・経済・医〈保健〉・環境科〈文系〉学部)
159 長崎大学(教育〈理系〉・医〈看護〉・歯・薬・情報データ科・工・環境科〈理系〉・水産学部) 医
160 長崎県立大学 総推
161 熊本大学(文・教育・法・医〈看護〉学部・情報融合学環〈文系型〉)
162 熊本大学(理・医〈看護を除く〉・薬・工学部・情報融合学環〈理系型〉) 医
163 熊本県立大学
164 大分大学(教育・経済・医〈看護〉・理工・福祉健康科学部)
165 大分大学(医学部〈医・先進医療科学科〉) 医
166 宮崎大学(教育・医〈看護〉・工・農・地域資源創成学部)
167 宮崎大学(医学部〈医学科〉) 医
168 鹿児島大学(文系)
169 鹿児島大学(理系) 医
170 琉球大学 医

2025年版　大学赤本シリーズ

国公立大学 その他

- 171 〔国公立大〕医学部医学科 総合型選抜・学校推薦型選抜※ 医総推
- 172 看護・医療系大学〈国公立 東日本〉※
- 173 看護・医療系大学〈国公立 中日本〉※
- 174 看護・医療系大学〈国公立 西日本〉※
- 175 海上保安大学校／気象大学校
- 176 航空保安大学校
- 177 国立看護大学校
- 178 防衛大学校 総推
- 179 防衛医科大学校(医学科) 医
- 180 防衛医科大学校(看護学科)

※ No.171〜174の収載大学は赤本ウェブサイト（http://akahon.net/）でご確認ください。

私立大学①

北海道の大学（50音順）
- 201 札幌大学
- 202 札幌学院大学
- 203 北星学園大学
- 204 北海学園大学
- 205 北海道医療大学
- 206 北海道科学大学
- 207 北海道武蔵女子大学・短期大学
- 208 酪農学園大学(獣医学部〈獣医学類〉)

東北の大学（50音順）
- 209 岩手医科大学(医・歯・薬学部) 医
- 210 仙台大学 総推
- 211 東北医科薬科大学(医・薬学部) 医
- 212 東北学院大学
- 213 東北工業大学
- 214 東北福祉大学
- 215 宮城学院女子大学 総推

関東の大学（50音順）

あ行（関東の大学）
- 216 青山学院大学(法・国際政治経済学部－個別学部日程)
- 217 青山学院大学(経済学部－個別学部日程)
- 218 青山学院大学(経営学部－個別学部日程)
- 219 青山学院大学(文・教育人間科学部－個別学部日程)
- 220 青山学院大学(総合文化政策・社会情報・地球社会共生・コミュニティ人間科学部－個別学部日程)
- 221 青山学院大学(理工学部－個別学部日程)
- 222 青山学院大学(全学部日程)
- 223 麻布大学(獣医、生命・環境科学部)
- 224 亜細亜大学
- 226 桜美林大学
- 227 大妻女子大学・短期大学部

か行（関東の大学）
- 228 学習院大学(法学部－コア試験)
- 229 学習院大学(経済学部－コア試験)
- 230 学習院大学(文学部－コア試験)
- 231 学習院大学(国際社会科学部－コア試験)
- 232 学習院大学(理学部－コア試験)
- 233 学習院女子大学
- 234 神奈川大学(給費生試験)
- 235 神奈川大学(一般入試)
- 236 神奈川工科大学
- 237 鎌倉女子大学・短期大学部
- 238 川村学園女子大学
- 239 神田外語大学
- 240 関東学院大学
- 241 北里大学(理学部)
- 242 北里大学(医学部) 医
- 243 北里大学(薬学部)
- 244 北里大学(看護・医療衛生学部)
- 245 北里大学(未来工・獣医・海洋生命科学部)
- 246 共立女子大学・短期大学
- 247 杏林大学(医学部) 医
- 248 杏林大学(保健学部)
- 249 群馬医療福祉大学・短期大学部
- 250 群馬パース大学 総推

- 251 慶應義塾大学(法学部)
- 252 慶應義塾大学(経済学部)
- 253 慶應義塾大学(商学部)
- 254 慶應義塾大学(文学部) 総推
- 255 慶應義塾大学(総合政策学部)
- 256 慶應義塾大学(環境情報学部)
- 257 慶應義塾大学(理工学部)
- 258 慶應義塾大学(医学部) 医
- 259 慶應義塾大学(薬学部)
- 260 慶應義塾大学(看護医療学部)
- 261 工学院大学
- 262 國學院大學
- 263 国際医療福祉大学 医
- 264 国際基督教大学
- 265 国士舘大学
- 266 駒澤大学(一般選抜T方式・S方式)
- 267 駒澤大学(全学部統一日程選抜)

さ行（関東の大学）
- 268 埼玉医科大学(医学部) 医
- 269 相模女子大学・短期大学部
- 270 産業能率大学
- 271 自治医科大学(医学部) 医
- 272 自治医科大学(看護学部)／東京慈恵会医科大学(医学部〈看護学科〉)
- 273 実践女子大学 総推
- 274 芝浦工業大学(前期日程)
- 275 芝浦工業大学(全学統一日程・後期日程)
- 276 十文字学園女子大学
- 277 淑徳大学
- 278 順天堂大学(医学部) 医
- 279 順天堂大学(スポーツ健康科・医療看護・保健看護・国際教養・保健医療・医療科・健康データサイエンス・薬学部) 総推
- 280 上智大学(神・文・総合人間科学部)
- 281 上智大学(法・経済学部)
- 282 上智大学(外国語・総合グローバル学部)
- 283 上智大学(理工学部)
- 284 上智大学(TEAPスコア利用方式)
- 285 湘南工科大学
- 286 昭和大学(医学部) 医
- 287 昭和大学(歯・薬・保健医療学部)
- 288 昭和女子大学
- 289 昭和薬科大学
- 290 女子栄養大学・短期大学部 総推
- 291 白百合女子大学
- 292 成蹊大学(法学部－A方式)
- 293 成蹊大学(経済・経営学部－A方式)
- 294 成蹊大学(文学部－A方式)
- 295 成蹊大学(理工学部－A方式)
- 296 成蹊大学(E方式・G方式・P方式)
- 297 成城大学(経済・社会イノベーション学部－A方式)
- 298 成城大学(文芸・法学部－A方式)
- 299 成城大学(S方式〈全学部統一選抜〉)
- 300 聖心女子大学
- 301 清泉女子大学
- 303 聖マリアンナ医科大学 医

- 304 聖路加国際大学(看護学部)
- 305 専修大学(スカラシップ・全国入試)
- 306 専修大学(前期入試〈学部個別入試〉)
- 307 専修大学(前期入試〈全学部入試・スカラシップ入試〉)

た行（関東の大学）
- 308 大正大学
- 309 大東文化大学
- 310 高崎健康福祉大学
- 311 拓殖大学
- 312 玉川大学
- 313 多摩美術大学
- 314 千葉工業大学
- 315 中央大学(法学部－学部別選抜)
- 316 中央大学(経済学部－学部別選抜)
- 317 中央大学(商学部－学部別選抜)
- 318 中央大学(文学部－学部別選抜)
- 319 中央大学(総合政策学部－学部別選抜)
- 320 中央大学(国際経営・国際情報学部－学部別選抜)
- 321 中央大学(理工学部－学部別選抜)
- 322 中央大学(5学部共通選抜)
- 323 中央学院大学
- 324 津田塾大学
- 325 帝京大学(薬・経済・法・文・外国語・教育・理工・医療技術・福岡医療技術学部)
- 326 帝京大学(医学部) 医
- 327 帝京科学大学 総推
- 328 帝京平成大学 総推
- 329 東海大学(医〈医〉学部を除く一般選抜)
- 330 東海大学(文系・理系学部統一選抜)
- 331 東海大学(医学部〈医学科〉) 医
- 332 東京医科大学(医学部〈医学科〉) 医
- 333 東京家政大学・短期大学部 総推
- 334 東京経済大学
- 335 東京工科大学
- 336 東京工芸大学
- 337 東京国際大学
- 338 東京歯科大学
- 339 東京慈恵会医科大学(医学部〈医学科〉) 医
- 340 東京情報大学
- 341 東京女子大学
- 342 東京女子医科大学(医学部) 医
- 343 東京電機大学
- 344 東京都市大学
- 345 東京農業大学
- 346 東京薬科大学(薬学部) 総推
- 347 東京薬科大学(生命科学部)
- 348 東京理科大学(理学部〈第一部〉－B方式)
- 349 東京理科大学(創域理工学部－B方式・S方式)
- 350 東京理科大学(工学部－B方式)
- 351 東京理科大学(先進工学部－B方式)
- 352 東京理科大学(薬学部－B方式)
- 353 東京理科大学(経営学部－B方式)
- 354 東京理科大学(C方式、グローバル方式、理学部〈第二部〉－B方式)
- 355 東邦大学(医学部) 医
- 356 東邦大学(薬学部)

2025年版　大学赤本シリーズ

私立大学②

2025年版　大学赤本シリーズ

私立大学③

中国の大学（50音順）

四国の大学（50音順）

九州の大学（50音順）

医 医学部医学科を含む
総推 総合型選抜または学校推薦型選抜を含む
DL リスニング音声配信 新 2024年 新刊・復刊

掲載している入試の種類や試験科目、収載年数などはそれぞれ異なります。詳細については、それぞれの本の目次や赤本ウェブサイトでご確認ください。

akahon.net
赤本　[検索]

難関校過去問シリーズ

出題形式別・分野別に収録した
「**入試問題事典**」 20大学73点
定価2,310～2,640円（本体2,100～2,400円）

61年,全部載せ!
要約演習で、総合力を鍛える
東大の英語
要約問題 UNLIMITED

先輩合格者はこう使った!
「難関校過去問シリーズの使い方」

DL リスニング音声配信
新 2024年 新刊
改 2024年 改訂

いつも受験生のそばに──赤本

大学入試シリーズ＋α
入試対策も共通テスト対策も赤本で

入試対策
赤本プラス

赤本プラスとは、**過去問演習の効果を最大に**するためのシリーズです。「赤本」であぶり出された弱点を、赤本プラスで克服しましょう。

大学入試 すぐわかる英文法 DL
大学入試 ひと目でわかる英文読解
大学入試 絶対できる英語リスニング DL
大学入試 すぐ書ける自由英作文
大学入試 ぐんぐん読める
　英語長文[BASIC] DL
大学入試 ぐんぐん読める
　英語長文[STANDARD] DL
大学入試 ぐんぐん読める
　英語長文[ADVANCED] DL
大学入試 正しく書ける英作文
大学入試 最短でマスターする
　数学I・II・III・A・B・C
大学入試 突破力を鍛える最難関の数学
大学入試 知らなきゃ解けない
　古文常識・和歌
大学入試 ちゃんと身につく物理
大学入試 もっと身につく
　物理問題集(①力学・波動)
大学入試 もっと身につく
　物理問題集(②熱力学・電磁気・原子)

入試対策
英検®赤本シリーズ

英検®(実用英語技能検定)の対策書。過去問集と参考書で万全の対策ができます。

▶過去問集(2024年度版)
英検®準1級過去問集 DL
英検®2級過去問集 DL
英検®準2級過去問集 DL
英検®3級過去問集 DL
▶参考書
竹岡の英検®準1級マスター DL
竹岡の英検®2級マスター CD DL
竹岡の英検®準2級マスター CD DL
竹岡の英検®3級マスター CD DL

CD リスニングCDつき　DL 音声無料配信
新 2024年新刊・改訂

入試対策
赤本プレミアム

赤本の教学社だからこそ作れた、過去問ベストセレクション

東大数学プレミアム
東大現代文プレミアム
京大数学プレミアム[改訂版]
京大古典プレミアム

入試対策
赤本メディカルシリーズ

過去問を徹底的に研究し、独自の出題傾向をもつメディカル系の入試に役立つ内容を精選した実戦的なシリーズ。

[国公立大]医学部の英語[3訂版]
私立医大の英語(長文読解編)[3訂版]
私立医大の英語(文法・語法編)[改訂版]
医学部の実戦小論文[3訂版]
医歯薬系の英単語[4訂版]
医系小論文 最頻出論点20[4訂版]
医学部の面接[4訂版]

入試対策
体系シリーズ

国公立大二次・難関私大突破へ、自学自習に適したハイレベル問題集。

体系英語長文　　体系世界史
体系英作文　　　体系物理[第7版]
体系現代文

入試対策
単行本

▶英語
Q&A即決英語勉強法
TEAP攻略問題集[新装版] DL 新
東大の英単語[新装版]
早慶上智の英単語[改訂版]
▶国語・小論文
著者に注目! 現代文問題集
ブレない小論文の書き方 樋口式ワークノート
▶レシピ集
奥薗壽子の赤本合格レシピ

入試対策 ｜ 共通テスト対策
赤本手帳

赤本手帳(2025年度受験用) プラムレッド
赤本手帳(2025年度受験用) インディゴブルー
赤本手帳(2025年度受験用) ナチュラルホワイト

入試対策
風呂で覚えるシリーズ

水をはじく特殊な紙を使用。いつでもどこでも読めるから、ちょっとした時間を有効に使える!

風呂で覚える英単語[4訂新装版]
風呂で覚える英熟語[改訂新装版]
風呂で覚える古文単語[改訂新装版]
風呂で覚える古文文法[改訂新装版]
風呂で覚える漢文[改訂新装版]
風呂で覚える日本史[年代][改訂新装版]
風呂で覚える世界史[年代][改訂新装版]
風呂で覚える倫理[改訂版]
風呂で覚える百人一首[改訂版]

共通テスト対策
満点のコツシリーズ

共通テストで満点を狙うための実戦的参考書。重要度の高いリスニング対策は「カリスマ講師」竹岡広信が一回読みにも対応できるコツを伝授!

共通テスト英語(リスニング)
　満点のコツ[改訂版] DL 新
共通テスト古文 満点のコツ[改訂版] 新
共通テスト漢文 満点のコツ[改訂版] 新
共通テスト生物基礎
　満点のコツ[改訂版] 新

入試対策 ｜ 共通テスト対策
赤本ポケットシリーズ

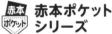

▶共通テスト対策
共通テスト日本史[文化史]
▶系統別進路ガイド
デザイン系学科をめざすあなたへ

2025年版　大学赤本シリーズ　No. 32

筑波大学（理系－前期日程）

編　集　教学社編集部

発行者　上原　寿明

発行所　教学社
　　　　〒606-0031
　　　　京都市左京区岩倉南桑原町56

2024 年 7 月 25 日　第 1 刷発行

ISBN978-4-325-26110-0

定価は裏表紙に表示しています

電話　075-721-6500

振替　01020-1-15695

印　刷　太洋社